MODERN HUMANITIES RESEARCH ASSOCIATION
TEXTS AND DISSERTATIONS
VOLUME 91

EL CAMINO INVERSO: DEL CINE AL TEATRO

MODERN HUMANITIES RESEARCH ASSOCIATION
TEXTS AND DISSERTATIONS

Established in 1970, the series promotes important work by younger scholars by making the most accomplished doctoral research available to a wider readership. Titles are selected and edited by a Board of distinguished experts from across the modern Humanities.

Editorial Board

English: Professor Catherine Maxwell, Queen Mary, University of London
French: Professor William Brooks, University of Bath
Germanic: Professor Ritchie Robertson, University of Oxford
Hispanic: Professor Derek Flitter, University of Exeter
Italian: Professor Jane Everson, Royal Holloway, University of London
Latin American: Professor Catherine Davies, University of Nottingham
Portuguese: Professor Thomas Earle, University of Oxford
Slavonic: Professor David Gillespie, University of Bath

El camino inverso: del cine al teatro. *La vida en un hilo*, de Edgar Neville y *Mi adorado Juan*, de Miguel Mihura

de
Joanna Bardzińska

Modern Humanities Research Association
2014

Published by

*The Modern Humanities Research Association,
1 Carlton House Terrace
London SW1Y 5AF
United Kingdom*

© *The Modern Humanities Research Association, 2014*

Joanna Bardzińska has asserted her right under the Copyright, Designs and Patents Act 1988 to be identified as the author of this work. Parts of this work may be reproduced as permitted under legal provisions for fair dealing (or fair use) for the purposes of research, private study, criticism, or review, or when a relevant collective licensing agreement is in place. All other reproduction requires the written permission of the copyright holder who may be contacted at rights@mhra.org.uk.

First published 2014

*ISBN 978-1-78188-006-7 (hardback)
ISBN 978-1-78188-007-4 (paperback)
ISSN (MHRA Texts and Dissertations) 0957-0322*

www.texts.mhra.org.uk

ÍNDICE

Índice de imágenes — viii

Introducción — 1

Agradecimientos — 3

1. El cine sobre las tablas: estado de la cuestión, hipótesis y objetivos — 4
   1.1. Investigadores y teóricos frente al fenómeno de la 'adaptación inversa' — 5
       1.1.1. Estado de la cuestión e investigaciones previas — 5
       1.1.2. Teoría de la adaptación frente a la 'adaptación inversa': peligros y posibilidades de aplicación — 7
   1.2. El fenómeno de la 'adaptación inversa' en la cartelera española actual — 11
       1.2.1. ¿Preguntas sin respuesta? En busca del origen de la aparición del fenómeno en la cartelera actual — 11
       1.2.2. Una cartelera desbordante: La adaptación inversa entre lo teatral y lo cinematográfico — 17
       1.2.3. La adaptación inversa. Un intento de definición como fenómeno fronterizo — 27
   1.3. Hipótesis, objetivos y estructura de la investigación — 41

2. La adaptación inversa y la 'otra generación del 27' — 47
   2.1. Ambiente artístico de la época como desencadenante del fenómeno — 47
       2.1.1. Adaptaciones inversas en la época de la 'otra generación del 27' — 51
       2.1.2. Adaptación inversa en la obra de Edgar Neville y Miguel Mihura — 55
   2.2. Edgar Neville y Miguel Mihura, protagonistas de la 'otra generación del 27' — 60
       2.2.1. Edgar Neville — 63
       2.2.2. Miguel Mihura — 77
           2.2.2.1. Una trayectoria entre teatro y cine — 85
           2.2.2.2. Adaptaciones cinematográficas de las obras teatrales de Miguel Mihura — 95
       2.2.3. Paralelismos biográficos y generacionales — 102
       2.2.4. Cruces y encuentros: alianzas artísticas y 'osmosis estética' — 104

3. *La vida en un hilo*, de Edgar Neville: del guión cinematográfico al texto teatral ... 109
   3.1. Una historia entre la pantalla y el escenario ... 110
      3.1.1. El azar, en tren y bajo la lluvia: una historia nevillesca ... 111
      3.1.2. Coincidencias, plagios, versiones ... 117
      3.1.3. *La vida en un hilo* en el cine ... 124
      3.1.4. Estrenos en el teatro ... 127
   3.2. El guión, la película, el texto dramático: un intento de comparación ... 133
      3.2.1. El guión y la película ... 133
      3.2.2. Del cine al teatro: la trama ... 136
      3.2.3. Enunciación y estructura narrativa ... 138
         3.2.3.1. El narrador ... 139
         3.2.3.2. La estructura narrativa ... 143
      3.2.4. Las coordenadas espacio-temporales ... 145
         3.2.4.1. Espacio ... 145
         3.2.4.2 Tiempo ... 148
      3.2.5. Transformaciones ... 154
         3.2.5.1. Soluciones nuevas. Añadidos ... 154
         3.2.5.2. Supresiones ... 157
         3.2.5.3. Otras modificaciones ... 160
      3.2.6. Los trucos fílmicos y la tramoya teatral ... 162
      3.2.7. Diálogo ... 168
      3.2.8. Personajes ... 173
      3.2.9. Otras transformaciones ... 176
         3.2.9.1. Los nombres ... 176
         3.2.9.2. Algunos elementos del relato ... 177
         3.2.9.3. Otros datos ... 177
   3.3. Conclusiones del Capítulo 3 ... 178

4. *Mi adorado Juan*, de Miguel Mihura: del guión cinematográfico al texto teatral ... 185
   4.1 Una historia entre pantalla y escenario ... 185
      4.1.1 Proyecto cinematográfico ... 185
      4.1.2 Una historia cien por cien *mihuresca* con un toque Lubitsch y el espíritu de Capra ... 189
      4.1.3 *Mi adorado Juan* en el cine ... 197
         4.1.3.1 Guión y la censura ... 197
         4.1.3.2 Rodaje ... 199
         4.1.3.3 Reparto ... 201
         4.1.3.4 Estreno en los cines ... 203
      4.1.4 *Mi adorado Juan* en el teatro ... 204
         4.1.4.1 *Mi adorado Juan* en el Teatro de la Comedia de Madrid ... 205

		4.1.4.2 *Mi adorado Juan* en el Windsor de Barcelona	209
4.2	El guión, la película, el texto dramático: un intento de comparación		211
	4.2.1	El guión y la película	211
		4.2.1.1 Modificaciones introducidas por los autores	212
		4.2.1.2 La censura del productor	214
	4.2.2	Del cine al teatro: la trama	218
	4.2.3	Enunciación y estructura narrativa	226
	4.2.4	La estructura espacio — temporal	227
		4.2.4.1 Espacio	227
		4.2.4.2 Tiempo	230
	4.2.5	Transformaciones	232
		4.2.5.1 Equivalencias	234
		4.2.5.2 Recreaciones	236
		4.2.5.3 Referencias	238
		4.2.5.4 Asociaciones	239
		4.2.5.5 Apéndice: supresiones, añadidos y la clausura del relato	240
	4.2.6 Diálogos		244
	4.2.7 Personajes		249
	4.2.8 Los trucos fílmicos y la tramoya teatral		253
	4.2.9 Otras transformaciones		256
		4.2.9.1 Nombres	256
		4.2.9.2 Algunos elementos del relato	257
		4.2.9.3 Otros datos	257
4.3	Conclusiones del Capítulo 4		259

Conclusiones   264

Bibliografía   272

Índice de adaptaciones comentadas   285

Tablas y Esquemas   290

Índice de nombres citados   354

Índice de títulos citados   359

ÍNDICE DE IMÁGENES

Imagen 1. Cartel *De la vida de las marionetas*, de Jaime Nieto.
Imágenes 2-3. Fotos del montaje teatral de *Alguien voló sobre el nido del cuco* (Teatro Réplika, 2004)
Imágenes 4-10. Fotogramas de la película *La vida en un hilo* (Edgar Neville, 1945)
Imagen 11. Cartel *La vida en un hilo*, de José Luis Agreda.
Imágenes 12-16. Fotos del montaje teatral de *La vida en un hilo* (Teatro María Guerrero, 1959)
Imagen 17. Claudio de la Torre, director del montaje teatral de *La vida en un hilo*.
Imagen 18. Foto del montaje *La vida en un hilo* (Teatro María Guerrero, 1959)
Imagen 19. Foto del montaje *La vida en un hilo* (Teatro María Guerrero, 1959)
Imágenes 20-25. Fotogramas de la película *Mi adorado Juan* (Emisora Films, 1949)
Imágenes 26-30. Fotos del montaje teatral de *Mi adorado Juan* (Teatro de la Comedia, 1956)

No hay ningún arte que no tenga su continuación o su origen en otras artes
Gilles Deleuze

No se trata de buscar lo nuevo, sino desemplovar lo viejo
y verlo de una manera distinta, como nunca antes había sido visto
Krzysztof Kieślowski

INTRODUCCIÓN

~

Este libro tiene su origen en la Tesis Doctoral que fue escrita bajo la dirección del catedrático Eduardo Rodríguez Merchán y presentada el día 7 de julio de 2011 en el Departamento de Comunicación Audiovisual y Publicidad I de la Facultad de Ciencias de la Información de la Universidad Complutense de Madrid, obteniendo la calificación de 'Sobresaliente Cum Laude', con la Mención Europea, y posteriormente, el Premio Extraordinario de Doctorado concedido por el Consejo de Gobierno de dicha Universidad. Al mismo tiempo, nuestro estudio continúa la línea de investigación que desarrollamos en el marco del proyecto de suficiencia investigadora presentado en 2004 para la obtención del Diploma de Estudios Avanzados, dedicado al análisis de un caso de trasvase del cine al teatro (*'La vida en un hilo', de Edgar Neville: del guión cinematográfico al texto teatral*). Aquel trabajo — verdadera piedra angular de esta publicación — supuso nuestra primera incursión en el tema de 'adaptación inversa' que entonces suscitó nuestro interés por su originalidad y fue tratado únicamente en el contexto de 'la otra generación del 27' y de la obra de un autor. Ahora, lo reconocemos como un fenómeno extendido en la escena contemporánea y representativo de una tendencia escénica digna de estudiarse en sí misma. De ahí que decidamos retomar la línea de investigación empezada y explorar el 'camino inverso' de transposiciones entre el medio cinematográfico y teatral, en profundidad y abordándolo también desde la perspectiva actual.

En el presente estudio nos servimos de la documentación que hemos ido recopilando a lo largo de los últimos años dedicados a esta investigación, siguiendo publicaciones de la prensa y la cartelera teatral, y documentando detalladamente los espectáculos que hemos podido presenciar. Al mismo tiempo, nos hemos servido de los fondos de la biblioteca de la Facultad de Ciencias de la Información y de la Facultad de Filología de la Universidad Complutense de Madrid, de la Biblioteca Nacional de España y, especialmente, de los fondos de documentación de la Filmoteca Española y del Centro de Documentación Teatral (CDT) de Madrid. En ese mismo centro hemos tenido acceso a las grabaciones de los espectáculos de la cartelera española actual. Los expedientes administrativos, los informes de censura y los guiones analizados nos han sido facilitados por el Archivo General Administrativo (AGA) de Alcalá de Henares. También nos ha servido de referencia el archivo personal del profesor Rodríguez Merchán y del profesor Stuart Green del Departamento de Estudios Hispánicos, Portugueses y Latinoamericanos de la Universidad de Leeds en Inglaterra, donde en el año académico 2010-2011 realizamos la estancia de investigación en el marco de la subvención para la movilidad de doctorados con mención europea del Ministerio de Educación de España.

Entre los congresos que han marcado especialmente nuestra ruta de exploración del campo de relaciones entre el teatro y el cine debemos citar, sobre todo, la participación en España en el seminario 'Cine y literatura. El teatro en el cine' (Alicante, 2008)[1] y en el congreso internacional 'Teatro y cine en España desde 1975' (Dresde, 2007),[2] así como las conferencias que han servido para encauzar nuestra investigación: desde la ponencia 'Edgar Neville: el buque insignia de la "otra generación del 27"' (Salzburgo, 2008),[3] hasta la que ha supuesto el último eslabón de nuestro proyecto: 'El camino inverso: del guión cinematográfico al texto teatral. La "otra generación del 27" y la cartelera española actual' (Leeds, 2010).[4]

Al recordar dichas experiencias desde la perspectiva de un proyecto acabado, nos damos cuenta de que la presente publicación no sólo retoma la primitiva línea de investigación que decidimos desarrollar en nuestros estudios de doctorado — y que llamó nuestra atención sobre el fenómeno tratado en estas páginas — , sino que, en realidad, podríamos buscar sus antecedentes en nuestra Tesina de Licenciatura en Filología Hispánica (Universidad de Varsovia, 2000)[5] en la que decidimos abordar el tema del cine español precisamente en relación con el teatro, explorando dicha materia interdisciplinar en la obra de Carlos Saura, y que indudablemente decidió el camino por el que iba a transcurrir nuestra formación académica. Este camino, desarrollado durante años en paralelo a la actividad de intérprete y traductora (que, a su vez, sin duda, ha ido alimentando nuestra curiosidad por los fenómenos de transposición entre dos lenguajes), ahora desemboca en la presente investigación.

---

[1] En dicho seminario, organizado por el Instituto Alicantino de Cultura Juan Gil-Albert, el profesor Eduardo Rodríguez Merchán pronunció la ponencia titulada 'Del cine al teatro: la otra generación del 27. Los casos de *Mi adorado Juan* y *La vida en un hilo*', en la cual presentó nuestro proyecto de investigación.
[2] Congreso de la Asociación Alemana de Hispanistas en el cual pronunciamos la ponencia 'Teatralidad y dramaturgia en el cine de Carlos Saura: *Iberia* (2005) como paradigma de una obra coherente', en *Escenarios compartidos: cine y teatro en España en el umbral del siglo XXI*, ed. V. Berger, M. Saumell (Viena: Lit Verlag, 2009).
[3] Ponencia pronunciada en el ciclo de conferencias 'La otra generación del 27' en el Departamento de Filología Romana de la Universidad de Salzburgo.
[4] Ponencia presentada en el ciclo de conferencias del Programa de Posgrado en la Facultad de Estudios Hispánicos, Portugueses y Latinoamericanos de la Universidad de Leeds.
[5] *La tradición literaria española en el cine de Carlos Saura*, tesis de licenciatura inédita, dirigida por prof.dr.hab Kazimierz Sabik (Universidad de Varsovia, 2000).

AGRADECIMIENTOS

En primer lugar me gustaría expresar mi agradecimiento al Dr. Eduardo Rodríguez Merchán, por su ayuda y apoyo a lo largo de los estudios de Doctorado y durante la realización de la Tesis. Doy las gracias también a todos los que han mostrado interés por este proyecto y han ayudado a llevarlo a cabo: al Dr. Richard Cleminson y al Dr. Duncan Wheeler de la Facultad de Estudios Hispánicos de la Universidad de Leeds y, especialmente, al Dr. Stuart Green, profesor de Teatro y Cine Español de la Universidad de Leeds. Mis agradecimientos a José Luis Agreda y a Jaime Nieto por haber facilitado el material gráfico de su autoría y a Marta Fernández Echevarría por su ayuda en el diseño de la portada. Al personal de la Filmoteca Nacional, a los responsables de la Biblioteca, Fototeca y del Departamento de Visionado, sobre todo a Margarita Lobo y Trinidad del Río; a Gerardo del Barco y Pedro Ocaña del Centro de Documentación Teatral; a los responsables de la Biblioteca de Ciencias de la Información de la Universidad Complutense y a José Luis Sevilla de la Videoteca de la Facultad. Gracias también a mis amigos y a mi familia por su incondicional apoyo en cada momento, especialmente a Alberto Haj-Saleh por la última revisión del texto y a Josefina Vázquez Arco, por sus palabras de ánimo y enorme ayuda a lo largo de la escritura; a mi hermano Piotrek, por su apoyo técnico y moral; y a mis padres, María y Stanislaw, a quienes dedico este trabajo.

CAPÍTULO 1

~

El cine sobre las tablas: estado de la cuestión, hipótesis y objetivos

Una de las grandes aspiraciones del teatro, desde los griegos, era llegar a ser cine. Lo ha conseguido.

Eduardo Haro Tecglen

Hace más de un siglo, las salas de teatro abrieron sus puertas para darnos a conocer un curioso invento: el cinematógrafo. Entonces un simple artilugio mecánico, sin ínfulas de erigirse en un arte nuevo. A partir de las primeras exhibiciones del aparato durante los espectáculos teatrales, las proyecciones de películas, percibidas como una atracción de feria, entraron a formar parte de la programación habitual de los escenarios. Aquel paisaje de los albores del séptimo arte nos resulta hoy muy lejano, cuando ya nadie le disputa al cine su identidad artística, los espectadores se debaten entre teatros y multicines, y la patente de los Lumière va cediendo lugar a la imagen digital, en el mismo umbral del siglo XXI, los títulos cinematográficos vuelven a inscribirse en la cartelera teatral. La historia parece repetirse, pero ¿qué sugiere realmente este peculiar *déjà vu* en la convivencia de las dos artes?: ¿Una paradoja del destino? ¿La vuelta a los orígenes? ¿Una mirada atrás?

Ante todo, debemos aclarar que la aludida presencia de los títulos fílmicos en los actuales programas de salas teatrales no significa que el cine siga compartiendo los espacios del arte dramático en las mismas condiciones de desigualdad de sus inicios, ni tampoco sugiere que haya llegado a usurparlos: no se trata de películas proyectadas en los teatros sino de sus versiones escénicas. Estamos, de todas formas, ante un comportamiento que vuelve a introducir las obras cinematográficas en los escenarios; aunque, en este caso, más que de un rebrote del antiguo síndrome de dependencia de un arte naciente frente al otro milenario, podríamos hablar de una inversión de papeles entre ambas artes. Porque si hubo un tiempo en el que el cine fue comprendido como 'la imprenta para el teatro',[1]

---

[1] Así lo definía Marcel Pagnol en 1933 en las páginas de *Les Cahiers du Film*, describiendo el cine como 'arte de imprimir, de fijar y de difundir el teatro'.

si desde sus orígenes ha ido nutriéndose de la materia teatral y buscando argumentos entre los títulos de éxito de la escena, si las adaptaciones de las obras teatrales han constituido uno de los principales soportes de la industria cinematográfica, hoy este viaje parece haberse invertido. Ahora es el teatro el que vuelve su mirada hacia el patrimonio de la gran pantalla.

En la cartelera teatral española esta nueva tendencia ha ido consolidándose desde el arranque del nuevo milenio. En los primeros años de este siglo las adaptaciones de películas a obras escénicas todavía llamaban la atención como ejemplos de un fenómeno atípico. Transcurrida una década, esta práctica, que parecía contradecir las rutas habituales del flujo entre teatro y cine, constituye ya un hecho recurrente. La situación ha cambiado hasta tal punto que las adaptaciones teatrales de obras cinematográficas parecen incluso amenazar la primacía del proceso opuesto, hasta hace poco considerado como el más natural. Desde luego, si hasta ahora el principal motivo de relacionar los lenguajes del cine y del teatro lo aportaban las adaptaciones de piezas escénicas a la pantalla, ahora ocurre precisamente lo contrario.

1.1 Investigadores y teóricos frente al fenómeno de la 'adaptación inversa'

1.1.1 Estado de la cuestión e investigaciones previas

Al margen de las voces lanzadas desde la prensa, resulta natural — y del todo oportuno — que este cambio de perspectiva en el ámbito artístico suscitara reflexiones de los historiadores y estudiosos de las dos artes. En efecto, el interés académico por el tema va creciendo: las anécdotas y tímidas digresiones han empezado a desembocar en acercamientos críticos y propuestas de análisis del fenómeno.

Uno de los primeros eruditos del cine en captar la urgencia de la cuestión es José Luis Borau quien, en un artículo publicado en los *Cuadernos de la Academia* en 2002, resalta el abandono que sufren las adaptaciones del cine al teatro en la tradición crítica de las artes. En la citada publicación el veterano cineasta español aborda el tema desde una perspectiva historiográfica global, llamando la atención sobre 'una variante poco considerada aún, cuando no sistemáticamente ignorada'.[2] Coincidiendo con sus declaraciones, el fenómeno empieza a suscitar interés entre los investigadores en España. En los debates sobre las relaciones entre el cine y el teatro, o sobre la adaptación en general, resultan cada vez más frecuentes las referencias a la nueva práctica adaptativa y pronto surgen los primeros trabajos centrados específicamente en el trasvase de películas a la escena.

---

[2] J. L. Borau, 'Antecedentes fílmicos. Viajes desde el cine a la literatura', en *La imprenta dinámica. Literatura española en el cine español. Cuadernos de la Academia*, ed. Carlos Heredero, (Madrid: Academia de las Artes y las Ciencias Cinematográficas de España, 2002), p. 431.

Entre los primeros portavoces del fenómeno podemos citar a Francisco Gutiérrez Carbajo quien, al hablar de adaptaciones cinematográficas de obras teatrales, se permite 'hacer referencia al fenómeno contrario', inspirado por un caso reciente que acaba de ver en un teatro de Madrid.[3] Este mismo año, Guillermo Heras y María Francisca Vilches amplían el temario del XI Seminario Internacional del Instituto de Semiótica Literaria, Teatral y Nuevas Tecnologías de la UNED — dedicado, en principio, a las transposiciones del teatro al cine y a la televisión — con la reflexión sobre las películas convertidas en espectáculos. La citada autora llega a proponer un primer acercamiento al nuevo hecho artístico, describiendo el fenómeno como 'interesante y todavía incipiente en los escenarios españoles' e intuyendo un nuevo campo de investigación en la materia de relaciones entre el universo teatral y el cinematográfico.[4]

La misma desviación del tema principal se puede observar en el artículo de otra investigadora de las influencias entre el cine y el teatro, Virginia Guarinos, que en la nueva aportación a su campo de especialización publicada en 2003, tampoco deja de evocar las adaptaciones de obras fílmicas a la escena teatral.[5] En los textos de esta autora encontraremos reflejado, además, el sucesivo cambio de perspectiva respecto a la cuestión, fruto de la evolución del panorama creador en los últimos años. Primero, en el estudio que acabamos de citar, la investigadora apunta que 'estamos ante la posibilidad más remota y más escasamente producida hoy, la adaptación de una película a obra de teatro, a montaje escénico', y cuatro años más tarde, en 2007, admite a propósito del fracaso de las adaptaciones teatrales en cine que 'en la época actual mucho más se está beneficiando el teatro del cine que no al revés'.[6]

Entre las Actas de ese mismo encuentro en el que Guarinos llega a subrayar la proliferación de adaptaciones del cine a la escena teatral, aparece otro artículo relevante. Su autor, Emilio de Miguel Martínez,[7] aparte de resumir las reflexiones

---

[3] El citado ponente se refiere a la adaptación escénica de *Manuscrito encontrado en Zaragoza* que será tratada más adelante. Véase *Actas del Congreso Literatura y Cine (15-18 de octubre de 2002)*, (Jerez de la Frontera: Fundación Caballero Bonald, 2003), p. 231.

[4] G. Heras, 'Mestizajes y contaminaciones del lenguaje cinematográfico con el teatral'; M. F. Vilches de Frutos, 'La captación de nuevos públicos en la escena contemporánea a través del cine', en *Del teatro al cine y la televisión. Actas del XI Seminario Internacional del Instituto de Semiótica Literaria, Teatral y Nuevas Tecnologías de la UNED (Casa de América, Madrid, 27-29 de junio de 2001)*, ed. J. Romera Castillo, M. F. Vilches de Frutos (Madrid: Visor, 2002).

[5] V. Guarinos, 'Del teatro al cine y a la televisión: el estado de la cuestión en España', en *Cuadernos de Eihceroa*, 2 (2003), pp. 61-77.

[6] V. Guarinos, '*Ninette*, la de un señor de Murcia, por la calle Mayor. ¿Esto era el siglo XXI? ¿o habrá que dejarle tiempo?', en *Teatro, novela y cine en los inicios del siglo XXI. Actas del Seminario Internacional del Instituto de Semiótica Literaria, Teatral y Nuevas Tecnologías de la UNED (Madrid, 13-17 de diciembre 2007)*, ed. J. Romera Castillo (Madrid: Visor, 2008), pp. 133-51.

[7] Véase 'Cine y teatro: pareja consolidada en el arranque del milenio', en *Teatro, novela y cine en los inicios del siglo XXI*, ed. J. Romera Castillo (2008), pp. 35-57.

precedentes, por primera vez reúne e intenta sistematizar los datos manejados, ofreciendo la que podríamos considerar la aportación más completa y reveladora, hasta el momento, al estudio de las adaptaciones del cine al teatro en España. Junto con el análisis del fenómeno desarrollado por este investigador, conviene citar otro trabajo anterior, igualmente imprescindible: el realizado por María Teresa García-Abad García como parte de su investigación sobre los mestizajes transmediales y la influencia del cine en otras artes. En un capítulo de su libro *Intermedios*, la citada autora complementa el cuadro elaborado por Miguel Martínez con amplias observaciones críticas y análisis de algunos ejemplos concretos.[8]

Estas dos últimas aportaciones citadas (la de Emilio de Miguel Martínez y la de María Teresa García-Abad García) constituyen, hasta este momento, las referencias bibliográficas más relevantes para la vía de estudio que el fenómeno de 'adaptación inversa' va abriendo en el campo de los trasvases entre el teatro y el cine en España.

1.1.2 Teoría de la adaptación frente a la 'adaptación inversa': peligros y posibilidades de aplicación

Todos los textos mencionados — y cabe esperar que los seguirán otros muchos — inician la exploración de un nuevo cauce de investigación y por lo tanto, en primer lugar, tratan de constatar la relevancia y evaluar la extensión del fenómeno. Los citados estudiosos del tema se preguntan por los orígenes de la nueva situación e intentan estimar su impacto en el universo artístico contemporáneo; explican casos concretos, pero sin pretender englobarlos en un marco normativo general. Ninguno de los autores plantea llevar sus reflexiones al terreno estrictamente teórico y confrontar la nueva acepción adaptativa con los modelos y teorías existentes. La nueva variante tampoco se ha tenido en cuenta en los recientes trabajos teóricos españoles, a pesar de que, como observa Pérez Bowie, precisamente en la última década se ha producido en España un incremento importante de la bibliografía en el campo de la adaptación.[9]

Podemos considerar natural que la exploración de un fenómeno nuevo comience con el estudio de ejemplos concretos antes de originar los planteamientos teóricos correspondientes; sin embargo, es preciso resaltar que la práctica adaptativa inversa que aquí nos interesa, hasta el momento, no ha sido objeto de ninguna de las aproximaciones teóricas ni propuestas metodológicas desarrolladas en torno al tema de las adaptaciones entre la literatura y el cine.

---

[8] M. T. García-Abad García, 'La profecía "meyerholdiana": hacia la cinematización de la escena', en *Intermedios. Estudios sobre literatura, teatro y cine* (Madrid: Fundamentos, 2005).
[9] J. A. Pérez Bowie, *La adaptación cinematográfica de textos literarios. Teoría y práctica* (Salamanca: Plaza Universitaria, 2003).

Este trabajo tampoco pretende suplir la ausencia de dicho marco teórico. Nos centraremos en el análisis de casos concretos de 'adaptación inversa', dejando al margen cualquier intento de fijar normas reguladoras de la trasposición del cine al teatro. No obstante, aunque no desarrollemos nuestras reflexiones en el terreno puramente teórico, el hecho de que todas las teorías de la adaptación concernientes a la literatura y el cine establezcan como referencia tácita las adaptaciones fílmicas de textos literarios — es decir, del teatro al cine y no al revés — incita a preguntarnos si realmente existe la necesidad de un modelo específico para el proceso adaptador inverso.

Dicho interrogante, como todo acercamiento al tema que proponemos más adelante, exige adoptar la perspectiva de los estudios actuales sobre la adaptación y, en particular, los desarrollados en el campo de las relaciones entre el teatro y el cine.[10] Asimismo, debemos dejar atrás los enfoques tradicionales que suponían la primacía del texto fuente y obligaban a tener en cuenta los criterios de la fidelidad (perspectiva cultivada desde Bazin hasta Dudley y Baldelli). Hoy, asumiendo la evolución del debate crítico en las últimas décadas del siglo pasado y en los primeros años de este nuevo milenio, partimos del principio de la igualdad entre dos códigos diversos, rechazando cualquier superioridad de un lenguaje artístico sobre otro, y aceptamos la independencia entre el producto resultante y la obra de partida.

En este nuevo contexto podemos suponer que, en realidad, los mismos modelos y enfoques metodológicos pueden servir para el estudio de los procesos adaptativos independientemente de la dirección del trasvase entre los medios. Si 'dos polaridades extrínsecas' en las que consiste, en palabras de Michel Serceau, toda adaptación, permanecen al mismo nivel y constituyen hechos artísticos independientes, podemos suponer que intercambiarlos — es decir, realizar una adaptación del cine al teatro en vez de la adaptación fílmica de una obra teatral — significa simplemente invertir el orden del proceso adaptador y, por lo tanto, corresponde a los mismos procedimientos desarrollados al revés y puede explicarse aplicando los mismos esquemas. De este modo, si los manuales de adaptación que se refieren a los trasvases del teatro al cine hablan de la necesidad de 'airear' el texto trasladando la acción a los exteriores, insisten en aliviar el

---

[10] Nos referimos a los nuevos enfoques teóricos y metodológicos que reconocen la igualdad de los lenguajes de expresión artística implicados en el proceso de adaptación y defienden la independencia entre el resultado y la obra fuente. Una síntesis de los avances recientes de la teoría de la adaptación la presenta J. A. Pérez Bowie en sus textos: 'La adaptación como encrucijada', en *Leer el cine. La teoría literaria en la teoría cinematográfica* (Salamanca: Ediciones Universidad Salamanca, 2008), pp. 185-200; y 'La adaptación cinematográfica a la luz de algunas aportaciones teóricas recientes', *Signa: Revista de la Asociación Española de Semiótica*, 13 (2004), pp. 276-300. La segunda de las citadas publicaciones recoge las últimas aportaciones teóricas en el ámbito español. Véase también S. Trecca, 'El teatro y los medios audiovisuales: la situación de los estudios en España', *Revista Signa*, 19 (2010), pp. 13-34.

diálogo, añadir escenas transitorias y, en general, mostrar todo lo que antes era sólo contado, el proceso inverso podría suponer exactamente lo contrario: reducir los espacios, ampliar el diálogo, restablecer la unidad de espacio y de tiempo, contar episodios de acción en vez de mostrarlos.

Desde luego, este razonamiento puede servir de explicación para la falta de interés teórico en destacar los mecanismos de la práctica de la 'adaptación inversa'. No obstante, ante un fenómeno tan complejo como la adaptación, debemos, ante todo, tener en cuenta que se trata de una práctica no reducible a métodos rutinarios, en la que el empleo de los mismos mecanismos no implica el mismo resultado. Por lo tanto, aunque el instrumental metodológico pueda servir igualmente para estudiar las adaptaciones llevadas a cabo en direcciones diferentes, la inversión del proceso adaptativo no se explica simplemente con el intercambio de los textos de partida y de llegada, ya que no se trata de una operación matemática reversible, en la que cada acción, emprendida desde cualquier lado de la ecuación, confirma el mismo resultado, sino de un proceso creativo 'difícil, si no imposible, de atrapar en esquemas reductores' y, por lo tanto, imprevisible.[11]

Ángel Fernández Santos, se adelantó al debate sobre las adaptaciones del cine al teatro, destacando, ya en los años ochenta, la diferencia que supone invertir la dirección de la transposición entre los dos medios, teatral y cinematográfico:

> [...] la idea de que teatro y cine son, en éste y otros terrenos, vasos comunicantes, no es falsa, pero puede convertirse en una media verdad si no se añade que entre ambos vasos comunicantes los fluidos circulan mejor en la dirección teatro-cine que a la inversa.[12]

Este mismo juicio lo podemos escuchar también hoy entre los comentarios sobre la escena teatral de Madrid: así, por ejemplo, Javier Vallejo observa al respecto que 'teatralizar una película es más difícil que filmar una comedia'.[13] No nos aventuramos a discutir ni afirmar estas opiniones, pero dejamos que nos sirvan para insistir en la diferente naturaleza de los procesos adaptativos llevados en direcciones opuestas y resaltar dos aspectos de la cuestión abierta en estos párrafos: primero, que las características del proceso de adaptación del cine al teatro no se explican con una simple 'inversión' de la práctica habitual (del teatro al cine), por lo cual el fenómeno no debe ser comprendido como el 'reverso' de un mecanismo conocido, sino estudiado y explorado como un hecho artístico nuevo; segundo, la aplicación de los mismos métodos y enfoques metodológicos independientemente de la dirección del proceso adaptativo resulta posible y justificada, pero al mismo tiempo que sirve para conocer las particularidades del

---

[11] Así define el fenómeno de la adaptación J.A. Pérez Bowie (2003), p. 12.
[12] Á. Fernández Santos, 'Del cine al teatro', *Pipirijaina. Revista de Teatro*, 18 (1981).
[13] J. Vallejo, 'Sexo sentimental', *El País*, 21 de octubre de 2010, p. 8.

fenómeno inverso puede llevar a descubrir mecanismos y matices totalmente nuevos en el terreno de los estudios sobre la adaptación.

Dejamos abierta, en estas páginas, la posibilidad de establecer un marco teórico específico para la práctica de 'adaptación inversa' o tratarla como una acepción nueva de las propuestas normativas existentes. En lo que respecta a nuestra propia labor investigadora, no buscamos entre los planteamientos teóricos esquemas a los que reducir la materia estudiada, sino instrumentos metodológicos que puedan servir para su análisis. Asimismo, entre las últimas aproximaciones teóricas al fenómeno de la adaptación encontramos enfoques especialmente útiles y esclarecedores para el estudio de la práctica inversa. Así, por ejemplo, al intentar explicar las razones de la popularidad del fenómeno e indagar en la génesis de su resurgimiento en el panorama artístico actual, adoptamos, evidentemente, la perspectiva pragmática que preside los acercamientos actuales, mientras que al referirnos a la recepción e interpretaciones que suscita, compartimos el énfasis en el contexto socio-cultural del destinatario. De este modo, nos hacemos eco de las voces más relevantes de la crítica actual, invocando, inevitablemente, a Bettetini, Vanoye, Catrysse, Serceau, Stam y, a través de ellos, también a Kristeva, Genette o Bajtín.[14]

Por lo tanto, aunque no basemos nuestro posterior análisis de la práctica adaptativa en un esquema preestablecido, ni pretendamos fijar normas determinadoras o proponer sistemas teóricos, al acercarnos al fenómeno, participaremos de los hallazgos metodológicos y teóricos vigentes. Pero antes de abordar el estudio de los casos concretos, pasemos a referirnos a las consideraciones que nos han traído a este 'camino inverso', y que nos acompañarán a la hora de explorar su recorrido.

---

[14] Las consideraciones en torno a la práctica inversa planteadas en el capítulo inicial participan de los enfoques y perspectivas introducidos por todos los autores citados. Tanto la idea de la adaptación como manifestación de una estrategia comunicativa de Gianfranco Bettetini, como el concepto de 'apropiación' de Francis Vanoye, que describe el fenómeno como un proceso de transferencia socio-cultural, están presentes en nuestra reflexión sobre los motivos y el funcionamiento de las producciones. Del mismo modo, participamos de la idea de 'polisistemas' de Patryck Catrysse: si el teórico francés aborda la adaptación desde niveles de interacción de sistemas diferentes, insistiendo en que tanto el contexto de partida como el de llegada influyen en el proceso de adaptación, nosotros corroboramos su concepto de 'mutua interpretación' al considerar los códigos estéticos del público contemporáneo como factor determinante para la realización de las adaptaciones inversas (desde el mismo proceso de elección de las obras adaptadas hasta la realización de la adaptación). Mientras que las cuestiones de la recepción por parte del público y las propias características artísticas del fenómeno nos remiten a los conceptos que subrayan la interrelación que cada proceso adaptativo establece entre la obra fuente y el resultado de la adaptación, o entre las vertientes de producción y de lectura: así cobran presencia en nuestras consideraciones la 'recontextualización' de Michel Serceau, el diálogo mutuo de Robert Stam, y sus referentes teóricos, la 'intertextualidad' de Julia Kristeva y de Gérard Genette, y el 'dialoguismo' de Bajtin.

1.2 El fenómeno de la 'adaptación inversa' en la cartelera española actual

Hace casi una década José Luis Borau, comentando las obras que han experimentado la transformación del cine a la literatura, lamentaba que nadie se había detenido a confrontar las razones, las diferencias o las consecuencias que envolvieron semejantes 'saltos' entre los medios cinematográfico y teatral en cada momento.[15] Hoy la situación ha cambiado, el debate ya está abierto y sorprende con la variedad de opiniones que entran en polémica. Porque, desde luego, las 'adaptaciones inversas',[16] como un hecho cada vez más acusado en la cartelera, ya no inquietan ni sorprenden, pero su práctica está agitando las aguas de la crítica cultural provocando numerosos interrogantes que todavía esperan respuesta.

Muchos ponen en duda el hecho mismo de llevar a escena una película que todavía está en la memoria de los espectadores (y que se puede comprar o alquilar, con facilidad, en DVD). Nosotros, sin cuestionar el sentido de cambiar las luces del plató por las tradicionales candilejas, nos preguntamos por las razones del actual resurgimiento del fenómeno. Nos uniremos a la discusión retomando los hilos de razonamiento propuestos y aportando otros nuevos, intentando rescatar de la polifonía de interpretaciones las primeras hipótesis y, de este modo, emprender nuestra aventura investigadora en un territorio tan poco estudiado como intrigante.

1.2.1 ¿Preguntas sin respuesta? En busca del origen de la aparición del fenómeno en la cartelera actual

Los dos principales estudiosos de la práctica de trasvase del cine al teatro en el ámbito español, citados anteriormente, nos conducen a la primera confrontación de perspectivas empleadas para explicar la aparición del fenómeno de la adaptación inversa: de un lado, Emilio de Miguel Martínez insiste en las razones comerciales; del otro, María Teresa García-Abad García alude a la sucesiva 'cinematización' del arte dramático.[17] A partir de este cruce de ideas, veremos surgir toda una cadena de interrogantes que, al mismo tiempo, nos irán revelando lo ambiguo y contradictorio de la nueva fórmula, puesto que, para descifrar la

---

[15] J. L. Borau, en *La imprenta dinámica*, ed. C. Heredero, p. 431.
[16] De aquí en adelante, hemos considerado conveniente renunciar al uso de las comillas al referirnos a la adaptación inversa — denominación aún no generalizada en la crítica especializada — para agilizar la lectura de esta investigación.
[17] *Intermedios*, p. 263. La autora ve en la nueva tendencia de la producción teatral contemporánea una manifestación de la visión profética de Vsevolod Emilevich Meyerhold, quien pronosticó la 'cinematización de la escena'. No obstante, el 'teatro cineificado' identificado con el artista ruso, no se reduce al ámbito de espectáculos donde aparezcan proyecciones fílmicas en pantalla.

raíz misma del fenómeno de la práctica inversa, resultará inevitable preguntarnos si, realmente, es la confianza en repetir el éxito de la pantalla la principal razón de su popularidad o, más bien, debemos explicar su aparición como consecuencia de la evolución del lenguaje escénico. Otras preguntas que surgen son si la nueva fórmula es sinónimo de una nueva era del arte dramático o, por el contrario, confirma la superioridad del cine y la falta de creatividad en el teatro; si supone un reto artístico o una apuesta sobre seguro y una renuncia a cualquier riesgo creativo; si sirve para atraer al público o es el público el que solicita su presencia en la cartelera. Y, ante todo: ¿qué es exactamente la adaptación inversa? ¿A qué fenómeno nos referimos empleando dicho término en estas páginas y qué parámetros encontramos para definirlo como objeto de estudio?

A través de estas preguntas ya podemos vislumbrar las diferentes y contradictorias hipótesis que suscita la nueva práctica adaptativa. Seguiremos esta ruta de posibilidades interpretativas para ir hilvanando las reflexiones acerca de las causas de la aparición del fenómeno y enfrentarnos, al final, a la cuestión esencial de su definición.

Por supuesto, no podemos negar que la inclusión en la programación teatral de títulos que remitan a los éxitos de la gran pantalla no tenga efecto comercial: sin duda, un referente cinematográfico puede ayudar, y mucho, en la taquilla. Si en los principios del séptimo arte el cine ganaba público siguiendo la estela de éxito de las obras teatrales, ahora ocurre exactamente al revés. De ahí que tenga razón Puertas Moya al observar que el teatro español de hoy prefiere 'lanzarse en el trampolín con la red protectora del funcionamiento económico previo de la película y de la fama de los actores'.[18] Porque también es cierto que, junto a los célebres títulos cinematográficos, el enganche comercial de las adaptaciones inversas se basa en los actores que, gracias a la proyección obtenida en el mundo del cine, ayudan a llenar las salas teatrales. Bastaría fijarnos en la frecuencia con la que los nombres de repercusión fílmica y televisiva aparecen en los elencos teatrales.

Esta tendencia la corroboran muchos de los montajes teatrales a los que haremos referencia más adelante: así por ejemplo, en la versión teatral de *39 escalones* (2009) sale al escenario la presentadora de televisión Patricia Conde; en la de *Señor Ibrahím y las flores del Corán* (2009), el joven protagonista de la serie *Cuéntame*, Ricardo Gómez; mientras que el principal reclamo de los montajes de *Días de vino y rosas* (2009) y *En la cama* (2008) lo constituyen las parejas protagonistas formadas por actores conocidos de la gran pantalla, Silvia Abascal y Carmelo Gómez en el caso de la primera, y María Esteve y Roberto San Martín, en la segunda. Ésta, desde luego, parece ser la estrategia exigida por la industria de la escena actual: como dice Álvaro Lavín, director de escena avezado en las

---

[18] Véase 'Revisión de la pena de muerte: *El verdugo*, del cine al teatro', en *Del teatro al cine y la televisión*, ed. J. Romera Castillo (2002), p. 487.

representaciones de historias fílmicas (el mismo año 2009 llevó a la escena la película de Lubitsch, *Ser o no ser*, y el universo de los hermanos Marx, en *La verdadera historia de los hermanos Marx*), muchos programadores escogen para sus teatros espectáculos protagonizados por famosos, viendo en estos proyectos una garantía de éxito.[19] No obstante, cabe apuntar al respecto que la presencia de actores televisivos sobre los escenarios no se da únicamente en los repartos de las obras con precedentes cinematográficos, sino que constituye una práctica generalizada dentro de la producción teatral actual y advertida por la crítica: así, por ejemplo, en mayo de 2009, bajo el epígrafe 'De la tele a las tablas', como manifestación de la 'avalancha de obras con actores de televisión', en las páginas de *El País* se anunciaban hasta seis títulos de la cartelera madrileña y entre ellos, sólo una adaptación inversa, *39 escalones*.[20]

La resaltada presencia de las ficciones fílmicas y sus intérpretes en los escenarios, aparte de atraer al público, evidentemente, certifica la omnipresencia de lo fílmico y de lo audiovisual, tanto sobre las tablas como en la inspiración de los dramaturgos y también en los hábitos de los propios espectadores. No sorprende dicha contaminación cinemática en la época que vivimos, cuando el cine ha llegado a formar parte indispensable de la realidad y de nuestro imaginario; la presencia de las ficciones fílmicas en los escenarios, indudablemente, es la consecuencia y una explícita manifestación de ese profundo arraigamiento del séptimo arte en la cultura contemporánea. Resultan más cuestionables las supuestas connotaciones negativas de esta interpretación. En este contexto, Emilio de Miguel Martínez ve las raíces del fenómeno en la hegemonía del universo audiovisual, acusando a los autores teatrales, por un lado, de no poder desprenderse de las adherencias cinematográficas, y por otro, de ponerse al servicio del 'pasivo consumidor de ficción'.[21] Desde esta perspectiva, la práctica inversa, que retoma las propuestas de la gran pantalla para satisfacer al espectador con producciones cercanas a sus códigos estéticos habituales, parece manifestar la inercia y el conformismo artísticos. En este sentido, podríamos incluso ver en la nueva fórmula la confirmación del severo juicio de Juan Mayorga para quien 'el fundamental mal del teatro español es que intenta servir al público, intenta gustarle cuando debería desafiarlo'.[22]

---

[19] 'Hay que dejarse el ego en casa', *El País*, supl. *Babelia*, 21 de febrero de 2004, p. 5.

[20] B. Portinari, '*Zapping* desde la butaca del teatro', *El País*, 5 de febrero de 2009, p. 6. La misma tendencia queda comentada por J.M. Goicoechea en 'Esta cara me suena … de la televisión', *Tiempo*, 9 de enero de 2009, pp. 60–63.

[21] Según sugiere el autor, éste sería el espectador a quien, en primer lugar, parecen dirigidas las representaciones con referencias a la pequeña y la gran pantalla. Véase 'Cine y teatro: pareja consolidada en el arranque del milenio', en *Teatro, novela y cine en los inicios del siglo XXI*, ed. J. Romera Castillo (2008), p. 47.

[22] 'Al público hay que desafiarlo', *El País*, supl. *Babelia*, 21 de febrero de 2004, p. 4.

No obstante, antes de considerar el fenómeno que nos ocupa como argumento para confirmar 'el gran mal del teatro' que, según el citado dramaturgo, radica en su supuesta 'cobardía', conviene tener en cuenta la otra cara de la moneda. Primero, recordar que el referente cinematográfico, por un lado, ayuda a comercializar el espectáculo, pero por el otro, supone un riesgo y una dificultad añadida, puesto que a veces los factores del éxito anterior pesan en exceso sobre la nueva peripecia. Como leemos en una reseña de la representación teatral de *Crimen perfecto*,[23] identificada inevitablemente con la célebre película de Hitchcock, en estos casos, 'a las trabas de la puesta en escena se suman las del referente que éste plantea sobre la mente colectiva del público que va a comparar, a veces de forma inconsciente, el espectáculo que sucede ante nuestros ojos con el que vimos en cine o televisión'. En consecuencia, las adaptaciones escénicas de las películas resultan más complejas precisamente por ese implícito listón de referencia que obliga a no decepcionar al público que ya vio la cinta.

Del mismo modo, conviene desmentir las convicciones de que un mayor número de espectadores suponga un nivel de exigencia más bajo y que las dramatizaciones de películas correspondan a la demanda de un espectador pasivo formado por el medio audiovisual y acostumbrado al lenguaje de la televisión. No cabe duda de que la nueva fórmula anima a sentarse en las butacas de los teatros a un público nuevo, pero las filas de los espectadores no crecen tan sólo gracias a los cinéfilos, ni tampoco su mayoría la constituyen los aficionados a los concursos televisivos. El público que acude al teatro para reencontrarse con sus héroes fílmicos, es, sobre todo, un público 'variado y poco acostumbrado al teatro' — según lo describe Lola Herrera durante la representación de *Solas*[24] — , 'mezclado, apasionado e inclasificable', como el que observa Marcos Ordóñez en el estreno teatral de *El pisito*.[25] El interés de un público tan diverso, en el que nos encontramos, según el testimonio del citado crítico, 'a la abuela con su nieto *heavy*, el bastón junto a la camiseta de Iron Maiden', más que conformismo y capitulación de la escena contemporánea, parece confirmar su espíritu vivo y candente. No hay otra arte para la que la presencia del público resulte más esencial y esta respuesta al fenómeno reafirma su razón de ser, afianzando un nuevo hecho artístico de la dramaturgia, no sólo una estrategia comercial o un producto de cultura de masas.

---

[23] C. Ramos, 'De cuando el cine se sube a los escenarios', *ABC* (edición Sevilla), 12 de marzo de 2000. La reseña citada se refiere al montaje de *Crimen perfecto* — obra de Frederik Knott en la que se basa la película homónima de Hitchcock (1954) — estrenado en España en 2000 (Teatro Alkázar de Plasencia, 28-I; Teatro Real Cinema, Madrid, 22-III), bajo la dirección de Valentín Redín, con Remedios Cervantes, Manuel Navarro, Jaime Blanch, Ramón Pons y Ángel Amorós en el reparto. Sobre otros montajes de *Crimen perfecto* en la escena española, véase el apartado 2.1.
[24] Véase C. Márquez, 'La sencillez del drama silenciado', *Odiel* (Huelva), 12 de abril de 2005.
[25] M. Ordoñez, '¡Traga, Fito, traga!', *El País*, supl. *Babelia*, 26 de septiembre de 2009.

Además, cabe reparar en otra circunstancia curiosa que añade un matiz nuevo a las hipótesis sobre el reclamo comercial de estas representaciones teatrales. Nos referimos a la incorporación a la escena de los profesionales del medio fílmico y televisivo, ya que la práctica que mencionamos como impuesta por los productores teatrales, no viene dictada tan sólo por las leyes del mercado del espectáculo. Sin negar la función de anzuelo publicitario que asumen los famosos de cine y televisión sobre las tablas, resulta relevante destacar que, en muchos casos, son los propios actores los que buscan la posibilidad de cambiar la pantalla por el escenario. La implicación personal de los intérpretes en los proyectos teatrales permite pensar que no se trata tan sólo de aprovechar cierto poder mediático, sino de la necesidad de cambiar de registro expresivo y reafirmarse artísticamente como actor en el teatro. Esta circunstancia revela otro matiz del carácter 'inverso' de la práctica observada: el flujo de profesionales que observamos entre el teatro y el cine en este momento es el reverso de la situación de los principios del cine, cuando la mayoría de los directores y actores que recurrían al nuevo medio contaban con un bagaje teatral. Esta dinámica invertida la confirman, además, los directores de cine que cada vez más a menudo asumen la dirección de espectáculos teatrales, como en el caso de Mariano Barroso (*Closer*, Teatro Lara, Madrid, 2009) o Pedro Olea (*El pisito*, Teatro Marquina, Madrid, 2009).

Esta actitud la demuestra, por ejemplo, la actriz Amparo Larrañaga, que tras pasar siete años absorbida en series televisivas se empeña en resucitar sobre las tablas el espíritu de Lubitsch, encarnando en *Ser o no ser*[26] el papel interpretado antaño por Carole Lombard; o Belén Rueda, una de las actrices que más proyección ha alcanzado en los últimos años en España, que tras éxitos a gran escala como *Mar adentro* (2004) o *El orfanato* (2007), decide probar sus fuerzas en el teatro, atreviéndose con *Closer*, la aclamada obra de de Patrick Marber, a la sombra de la película protagonizada por Natalie Portman y Julia Roberts.[27] Ambas actrices demuestran que la decisión de cambiar el ojo del objetivo por la mirada del espectador supone un reto artístico, y tanto su entrega profesional como los espectáculos pueden nacer — como dice Mariano Barroso al dirigir *Closer* — 'del deseo de hacer teatro, del amor por el trabajo del actor'.[28]

---

[26] Montaje estrenado en el teatro Alcázar de Madrid el 11 de septiembre de 2009. Más información en el Índice de adaptaciones comentadas al final del libro.
[27] La obra *Closer*, de Patrick Marber, en la que está basada la película de Mike Nichols, se estrena en el Teatro Lara de Madrid el 23 de enero de 2007. En la versión teatral española, firmada por Coté Soler y Mariano Barroso, actúan Bélen Rueda, José Luis García, Lidia Navarro y Sergio Mur, bajo la dirección de Mariano Barroso. La actriz Belén Rueda — ganadora de un Goya como mejor actriz revelación por su papel en *Mar adentro*, conocida de las series de ficción *Los Serrano*, *7 vidas*, *Periodistas*, *Médico de familia* — admite que la obra supuso para ella 'un nuevo reto'. Véase 'Closer, más cerca que nunca', *M2*, *El Mundo*, 18 de diciembre de 2006, p. 15.
[28] B. Ortiz, 'Closer, o el amor entendido como una transacción comercial', *Diario de Sevilla*, 6 de octubre de 2007, p. 61.

La asunción por el teatro de historias provenientes del cine puede suponer, como sugiere Emilio de Miguel Martínez, que el teatro esté salvando los baches de inspiración. Aunque el autor mismo asegure respecto a su hipótesis que 'no la contradicen los datos manejados', encontramos una contradicción, puesto que el dato que destaca en su estudio — el hecho de que la mayoría de las películas adaptadas tengan base literaria y, en concreto, trece de las diecinueve películas pasadas a teatro estén basadas en obras teatrales — pone en duda el juicio del autor sobre la falta de inspiración que demuestra el teatro al recurrir a ficciones fílmicas.[29] En nuestra opinión, dicho juicio resulta en este contexto incoherente: no se puede hablar tan claramente de escasez de ideas originales en el teatro, si a través de las adaptaciones de películas, en realidad, se rescatan títulos de obras escénicas originales.

De todas formas, cuando un público tan variado llena las salas de teatro y los actores, en vez de dormirse sobre sus laureles fílmicos, se proponen retos escénicos, resulta discutible interpretar la nueva fórmula como manifestación de la crisis del arte dramático. Desde luego, las voces que proclaman, como Eva Díaz Pérez desde las páginas de *El Mundo*, que el teatro que se nutre de los éxitos del cine 'está muerto o es una imitación',[30] no encuentran confirmación en el propio ámbito artístico del universo dramático. Al contrario, todos parecen de acuerdo en que el teatro vive en España un momento de euforia: el dramaturgo y director Daniel Veronese — responsable, a su vez, de la versión teatral de *Glen Garry Glenrose*[31] — confiesa no temer el futuro del teatro asegurando que la escena española 'atraviesa uno de sus mejores momentos incluso en estos tiempos de crisis'.[32] Este optimismo lo comparte Juan Echanove al admitir que 'el teatro vive en la actualidad uno de sus mejores momentos, cuenta con más industria que el cine y sobre todo con más componente de difusión de cultura'.[33] En efecto, los malos augurios que despierta la nueva ruta de migración de argumentos entre los dos universos resultan hoy tan equivocados como lo fueron en su día las profecías apocalípticas que provocó el nacimiento del cinematógrafo. La absurda creencia de que el cine puede acabar con el teatro se enfrenta con un arte 'siempre en crisis y siempre indestructible', como dice Anne Ubersfeld, cuya 'agonía' hace mucho que parece una manifestación de salud invulnerable.

---

[29] Véase 'Cine y teatro: pareja consolidada en el arranque del milenio', en *Teatro, novela y cine en los inicios del siglo XX*, ed. J. Romera Castillo (2008), p. 44.
[30] 'Un producto de segunda mano', *El Mundo* (Andalucía), 24 de febrero de 2005, p. 57.
[31] *Glengarry Glen Rose*, obra teatral de David Mamet, adaptada a la pantalla por James Foley (1992), se estrena en el Teatro Español de Madrid el 2 de diciembre de 2009, bajo la dirección de Daniel Veronese. Más información en el Índice de adaptaciones comentadas.
[32] Rosana Torres, 'No me gusta el teatro de las grandes ideas', *El País*, 1 de diciembre de 2009.
[33] Citado en 'Teatro actual y clase política', *El Ideal Gallego* (La Coruña), 25 de abril de 2001. Cabe mencionar que el actor ha protagonizado una de las adaptaciones inversas más exitosas, *El verdugo* (película de Marco Ferreri y obra teatral de Bernardo Sánchez Salas).

De ahí que, para comprender las raíces del fenómeno, en vez de entenderlo como síntoma de una crisis creativa de la dramaturgia, debamos fijarnos en qué radica su atractivo para el público y a qué motivos responde dicha práctica en el seno del propio universo dramático. Porque si aceptamos que no se trata de la escasez de ideas originales en el teatro, nos podemos preguntar qué sentido tiene, entonces, ver — y representar — la misma historia en otro formato o si realmente la adaptación inversa, como sugiere en su estudio María Teresa García-Abad García, puede ser entendida como consecuencia y reflejo de la 'cinematización' de la escena pronosticada por Meyerhold.

Estas preguntas nos conducen a la reflexión sobre lo específico del teatro frente al cine, tema que exige entrar en el muy discutido terreno de confrontación de los dos códigos artísticos y que debería estudiarse en el marco de cada caso concreto de adaptación. Pero antes de buscar las respuestas a través de un análisis de los ejemplos de la cartelera actual, nos permitimos cuestionar la explicación propuesta por la investigadora poniendo en duda la constatación que sostiene su hipótesis. Puesto que, aunque la autora insiste en que la nueva fórmula de producción teatral y de escritura dramática constituye 'un exponente inapreciable de hibridaciones'[34] entre los medios teatral y cinematográfico, cabe matizar que dicha condición no corresponde en exclusiva a los espectáculos de adaptación inversa y tampoco puede ser considerada como rasgo distintivo del fenómeno en general.

1.2.2 Una cartelera desbordante: la 'adaptación inversa' entre lo teatral y lo cinematográfico

Ante todo, desde que podemos apreciar estructuras *teatrales* en películas no procedentes de textos dramáticos o considerar *cinematográficas* incluso obras de teatro anteriores a la aparición del séptimo arte,[35] el carácter *teatral* o *cinematográfico* de cada obra no depende de su procedencia y no sirve como factor determinante para distinguir una adaptación de una obra original. Por lo tanto, el fenómeno de 'maridaje' entre los dos lenguajes de expresión artística no puede ser considerado como rasgo inherente o exclusivo de las adaptaciones. En realidad, la 'hibridación genérica' entre teatro y cine a la que alude García-Abad García a propósito de la adaptación inversa,[36] puede observarse igualmente en espectáculos no basados en películas; al mismo tiempo, no todas las piezas

---

[34] *Intermedios*, p. 268.
[35] Bazin, ya en los años cincuenta, en uno de sus artículos dedicados al teatro y el cine decía: 'Haría falta reconsiderar la historia del cine no ya en función de los títulos sino de las estructuras dramáticas del argumento y de la puesta en escena'. André Bazin, *¿Qué es el cine?* (Madrid: Rialp, 2001), p. 152.
[36] La expresión citada por la autora, inevitablemente, sugiere no tanto un trasvase entre los dos medios (escénico y fílmico) como una permeabilidad de diferentes lenguajes artísticos. Véase *Intermedios*, p. 266.

dramáticas que supongan traslación al escenario de una obra fílmica, constituyen ejemplos del teatro 'cineificado' de Meyerhold.

De esto nos convencen, además, las experiencias que hemos vivido en los últimos años como espectadores teatrales de la escena madrileña. Naturalmente, a lo largo del proceso de nuestra investigación hemos estado pendientes de la cartelera teatral de la capital y el mismo hecho de que nos hayamos convertido en asiduos espectadores de teatro, sin duda, corrobora la actualidad del fenómeno que hemos decidido estudiar. Al mismo tiempo, los espectáculos de los que hemos podido disfrutar constituyen una valiosa fuente de reflexiones, complementan y permiten contrastar las observaciones teóricas expuestas.

Por supuesto, hubiera sido imposible asistir personalmente a todos los montajes con referentes cinematográficos programados en los teatros de Madrid en los años que dedicamos al desarrollo de la investigación; además, el ritmo con el que evoluciona la presencia del fenómeno de adaptación inversa en la oferta escénica, hace realmente difícil cerrar la base de documentación de nuestro estudio. No obstante, han sido 15 las adaptaciones inversas cuyas puestas en escena hemos podido conocer en vivo o mediante grabaciones archivadas en el Centro de Documentación Teatral de Madrid, y éste será nuestro principal *corpus* de referencia y base para las reflexiones presentadas en estas páginas.[37]

Entre los montajes de las versiones escénicas de películas que se han representado en la capital española durante las últimas temporadas encontramos, por supuesto, representaciones con gran despliegue de medios cinematográficos, inclusión de proyecciones y espacios polivalentes, donde la acción fluye al trepidante ritmo del montaje fílmico y las escenas cambian en un parpadeo, los fundidos a negro funcionan como las bajadas de telón y la voz en *off* sustituye los apartes. Entre estos espectáculos en los que la convención teatral se aproxima al modelo expresivo del séptimo arte, podríamos citar casos como el de *La verdadera historia de los hermanos Marx*, proyecto que asume Álvaro Lavín con la compañía del Teatro Meridional y sobre cuya escenificación leeremos que 'si se hubiera rodado en blanco y negro y hubiese sido proyectada en salas de cine, podría haber pasado por ser la película póstuma de los hermanos Marx'.[38]

---

[37] La información sobre las representaciones mencionadas (fichas artística y técnica, así como fuentes hemerográficas) está incluida en el Índice de adaptaciones comentadas. Por lo tanto, en las notas al pie del presente capítulo reflejamos únicamente los datos de espectáculos no referidos en dicho *corpus*.

[38] M. Tizón, 'A escena. Teatro Meridional', *Guía gratuita de artes escénicas y música*, 11 (2009). El mencionado montaje basado en las películas de los hermanos Marx, se estrena en Madrid en el Teatro Fígaro-Adolfo Marsillach el 10 de agosto de 2009. Adaptación: Julio Salvatierra; dirección: Álvaro Lavín, colaboración de David Ottone, de Yllana, en la dirección escénica y construcción gestual de las interpretaciones; coreografía: Teresa Nieto; creación musical: Mariano Marín; espacio escenográfico: Elisa Sanz; diseño de vestuario: Pepe Urría; iluminación: Lalo Galego. Colaboraciones en los audiovisuales: Antonio Molero, Javier Veiga, Adolfo Fernández, Pepa Pedroche y Fernando Soto. Reparto: Chani Martín (Harpo), Eugenio Villota

El mismo aire cinematográfico desprende la representación de la hilarante comedia de Lubitsch, *Ser o no ser* (versionada, al igual que la mencionada escenificación de las películas de los hermanos Marx, por Julio Salvatierra), en la que aparte de las proyecciones que complementan la escenografía y sirven para recrear la ambientación fílmica, el ojo de la cámara nos observa desde la misma entrada a la sala teatral, del modo que antes de que empiece el propio espectáculo nos convertimos en personajes de un *reality show*. Pero semejantes soluciones no sorprenden en el teatro actual y, desde luego, acostumbrados a la presencia de los códigos y recursos cinematográficos sobre las tablas,[39] no los interpretamos como sello de identidad de las dramatizaciones de películas. Además, un título fílmico en la cartelera de la escena puede llevarnos también a asistir a una verdadera fiesta teatral, puesto que hay representaciones de piezas que, aunque remitan a universos impresos en celuloide, despliegan ante el espectador la parafernalia escénica en todo su esplendor. Éste es el caso de la versión dramática de *39 escalones* (2009), el clásico de Hitchcock que, aunque trufada de guiños fílmicos y escenificada con la rapidez de los giros de la historia original, en vez de proyecciones, ofrece un juego puramente teatral con la convención del arte dramático. En el montaje de la obra de Patrick Barlow, adaptada a la escena española por Jorge de Juan García, los actores no sólo interpretan a múltiples personajes, sino también los decorados, mueven la escenografía y, al final del espectáculo en el sentido más literal de la palabra, hacen caer sobre el escenario la nieve artificial. Así, el espíritu del rey del suspense sobre las tablas se transforma en 'el teatro elevado al cubo' y un claro ejemplo del teatro *reteatralizado* según la definición de Patrice Pavis, es decir, el teatro que apuesta a favor de las reglas y las convenciones del juego y presenta el espectáculo en su exclusiva realidad de ficción lúdica, en el cual la interpretación del actor señala la diferencia entre el personaje y el actor; la puesta en escena recurre a los *gadgets* tradicionalmente teatrales, como exageración de maquillaje, efectos escénicos, interpretación melodramática, vestuario de 'escena', técnicas de *music hall* y de circo, o expresión corporal llevada al extremo. Este subrayado carácter teatral del montaje — descrito en la prensa también como 'un carrusel escénico' o 'una parodia sobre cómo poner un texto en pie' — es resaltado por uno de los cuatro intérpretes, Gabino Diego,

---

(Chico), Álvaro Lavín (Groucho), Iván Villanueva (Zeppo), Marina Seresesky (la rubia explosiva Thelma Todd), Paloma Vidal (la viuda rica Margaret Dumont).

[39] Conviene recordar que en la escena española la utilización de proyecciones cinematográficas en el escenario se remota a los montajes de Pedro Muñoz Seca o Gregorio Martínez Sierra. En la actualidad, basta mencionar las propuestas artísticas de compañías como *La Cubana* (creada en 1980) que, con el fin de romper con la convención teatral, recurre a todos los posibles recursos artísticos, también los medios cinematográficos; o *La Fura del Baus* (fundada en 1979) cuyos montajes no dejan de abordar nuevos retos en el campo de artes escénicas y donde el cine constituye uno de los canales explorados habitualmente.

en una entrevista: 'Lo que más me gusta de *Los 39 escalones* es que es una obra que vuelve a la esencia del teatro'.[40]

Otro montaje escénico que, a pesar de contar con un precedente homónimo en el cine, se apoya, sobre todo, en los medios teatrales, es la versión que ofrece Francisco Nieva de *Manuscrito encontrado en Zaragoza* (2002), la novela del conde polaco Jan Potocki considerada una de las obras más legendarias de la literatura fantástica. El libro cuenta las peripecias del caballero Warden en la España de Felipe V mediante una compleja narración concebida al modo de los clásicos *decamerones*. Su adaptación al cine, dirigida por el director polaco Wojciech Jerzy Has en 1964, fiel a la estructura de bucles narrativos y tono alucinatorio del libro, se convirtió en una película de culto desde el momento de su estreno.[41] Nieva, el célebre dramaturgo español, reconocido por esta obra con el Premio Nacional de Literatura Dramática, a raíz del montaje que realiza para el Centro Dramático Nacional, reconoce haberse visto impelido a hacer un espectáculo poético y de linterna mágica, y asimismo, como dice, volver a ser pintor.[42] En efecto, con la ayuda de una sofisticada maquinaria teatral, escenografía y *atrezzo* diseñados por él mismo, construye un universo visualmente poderoso y sugerente, repleto de belleza y fantasía. Nieva, como declarado cinéfilo, pero, sobre todo, director de escena visionario y artista plástico, pone los medios técnicos de la escena al servicio de su imaginación y vuelve a dar forma visual a la historia traducida una vez en imágenes por el director polaco Has. Su versión consigue evocar el mismo universo iconográfico, los mismos simbolismos visuales y el tono alucinatorio del misterio del siglo XIX, pero esta vez fuera de la pantalla. No sorprende que Diego Moldes, el autor del estudio sobre la adaptación fílmica de Has, en su juicio sobre la versión teatral de Nieva considere que 'el reputado escenógrafo y dramaturgo es quien mejor ha entendido a Potocki en España, como lo hiciera Wojciech Jerzy Has en su Polonia natal'.[43]

Y aunque podríamos decir que la dimensión espectacular y la plasticidad de la escena acerca su ejercicio escénico al lenguaje fílmico, en realidad, lo que hace el dramaturgo español en su *Manuscrito encontrado en Zaragoza*, es subrayar las constantes del arte escénico, confirmar y reforzar su esencia, resucitando, según

---

[40] S. Etxart, *Deia*, 10 de agosto de 2009, p. 50.
[41] Sobre la mencionada adaptación se ha publicado en España recientemente un magnífico y detallado estudio comparado que incluye también un breve apartado sobre su repercusión teatral: D. Moldes, *El manuscrito encontrado en Zaragoza. La novela adaptada al cine por Wojciech Jerzy Has* (Madrid: Calamar Ediciones, 2009), pp. 93-95. El libreto de la versión teatral de Francisco Nieva fue publicado junto con los dibujos del autor: Nieva, Francisco, *El manuscrito encontrado en Zaragoza. Comedia mágica basada en la novela homónima de Potocki*, Colección Narrativa, nº 16, Ediciones Irreverentes, Madrid, 2003.
[42] F. Nieva, 'La tierra de los sueños', *ABC, Guía de Madrid*, 5 de agosto de 2002, p. 25.
[43] D. Moldes, p. 94.

dice, 'la tradición vernácula de teatro mágico'.[44]

Otras veces, la misma curiosidad cinéfila, nos invitará a redescubrir la fuerza arquetípica del teatro puro, llevándonos al reencuentro con el *Teatro Alquímico* de Artaud,[45] el *Teatro Laboratorio* de Grotowski[46] o los ambientes abstractos de Appia,[47] puesto que algunas historias filmadas encuentran su contrapunto en los montajes que no sólo se apartan de la fórmula cinematográfica, sino que renuncian también al aparatoso decorado tradicional para dar lugar al escenario minimalista, centrándose en el trabajo actoral y tratando a los intérpretes como soporte casi exclusivo del texto.

En esta línea se inscriben las propuestas artísticas del director de escena Daniel Varonese, cuya forma de hacer teatro, reconocida como 'patrón Varonese' y entendida como un tipo de teatro nuevo, insólito por su austeridad y profundidad, se hace explícita en la escenificación de *Glengarry Glen Ross*. Dentro de una escenografía funcional, sin grandes parafernalias, Varonese concentra el potencial del montaje y su energía creadora en el texto y las interpretaciones de los actores, redescubriendo la intensa teatralidad del argumento del clásico contemporáneo de David Mamet llevado a la pantalla por James Foley. Como observará Javier Villán en la reseña del mencionado montaje, a Varonese le ha bastado con ceñirse a la palabra cruda y dramática de David Mamet, imponiendo, al mismo tiempo, en la interpretación de los actores, 'la difícil naturalidad de la escuela argentina'.

La misma concepción artística sostiene otras versiones escénicas de reconocidos títulos de la gran pantalla, como *El señor Ibrahím y las flores del Corán* (François Dupeyron, 2003), *De la vida de las marionetas* (Ingmar Bergman, 1980) o *En tierra de nadie* (Danis Tanovic, 2002). Tanto el decorado realista de la pequeña tienda del musulmán Ibrahím, como el espacio metafórico con muebles de metacrilato y puertas correderas en el que transcurre el drama conyugal *bergmaniano* y la tarima bajo focos de grandes lámparas que representa la 'tierra de nadie' de la guerra de los Balcanes, aunque corresponden a opciones

---

44 Citado en C.D., Carrón 'Francisco Nieva: El público responde mucho mejor a mi teatro que los intelectuales', *La Razón*, 4 de julio de 2002, p. 6.
45 Antonin Artaud (1896–1948), al apostar por el teatro primitivo y arquetípico, a modo de los misterios orificios, descuida lo superficial del arte escénico, subraya su aspecto filosófico, trascendente, comparando el teatro con el arte de la alquimia: de ahí surge su concepto de *Teatro Alquímico*. Véase A. Artaud, *Textos* (Buenos Aires: Aquarius, 1971).
46 El *Teatro Laboratorio* de Jerzy Grotowski (1933–1999) investiga la naturaleza y el fenómeno del arte teatral centrándose en el trabajo actoral y los procesos mentales, físicos y emocionales de la actuación. Grotowski, J., *Teatro laboratorio* (Barcelona: Tusquets, 1971).
47 Adolphe Appia (1862–1928) uno de los grandes renovadores del espacio escénico, es el primero que plantea la abstracción en escena: sus escenografías están reducidas a esquemas arquitectónicos que han de crear atmósferas y ambientes. La obra original del artista suizo fue presentada en España en la exposición *Escenografías* organizada en mayo de 2004 por el Círculo de Bellas Artes de Madrid.

de realización escénica alejadas estética y conceptualmente, participan del mismo espíritu puramente teatral: centran el drama en los duelos interpretativos y permiten ver y degustarlos en las distancias cortas, haciendo sentir la cercanía y la fisicidad de los actores. Cada una de dichas funciones vuelve a la esencia del teatro y, al basar su fuerza expresiva en los elementos constitutivos del acto del espectáculo — como la magia de la comunión con la audiencia y su aspecto catártico — , aunque parten del cine, al final de su camino inverso se instalan en un territorio vedado al arte cinematográfico.

Los títulos citados demuestran que la práctica adaptativa en la que centramos nuestro estudio, en realidad no predice el nivel de permeabilidad entre los dos códigos expresivos apreciable en el resultado de la adaptación. Del mismo modo que no podemos prever la existencia y el carácter de las interferencias entre las dos artes, ni el grado de la heterogeneidad de recursos que establecerá cada proceso de trasvase, tampoco podemos inscribir el fenómeno dentro de una tendencia o fórmula teatral concreta: entre sus ejemplos encontramos creaciones que fijan su objetivo en la exploración de los rasgos propios de un lenguaje de expresión artística y obras fronterizas, que funden los códigos de los dos universos, piezas de teatro 'cinematizado' y 'reteatralizado', teatro desnudo y espectacular, experimental y clásico, visionario, poético o naturalista. Este panorama variado nos convence de que la dialéctica entre lo cinematográfico y lo teatral depende de cada caso concreto y, por lo tanto, debe estudiarse en el marco de cada adaptación, evitando las generalizaciones y las ideas preconcebidas.

Como dice José Romera Castillo, 'la adaptación es como un fenómeno de mundos migratorios', y las migraciones artísticas no respetan reglas ni rutas fijas. De ahí que, al explorar el campo de la adaptación inversa, debamos tener en cuenta la singularidad e imprevisibilidad de cada resultado en el contexto de la interrelación entre la materia teatral y la cinematográfica. Asimismo, es necesario recordar que los elementos propios de cada universo expresivo entran con la misma facilidad en ambos formatos artísticos; por lo tanto, aunque el itinerario del trasvase conduce del cine al teatro, el flujo de recursos en el proceso de transformación puede salirse de este cauce.

Porque al lado de los argumentos cinematográficos que saltan de la pantalla al medio teatral para fusionar las dos artes sobre las tablas (*Ser o no ser*) o reconstituir su universo a partir de los recursos del otro medio de expresión (*Los 39 escalones*); encontramos historias cuya dimensión teatral se manifiesta y deja presentir ya en la pantalla. *Dogville* (Lars von Trier, 2003) es sin duda el ejemplo más explícito en este aspecto. La historia que transcurre en un pueblo cuyas calles y casas están pintadas en el suelo con tiza, podría considerarse *teatro filmado* y el mismo autor no oculta su inspiración *brechtiana*, ni la intención de ver y hacer teatro en la pantalla. Pero mientras el director danés confiesa que el teatro sobre las tablas no le convence, y sólo vale la pena verlo en el cine o en la televisión, la película finalmente será llevada a la escena, y no sólo para devolver el abstracto y metafórico microcosmos de *Dogville* al medio más idóneo a su universo, sino para recrear y reafirmar su teatralidad en una versión escénica más plástica y musical.[48]

Aunque se trate de una teatralidad menos explícita que en la cinta de von Trier, del mismo modo permiten presentir su destino escénico las películas de Bergman. La presencia de los títulos cinematográficos del director sueco en los escenarios destaca sobre otros autores fílmicos: aparte de la mencionada *De la vida de las marionetas* (2008), en la última década se ha representado en la escena madrileña *Sonata de otoño* (2008), *Escenas de un matrimonio* (2000) y *Escenas de un matrimonio. Sarabanda* (2010). Esta propensión a la traducción escénica en el caso de la obra de Bergman parece natural teniendo en cuenta que él mismo no sólo alternaba los dos medios, sino que solía probar sus historias fílmicas, antes de rodarlas, sobre las tablas. Pero, aunque sea cierto que — como dice Törnqvist — las películas de Bergman fácilmente podrían ser piezas dramáticas,[49] sus creaciones, en realidad, se reafirman en cada uno de los universos: no necesitan del teatro en la pantalla, ni añoran el cine una vez en las tablas. De este modo Bergman, maestro del séptimo arte y genio de la escena, nos enseña cómo lo teatral, aunque se inscriba en la obra fílmica adaptada, no le resta carácter cinematográfico, y la adaptación, aunque creación secundaria, nace otra vez, como si fuera original, para otro medio.

La misma verdad nos descubre la doble existencia de *El verdugo*, película de Luis García Berlanga (1963) y pieza dramática de Bernardo Sánchez Salas (2000), puesto que la versión escénica de la reconocida obra maestra de la comedia española, al entrar en el panteón de las obras dramáticas más destacadas del teatro español contemporáneo, avalada con siete premios Max, demuestra, sobre todo, cómo la teatralidad latente de una obra cinematográfica emerge en el mismo proceso de trasvase al medio dramático dando origen a una creación independiente. El proyecto que empezó con dificultades, porque nadie creyó que pudiera tener éxito, al final se convertiría en la revelación de la temporada 2000, superando el número de espectadores que vio la clásica cinta e inaugurando, en cierto modo, el auge del fenómeno que presenciamos en esta última década.

En esta dramatización de una película de culto tan arraigada en la memoria del espectador español que, tras cuarenta años de vida cinematográfica logra, sin embargo, ser catalogada como obra teatral, encontramos confirmada la necesidad de tales retos creativos, y también la complejidad y las paradojas de las

---

[48] Tras el estreno en Dinamarca de la versión teatral de *Dogville* de Cristian Lollike, la obra es presentada en España por el grupo Rayuela, en versión de Nina Reglero, el 10 de junio de 2010 en Salamanca en el marco del Festival de las Artes de Castilla y León.
[49] E. Törnqvist, *Between stage and screen. Ingmar Bergman directs* (Amsterdam: University Press, 1995), p. 13.

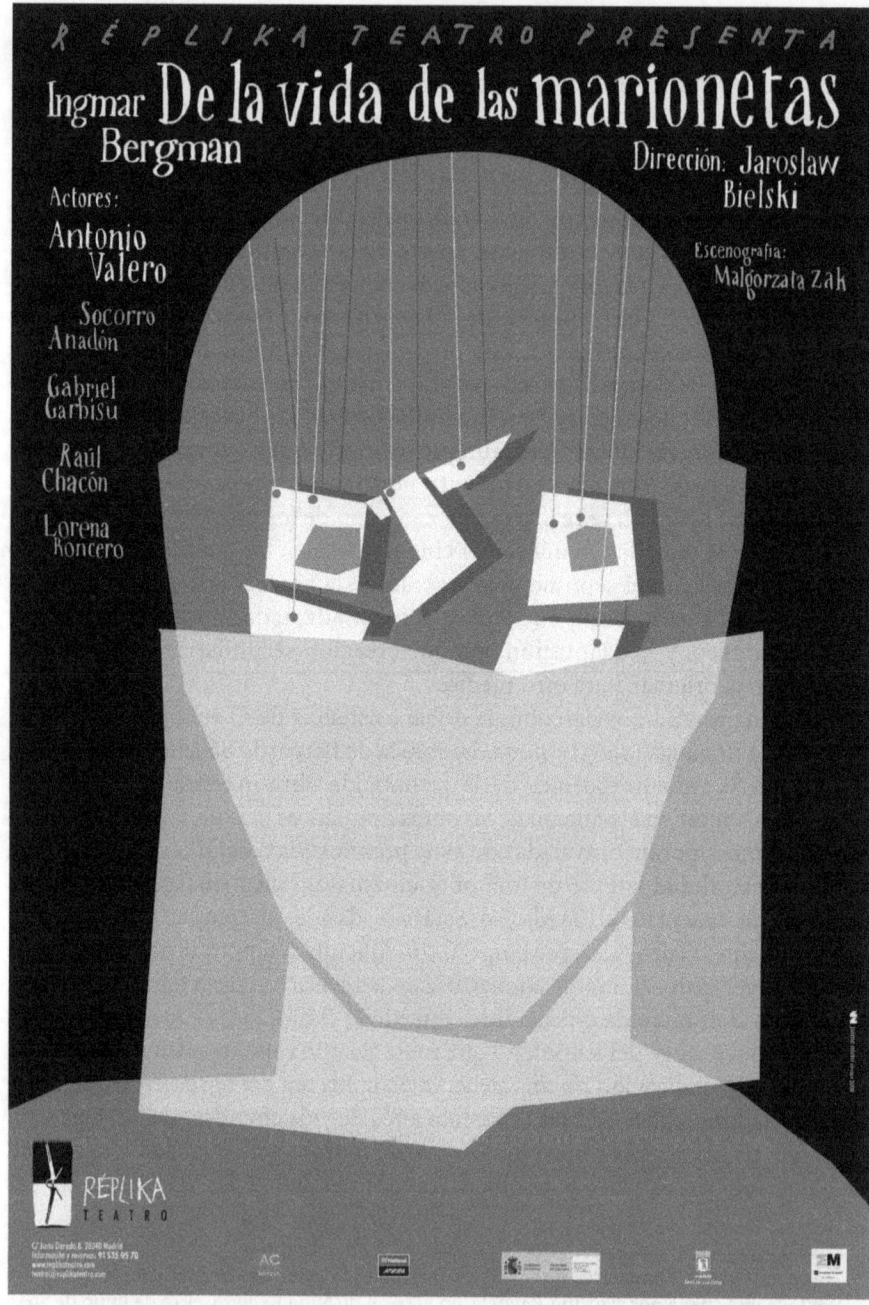

1. *De la vida de las marionetas* en el Teatro Réplika. Cartel diseñado por Jaime Nieto.

migraciones entre la materia cinematográfica y teatral a las que dan lugar. El aura teatral que la historia protagonizada en la pantalla por Nino Manfredi y José Luis López Vázquez adquiere sobre las tablas, se debe, paradójicamente, también a la incorporación de una proyección cinematográfica. La pantalla fílmica sirve en la versión escénica para recrear la famosa secuencia de las cuevas mallorquinas del Drac, ya que Sánchez Salas renuncia a esta localización y traslada la escena a un cine, haciendo que la pareja protagonista se siente entre el público para ver un *No-Do*, proyectado en la pantalla instalada sobre el escenario, y convirtiendo a los espectadores del patio de butacas en personajes de la ficción. De este modo, con el cine sobre las tablas, se hace realidad el 'teatro dentro del teatro' y, con la cercana corporeidad de los personajes, cobra fuerza la belleza arrebatadora del arte dramático.

Y precisamente en esta magia ancestral del aquí y ahora y en la materialidad que ofrece cada representación teatral podríamos ver el motivo de todos los procesos adaptativos emprendidos en el sentido inverso. Hasta qué punto una adaptación del cine al teatro supone un lugar de hibridación genérica, cómo confluyen en ella los elementos de ambas artes, si es una experiencia enriquecedora y estímulo regenerador o lastre que limita el vuelo escénico de una obra cinematográfica, son aspectos que corresponden a la naturaleza singular de cada caso, pero cada versión escénica de una película convierte la ficción de la pantalla en un espectáculo en vivo y la experiencia fílmica en una vivencia única, irrepetible y visceral.

'Aquí estamos vivos y vivas, esto es más potente' — así explica Natalia Dicenta el éxito de la dramatización de *Solas*, de Benito Zambrano, que, a pesar de llevar a la escena una historia conocida para gran parte del público español, interesa y emociona al espectador teatral. Como dice Peter Brook, 'uno va al teatro para encontrar vida en él,'[50] y es este deseo primordial lo que parece justificar cada intento de llevar al teatro una historia filmada. Porque ¿quién no quisiera vivir la misma aventura que la tímida camarera Cecilia de *La rosa púrpura del Cairo*, de Woody Allen, y ver cómo un héroe fílmico salta de la pantalla a la vida real y se sienta a su lado? Ésta, desde luego, es la experiencia que promete cada adaptación inversa. Porque, como señala el gran Rafael Azcona al ver su propia ficción fílmica escenificada sobre las tablas: 'Esto es otra cosa. El teatro es mucho más vivo que el cine'.[51]

---

[50] P. Brook, *La puerta abierta : reflexiones sobre la interpretación y el teatro* (Barcelona : Alba, 1994), p. 18.
[51] Citado en P. M. Víllora, 'Llega a La Latina la versión escénica de la película de Berlanga *El verdugo*', *ABC*, 22 de marzo de 2000.

Esta corporeidad intrínseca al hecho teatral — a la que nos atrevemos a referir — con la denominación de *Sueño de Cecilia*[52] — ayuda a entender el éxito de las dramatizaciones de películas sobre el escenario y, al remitir a la esencia misma del teatro, nos aleja decisivamente de interpretar el fenómeno como señal de la supuesta crisis del medio dramático: la actual demanda de la práctica inversa, más bien, confirma la inmortalidad del arte milenario. Aunque nos podríamos preguntar por qué esta tendencia a materializar los mundos fílmicos sobre las tablas surge precisamente ahora.

La pregunta, nada fácil, nos llevaría a confrontar el panorama artístico actual con la sensibilidad contemporánea. En este contexto, Molina Foix sugiere que el teatro nos seduce hoy con su 'verdad', ya que 'hay más mentira moderna y más novedad hueca en el cine, la plástica y la novela que en el teatro'.[53] En esta declaración resuenan las memorables palabras de Peter Brook, quien asegura que 'la única diferencia entre el teatro y la vida es que el teatro siempre es verdad'. Si además de esta reflexión tenemos en cuenta la inmediatez del acto de la representación, podemos considerar que la traslación del mundo del celuloide a la escena, aparte de volverlo tangible, permite acercar la ficción fílmica a la realidad del espectador contemporáneo. Así por ejemplo, Wilfried Floeck en su reciente estudio sobre el teatro español contemporáneo, resaltando como su particularidad la estrecha conexión entre la estética posmoderna y el compromiso social, insiste en que se trata de 'un género sujeto a una comprensión inmediata en el acto de la representación y, por eso mismo, a cierto realismo y a cierta referencialidad inmediata'.[54]

Pero aunque supusiéramos que lo que realmente estimula a los artistas a reinventar los clásicos de cine en el formato teatral son las posibilidades que ofrece el teatro como arte del instante, habría que estudiar cómo cada uno de ellos las aprovecha en su adaptación. Por lo tanto, la 'actualización' de la obra a través del medio teatral supone otro aspecto que, del mismo modo que los mencionados en los párrafos anteriores, antes de ser considerado como elemento distintivo de la práctica de la adaptación inversa, debe estudiarse en cada caso concreto y en el marco general de la producción teatral contemporánea.

---

[52] Decidimos proponer dicha denominación al margen de la propuesta por María Teresa García — Abad García, que denomina al fenómeno de la presencia del cine en los escenarios como *Síndrome Belinda*, basándose en el caso de trasvases entre medios que experimentó en los años 50 en España la comedia *Belinda*, de Elmer Harris. La denominación que proponemos se refiere no tanto al proceso creativo del que participa el fenómeno (el trasvase entre medios) como al efecto que produce (la materialización del universo registrado en celuloide). Más adelante haremos referencia al título mencionado por la investigadora como ejemplo de adaptación inversa.

[53] V. Molina Foix, 'Con cine, no hay teatro', *El País*, 27 de febrero de 2001.

[54] W. Floeck, '¿Entre posmodernidad y compromiso social? El teatro español a finales del siglo XX' en *Teatro y sociedad en la España actual*, ed. M. F. Vilches de Frutos (Madrid: Ministerio de Educación, Cultura y Deporte, 2004), p. 194.

Los mismos títulos a los que aludimos en este capítulo demuestran que la actualización de una obra en el paso del cine al teatro depende de cada caso concreto. Entre las versiones escénicas mencionadas encontraremos, por lo tanto, desde las historias ajustadas a la realidad del espectador actual (como *Días de vino y rosas*, cuya historia sobre las tablas arranca en un aeropuerto y donde el personaje de Jack Lemmon queda convertido en un relaciones públicas de una estrella española de baloncesto), hasta obras que 'se actualizan solas' (*Glengarry Glen Ross*, donde la despiadada radiografía del culto al poder y al dinero no puede ser más vigente; o *El pisito*, que como historia de supervivientes y reflejo de problemas con la vivienda resulta sorprendentemente viva). Podríamos citar también algunos proyectos de 'recontextualización' frustrados, como el caso de *Ser o no ser*, donde la intención de Julio Salvatierra era trasladar la acción a la Sevilla del 1936 y ambientar la parodia del fascismo en la realidad española, y que no pudo llevarse a cabo por cuestiones de derechos de autor de la obra original. Además, conviene señalar que la cuestión de la 'actualización' de cada adaptación debe considerarse a partir de la propia selección del título y del autor adaptado, teniendo en cuenta los temas y posibilidades de referencia que implica.

De ahí que, en vez de encerrar el fenómeno que elegimos como objeto de nuestro estudio en esquemas reductores y pretender un diagnóstico infalible de su aparición, para comprender y explorar su naturaleza, insistimos en la necesidad de profundizar en los enfoques sugeridos en estas páginas, estudiando cada ejemplo concreto de la adaptación. Para asumir este reto, resulta imprescindible fijar claramente los criterios de identificación de los casos que entrarían en el campo de nuestro estudio.

1.2.3 *La adaptación inversa. Un intento de definición como fenómeno fronterizo*

La definición del fenómeno que nos ocupa puede suponer una tarea nada fácil, si tenemos en cuenta la confusión terminológica que caracteriza al concepto de *adaptación* en general, la falta de tipología universal y la diversidad de criterios empleados para su determinación. Pero, en este momento, aunque conscientes de la cantidad de denominaciones que pretenden destronar la etiqueta de 'adaptación' — mantenida, como dice Pérez Bowie, por razones de pura inercia[55]

---

[55] Véase J.A. Pérez Bowie, 'La adaptación como encrucijada' (2008), p. 186. En este artículo encontraremos citados los diferentes términos propuestos por los teóricos para sustituir el de la adaptación: desde la *traducción* y la *transcripción* intuidas por Bazin, hasta la *traducción* abordada por Bettetini o Toury; la *reconstrucción/creación* de Helbo; la *transformación* por la que aboga Linda Coremans; la *reescritura* de Marie-Claire Ropars; la *apropiación* de Francis Vanoye; la *transposición intersemiótica* o *intermedial* de Patrick Catrysse; la *intersección* de Michel Serceau. A dicho catálogo tipológico podríamos añadir las denominaciones propuestas por Geoffrey Wagner (*transposición*; *comentario*; *analogía*); las introducidas por Dudley Andrew (*préstamo* e *intersección*) o las propuestas de estudiosos españoles (como la fórmula

— y de la variedad de operaciones que ésta puede englobar, no nos interesa crear ni entrar en polémica, sino fijar el marco de nuestro objeto de estudio y explicar los parámetros clasificatorios en los que lo basamos. De ahí que propongamos emplear el término de *adaptación inversa*, en referencia a la inversión del proceso identificado generalmente con el concepto de *adaptación*, designando con él la práctica de transformación de obras cinematográficas en piezas teatrales. Aunque dicha delimitación, como en seguida veremos, exige una explicación más precisa.

La confusión empieza a la hora de referir los ejemplos concretos que, según suponemos, representan la práctica que describimos con el término de *adaptación inversa*. Para apreciar todos los matices del fenómeno y darnos cuenta de las dificultades que conlleva su sistematización, hemos creado un catálogo en forma de una tabla que refleja, aparte de los casos de adaptaciones inversas contenidos en el Índice de adaptaciones comentadas, también los ejemplos referidos por otros autores y mencionados en los textos publicados en España hasta el momento, así como otros títulos nuevos que aportamos en base a nuestra investigación. De este modo, confeccionamos un cuadro informativo de referencia que pretende constituir un catálogo de los casos de adaptación inversa en la escena teatral española de la primera década del siglo XXI, tomando como base los escenarios de la capital. (Véase Tabla nº 1)

Antes de apuntar las observaciones a las que conduce la recopilación que presenta la Tabla nº1, cabe recordar que en el mismo umbral de la década que nos ocupa se quedan varias adaptaciones estrenadas en 1999, dignas de mencionar como premonitorias del fenómeno estudiado: *La Strada*, adaptación del original de Federico Fellini y Tullio Pinell, estrenada en versión de Gerard Vázquez en el Versus Teatre de Barcelona; *Misery*, película de Rob Reiner, basada en la novela de Stephen King y adaptada a escena por Simon Moore, que se estrena bajo la dirección de Ricard Reguant en el Teatro de Bellas Artes de Madrid; o *Manolito Gafotas*, película de Miguel Abadalejo, basada en la novela de Elvira Lindo y adaptada al teatro por la compañía Ados Teatroa.

Al margen de nuestro catálogo dejamos también las adaptaciones escénicas de películas españolas realizadas en el extranjero, como la adaptación de *Todo sobre mi madre*, de Pedro Almodóvar, estrenada en Londres u otra película del director manchego, *Mujeres al borde de un ataque de nervios*, llevada recientemente al escenario de Broadway. La versión escénica de la primera, adaptada por Samuel Adamson y dirigida por Tom Cairns, se estrena el 5 de septiembre de 2007 en el

---

de *trasvases culturales* esgrimida por José Luis Sánchez Noriega, que explica la adaptación como 'los procesos por los que una forma artística deviene en otra'; o la de *transducción*, defendida por Rosana Llanos López e Ismael Piñera Tarque, que remite al concepto lingüístico de Dolezel). Todas las propuestas conciernen, obviamente, a las adaptaciones de literatura al cine; no obstante, somos conscientes de que el fenómeno que denominamos *adaptación inversa* podría igualmente ser objeto de debate entre las tipologías mencionadas.

Teatro Old Vic de Londres,[56] mientras que el musical *Mujeres al borde de un ataque de nervios* tiene su estreno en el teatro Belasco de Nueva York, con la presencia del propio Almodóvar, en noviembre de 2010.[57] Al tratarse de versiones que no han sido representadas en España, no podemos considerarlas como manifestación de una tendencia observada en la cartelera teatral española; no obstante, resulta oportuno e interesante mencionarlas como ejemplos insólitos de adaptación de obras españolas realizadas por autores extranjeros que, al mismo tiempo, demuestran la dimensión universal del fenómeno de la adaptación inversa.

En cuanto a los datos a los que nos ceñimos en nuestra investigación, y que han sido expuestos en la Tabla nº1, por supuesto, los ejemplos presentados no conforman una lista cerrada de espectáculos con referentes cinematográficos que se han estrenado en España en la última década. A pesar de nuestra intención de conseguir la relación más completa posible, habrá títulos que se hayan quedado al margen de esta investigación. No obstante, el espectro que componen los casos citados deja fuera de dudas la creciente 'contaminación cinéfila' de la escena española contemporánea, evidenciando una participación destacada de argumentos fílmicos en el teatro actual. Al mismo tiempo, la información expuesta en la tabla, además de presentar datos sobre los casos citados, permite destacar la primera causa de posibles incoherencias y confusiones en la determinación del fenómeno: el verdadero origen de cada obra.

Al respecto, la relación expuesta pone de manifiesto una circunstancia curiosa: más de la mitad de las películas citadas como referente de sus correspondientes versiones escénicas, cuentan con una base literaria.[58] En realidad, de los casi sesenta estrenos teatrales mencionados, tan sólo dieciocho provienen de títulos que originalmente fueron obras cinematográficas; ya que veintidós de las películas de la lista fueron teatro antes que cine; doce, antes de pasar a los escenarios, supusieron adaptaciones de novelas y relatos cortos; además, tampoco faltan casos de producciones cinematográficas basadas en un proyecto televisivo o un vodevil.

---

[56] La adaptación ha tenido repercusión en los medios españoles, véase, p.ej., Ana Goñi, 'La crítica británica prefiere a Almodóvar, no a su clon teatral', *El Mundo*, 6 de septiembre de 2007, p. 50; L. Gómez, '*Todo sobre mi madre*, al teatro', *El País*, 1 de junio de 2007, p. 41; o M. Justo, 'En el teatro echo de menos el primer plano', *ABC*, 5 de septiembre de 2007, p. 65. Para más información véanse los artículos en inglés: Gwynne Edwards, 'From screen to stage: Almodovar´s *All About My Mother*', *The Review of Film and Television Studies*, Routledge, VI, nº 3 (diciembre 2008), pp. 269-85; D. Wheeler, 'All about Almodovar? *Todo sobre mi madre* on the London stage', *The Bulletin of Hispanic Studies*, vol. 87, nº 7 (2010), pp. 821-41.
[57] Dicho montaje es dirigido por Bartlett Sher, con libreto de Jeffrey Lane, música de David Yazbek e interpretado por estrellas de la talla de Patti Lupone y Laura Benanti.
[58] En esta condición repara Emilio de Miguel Martínez a propósito de su propia relación de casos de adaptación inversa y, aunque el cuadro en el que basa dicha observación es más reducido (el autor reúne 30 casos correspondientes a los años 2000-2007), nuestro estudio corrobora su acierto. Véase E. de Miguel Martínez (2008), p. 44.

Si nos fijamos en los títulos que constituyen el paradigma más evidente del fenómeno (los que representan las traslaciones del cine al teatro que implican exclusivamente los dos formatos y transcurren en esta dirección única), observaremos, sin sorpresa, que la mayoría de las adaptaciones corresponde a películas extranjeras, sobre todo, estadounidenses: de los dieciocho casos 'evidentes' de adaptaciones escénicas de películas, sólo cinco se inspiran en la cinematografía española. Así, renacen sobre las tablas las historias y los protagonistas de *El verdugo*, de Luis García Berlanga (2000); *Atraco a las tres*, de José María Forqué (2001); *Familia*, de Fernando León de Aranoa (2001); *El otro lado de la cama*, de Emilio Martínez Lázaro (2005); y *Solas*, de Benito Zambrano (2006).

Respecto a las versiones escénicas de películas extranjeras entra en juego una circunstancia que deberíamos tener en cuenta a la hora de identificar el fenómeno como tendencia propia del teatro español contemporáneo. Desde luego, no podemos olvidar que, aunque las adaptaciones se representen en el escenario y en versión española, en muchos casos se trata de ideas importadas de otras escenas, sobre todo, la londinense. De este modo llega a España, por ejemplo, la obra de Patrick Marber, *Closer*, identificada con la homónima película de Mike Nichols (posterior a la obra), pero también avalada como éxito teatral tras su estreno en el Royal National Theatre de Londres en 1997. Asimismo, quedan asimiladas a la cartelera española las adaptaciones inversas más 'paradigmáticas': la dramatización de *Días de vino y rosas*, de David Serrano, que — aunque introduzca cambios y nacionalice a los protagonistas — en realidad, parte de la adaptación de McAfferty, estrenada en 2005 en Londres y convertida, de la mano del dramaturgo inglés, en un referente del teatro anglosajón contemporáneo. La obra de McAfferty se estrena en el londinense Donmar Warehouse con Anne-Marie Duff y Peter McDonald, bajo la dirección de Peter Gilly.[59] En la adaptación inglesa los protagonistas son una pareja de irlandeses que llegan a Londres de los años sesenta, ella es una secretaria y él, un corredor de apuestas con un caballo ganador; mientras que en la versión de David Serrano, como mencionamos antes, los protagonistas son españoles que se trasladan a Nueva York: una estudiante y un relaciones públicas de un jugador de baloncesto. A pesar de dichos cambios de ambientación, la obra de Serrano, conserva la misma estructura dramática.

Del mismo modo, la adaptación de *Ser o no ser*, de Julio Salvatierra, cuenta con el precedente británico y, aunque su versión española resulta deber más a la película de Lubitsch y sus propios hallazgos (potenciando el carácter cómico de la ficción de Lubitsch con ajustes humorísticos tan brillantes como la frase de Joseph Tura:'*¿Y por qué un polaco se hacía el sueco en mi monólogo?*'), lo cierto

---

[59] Véase M. Ordóñez, 'Postales desde el filo', *El País*, supl. *Babelia*, 31 de enero de 2009, p. 22.

es que en el programa de mano de la función al lado de su nombre figura el de Nick Whitby, autor de la adaptación original.[60]

Otro ejemplo — probablemente, el más transparente — de trasposición al escenario nacional de una adaptación inversa realizada por un autor extranjero, lo encontraremos en la comedia basada en *39 escalones*, de Hitchcock. Respecto a la adaptación teatral del clásico de suspense, el mismo director, Eduardo Bazo, confiesa que fue Jorge de Juan (actor y autor de la versión en español), quien le animó a ver el montaje londinense y 'les gustó tanto que decidieron comprar los derechos de la obra'.[61] De esta manera, la ingeniosa adaptación del inglés Patrick Barlow,[62] tras su éxito en Londres y Broadway, llega al público español, animando la cartelera madrileña y viajando durante un año por la geografía de todo el país, cuando al mismo tiempo sigue representándose en el Criterion Theatre de Londres, donde ya se ha convertido en la comedia más longeva en la cartelera del West End. En este caso tan peculiar, ante la presencia simultánea de la obra de Barlow en los escenarios inglés y español, los responsables de la versión estrenada en Madrid, alaban el original, pero aseguran haber creado algo más que su sombra: resaltan las diferencias y explican que la dirección de Eduardo Bazo añade a la función 'un toque hispano' que la hace 'más atractiva para el público español'.[63]

No obstante, aunque Gabino Diego observe que en la versión española se trata de darles a los personajes 'más humanidad' e insistir menos en la labor corporal, o se incorporen elementos nuevos (como el juego con la sombra chinesca de Hitchcock), los espectadores que se sentaran en el Teatro Maravillas tras conocer el montaje londinense, podrían tener la impresión de estar viendo la misma obra, esta vez representada por otros actores y en otro idioma. Nos permitimos este juicio al haber tenido la posibilidad de confrontar los dos montajes de *Los 39 escalones*, teniendo en cuenta que para verificar hasta qué punto cada una de las versiones citadas (y otros casos similares reflejados en nuestra documentación) supone una recreación de la adaptación original y descubrir cuánto se aparta de su precedente, habría que examinar más detalladamente cada caso. No obstante, en estas páginas tan sólo advertimos de tal variedad de 're-adaptaciones' para

---

[60] El autor mismo declara que su adaptación es 'fidelísima' respecto a la película, explicando que 'la estructura de la película es perfecta y los diálogos son tan buenos que apenas los he cambiado'. Véase L. Perales, 'La comedia clásica cambia de plano. *El pisito* y *Ser o no ser* se estrenan en Madrid', *El Mundo*, supl. *El Cultural*, 4 de septiembre de 2009, pp. 34-35.
[61] 'Los 39 escalones', *El País, On Madrid*, 22 de agosto de 2009, p. 24.
[62] Patrick Barlow, conocido como fundador del Teatro Nacional de Brent, por su adaptación de *Los 39 escalones* obtuvo los premios Olivier Award en 2007 y Whatsonstage Award for Best New Comedy, mientras que su versión de la obra de Hitchcock en Broadway ganó el Drama Desk Award for Unique Theatrical Experience y dos premios Tony en 2008.
[63] 'Patricia Conde y Gabino Diego juntos en el teatro de la mano de Hitchcock', en *Alerta. El Periódico de Cantabria*, 26 de agosto de 2009.

encauzar nuestras reflexiones hacia la identificación del fenómeno y su presencia en la escena española.[64]

Ante todo, al respecto de los casos señalados — y al margen de la experiencia referida — cabe subrayar que las adaptaciones inversas asimiladas por los directores de escena españoles no constituyen un mero efecto colateral de la búsqueda de inspiración en la producción teatral de otros países. Nos reafirma en esta convicción, además, otro dato que se deduce del análisis de la lista de espectáculos reflejada en la Tabla n°1.

Resulta del todo significativo que entre las adaptaciones más 'paradigmáticas' (recordemos: trasvases del cine al teatro sin más precedentes literarios u otras adaptaciones previas) basadas en títulos extranjeros, hasta 8 de los 12 casos citados vienen firmados por autores de la escena española, entre ellos: *En tierra de nadie*, de Ernesto Caballero (2004); *En la cama*, de Yolanda García Serrano (2008); *Sonata de otoño*, de José Carlos Plaza y Manuel Calzada (2008); *De la vida de las marionetas*, de Jarosław Bielski (2008); *Verdadera historia de los hermanos Marx*, de Julio Salvatierra (2009); *Clerks*, de Sergio Macías (2000); *Cuando Harry encontró a Sally*, de Octavi Egea, Ricard Reguant y Joan Vives (2002); *Misterioso asesinato en Manhattan*, de José Luis Martín (2006). De este modo, a través de todos estos títulos, la adaptación inversa confirma su alcance en la actual cartelera teatral de España y también su arraigamiento en el ámbito creativo del universo dramático del país, revelándose más que como la simple proyección de una moda cultivada fuera, como una tendencia asimilada en el seno de la dramaturgia nacional.

Dentro de este marco más paradigmático y explícito, la utilización del término *adaptación inversa* parece del todo justificada. No obstante, en los demás casos, cuando los antecedentes de la versión teatral incluyen otros terrenos de expresión artística aparte del cine y teatro, se abre la posibilidad de que el trasvase realizado en el marco de la supuesta adaptación inversa no opere de forma exclusiva y directa entre una obra cinematográfica y la correspondiente versión teatral, recorriendo otros caminos 'inversos'. Teniendo en cuenta esta circunstancia, cabe preguntarnos si podemos considerar el término de *adaptación inversa* igualmente válido para los casos en los que los antecedentes fílmicos resultan sólo parciales o indirectos, por provenir de otros trabajos previos.

Desde luego, otros estudiosos a los que recurrimos, no consideran dicha circunstancia excluyente a la hora de citar los ejemplos de versiones teatrales de películas. Además, en sus listados aparecen no sólo los títulos fílmicos cuyo origen narrativo o teatral resulta eclipsado por la repercusión alcanzada desde la gran pantalla (como en el caso de *Crimen perfecto* o *La soga* que deben su popularidad tanto — o más — a Hitchock que a Patrick Hamilton y Frederik Knott), sino

---

[64] Ficha artística y técnica del montaje de *Los 39 escalones* presenciado en el Teatro Criterion de Londres queda incluida en el Índice de adaptaciones comentadas.

también los títulos de películas claramente identificadas como adaptaciones, en cuyos casos las versiones escénicas correspondientes podrían suponer simplemente escenificaciones de obras dramáticas originales (tan conocidas como *El zoo de cristal*, de Tennessee Williams, *¿Quién teme a Virginia Woolf?*, de Edward Albee, o incluso *Amadeus*, de Peter Shaffer).

Tan sólo Emilio de Miguel Martínez parece considerar este aspecto al rectificar su relación de películas españolas 'pasadas a teatro' en España, advirtiendo que el montaje de *El florido pensil* de 2006, que figura en su lista como adaptación teatral, no debe ser tenido en cuenta, debido a que la misma pieza teatral había sido representada en los escenarios españoles antes de que se diera a conocer la producción fílmica homónima. En realidad, esta matización, en vez de esclarecer los requisitos de inclusión en el cuadro estudiado, resulta del todo confusa e incoherente. Puesto que, al aplicar el mismo baremo, quedarían en entredicho otros casos citados por el mismo autor, como por ejemplo, *La cena de los idiotas*. El investigador incluye dicha versión escénica entre las adaptaciones inversas haciendo referencia al estreno que tuvo lugar en Madrid en 2001, que, en efecto, fue posterior a la película de Veber. No obstante, el mismo montaje se dio a conocer primero en el Festival del Grec de Barcelona en 1998, estrenándose luego el 30 de junio del mismo año en el Teatro Condal de Barcelona. De ahí que su condición de 'película pasada a teatro' pueda ser cuestionada del mismo modo del que lo propone el autor en el referido caso de *El florido pensil*.[65]

Del mismo modo, habría que verificar los títulos con los que María Teresa García-Abad García justifica su tesis sobre 'la invasión de las tablas por el cine'.[66] La investigación realizada por nosotros hasta el momento, obligaría a eliminar de la lista de la autora los casos de *Crimen perfecto*[67] o *Cyrano de Bergerac*[68] y nos impediría incluir en nuestra relación, por ejemplo, *Sé infiel y no mires con quién*[69] por tratarse de piezas que cuentan con un recorrido sobre las tablas anterior a su consagración como éxitos de la gran pantalla. Y si consultáramos la crónica de estrenos teatrales de otras obras señaladas como adaptación inversa, podríamos encontrar más ejemplos de títulos que vuelven al escenario después de pasar por los cines dotando de ambigüedad su condición de adaptación inversa como tal.

---

[65] E. de Miguel Martínez (2008), pp. 37-40.
[66] María Teresa García-Abad García (2005), p. 267.
[67] Explicamos la cronología de estrenos de dicha obra en ambos medios en el Capítulo 2.
[68] *Cyrano de Bergerac*, de Edmund Rostand, se estrenó en el teatro en 1899, con María Guerrero y Fernando Díaz de Mendoza, y en 1955 la volvió a representar José Tamayo, con Manuel Dicenta y María Dolores Pradera. Por lo tanto la anterioridad de la obra dramática respecto la película de Michael Gordon queda fuera de dudas.
[69] *Sé infiel y no mires con quién* es la adaptación teatral del vodevil británico *Move over Mrs. Markham*, de Ray Conney y John Chapman, que se estrenó en España en el Teatro Maravillas en 1972. Incluimos dicho título en nuestra recopilación como adaptación escénica estrenada en 2010 con referente cinematográfico de la película homónima de Fernando Trueba (1985).

Si en el caso de las películas basadas en piezas teatrales la confusión a la hora de considerar los montajes actuales como adaptaciones inversas resulta evidente, la existencia de otro tipo de antecedentes, también nos llevaría a preguntarnos si la versión escénica estudiada realmente toma como fuente la obra cinematográfica o, más bien, vuelve la mirada hacia el original más remoto. Aunque en algunos casos los mecanismos de adaptación trazan rutas todavía más complicadas y difíciles de descifrar.

Porque, como dijo una vez Marcos Ordóñez, 'cosas raras se han visto en el mundo del teatro', y más aún, podemos añadir, en el terreno movedizo de las adaptaciones, sobre todo, si sus procesos de traslación se apartan de las rutas convencionales. De todas formas, resulta curioso recordar la perplejidad del avezado crítico cuando hace unos años comentaba, atónito, el estreno londinense de *Primera Plana* en 2003, que en vez de poner en escena la obra teatral, presentaba una versión dramatizada de la película de Hawks (*His Girl Friday*), a su vez adaptación cinematográfica de la pieza original de Hecht y McArthur. De ahí que la reseña de Ordóñez antes mencionada señale que 'de todas esas cosas raras, ésta se lleva la palma: una obra que se convierte en película y vuelve a la escena combinando elementos de ambas'.[70] Hoy, procesos creativos tan enrevesados ya no sorprenden, tampoco en el escenario español. Entre las adaptaciones inversas citadas en nuestra relación, aparte de los casos más directos y transparentes de dramatizaciones de películas, y los que revelan antecedentes literarios de sus fuentes fílmicas, descubrimos rutas creativas nada lineales y mucho más complejas.

Basta fijarnos en uno de los ejemplos más recientes, la adaptación teatral del memorable clásico de la historia del cine *Días de vino y rosas*, de Blake Edwards. Como apuntamos en los párrafos anteriores, el montaje dirigido en España por Tamzin Townsen constituye un caso inspirado precisamente por la escena anglosajona: de ahí que hablemos de la adaptación escénica original, escrita por Owen McAfferty, y de su versión española, obra de David Serrano. El hecho de no partir directamente de la película, sino servirse de una adaptación realizada por otro autor extranjero, supone ya una fase más en el propio proceso de trasvase entre el cine y el teatro. Pero, además, en el caso de esta desgarradora historia de amor, la propia construcción del guión también parte de otra creación anterior, aunque llevada a cabo por el mismo autor, puesto que el guionista J. P. Miller, antes de ponerse al servicio de Edwards, primero concibe la historia como pieza teatral para la televisión. Por lo tanto, la adaptación inversa de *Días de vino y rosas*, en realidad, abarca más universos creativos y relevos entre autores de los que podría implicar la sustitución de la cámara por las tablas en una traslación directa. Y el montaje del Teatro Lara, en el que Silvia Abascal y Carmelo Gómez

---

[70] M. Ordóñez, 'La abuela de *Glengarry*', *El País*, supl. *Babelia*, 30 de agosto de 2003, p. 13.

se miden con los papeles que llevaron al Olimpo a Jack Lemmon y Lee Remick, se revela al final, según confiesa el mismo adaptador David Serrano, como un *puzzle* entre la obra de McAfferty, la película y sus añadidos.[71]

Los mismos sorprendentes juegos entre formatos artísticos nos esperan al recorrer las rutas que conducen del celuloide hacia las tablas en el ámbito nacional, en el terreno propio de la cinematografía y escena españolas. Así, por ejemplo, nadie duda de que el estreno teatral de *El pisito* (2009), dirigido por el cineasta Pedro Olea, traslada a la escena la gran película de Marco Ferreri, mientras que la antológica historia, en realidad, nació en forma de relato, luego transmutó en el guión y al final, el mismo autor, Rafael Azcona, la reescribió, como novela corta, rectificando la autocensura inicial y añadiendo algunas aportaciones extraídas de la película. Los propios autores de la adaptación dramática, Juanjo Seoane y Bernardo Sánchez, describen su obra como una 'cuarta versión' y confiesan haberse basado en la narración definitiva de Azcona, publicada en 2005. Eso significa que la adaptación de *El Pisito* representada recientemente en el Teatro Marquina está basada en la obra narrativa, no en la cinta de Ferreri; pero, por otro lado, a través de la fuente literaria que rehace la edición inicial a la luz de la ficción cinematográfica, se filtran en la escena los antecedentes fílmicos. De este modo, al igual que en el caso que tanto extrañaba al crítico de *El País*, Marcos Ordóñez, la amarga historia de amor e inquilinato sobre la España de los años cincuenta, pasa de obra literaria a la pantalla y al final, como pieza teatral, combina elementos de los formatos anteriores.

Alguien voló sobre el nido del cuco (2004) supone otro caso de versión escénica que, en vez de representar el producto final de una serie de mutaciones entre diferentes universos de expresión artística, representa un escalón intermedio en la trayectoria de un argumento. La obra, representada por primera vez en España en 2004 gracias a la apuesta del fundador del teatro Réplika, Jarosław Bielski, será obviamente relacionada con la oscarizada película del mismo título, o bien, con la no menos conocida novela de Ken Kesey. No obstante, en el camino que la historia del 'profeta psicodélico' recorre desde la literatura a la pantalla encontramos un apartado más: el libro, antes de inspirar el guión llevado a la pantalla por Milos Forman, primero fue convertido en obra teatral, y el montaje que el director de escena polaco da a conocer al público español se basa precisamente en esa pieza escénica escrita por Dale Wasserman.

Como podemos observar, la relación que la versión teatral establece con respecto a su referente fílmico resulta en cada caso diferente. Independientemente de otras creaciones que antecedan o sigan a la obra cinematográfica vinculada con la correspondiente versión teatral, vemos que la pieza dramática puede mirarse en el espejo de la ficción fílmica (como en *Días de vino y rosas*), o volver

---

[71] L. Perales, 'Ebrios de amor', *El Mundo*, supl. *El Cultural*, 8 de enero de 2009, pp. 36-37.

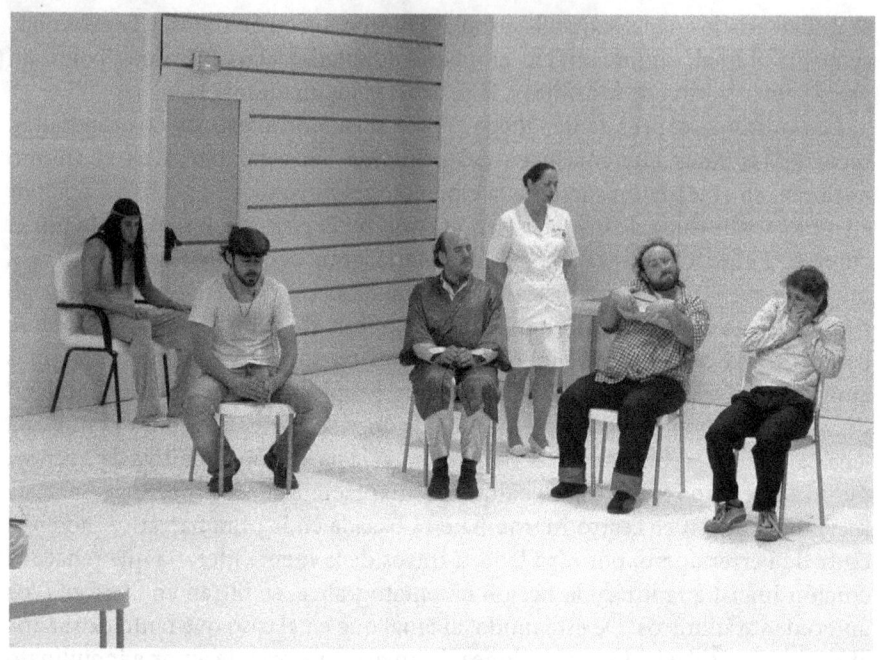

2-3. *Alguien voló sobre el nido del cuco* en el Teatro Réplika.

al original literario más remoto, incorporando la experiencia del paso por la gran pantalla (como lo propone *El pisito*), o hacerlo renunciando a la memoria del celuloide, como en el caso del montaje de *Alguien voló sobre el nido del cuco* realizado por la compañía madrileña Réplika, que retoma la primera adaptación escénica de la novela de Kesey, pretendiendo, en palabras del director, 'olvidar la película'.[72]

Para identificar una adaptación inversa en los casos que experimentan semejante vaivén de transformaciones entre medios, no nos servirá ni el prisma de la fidelidad respecto el original, considerado insuficiente y obsoleto, ni tampoco la dialéctica de lo cinematográfico y lo teatral, igualmente descalificada para indicar la condición de adaptación u obra original. En principio, parece que bastaría determinar el punto de partida de la versión teatral en cuestión: averiguar si lo constituye la película u otro tipo de fuente. Y este aspecto, sin duda, depende de la intención del adaptador. Aunque nos podríamos preguntar cómo dicha 'intencionalidad' se manifiesta en su creación y hasta qué punto resulta determinante para el resultado de la adaptación.[73]

Limitándonos a unas pinceladas reflexivas — aunque la cuestión exigiría un análisis de ejemplos más detallado — , repararemos en otras versiones escénicas que, al igual que las mencionadas, demuestran una disparidad de actitudes al respecto. Así por ejemplo, Daniel Varonese, responsable de llevar a las tablas del Teatro Español *Glengarry Glen Ross* (2009) — pieza teatral de David Mamet que, convertida en guión por ese mismo autor, convocó en la pantalla al insuperable trío de Jack Lemmon, Ed Harris y Al Pacino — , confiesa ceñirse sobre todo 'a la palabra cruda y dramática' del escritor americano y, al cumplir este compromiso, pone en escena la pieza teatral original, incorporando, al mismo tiempo, algunos diálogos de la película. Mientras que Marta Angelat, al atreverse a unir por primera vez en un escenario *Sarabanda* y *Escenas de un matrimonio*, de Ingmar Bergman (2010), destaca que en ningún momento se ha planteado trasladar al teatro las películas del director sueco y que su montaje del díptico *bergmaniano* surge del impacto de la lectura de sus obras. No obstante, aunque en el programa de mano de la función la autora de la dramaturgia y directora de escena confiesa haber tratado a Bergman como a un autor teatral y que su fuente de inspiración

---

[72] Así se expresa Bielski al ser preguntado sobre el riesgo de imitar a la película: 'es una dificultad añadida, pero tenemos que olvidar la película'. Citado en M. Ayanz, '*Alguien voló sobre el nido del cuco*: Réplika se convierte en un manicomio', *La Razón*, 26 de febrero de 2004, p. 73.

[73] Cabe recordar que André Helbo centra sus recientes trabajos sobre las adaptaciones de textos teatrales a la pantalla precisamente en la dialéctica entre 'la intencionalidad del autor y la atención espectatorial'. Véase A. Helbo, *L'adaptation. Du théâtre au cinema* (París: Armand Colin, 1997) Otro teórico, Francois Jost, al tratar el mismo tema, define el teatro como un arte para el cual la presunción de intencionalidad es más grande que en el caso del cine. Véase F. Jost, 'Théâtre et cinéma classiques francais. Du théâtre a l'image', en J.A. Pérez Bowie (2008).

ha sido siempre el texto, estas afirmaciones resultan ambiguas al reparar en el hecho de que los textos que aparecen proyectados sobre el escenario (la nota final del escritor 'Ebro, septiembre, 2001' y los títulos de escenas), en realidad, nos remiten a la película, ya que el propio Bergman introducía esos mismos textos en la pantalla como intertítulos entre las sucesivas 'escenas de matrimonio'.

En otro extremo se sitúan las escenificaciones de clásicos de la historia del cine como *Ser o no ser*, de Lubitsch (2009), y *39 escalones*, de Hitchcock (2009). En el caso de la versión teatral de la mítica comedia sobre la invasión nazi, obra de Julio Salvatierra, su principal promotora — y también protagonista — Amparo Larrañaga, declara abiertamente que el proyecto se debe a la admiración por la película y no oculta su deuda con el maestro de la gran pantalla. En efecto, al insistir sobre las tablas en el *toque Lubitsch*, la historia, que desde la pantalla rendía tributo al mundo del teatro, se convierte en un homenaje al cine desde las tablas. Por otra parte, la sombra de otro gran maestro, en este caso del suspense, gravita con la misma libertad sobre el vertiginoso montaje de *39 escalones*, de Hitchcock, metafóricamente y literalmente, ya que en el montaje no falta la presencia del mítico director que aparece en forma de una sombra chinesca. Sus autores no sólo no se apartan del clásico del cine, sino que van más allá de la propia transposición del celuloide al escenario, ofreciendo una versión en clave de parodia y estableciendo una especie de metajuego con la película y todo el universo *hitchcockiano*. Además de recrear en el escenario las escenas clásicas de la película adaptada (la escena de la persecución encima del tren, la escapada de Forth Bridge o la escena con Mr.Memory en el Palladium) la versión escénica de *39 escalones* está llena de guiños cinematográficos a otras películas de Hitchcock: aparte de la sombra del propio director, a través de las sombras chinescas, se reproducen escenas antológicas de *Los pájaros*, *Psicosis* y *Con la muerte en los talones*.

Como podemos observar, los ejemplos aludidos no se debaten únicamente entre la alternativa de trasladar al escenario la cinta de referencia o negar cualquier vínculo con los precedentes cinematográficos, sugieren también la existencia de terrenos intermedios, así como diferentes niveles de transposición en el marco del proceso adaptativo, revelando la adaptación inversa en su condición intertextual, como exponente de estrategias transmediales e hipertextuales.

En vista de las posibles configuraciones creativas y la variedad de manifestaciones artísticas, una tarea aparentemente simple, la identificación del fenómeno, parece exigir análisis desde niveles de mayor complejidad. Aunque las diferentes recreaciones de la obra cinematográfica en el escenario pueden ser interpretadas como variaciones dentro de la misma práctica inversa — y en estas páginas no pretendemos discutir la tipología que serviría para destacarlas — , conviene fijar el umbral clasificatorio para su consideración. Y la cuestión, desde luego, no se reduce a la propia intencionalidad de los autores y la pregunta de si se han basado en el texto original o han recurrido a textos intermedios. Dichos aspectos pueden constituir los principales parámetros de verificación del proceso adaptativo, pero no agotan todas sus variables.

Tan relevante como la concepción creativa o el punto de partida de una adaptación inversa, resulta su interpretación por el público; esto es, la recepción. Precisamente en el contexto de la traslación del cine al teatro, donde el referente de la adaptación pertenece a la memoria colectiva y el resultado se inscribe en una realidad cinematográficamente codificada, cobran especial importancia los enfoques centrados en el funcionamiento de la adaptación en el ámbito de la recepción. De ahí que, siguiendo los postulados de Patryck Catrysse, quien propone estudiar el funcionamiento de la adaptación en el polisistema de llegada y asimismo considera necesario para la identificación de cualquier adaptación interrogarse sobre la medida en que la obra en cuestión es percibida y evaluada por el público y por la crítica como adaptación. Con este objetivo propone considerar los datos textuales (referencias al texto o al autor primero en el interior de la historia) y peritextuales (los datos de los genéricos), examinar las numerosas actividades parafílmicas como campañas publicitarias, conferencias de prensa, documentales, anuncios publicitarios, carteles, folletos. Nuestras investigaciones corroboran igualmente que la percepción del público y de la crítica, en la que confluyen los contextos de producción y lectura, desde los códigos estéticos del espectador hasta las actividades paratextuales y la campaña promocional de la obra, constituyen aspectos clave para la determinación y exploración de la práctica inversa.

Desde luego, al margen de la intención del adaptador y su manifestación en la propia pieza dramática, podría resultar revelador estudiar en qué medida la obra y el primer autor son puestos en evidencia durante el lanzamiento de cada versión escénica, cómo reaccionan los espectadores y qué referencias emplean en sus comentarios los críticos. Puesto que aunque, por ejemplo, el propio Bielski, en su versión de *Alguien voló sobre el nido del cuco*, decida 'olvidar la película' e incluso prohíba que la vean sus actores, no impide que la tengan como referencia los espectadores o que la prensa insista en comparar la actuación del protagonista Chiapella con la de Jack Nicholson. Asimismo, aunque Marta Angelat repita que para su montaje de las obras de Bergman en ningún momento ha buscado inspiración en la pantalla, podemos discutir si las ficciones de un autor que construye su universo en la frontera entre el teatro y el cine pueden desprenderse en escena de una de estas dimensiones, si textos como *Escenas de un matrimonio* o *Sarabanda* llevan o no implícitas las imágenes fílmicas. En el caso de un montaje tan apoyado en la película como el que dramatiza la intriga de espionaje de *39 escalones*, resulta crucial preguntarse, en cambio, hasta qué punto la intención del adaptador queda captada por el público en cada momento o si éste puede apreciar el juego paródico que propone ese 'carussel escénico' y reconocer guiños cinéfilos como la silueta del rey del suspense en el reflejo de una sombra.

Igualmente podríamos referirnos con estas preguntas a la captación de otras sutiles referencias fílmicas que entran en la escena en otras adaptaciones para evocar el anterior universo de la misma historia, como la voz de María Galiana, protagonista de *Solas*, de Benito Zambrano (1999) que suena en la radio en la versión escénica de la película (2006); o la presencia de actores que pasan, junto con la ficción, de la pantalla al escenario, repitiendo los mismos papeles o bien, para establecer un juego de referencias intertextuales y recordar el origen fílmico de la historia, como la actuación de Manuel Alexandre en la versión teatral de *Atraco a las tres* (2001), que él mismo había protagonizado en la pantalla en 1962.

No cabe duda de que la relación entre los dos formatos vinculados en una adaptación inversa depende, además del proceso de transposición y su resultado, de otros factores y sistemas en los que llega a pronunciarse. De ahí que su definición resulte tan compleja y llena de contrariedades. Nos convence de ello una de las realizadoras escénicas más familiarizadas con la práctica inversa, Tanzin Townsend, que, a propósito de su montaje de *Días de vino y rosas*, primero reconoce que 'el film ha sido mi gran cruz porque he querido que se note que la obra es muy distinta', para confesar en seguida que ha empleado los mismos resortes humorísticos que la película.[74] Esta aparente contradicción, en realidad, refleja lo ineludible y arbitrario de la existencia de un referente cinematográfico que ya como inspiración evocada u obstáculo esquivado se revela siempre presente.

Precisamente por ello, desistimos de fijar fronteras rigurosas para el fenómeno que constituye objeto e inspiración de nuestro trabajo. Señaladas las vías de acercamiento a la materia, esbozados los aspectos a tratar y los niveles de la exploración, nos damos cuenta, de un lado, de la complejidad que encierra y, del otro, de la necesidad de someter a estudio cada caso concreto. De ahí que propongamos inscribirlo en un marco más amplio, capaz de reflejar su diversidad y servir de plataforma para el análisis de todos los aspectos. Por lo tanto, nos parece legítimo considerar dentro del campo de estudio elegido todas las representaciones escénicas que remitan a una obra cinematográfica anterior, independientemente de la existencia de otros antecedentes de la película y al margen de la anterior presencia sobre las tablas de otros montajes de la misma pieza teatral.

Apartándonos de cualquier delimitación excluyente, consideramos que la sucesiva existencia de una obra en los territorios fílmico y escénico da lugar a un fenómeno que tiende puentes entre estos universos, poniendo en contacto dos creaciones y abriendo posibles vías de transposición. Por supuesto, hará falta analizar cada ejemplo para averiguar hasta qué punto dicha transposición realmente tiene lugar y estudiar los niveles y la intensidad de la interrelación entre

---

[74] Véase L. Perales, *El Mundo*, supl. *El Cultural*, 8 de enero de 2009, p. 37.

dos manifestaciones artísticas diferentes. Porque cada historia que, tras haber sido impresa en celuloide, renace al subir el telón, nos invita a viajar desde el cine a las tablas y, en este viaje, como asegura José Luis Borau, nos esperan 'grandes y jugosas sorpresas de atreverse con la investigación consiguiente'.[75]

1.3 Hipótesis, objetivos y estructura de la investigación

Una vez constatada la magnitud del fenómeno de la adaptación inversa en la escena española actual y reconocidos los amplios límites de la materia de estudio, retomamos el debate inicial acerca de las razones de su popularidad para plantear las hipótesis y los objetivos de los que partiremos en nuestra investigación.

Al confrontar las diferentes tesis acerca del auge de esta nueva tendencia escénica con la mirada puesta en la escena contemporánea, hemos descubierto que prácticamente ninguna de las opiniones divulgadas puede ser admitida como una explicación universal del fenómeno. Tras nuestro recorrido por la cartelera española actual, desistimos de confirmar la supuesta crisis del teatro al comprobar que las salas están llenas y los profesionales convencidos de la buena salud del medio. Tampoco accedemos a interpretar las versiones escénicas de películas como manifestación de la hegemonía del cine o consecuencia de la evolución del lenguaje escénico, recordando que la 'cinematización' no supone una característica exclusiva o distintiva de los montajes basados en películas. Finalmente, nos parece igualmente arriesgado explicar la génesis del fenómeno como una simple búsqueda de éxito fácil y aprovechamiento del reclamo de las obras de la gran pantalla cuando los ejemplos señalados demuestran que la existencia de las referencias fílmicas no siempre es buscada y no necesariamente privilegia la recepción por parte del público.

Las contrariedades a las que puede llevar la exploración de la materia que nos interesa a la luz de las teorías propuestas por varios estudiosos, por un lado, nos alejan de encerrarla en un marco general; por el otro, subrayan la necesidad de considerar todos los aspectos mencionados en cada ejemplo en cuestión. De ahí que, tras poner de manifiesto la ambigüedad de estas hipótesis más o menos extendidas, consideremos necesario continuar la indagación sobre las razones del resurgimiento del fenómeno a través del estudio de los ejemplos concretos para preguntarnos de nuevo hasta qué punto cada adaptación inversa supone un lugar de renovación del lenguaje escénico o es una transfusión en el marco de modelos convencionales, si el riesgo estético es compatible con el carácter comercial. Sólo así podremos enfrentarnos al interrogante de quién gana la lucha entre el teatro y el cine que planteaba sobre las tablas Meyerhold, si es el cine el arte que se ha apoderado del teatro o, más bien, el teatro el nuevo arte colonizador.

---

[75] J. L. Borau, en *La imprenta dinámica*, ed. C. Heredero, p. 440.

La búsqueda de respuestas emprendida en el marco de cada caso concreto de adaptación nos llevará a un territorio que emerge del mapa artístico actual; de ahí que, independientemente de las conclusiones a las que nos conduzca su indagación, antes de reconocerlo como espacio híbrido o admitir la supremacía de una de las artes, lo entendamos, sobre todo, como parte de la cultura contemporánea, señal de nuestra época. Porque si la adaptación en sí corresponde a un fenómeno cada vez más amplio y más presente en nuestro mundo — y como estrategia transmedial constituye el signo de nuestro tiempo y 'una práctica cultural clave en la cultura contemporánea posmoderna'[76] — nos atrevemos a suponer que la acepción inversa viene a expresar la visión del mundo posmoderno todavía con más claridad. Éste, por lo tanto, será el único marco común en el que proponemos inscribir las adaptaciones inversas y nuestra consiguiente investigación.

Con el objetivo de explorar la naturaleza del fenómeno 'espejo' de la realidad cultural de su época y proseguir con la indagación de sus raíces, nos proponemos volver la mirada en busca de sus antecedentes en la escena española en general, convencidos de que para cualquier objeto de estudio, el conocimiento del pasado resulta indispensable para la comprensión del presente.

Este reto nos remitirá a la época de la 'otra generación del 27', sinónimo de la agitada vida cultural en cuyo seno, décadas atrás, proliferó la misma práctica adaptativa (del cine al teatro). De este modo, haciendo justicia al objeto de nuestro estudio, el *camino inverso*, proponemos *invertir* nuestra ruta de exploración y abordar el fenómeno emergente en el ámbito artístico actual desde la perspectiva de esa otra época, a través de dos integrantes del mítico grupo generacional y dos casos concretos de adaptación inversa: *La vida en un hilo*, de Egar Neville (1959), y *Mi adorado Juan*, de Miguel Mihura (1956). Por lo tanto, ceñiremos nuestra investigación al análisis de los casos citados con la intención de estudiar detalladamente y en todos sus aspectos el trasvase de una obra del cine al teatro y, de este modo, profundizar en la materia que nos interesa e ir construyendo una plataforma para la exploración del fenómeno y el estudio de otros ejemplos.

Tras presentar el objeto de nuestro estudio — incluidos los motivos de su elección, el estado de la cuestión y la aproximación teórica — , nos disponemos a emprender la investigación propiamente dicha. Para ello, estructuraremos el resto de la investigación de la siguiente forma: En el capítulo 2 trataremos el tema de la adaptación inversa en el contexto de la 'otra generación del 27'. En este sentido, estudiaremos el ambiente artístico de la época como supuesto

---

[76] V. Guarinos así titula uno de sus artículos: 'Transmedialidades: el signo de nuestro tiempo', *Comunicación*, 5 (2007), pp. 17–22. Por otro lado, la definición de la adaptación como 'a cultural practice which exemplifies key trends in postmodern culture' la encontramos, por ejemplo, en R. Carroll, *Adaptation in contemporary culture. Textual infidelities* (Nueva York: Continuum, 2009).

desencadenante de la aparición del fenómeno y un prisma imprescindible para su interpretación. Nos fijaremos en los ejemplos concretos de la cartelera de aquel período para comprobar la divulgación de la práctica adaptativa inversa, haciendo hincapié en las adaptaciones del cine al teatro realizadas, respectivamente, por Edgar Neville y Miguel Mihura. De este modo, pasaremos a centrar nuestro estudio en estos dos autores: primero, presentaremos sus trayectorias particulares, con especial énfasis en sus facetas teatral y cinematográfica, como áreas de la actividad artística implicadas en el fenómeno que nos interesa y facetas que convergen en los dos títulos indicados. Al final de dicho capítulo, situaremos a los dos autores en un marco común: nos fijaremos en los vínculos artísticos que les unen, destacando los paralelismos generacionales y biográficos, volviendo a evocar, de este modo, la perspectiva de la 'otra generación del 27'. A continuación, construida la plataforma inicial para nuestro estudio, en los capítulos siguientes pasaremos al análisis comparativo de los ejemplos concretos seleccionados — así, en el capítulo 3 analizaremos la adaptación del cine al teatro de Edgar Neville, *La vida en un hilo* y, en el capítulo 4, la de Miguel Mihura, *Mi adorado Juan*.

El estudio de estas dos adaptaciones de obras cinematográficas a la escena teatral supondrá el núcleo de esta investigación. Antes de abordarlo, cabe subrayar — tal y como lo anunciábamos en los párrafos anteriores — que no es nuestra intención formular un modelo teórico de adaptación del cine al teatro, ni establecer sistemas metodológicos fijos en torno a la transposición de un sistema de expresión artística al otro. Nos proponemos estudiar la práctica adaptativa de estos casos concretos para acercarnos al fenómeno que nos interesa y, al entrar en este terreno de la mano de un autor, ir descubriendo, en cada caso, su perfil creativo dibujado desde la doble perspectiva de una adaptación. De ahí que el análisis comparativo que llevaremos a cabo confrontando las dos versiones de cada obra tenga por objeto revelar las características de las creaciones situadas a los dos lados del proceso de transformación y, por consiguiente, poner de relieve los mecanismos de trasvase empleados, revelando, al mismo tiempo, las competencias y preferencias artísticas de cada autor.

Para este fin, en las comparaciones de las obras de Edgar Neville y Miguel Mihura, nos serviremos de un aparato ecléctico que participa de los enfoques propuestos por diferentes teóricos contemporáneos; sin emplear ningún modelo de análisis de adaptación establecido, pero tomando instrumentos metodológicos que puedan ayudarnos en nuestro estudio. Asimismo, tendremos en cuenta los principios y las perspectivas de los estudios actuales sobre la adaptación señalados a propósito de nuestras divagaciones acerca del posible marco teórico para la práctica inversa: alejándonos del tradicional criterio de fidelidad y asumiendo la igualdad entre dos códigos, así como la independencia de cada una de las manifestaciones artísticas tomadas en consideración. Igualmente, aflorarán en nuestro estudio las aportaciones teóricas recientes que hemos destacado como 'especialmente útiles y esclarecedoras para el estudio de la práctica inversa': desde la perspectiva pragmática, al abordar en nuestro análisis tanto el proceso transformacional como los contextos de llegada y de partida (Patryck Catrysse), hasta la dialéctica entre la obra y los códigos de un contexto socio-histórico (Michel Serceau) y la consideración de la práctica de adaptación estudiada en función de una dinámica cultural determinada (André Helbo), reflexión que surgirá al final de nuestra investigación.

Al mismo tiempo, aunque hayamos decidido construir un esquema de análisis propio, nuestra metodología participará, obviamente, de elementos utilizados por otros investigadores. Entre los autores más afines a nuestra propuesta de investigación, cabe destacar a José Luis Sánchez Noriega con cuyo 'modelo teórico-práctico de análisis de adaptación cinematográfica de textos teatrales' nuestro ejercicio *inverso* comparte los tres puntos cardinales a partir de los cuales, según el investigador, debe plantearse cualquier análisis, es decir: el propósito final de la práctica comparativa, el nivel de la comparación y los elementos pertinentes para la comparación. Asimismo, coincidimos en el objetivo del análisis centrado en describir las operaciones que el autor lleva a cabo con el material de partida y señalar los procedimientos empleados; para llevarlo a cabo, nos situamos en el nivel de la totalidad de cada obra (aunque nos detengamos en sus partes para analizar las correspondencias entre las versiones) y desarrollamos la comparación tanto en el plano de la historia como en el del discurso.[77]

De este modo, identificándonos con estas pautas y en concordancia con la perspectiva teórica expuesta, realizaremos las dos comparaciones objeto de nuestro estudio. En cada caso, primero, presentaremos los correspondientes proyectos cinematográfico y teatral, aportando datos relativos a los procesos de su realización (desde las circunstancias en las que surgen, incluidos los condicionamientos de la censura, las fichas artísticas y técnicas, los detalles del proceso de rodaje y de escenificación dramática, hasta la recepción por parte del público y la crítica). A continuación, nos centraremos en el análisis comparativo de las dos manifestaciones artísticas de cada obra llevado a cabo en dos fases: primero, a través de la confrontación del guión cinematográfico con su plasmación en la pantalla y, por consiguiente, realizando la comparación de la película con su correspondiente versión dramática. De este modo, partiendo del texto creado para ser filmado, veremos primero cómo es traducido en imágenes, para observar luego cómo vuelve a materializarse sobre el papel en su trasvase *inverso* al texto teatral.

---

[77] Véase J.L. Sánchez Noriega, 'Un modelo teórico-práctico de análisis de adaptación cinematográfica de textos teatrales', en J.A. Ríos Carratalá; J.D. Sanderson, *Relaciones entre el cine y la literatura: un lenguaje común* (Alicante: Universidad de Alicante, 1996). Además de las concordancias mencionadas, nuestro esquema de análisis refleja también, en gran parte, los elementos constructivos del modelo citado, aunque organizados y expuestos según otro sistema elaborado ad hoc para nuestro objeto de estudio.

Para ello, en los sucesivos epígrafes iremos confrontando las dos versiones de cada obra, primero desde el nivel de la trama y luego, desde la perspectiva de la estructura narrativa, la enunciación, las coordenadas espacio-temporales, el diálogo y los personajes. Además de fijarnos en las modificaciones del texto fílmico frente al teatral bajo todos los aspectos destacados, nos propondremos estudiar las transformaciones efectuadas en el marco de los fragmentos concretos de la historia (secuencias y escenas), estableciendo una tipología que permita describirlas y clasificarlas en función de los niveles a los que operan. Al desarrollar nuestra comparación bajo el prisma de lo característico de cada modo de expresión, nos fijaremos también en el empleo de los recursos propios de los lenguajes cinematográfico y teatral en cada creación, haciendo hincapié en este aspecto en el epígrafe dedicado a los trucos fílmicos y la tramoya teatral.

En ambos casos de adaptación seguiremos el mismo itinerario, adoptando los mismos enfoques y fijándonos en los mismos elementos implicados en el proceso transformacional. No obstante, como observará el lector, los índices de los capítulos 3 y 4, dedicados al análisis de *La vida en un hilo* y de *Mi adorado Juan*, respectivamente, no coincidirán del todo. Primero, en la parte previa al propio análisis comparativo, al tratar la adaptación de Neville insistiremos más en los elementos biográficos y destacaremos el tema de los plagios, mientras que en la presentación de la obra de Mihura, acentuaremos especialmente la influencia de otros cineastas. De la misma manera, al considerar el tema de la censura sobre este autor, nos detendremos en la censura ejercida por el propio productor de la película. En lo que respecta a la metodología de análisis aplicada en los dos casos, las únicas diferencias concernirán al orden de consideración de los enfoques adoptados y la terminología empleada en su desarrollo (puesto que en el caso del análisis de *La vida en un hilo* entre las transformaciones de escenas distinguimos 'añadidos'; 'supresiones' y 'modificaciones', mientras que en el caso de *Mi adorado Juan*, hablamos de 'equivalencias'; 'recreaciones'; 'referencias' y 'asociaciones'). Cabe señalar que dichas variaciones derivan de la particular naturaleza de cada una de las obras analizadas y su introducción tiene como objetivo facilitar el estudio comparativo en cuestión. Puesto que, en sintonía con la premisa de Baldelli, quien sostiene que 'cada texto requiere su propio análisis',[78] nuestra intención será en cada momento poner el esquema metodológico al servicio de la obra analizada, no al revés.

Las observaciones finales de cada estudio comparativo serán expuestas al final del capítulo en cuestión (en los apartados 3.3. y 4.3, respectivamente) y en ellas quedarán resumidos los resultados de nuestra investigación: las características propias de cada adaptación inversa analizada y a través de ellas, lo particular del universo de cada autor y la complejidad del fenómeno que surge del trasvase entre dos artes, el fílmico y el teatral.

---

[78] P. Baldelli, *El cine y la obra literaria* (La Habana: ICAIC, 1966).

Los resultados de ambos análisis conformarán las conclusiones de la investigación que presentaremos en el último capítulo 5, resumiendo las ideas a las que nos ha llevado el estudio de cada adaptación y confrontándolas con las hipótesis esbozadas al principio de la investigación. Esta última recapitulación de las reflexiones y hallazgos en torno a las adaptaciones inversas de Edgar Neville y Miguel Mihura, nos permitirá constatar en qué medida la investigación desarrollada a partir de un objeto de estudio concreto nos acerca al fenómeno que hemos decidido explorar y qué aportaciones ofrece respecto a la comprensión de su naturaleza y las perspectivas de su futura exploración.

CAPÍTULO 2

∾

La adaptación inversa y la 'otra generación del 27'

El mundo es tierra de las mil y una danzas, frenéticas, indiferentes,
liberadoras: Ese espíritu recorrió durante un decenio Europa,
lo invadirá todo y en todo se notará su influencia.
José Luis R. de la Flor

2.1 Ambiente artístico de la época como desencadenante del fenómeno

Desde que José López Rubio abriera las puertas del reconocimiento al grupo de los humoristas del que él mismo formó parte, acuñando la denominación de la 'otra generación del 27' su lugar en la historia de las artes del siglo XX, aunque siga siendo objeto de reivindicaciones e investigaciones abiertas, parece asentado.[1] A pesar de que algunos historiadores consideren la etiqueta de la 'otra generación del 27' como una denominación discutible y discutida, no cabe duda de que desde 1983 el grupo ha ganado en reconocimiento y ha aumentado radicalmente el volumen de estudios e investigaciones dedicados a sus representantes.[2]

---

[1] Nos referimos al discurso de ingreso en la Real Academia Española donde el recién nombrado académico llamaba la atención sobre el grupo generacional compuesto por cinco nombres: Antonio de Lara 'Tono', Edgar Neville, Enrique Jardiel Poncela, Miguel Mihura y el suyo. Véase J. López Rubio, *La otra generación del 27. Discurso de entrada en la Real Academia* (Madrid: RAE, 1983).

[2] Aparte de múltiples artículos y tesis que han permitido esclarecer y reivindicar las trayectorias de los diferentes componentes del grupo, cabe mencionar la aparición de biografías y publicaciones monográficas sobre Miguel Mihura y Edgar Neville, y también las publicaciones y exposiciones que surgen con el motivo de los centenarios de nacimiento de estos autores: la exposición 'Los humoristas del 27' (Madrid: Museo del Arte Reina Sofía, 2002) y las ediciones del Centro de Documentación Teatral dedicadas a la figura de Miguel Mihura (2005) y de José López Rubio (2003). Entre las imprescindibles aportaciones sobre la 'otra generación del 27' encontramos el estudio de Juan Antonio Ríos Carratalá, *Dramaturgos en el cine español (1939–1975)* (2003); dos volúmenes monográficos de Emilio González-Grano de Oro: *Ocho humoristas en busca de un humor* (2005) y *El humor Nuevo español y La Codorniz primera* (2004); el monográfico *Vanguardia y humorismo. La otra generación del 27*, editado por María

Precisamente en ese particular universo creativo de un pequeño grupo de autores nacidos al comienzo del siglo, que volvió a deslumbrar una vez salido de la sombra de los prestigiosos poetas del 27, encontramos un insólito ejemplo de adaptación inversa: *La vida en un hilo*, de Edgar Neville, un título que, curiosamente, vuelve a ser evocado por los estudiosos que se asoman al fenómeno desde la perspectiva actual. Tanto en los 'Viajes desde el cine a la literatura' que José Luis Borau emprende en las páginas del citado número de *Cuadernos de la Academia*[3] como en el debate sobre teatro y cine en el Congreso de la Fundación Caballero Bonald,[4] el ejemplo de Neville resulta ser una referencia inevitable. Incluso Francisco Ernesto Puertas Moya, en el seminario destinado a investigar las adaptaciones de la escena a la pantalla, antes de cuestionar su carácter unidireccional con una intervención sobre la versión teatral de *El verdugo* de Berlanga, no deja de mencionar un 'raro antecedente' practicado antaño precisamente por Edgar Neville.

El hecho de que ésta sea la connotación inmediata del reciente auge de las adaptaciones teatrales de obras cinematográficas es todo un síntoma, y puede arrojar luz a la reflexión acerca de su origen. Primero, porque junto con la alusión al autor de *La vida en un hilo* inscrita en los mencionados trabajos recientes, entra en el marco de dicha referencia todo el grupo generacional que representa este autor y, con él, el patrimonio de una actividad artística que destaca precisamente en la relación directa entre la creación literaria y la cinematográfica. Y en segundo lugar, porque éste es indudablemente el precedente de la tendencia que hemos observado en la cartelera actual: en el mismo *Diccionario del cine español*, Augusto Martínez Torres al referirse a un caso de adaptación inversa, contemporáneo de Neville, lo define como 'una curiosa costumbre de *aquellos años*'; mientras que Ríos Carratalá, al estudiar el mismo fenómeno, alude al concepto creativo de la 'otra generación del 27' señalando que en aquella época 'las obras se estrenaban en el teatro de la misma manera que podrían haber sido llevadas a las pantallas'.[5]

Antes de corroborar estas observaciones con algunos casos concretos, conviene recordar la singularidad de la época en la que surge el mencionado grupo de humoristas y en la que llega a popularizarse el comportamiento adaptativo que ha llamado nuestra atención. Este marco historiográfico no sólo constituye el

---

Luisa Burguera Nadal y Santiago Fortuño Llorens (1998), así como la aportación más completa, hasta el momento, sobre el episodio *hollywoodiense* del grupo, *¡Nos vamos a Hollywood!*, de Jesús García de Dueñas (1993); y la recopilación de textos de los autores humoristas en *El Negociado de Incobrables. (La vanguardia del humor español en los años veinte)*, ed. José Luis R. de la Flor (Madrid: Ediciones de la Torre, 1990).

[3] J. L. Borau, en *La imprenta dinámica*, ed. C. Heredero (2002), pp. 431–47.
[4] *Actas del Congreso Literatura y Cine* (Jerez de la Frontera: Fundación Caballero Bonald, 2003).
[5] J. A. Ríos Carratalá, 'Fernando Fernán-Gómez, adaptador de Miguel Mihura' (2005) <www.cervantesvirtual.com> [consulta 20.04.2011]

contexto cultural del principal objeto del presente estudio, sino que puede aportar un punto de referencia para futuras indagaciones sobre el surgimiento de los fenómenos de 'transmedialidad'.[6]

El grupo de autores bautizado por José López Rubio como la 'otra generación del 27' o — empleando otras felices definiciones del grupo — la 'generación inverosímil' o el 'quinteto de hombres de la cultura', se forma en plena ebullición cultural del Madrid de los años veinte, en un ambiente de renovación artística y cultural, abierto a lo moderno y a lo nuevo.[7] Es una época de cambios radicales y novedades insólitas, tanto en el estilo y modo de vida como en las tendencias artísticas y en los avances de la técnica. De esa 'invasión de lo insólito',[8] de la revolución *orteguiana* que deshumaniza el arte, bajo los influjos de las corrientes cosmopolitas, la sensibilidad vanguardista y los afluentes de otros -*ismos* que llegan a la península, nace el espíritu renovador, el afán de romper moldes y buscar nuevas formas de expresión. En esta 'época de laboratorio', como la caracteriza Patricia Molins,[9] inciden para llevar su propia labor renovadora los escritores agrupados en las revistas *Buen Humor*[10] y *Gutiérrez*,[11] los renovadores o — como dice Pedro Laín Entralgo — 'los creadores más bien, del humor contemporáneo', es decir: Edgar Neville, Antonio de Lara 'Tono', Enrique Jardiel Poncela, Miguel Mihura y José López Rubio. No es nuestro objetivo esbozar en este párrafo una semblanza del conjunto de autores que forman la 'otra generación del 27', presentando sus rasgos comunes; no obstante, cabe subrayar la firme cohesión artística y vital que mantuvieron como grupo y reparar en la proyección del espíritu de la época sobre su actividad creativa.

---

[6] A propósito del tratado fenómeno de trasvases del cine al teatro nos referimos al concepto de *transmedialidad* propuesto por el teórico español Alfonso de Toro para describir procesos de 'intercambio de dos formas mediales distintas' como término alternativo a los empleados hasta ahora (p.ej. la *intertextualidad* de Kristeva, la *transtextualidad* de Genette, la *interdiscursividad* de Segre o la *intermedialidad* de Plett). Véase A. de Toro, *Figuras de la hibridez* (Universidad de Leipzig, 2003) <http://www.uni-leipzig.de/~detoro/sonstiges/2006_FigurasdelaHibridez.pdf> [consulta 27.04.2011]

[7] Conviene recordar que fue Pedro Laín Entralgo primero en hacer referencia al grupo de los humoristas del 27 llamándolos 'creadores del humor contemporáneo'. Véase 'El humor de *La Codorniz*', en *La aventura de leer* (Madrid: Espasa-Calpe, 1964). Otras denominaciones citadas se las debemos a J.L. Rodríguez de la Flor y E. Rodríguez Merchán, respectivamente.

[8] C. Seco Serrano, en E. González-Grano de Oro, *La otra generación del 27. El Humor Nuevo español y la Codorniz primera* (Madrid: Ediciones Polifemo, 2005).

[9] Patricia Molins, 'Superhumorismo: Jardiel y Tono', en *Los humoristas del 27. Catálogo de la exposición 28 de febrero -22 de abril de 2002* (Madrid: Museo del Arte Reina Sofía, 2002).

[10] Revista fundada en 1927 y dirigida por Pedro Antonio Villahermosa (Sileno). Coinciden en ella los padres del nuevo humor (W. Fernández Flórez, R. Gómez de la Serna) y los humoristas jóvenes (Jardiel Poncela, Antonio de Lara 'Tono', Neville, Antoniorrobles, Mihura, López Rubio).

[11] Revista de humor que cambia el panorama del humorismo español, fundada por K-Hito y publicada entre 1927 y 1934.

La profunda compenetración creativa entre los intelectuales 'del otro 27' se forja en la intensa vida cultural y social de aquellos años en los que los periodistas y escritores coinciden en las tertulias literarias, colaboran en las mismas revistas y publicaciones periódicas (*Muchas Gracias, Buen humor, Gutiérrez, La Codorniz, La Gaceta Literaria, La Revista del Occidente*) y profesan admiración por los mismos maestros, dejándose, unánimemente, apadrinar por Ramón Gómez de la Serna. Todos, además, comparten las mismas vocaciones literarias, desde el periodismo y la narrativa breve hasta el teatro, participan de parecidas inquietudes ideológicas y todos se dejan seducir por el cine.[12]

Más allá de que todo el grupo podría corear la frase de Rafael Alberti: 'Yo nací — ¡respetadme! — con el cine', ya que, en realidad, sus nacimientos son coetáneos al del cinematógrafo, lo decisivo para su seducción cinéfila es haber coincidido con la generación que admite abiertamente que 'el cine es algo nuestro'[13] y que lleva a cabo la valoración artística del nuevo modo de expresión, puesto que la vida cultural de Madrid, en aquel momento, parece impregnada por la afición al mundo de celuloide: la *Revista de Occidente* y *La Gaceta Literaria* incorporan el comentario y el ensayo cinematográfico, empiezan las sesiones cinéfilas en la Residencia de Estudiantes, surge la elitista familia del Cineclub Español. El nuevo arte se convierte, de este modo, en una vivencia generacional, y en efecto, todos los componentes del grupo, en algún momento, ponen su talento literario al servicio del cine y mantienen una relación laboral con la industria cinematográfica.

Aunque el propio López Rubio vea en los periplos cinematográficos de esa 'otra generación' una especie de 'sarampión' que había que pasar[14] y Ríos Carratalá insista en considerarlo un rasgo generacional, lejos de ser una decisión personal o individual,[15] también es cierto que todos los miembros del grupo 'se matricularon en aquel espejismo como a una nueva asignatura',[16] que su incursión en el séptimo arte manifestaba, en realidad, la misma modernidad y curiosidad artística que hacía ramificar sus carreras en múltiples facetas y actividades.

---

[12] En este aspecto poco estudiado de la 'otra generación del 27' repara empleando el término de *ósmosis estética* J. M. Torrijos en 'López Rubio: el remedio de la memoria', en *José López Rubio. La otra generación del 27. Discurso y cartas*, ed. J. M. Torrijos (Madrid: Centro de Documentación Teatral, 2003).

[13] F. Ayala, 'La generación del cine y los deportes', *Popular Film*, 139, 28 de marzo de 1929, pp. 18–19. Véase también 'Las entrevistas de Luis Gómez Mesa' en R. Gubern, *Proyector de luna. La generación del 27 y el cine* (Barcelona: Anagrama, 1999), pp. 83–92.

[14] J. López Rubio, 'Aquel Miguel Mihura', en M. Mihura, *Antología: 1927–1933*, (Madrid: Prensa Española, 1978), p. 9.

[15] J. A. Ríos Carratalá, *Dramaturgos en el cine español* (2003), p. 42.

[16] J. López Rubio (1983)

Porque todos los componentes de la lúcida cuadrilla de los humoristas del 27 eran verdaderos 'hombres-orquesta de las artes', y en esta dimensión multidisciplinaria reside la verdadera singularidad de toda la 'otra generación', en su actitud ecléctica y renacentista con la que cultivan el humor gráfico, el cuento, la novela, el periodismo, el teatro y el cine. En el marco de sus trayectorias polifacéticas no caben separaciones rígidas entre las diferentes vertientes, y esta misma permeabilidad entre las facetas artísticas se traduce en la relación directa entre sus creaciones primordiales, la dramática y la cinematográfica.

La 'otra generación del 27', como constata al respecto Ríos Carratalá, 'partía de una concepción única del acto creativo donde lo teatral o lo cinematográfico era una cuestión secundaria'.[17] En este contexto, no sorprenden los frecuentes trasvases que los autores acometen entre ambos medios, ni tampoco que en sus procedimientos adaptativos intercambien los puntos de partida y destino, practicando con la misma desenvoltura la adaptación modélica y la transposición en el sentido inverso.

Si hemos dicho que el grupo cristalizaba el espíritu de la época en la que surgió — tiempos de gran agitación cultural y de reconocimiento del séptimo arte —, la coincidencia de sus autores en los juegos de mestizaje entre las artes, al margen de su virtuosismo y dotes creativas, refleja también su sintonía con la dinámica artística del momento. La práctica de adaptaciones, tanto del teatro al celuloide como al revés, no es exclusiva de la 'otra generación', forma parte del panorama cultural y, desde luego, el público que descubre el nuevo humor con *La Codorniz* está en general acostumbrado a ver circular las mismas obras entre la cartelera teatral y la cinematográfica.

2.1.1 Adaptaciones inversas en la época de la 'otra generación del 27'

No olvide usted que al teatro le debo el hacer cine.
¿Y al cine que le debe usted?
Gracias a él espero reabrirme las puertas del teatro.

Antonio Casal

Las palabras del actor Antonio Casal reflejan muy bien la especial dinámica de simultaneidad entre los dos medios — cinematográfico y teatral — a la que aludimos en el párrafo anterior. Dinámica que resultaría confirmada por la programación cultural de la época y las confesiones de otros artistas, igualmente seducidos — o atrapados — entre los dos universos.

El propio Casal, actor en alza en los años cuarenta,[18] no sólo compagina el medio cinematográfico con el teatro, saltando, como dice, 'del escenario a la

---

[17] J. A. Ríos Carratalá, *Dramaturgos en el cine español* (2005)
[18] Volveremos a mencionar al citado actor, aportando más información sobre su carrera, en el capítulo 3 en el epígrafe dedicado a la película *La vida en un hilo*.

pantalla y viceversa', sino que también vierte esta misma dualidad en el repertorio de su 'compañía de comedias' al poner en escena los títulos que anteriormente le han traído la popularidad en el cine. Primero, estrena obras teatrales en las que se basaban las películas que había protagonizado (caso de *Un hombre de negocios*, de Manuel López Marín y García Sicilla, de 1945)[19] y luego, encarga las adaptaciones escénicas de sus éxitos fílmicos, *Huella de luz*, de Rafael Gil (1945) y *Doce lunas de miel*, de Ladislao Vajda (1944).[20]

Esta misma actitud de flexibilidad creativa la demuestra el dúo de Antonio de Lara 'Tono' y Enrique Llovet que en 1945 preparan juntos *Don Pío descubre la primavera*.[21] Aunque la obra después de su estreno en el Teatro Lara de Madrid el 10 de febrero de 1946 nunca llega a las pantallas, resulta llamativo — y sintomático para la creación artística de la época — el testimonio de los autores que, todavía durante el proceso de escritura, confiesan estar trabajando al mismo tiempo en las dos versiones de la obra, para la escena y para el cine.[22]

De este modo, la versatilidad y ambición artística de los actores y autores conduce a explorar — e invertir — las rutas establecidas en el mapa de relaciones entre el arte dramático y el teatral. Al mismo tiempo, parece que muchas de las ficciones proyectadas en la pantalla reclaman su inmediata incorporación a la escena teatral, petición a la que acuden los dramaturgos asumiendo la misión de materializar a los héroes fílmicos sobre las tablas.[23]

Así, por ejemplo, Enrique Rambal, en colaboración con Sariano Torres y Pérez Bultó, se permite rescatar del celuloide y llevar a la escena a los personajes de la

---

[19] *Un hombre de negocios*, película de Luis Lucia estrenada el 5 de diciembre de 1945 en los cines de Madrid, que Antonio Casal posteriormente decide poner en escena con su compañía, estaba basada en la obra teatral de Manuel López Marín y García Sicilla.

[20] La compañía teatral formada por Antonio Casal en 1945 representa *Huella de luz* (1943), película de Rafael Gil con el guión de Wenceslao Fernández Flórez, adaptada al escenario por José Juanes y estrenada en el Teatro Zorrilla el 5 de agosto de 1945; lo mismo se propone con *Doce lunas de miel* (1944), película de Ladislao Vajda, adaptación de la novela de Luisa María de Linares, convertida en obra teatral por María Linares y Daniel España, que se estrena en diciembre de 1945 en el Teatro Lara de Madrid.

[21] Antonio de Lara 'Tono' y Enrique Llovet colaboran juntos en varios proyectos cinematográficos, por ejemplo en *Barrio*, de Ladislao Vajda (1947), como coautores del guión; en *Canción de medianoche* (1947) con guión de Llovet y dirigida por Tono, responsable también del guión técnico; o en *Olé, torero*, de Benito Perojo (1948), donde el guión es de Llovet, mientras que Tono se ocupa de los diálogos adicionales. Para más información sobre la colaboración profesional entre los dos autores, así como sobre la obra y la biografía de Antonio de Lara 'Tono', véase Gema Fernández Hoya, 'La pirotecnia de la palabra. Antonio de Lara Gavilán "Tono" y el cine' (tesis doctoral inédita, Universidad Complutense de Madrid, 2011).

[22] Véase 'Una comedia se hace guión', *Primer Plano*, 263, 28 de octubre de 1945.

[23] Como curiosidad añadimos que tiene también su versión teatral la película más emblemática del cine franquista, *Raza*, de José Luis Sáenz de Heredia (1941); la adaptación teatral, obra de Manuel Linares Rivas, es representada el 22 de octubre de 1946 en el Teatro María Guerrero de Madrid como función única.

consagrada *Rebeca* de Hitchcock (1940).[24] Aunque en este caso la película misma constituya una adaptación — de la novela de Daphne du Maurier — , los comentarios de la prensa dejan claro la correspondencia del montaje estrenado en el Teatro Calderón con la cinta *hitchckockiana*. Los autores de la adaptación, aparte de seguir la línea del guión 'con rapidez de embrollo', emplean los sofisticados trucos escénicos en función de los decorados conocidos de la gran pantalla, de modo que en el escenario no falta ni el castillo en llamas ni el fondo del mar. Lo cual parece colmar las expectativas del público: seducido con el reclamo de la película acude a la comedia 'en tropel', y no se siente defraudado, ya que conociendo la obra 'de pe a pa, como el catecismo de la moda' puede 'solidarizarse con la comedia'.[25] Y, sobre todo, vivirla de cerca, con la garantía que sólo el arte dramático puede ofrecer, anunciando, todavía antes del estreno, que la obra 'supera en emoción a la novela y película del mismo título'.[26]

Es conocida también la labor de José López Rubio en la incorporación a la escena española de los títulos identificados con los éxitos del cine americano, tales como *La loba*, obra teatral de Lillian Hellman y película de William Wyler (1941),[27] y *Crimen perfecto*, obra teatral de Frederik Knott y película de Hitchcock (1954).[28] Aunque en estos casos no podemos referirnos a la raíz puramente

---

[24] *Rebeca*, película de Hitchcock, basada en la novela de Dafne du Maurier, fue adaptada al escenario por Enrique Rambal, en colaboración con Sariano Torres y Pérez Bultó. El estreno de la obra teatral tuvo lugar el 11 de junio de 1944 en el Teatro Calderón de Madrid; el 8 de noviembre de 1944 fue representada por primera vez en Barcelona, en el Teatro Romea. Entre los actores la prensa del momento menciona a: Enriqueta Rambal, María Vela, Adela Fuentes, Carlota Pla, Luis Bellido, Pio Davi, Colube. Véase 'Calderón: Estreno de *Rebeca*', *Arriba*, 13 de junio de 1944; 'Autores y escenarios', *Madrid*, 12 de junio de 1944; *La Vanguardia de Barcelona*, 4 de noviembre de 1944. Como dato interesante añadimos que en la encuesta realizada por la revista *Destino* en el número de 25 de septiembre de 1943 la película de Hitchcock fue elegida por los lectores como la segunda mejor del año.
[25] Todas las expresiones citadas provienen del artículo: 'Calderón: Estreno de *Rebeca*', *Arriba*, 13 de junio de 1944.
[26] Cita de una nota corta de la cartelera del Teatro Romea publicada unos días antes del estreno de la obra. 'Cinematografía. Estrenos', *La vanguardia de Barcelona*, 4 de noviembre de 1944.
[27] *La loba*, versión teatral de José López Rubio de la película de William Wyler (1941), basada en la obra teatral de Lillian Hellman, se estrena el 7 de julio de 1950 en el Teatro Español de Madrid. Ficha de la película según la base de datos del Centro de Documentación Teatral de Madrid: *Dirección*: Luis González Robles; *Escenografía*: Emilio Burgos; *Intérpretes*: Tina Gascó, Pepita C. Velázquez, Julia Delgado Caro, Vicente Soler, Antonio Prieto, José Crespo, José Cuenca, José Franco, Jacinto Martín, Asunción Sancho.
[28] La versión teatral de *Crimen perfecto* de José López Rubio, película de Hitchcock (1954), basada en la comedia de Frederik Knott, es estrenada por Compañía Lope de Vega el 17 de abril de 1954 en el Teatro María Guerrero de Madrid. Ficha de la película según la base de datos del CDT: *Dirección*: José Tamayo; *Escenografía*: Vicente Viudes; *Intérpretes*: Asunción Sancho, Carlos Muñoz, Guillermo Marín, José Luis Heredia, José Bruguera y Aurelio Ossorio. Posteriormente, esta misma versión se vuelve a estrenar, con otros repartos: el 4 de octubre de 1957 en el Teatro de La Comedia de Madrid, con Paquita Ramos y Manuel Galán entre los

cinematográfica de estas adaptaciones, sabiendo que la de *La loba* fue inspirada por el montaje teatral neoyorquino,[29] mientras que la de *Crimen perfecto* se adelantó a la versión *hitchcockiana*.[30] A pesar de ello, no podemos desvincular estas creaciones del ámbito del cine, aunque sea sólo desde la perspectiva de nuestro trabajo, sobre todo porque cualquier reposición en el escenario de los títulos mencionados hace que aparezcan al lado, implicados en la misma empresa creativa, los nombres del maestro inglés del suspense y de José López Rubio. De este modo, a la obra del último — reconocida, también hoy, como 'pulcra' y 'ejemplar' — se sobrepone el inevitable recuerdo de la película de Hitchcock.[31] Su versión de la pieza original, aunque creada al margen del referente fílmico, parece reincorporar esa influencia cinematográfica *a posteriori*: de ahí que, para el público de hoy, el *Crimen perfecto* en la versión de José López Rubio signifique siempre una obra 'sacada fuera del celuloide', como reza el título de la reseña de un montaje realizado en 1987 por la compañía barcelonesa Dial — M.[32]

Con José López Rubio volvemos a la 'otra generación del 27', en cuyo marco, a partir de ahora, centraremos nuestro interés, puesto que entre los compañeros con los que el académico ha compartido las páginas de un capítulo esencial de la cultura de España encontraremos a los autores más emblemáticos en cuanto a la

---

intérpretes, y en octubre de 1958 en el Club María Guerrero, con Ana María Bardós, Carlos Fruns y José María Arman.

[29] Véase Marquerie, Alfredo, '*La loba*, de Lillian Hellman, y una interpretación excepcional', *La Vanguardia Española*, 12 de julio de 1950, p. 12.

[30] Al lado de las dos adaptaciones mencionadas podríamos citar también el caso al que alude en sus reflexiones acerca del fenómeno de adaptación inversa la investigadora García-Abad García: la comedia *Belinda*, obra original de Elmer Harris y película de Jean Negulesco (1948), que en 1951 se estrena en el Teatro Reina Victoria de Madrid según la adaptación española de José López Rubio. Véase *Intermedios* (2005), p. 265.

[31] Véanse Pedro Barea, '*Crimen perfecto*', *Deia*, 10 de agosto de 1987; L. López Sancho, '*Crimen perfecto*, de Knott, permanente encanto del drama policíaco', *ABC*, 25 de julio de 1986. Al mismo tiempo, conviene destacar la sorprendente vigencia de la versión de López Rubio. En su texto siguen basándose las reposiciones más recientes de la obra de Knott en el escenario español, tanto cuando pretenden desprenderse del peso de la referencia *hitchockiana* explorando lo puramente teatral (caso del montaje dirigido por Enric Cervera en 1987; véase la siguiente nota al pie) como cuando se trata de homenajear a Hitchock y explorar las imágenes de la memoria colectiva de los espectadores de cine (como sucede en el montaje de Valentín Redín, de 2000). Ficha de este último montaje según la base de datos de CDT: Compañía Manuel Canseco; *Estreno*: Madrid, Teatro Real Cinema, 22 de marzo de 2000; *Dirección*: Valentín Redín; *Escenografía y vestuario*: Escenarios Virtuales; *Intérpretes*: Remedios Cervantes, Manuel Navarro, Jaime Blanch, Ramón Pons, Ángel Amorós, Trujillo Garrido.

[32] Es el primer estreno de la compañía Dial M. Barcelona. Su director, Enric Cervera, se propone 'superar a Hitchock en lo teatral' y ofrece una escenificación basada en la dinámica teatral e interacción con el público, en la que hace desaparecer la cuarta pared. La obra se estrena el 4 de julio de 1986 en Zaragoza, es representada en julio del mismo año en el Teatro Príncipe Gran Vía y en mayo de 1987 abre la temporada del Teatro Campos en Bilbao. Actúan: Noli Rego, Carlos Olva, Manuel Solas, Enric Cerva, Artur Costa, Pep Melendres.

arbitrariedad de comportamientos en las relaciones entre la obra cinematográfica y teatral.

Nos referimos al ya mencionado Edgar Neville, la personalidad del grupo más destacada en el terreno del cine y, sobre todo, un dramaturgo y cineasta dispuesto a nutrir mutuamente las dos artes en todas sus posibles combinaciones, como autor de textos originales y adaptador de textos propios y ajenos. Destacaremos también otro nombre que, al lado del autor de *La vida en un hilo*, constituye la primordial referencia en los trabajos actuales que abordan el tema de la adaptación inversa: el de Miguel Mihura, a quien debemos la primera cátedra del humor nuevo, *La Codorniz*, y también una obra que él mismo ha hecho transitar por los universos teatral y cinematográfico, cruzando a veces sus órbitas, transformando una materia en otra y variando el orden de las transformaciones.

2.1.2 *Adaptación inversa en la obra de Edgar Neville y Miguel Mihura*

Las adaptaciones inversas llevadas a cabo por Edgar Neville y Miguel Mihura serán objeto de nuestro estudio en los siguientes capítulos. Fijaremos nuestra atención en las dobles versiones de *La vida en un hilo* y *Mi adorado Juan* como obras más representativas de la estrecha relación e intertextualidad entre los universos cinematográfico y teatral dentro de la producción artística de sus autores, y también como ejemplos que permiten observar un fenómeno emergente desde la perspectiva de otra época de su esplendor. Pero antes de centrarnos en los títulos que someteremos a un análisis más profundo y de presentar de forma más detallada la carrera artística de cada uno de los creadores, señalaremos el lugar que ocupa dicho fenómeno — de adaptación inversa — en su labor creativa, y cómo se inscribe en la práctica de transposiciones que realizan entre el medio fílmico y la escena teatral.

En el caso de Edgar Neville, quien compagina los dos medios que nos interesan como dramaturgo, guionista y director de cine, aparte de la adaptación inversa tratada en este estudio (*La vida en un hilo*) no encontraremos más títulos readaptados al escenario.[33] Sin embargo, llama la atención la asiduidad con la que el autor vincula los textos literarios con su cine. La gran parte de su filmografía — la más extensa de entre todos los componentes del grupo — se apoya en argumentos de obras literarias y no faltará entre ellas una pieza teatral.

---

[33] Aunque encontraríamos dentro de la producción artística del autor un caso curioso que José Luis Borau sí incluye entre los ejemplos de 'los viajes desde el cine a la literatura' describiéndolo como 'sátira cinematográfico-novelesca-teatral' (J.L. Borau, p. 439). Nos referimos al guión que Neville escribe en 1935 con el título de *Españolada*, perdido luego durante la guerra y recreado por el propio escritor como pieza teatral publicada bajo el título de *Producciones Mínguez S.A.*, que finalmente, en 1955 aparece como novela con otro título, *Producciones García*. Haremos referencia a ambas publicaciones en el epígrafe dedicado a la carrera artística de Edgar Neville.

Primero, como cineasta entregado plenamente al oficio del séptimo arte, Neville busca inspiración entre sus dramaturgos preferidos: así, en su segunda empresa como director decide adaptar al cine una pieza teatral de Carlos Arniches, *La señorita de Trévelez* (1934). Luego, cuando su carrera parece haberse inclinado decisivamente hacia el terreno dramático, por primera vez ensaya la práctica adaptativa en el marco de su propia obra: lleva a la pantalla la comedia *El baile* (1959), cuyo estreno escénico en 1952 supuso el momento decisivo en el balance de su carrera entre el teatro y el cine. Ese mismo año rescata del mundo del celuloide para la escena *La vida en un hilo* recreando sobre las tablas la película estrenada en 1945. Con esta apuesta arriesgada, vuelve a atravesar, esta vez en la dirección opuesta, el puente entre las dos artes dominantes de su trayectoria.

En el caso de Miguel Mihura, dramaturgo y guionista, la lista de los tránsitos entre los dos medios, teatral y cinematográfico, que el propio autor realiza en el marco de su obra resulta más extensa. Al verificar los datos relacionados con las colaboraciones del escritor en las adaptaciones de sus obras teatrales al cine, podemos constatar su participación en tres casos y de tres maneras distintas: como autor del guión de la versión cinematográfica (*Carlota*, de Enrique Cahen Salaberry, 1958), coguionista (*¡Viva lo imposible!*, de Rafael Gil, 1957) y dialoguista (*Maribel y la extraña familia*, de José María Forqué, 1960).[34] Curiosamente, donde siempre asume la plena responsabilidad del adaptador es en el caso de las adaptaciones inversas, rehaciendo sus comedias cinematográficas para la escena.

En la obra dramática del autor encontraremos, en principio, dos recreaciones escénicas de sus propios guiones: el mismo procedimiento que observaremos detalladamente a propósito del análisis de *Mi adorado Juan* (película, 1949; obra teatral, 1956), Mihura lo ensaya antes con *Una mujer cualquiera*, película realizada por Rafael Gil en 1949 y estrenada posteriormente, en 1953, en el teatro Reina Victoria de Madrid.[35]

Al respecto de esta doble versión, llama la atención que la idea de llevar la película a la escena surge, según las declaraciones del propio dramaturgo, en el mismo momento del estreno en los cines. Mihura argumenta esta intención diciendo: 'Los caracteres de los protagonistas, sus reacciones violentas que corresponden siempre a su baja moral, el clima turbio donde se desenvuelven, su

---

[34] El tema de las adaptaciones cinematográficas de la obra de Miguel Mihura, desarrolladas por él mismo o por otros autores, será tratado de manera más detallada en el apartado dedicado a la carrera artística del escritor, donde profundizaremos en la relación entre sus facetas teatral y fílmica y esclareceremos los datos acerca de su colaboración en todos los proyectos citados. Dicho apartado incluirá asimismo reflexiones sobre la abundancia de las adaptaciones fílmicas basadas en la obra del dramaturgo, sus razones y resultados.
[35] Ficha del montaje según la base de datos del CDT: *Dirección*: Luis Escobar; *Decorados*: Emilio Burgos; Intérpretes: Amparo Rivelles, Alicia Palacios, Mercedes Otero, Consuelo Company, José Bodalo, Juan Espantaleón, José Escuer, José Clemente, Marcial Gómez, Enrique Rincón, Daniel Bachiller, Domingo Rivas y Vicente Parra.

nudo y desenlace realista y humano, tiene una fuerza teatral, popular, pasional y auténtica que, a mi modesto juicio, es conveniente llevar alguna que otra vez a los escenarios';[36] no obstante, podemos sospechar que se trataba también de poder llevar a cabo las ideas que quedaron frenadas — y frustradas — durante la realización cinematográfica, de un lado, por el productor Cesáreo González a expensas de las condiciones impuestas por la diva María Félix, del otro, por la censura que — como advierten Lara y Rodríguez al resumir las peripecias de la obra con sus censores — , 'machacó la película'.[37]

No sorprende que así ocurriera con la historia protagonizada por una prostituta envuelta en una intriga criminal, vinculada además con el tráfico de cocaína. No obstante, precisamente son estos elementos los que permanecen inalterados en la trama; en cambio, resulta inaceptable que la misma heroína ejerciera un oficio tan inmoral sin ninguna justificación dramática. De ahí que en la pantalla, en vez de la *femme fatal* de vida alegre a la que Mihura da vida en el guión, apareciera una señora venida a menos, con un pasado construido a base de clichés melodramáticos como garantía de la absolución de los censores, mientras que en el teatro, en efecto, la mujer que encarna Amparo Rivelles puede volver a la categoría de una prostituta sin más, entregada a una pasión amorosa, y recuperar el inconfundible sello *mihuresco* en su vertiente más dramática. El teatro, sin duda, le ofrece al dramaturgo más libertad y además la recompensa de la taquilla resulta también mucho más halagüeña.[38]

Al margen de estas diferencias impuestas por los medios cinematográfico y teatral, *Una mujer cualquiera* encierra una intrigante dualidad que parece reclamar su existencia en los dos universos y, al mismo tiempo, la justifica penetrando en los terrenos de las dos artes, ya que, cuando su propio autor confiesa ver en la película, desde el primer momento, 'una comedia escrita y representada en el teatro', esa misma obra llevada a la escena es reconocida — incluso por los que declaran desconocer su antecedente fílmico — como profundamente 'cinematográfica'.[39]

---

[36] Véanse la entrevista con Castán Palomar y la autocrítica de Mihura en *Primer Plano*, 651, 5 de abril de 1953.
[37] Cesáreo González le encarga el guión a Mihura porque tiene firmado un contrato con María Félix. La actriz mejicana, además de cobrar una fortuna por su papel (diez veces más que Mihura por la labor de guionista) tendrá derecho a exigir modificaciones en la trama. Véase F. Lara; E. Rodríguez, *Miguel Mihura en el infierno del cine* (Valladolid: Seminci, 1990), p. 139.
[38] Aunque hubo problemas con el estreno de la obra en el teatro, ya que *Una mujer cualquiera* es uno de los pocos textos dramáticos de Mihura que despierta la precaución de los censores, según el testimonio del propio autor, la obra 'batió la recaudación de taquilla que hasta entonces se había hecho en aquel teatro. Empecé a ganar dinero de verdad'. Véase Miguel Mihura, 'Prólogo', *Tres sombreros de copa y Maribel y la extraña familia* (Madrid: Castalia, 1989), p. 41.
[39] Así, por ejemplo, Fernández Asís reconoce la obra como 'puramente cinematográfica', admitiendo: 'Desconozco la película, no puedo comparar su guión con el drama'. Véase *Pueblo*, 6 de abril de 1953.

Desde luego, una adaptación que parte de una película tan estilizada cinematográficamente (mezcla del melodrama y del cine negro americano, con diálogos dignos de la antología del género) desembocando en un drama policíaco con atmósfera criminal y forma dramática realista, aunque subordinada al lenguaje cinematográfico, nos invita a explorar su permutación entre las dos artes, descifrar las claves de su dualidad expresiva y entrar, por este camino, al universo de nuestro autor. No obstante, reservamos este reto a la otra adaptación inversa mencionada arriba que — por razones que explicaremos a continuación — hemos reconocido como más representativa y más eficaz en la evocación de las dos facetas del mundo *mihuresco*.

Antes, sin embargo, debemos mencionar otro caso dentro de la trayectoria del escritor que también constituye un ejemplo de adaptación en el sentido inverso al habitual, aunque de forma, esta vez, más bien parcial. Nos referimos a *Me quiero casar contigo* (1951), película dirigida por Jerónimo Mihura de la cual, cuatro años más tarde, surge la obra *La canasta* (1955), escrita por el dramaturgo para Isabel Garcés. No se trata de una adaptación del cine al teatro de la obra completa, puesto que en este caso tan sólo el primer acto de la pieza supone recreación de la historia fílmica.[40] Otro fragmento del guión es asimilado a la obra teatral *Sublime decisión* (1955) que, curiosamente, se estrena el mismo año y en el mismo teatro que *La canasta* (1955).[41] Como señala López Izquierdo en el análisis del guión de *Me quiero casar contigo*, todo el primer acto de la obra teatral *Sublime decisión* se compone de las escenas de dicha película, mientras que Julián Moreiro en su biografía de Miguel Mihura consta a propósito del estreno teatral de esta misma obra que 'había sido concebida como guión cinematográfico y terminó siendo una comedia escrita a la medida de la Garcés'.[42] Por lo tanto, podríamos considerar *Sublime decisión* como otro ejemplo de

---

[40] El comienzo de la película queda reflejado en el primer cuadro de la obra: Laura y Ramón conviven felices hasta que un día él le pide matrimonio y ella se disgusta, porque asume que si le hace semejante propuesta es porque ya no la quiere. La idea, atrevida para la época, se basa en la inversión del tópico y de todo un sistema de valores que supone la institución de matrimonio. Estos elementos tan propios de Mihura quedan expresados con mayor nitidez que nunca, como dicen Lara y Rodríguez, 'a un nivel digno de la comedia clásica americana'. Desgraciadamente, no se conserva ni el negativo ni las copias de esta película, podemos conocerla tan sólo a través de los testimonios de los espectadores de la época y del guión. Para más información sobre este título concreto de la filmografía de Mihura y la utilización de su argumento en la obra teatral *La canasta* remitimos a la citada investigación (F. Lara; E. Rodríguez, pp. 182–90); y al análisis realizado en J. López Izquierdo, 'El cine de los hermanos Mihura. Contra la constitución del amor' (tesis inédita, UCM, 2001), p. 292.

[41] *Sublime decisión* se estrena en el Teatro Infanta Isabel el 9 de abril de 1955 y más tarde será llevada al cine por Fernando Fernán Gómez (*Sólo para hombres*, 1960). *La canasta* se estrena el 1 de diciembre de 1955 en el teatro Infanta Isabel. Más información en el apartado dedicado a la carrera artística de Miguel Mihura

[42] J. Moreiro, *Mihura. Humor y melancolía* (Madrid: Algaba, 2004), p. 316

adaptación inversa dentro del patrimonio artístico del autor. Al no poder confrontar los dos formatos de la obra — puesto que no tenemos acceso a la película —, nos limitamos tan sólo a mencionar esta posibilidad. Proponemos, sin embargo, considerar la práctica creativa observada en este caso en el contexto del sistema de trabajo propio del autor, que él mismo definía como 'arte de refrito'.[43]

Aparte de estas transposiciones del cine al teatro de obras completas o sus partes, entre los proyectos del autor que nunca vieron la luz se encuentran algunos que revelan orígenes cinematográficos de los títulos conocidos únicamente como obras teatrales. Así sucede con *El caso de la señora estupenda*, estrenada en el teatro Alcázar en 1953. Gracias a la labor de documentación llevada a cabo por Julián Moreiro sabemos que la obra fue concebida como un boceto de guión cinematográfico.[44] Igualmente esclarecedores son los hallazgos que presenta el biógrafo respecto la pieza menos conocida de Mihura, *El seductor*, que — aunque llega a estrenarse tan sólo en el teatro —, en realidad fue escrita inicialmente como guión para televisión.

De este modo, como hemos podido observar, el fenómeno que desde hace poco constituye un hecho habitual en la oferta cultural actual, hace décadas se inscribía también con naturalidad en las trayectorias de Edgar Neville y Miguel Mihura, formando parte de la actividad creativa de la 'otra generación del 27' y de la vida artística de la época. El público de entonces, como el de hoy, podía cambiar las butacas de cine por las teatrales para volver a encontrarse con los héroes cinematográficos. Con el motivo de estos reencuentros fílmicos sin la pantalla de por medio, los conceptos *teatro* y *cine*, enfrentados en los debates periodísticos, reaparecían convocados en las reseñas de una misma obra.

Al revisar los comentarios de la prensa sobre algunos de los casos mencionados, además de advertir los sintomáticos titulares 'del cine al teatro' que aparecen al lado del habitual 'del teatro al cine', encontramos voces que descalifican estas nuevas experiencias intermediales insistiendo en que sirven únicamente para ver 'con claridad meridana *la gran muralla de la China* alzada entre ambas artes'[45] o que significan, realmente, 'un camino de vuelta', representando una 'curiosidad ni práctica ni satisfecha que desde ningún punto de vista es conveniente iniciar'.[46] En el fondo, detrás de estas posturas enemigas

---

[43] Hacemos referencia a esa costumbre de reutilizar textos propios en otras obras y formatos en las conclusiones del capítulo dedicado a *Mi adorado Juan*.
[44] La información que aporta la documentación hallada por el investigador en Fuenterrabía sugiere que Mihura primero intentó convertir la película en comedia con la ayuda de Miquelarena y, años más tarde, él mismo la recuperó para el teatro. J. Moreiro, p. 309.
[45] Fernández Asís, *Pueblo*, 6 de abril de 1953.
[46] Este comentario tan tajante respecto las versiones teatrales de películas en general, lo formula un crítico con el motivo del estreno de *Rebeca* de Rambal (versión teatral de la película de Hitchcock). J. Silva Aramburu, 'De la escena a la pantalla y del cine al teatro', *Radiocinema*, 109, 28 de febrero de 1945.

se esconde el raro convencimiento de que las piezas teatrales pueden crecer en el objetivo de la cámara, mientras que el séptimo arte — relativamente joven y moderno — si cambia la pantalla por las tablas del escenario, necesariamente perderá su grandeza y frescura. No obstante, las experiencias recientes y la exploración de los casos de la época aludida, nos demuestran que es totalmente injusto predicar que la entrada del cine en la órbita teatral suponga siempre un 'retroceso'.

Seducidos por esa generación verdaderamente precursora — que, como ironizaba Antonio de Lara 'Tono', todavía nos hace reír[47] — proponemos recorrer el *camino inverso* de la mano de sus dos representantes que más se adelantaron a su época y que ahora nos pueden ayudar a comprender un fenómeno emergente de la nuestra: Edgar Neville y Miguel Mihura.

Antes de acompañar a estos autores en el viaje que emprenden desde la pantalla al escenario para estudiar la naturaleza del fenómeno que nos interesa, proponemos presentar sus respectivas carreras artísticas. En este contexto pretendemos observar, con especial interés, la relación que presenta la trayectoria de cada uno entre las facetas cinematográfica y teatral, como las directamente implicadas en la práctica adaptativa objeto de nuestra investigación. Esta perspectiva permitirá ubicar el proceso creativo del que participan las adaptaciones que estudiaremos a continuación en el contexto de la obra y del perfil artístico de cada creador.

2.2 Edgar Neville y Miguel Mihura, protagonistas de la 'otra generación del 27'

Cada uno era otra cosa.
Como las islas de un archipiélago pueden ser únicas,
aunque tengan la misma base geológica y las circunde el mismo mar.

José López Rubio

A propósito de la 'otra generación del 27' hemos destacado la firme cohesión que manifestaba el grupo; incluso tras su época dorada, en los tiempos oscuros de la posguerra, el universo propio que surgió de esta unión conseguiría sobrevivir alimentándose a sí mismo. De ahí que, al fijar nuestra mirada en sus protagonistas más relevantes — Edgar Neville, a quien el mismo José López Rubio considera 'buque insignia' del quinteto de dramaturgos humoristas, y Miguel Mihura, que según Rodríguez Merchán capitaneaba la generación, al menos espiritualmente[48] —, indudablemente encontraremos afinidades y paralelismos que derivan de muchas peripecias vitales y artísticas compartidas.

---

[47] Nos referimos al conocido aforismo de Antonio de Lara 'Tono' que dice: 'Fue nuestra generación una verdadera generación precursora, pues todavía se están riendo de nosotros'.
[48] E. Rodríguez Merchán, en *La imprenta dinámica*, ed. C. Heredero (2002), p. 275.

Los dos corresponden a la definición de 'señoritos de la República', acuñada por Ramón Gómez de la Serna: Mihura, de extracción burguesa, y Neville, de mayor alcurnia, con su título de conde de Berlanga. Y ambos, independientemente de su procedencia social, se declaran bohemios incondicionales e incorregibles. Tanto Mihura, crecido entre bambalinas por la profesión de su padre, como Neville, malcriado en una casa andaluza con duende, respiran los aires bohemios desde su infancia y en la década de los veinte se reconocen en el Madrid de las tertulias, las revistas de la sonrisa y los salones donde se consume 'la honrada cocaína de los artistas', como solía referirse al café el propio Mihura. Porque Neville es aristócrata 'por nacimiento', pero *'bon vivant* por educación y vocación', y Mihura, según su propia definición, un *'hippy* sin guitarra', un *clochard* al que le ha tocado vivir en el barrio de Salamanca.[49]

Los dos, como individualistas feroces, de espíritu independiente e indomable, eligen la libertad y falta de compromiso en el arte y en la vida misma. Trazan sus propios caminos fuera de las normas y sistemas tradicionales, sin banderas políticas ni ideológicas, cultivando la 'elegante imparcialidad'[50] y desafiando las convenciones sociales. En el caso de Neville, la relación extramatrimonial con

---

[49] Así se autodefine Miguel Mihura en la entrevista de Diego Galán y Fernando Lara, 'Miguel Mihura: Burgués con espíritu de *clochard*', en *18 españoles de posguerra*, (Barcelona: Planeta, 1973), p. 9.

[50] Dicha 'imparcialidad' resulta fácil de cuestionar teniendo en cuenta que tanto Miguel Mihura como Edgar Neville apoyaron el ejército de los sublevados en la guerra civil y que, aunque ambos insistan en declarar su indiferencia ideológica y el carácter apolítico de su obra, es cierto que en su biografía y carrera artística no faltan episodios que lo contradicen (basta recordar los documentales de propaganda franquista que Neville rueda entre 1938 y 1939 para la Dirección General que encabeza Dionisio Ridruejo o las películas anticomunistas — *Boda en el infierno* (1942) y *Suspenso en comunismo* (1943) — en las que colabora Mihura). Aunque ninguno de los dos terminó de comulgar con los intereses del régimen franquista y ambos vivieron al margen de esa ideología (en este aspecto conviene recordar también sus vinculaciones con la izquierda republicana antes de adscribirse finalmente al bando sublevado). Precisamente esta ambigüedad, el estigma de la inclinación derechista por un lado, y el ostracismo al que les condenó el franquismo por el otro, atrasó durante décadas el justo reconocimiento de su obra. No pretendemos entrar en la polémica que abrió la reciente rehabilitación de las figuras de ambos autores, puesto que en este trabajo nos mantenemos al margen de lo referente a la política; no obstante consideramos conveniente subrayar su condición de individuos esquivos en el seno del régimen de Franco. Asimismo remitimos al artículo de Erauskin Fernández sobre Edgar Neville en el que el autor, con criterio objetivo y libre de prejuicios, sopesa los argumentos de la polémica que en el fondo concierne tanto a Neville, como al otro de los autores estudiados en nuestro trabajo, puesto que, como explicaba en su discurso José López Rubio, ninguno de ellos tuvo ideas políticas o, mejor, las tuvo todas, y los dos, aún sin ser disidentes o contestatarios, pueden ser considerados 'autores libres de toda sospecha'. Véase David Erauskin Fernández, 'Investigación sobre un cineasta libre de toda sospecha. Conjeturas y certezas en las fricciones de Edgar Neville con la censura franquista', en *Cuadernos de la Academia*, 13–14 (2005): *El cine español durante la transición democrática (1974-1983)*.

Conchita Montes se convierte en su oficial modelo de convivencia, mientras que Mihura se gana la fama de soltero militante y mujeriego discreto, haciendo de la soltería su seña de identidad y también su característica profesional. Porque esta postura liberal, del mismo modo en los dos, trasciende su parcela personal reflejándose en la dimensión provocadora y rompedora de sus obras.

Como observaremos a continuación, la actividad artística de los dos autores presenta la misma variedad y flexibilidad, acorde con el espíritu de la época — al que aludimos páginas arriba — y con su propia creatividad. Como articulistas, periodistas, humoristas, escritores, dramaturgos y guionistas parece que lo quieren probar todo en la vida — como dice José López Rubio — , aunque quizás no con la misma ansiedad: frente al aventurero y viajero insaciable, deportista versátil y comprometido, *dandy* con estilo y desparpajo de galán y espléndido comunicador que era Edgar Neville, nos encontraremos con un hombre tímido y solitario, acomplejado por sus limitaciones físicas, sedentario y de trato difícil, el Miguel Mihura que se define a sí mismo como 'solo, pequeño, con aire aburrido y cansado'.[51] Aun salvando los matices de esa imagen displicente y triste que queda adscrita a la figura del autor de *Tres sombreros de copa* — y que él mismo corrobora — , no evitaremos el contraste que ocasiona el contemplar a dos personajes tan diferentes. Porque aunque en el fondo comparten la misma visión del mundo y los mismos anhelos, Mihura lo esconde todo bajo su escepticismo y amargura; mientras que en Neville todo se transforma en lo que Ramón Gómez de la Serna definió una vez como 'osadía con algo de saltamontes'.[52]

El mismo maestro de las greguerías, en su manifiesto fundacional del humorismo de 1928, escribía que 'en el humorista se mezclan el excéntrico, el payaso y el hombre triste, que los contempla a los dos'. Si hemos visto al hombre excéntrico en Neville y al triste en Mihura, es porque ese trío generador del humor — que, inevitablemente, habita en la creación de cada uno de nuestros autores — no siempre opera igual y a veces invierte su jerarquía. Mihura y Neville cultivan el mismo humor 'de la sonrisa' y comparten todos los denominadores comunes que les ha proporcionado su generación literaria — de *ramoniano* y *codornicesco* a vanguardista y cinéfilo — , pero crean, cada uno de ellos, un universo propio. Como nos hace ver López Rubio en el mismo momento de esbozar un marco común para los insólitos humoristas del 27: el hecho de pertenecer al grupo de la 'otra generación del 27' imprime a sus integrantes un sello *homogéneo* y *diverso* a la vez, porque cada uno de ellos es como una isla irrepetible en el mismo mar.[53]

---

[51] *La Codorniz*, 19 de junio de 1966. Tan sólo al final de su vida, Mihura intentará desmentir su fama de persona hosca y malhumorada diciendo: 'Yo soy tierno de nacimiento, aunque a veces no lo parezca y se me acuse de egoísta y misántropo', citado en *El País*, 16 de diciembre de 1976.
[52] R. Gómez de la Serna, *La sagrada cripta de Pombo* (Madrid: Trieste, 1986), p. 521.
[53] J. López Rubio (1983), p. 13.

Edgar Neville y Miguel Mihura destacan en ese 'mar' especialmente. De ahí que, antes de fijarnos en los títulos concretos, creamos oportuno presentar, de manera más detallada, sus trayectorias. Nos interesa sobre todo observar la particular relación que cada uno de estos autores muestra entre sus facetas teatral y cinematográfica, teniendo en cuenta que es el terreno del que partiremos para analizar las obras que, como adaptaciones, suponen la cristalización máxima de dicha relación. Este aspecto de su actividad artística, además, nos permitirá explorar una característica común en ambos y, al mismo tiempo, descubrir la singularidad de cada uno. Porque si las carreras de los dos se debaten entre teatro y cine, lo cual supone un constatado rasgo generacional,[54] cada uno de nuestros artífices de la 'otra generación del 27' entra a protagonizar el capítulo que les corresponde en la historia de las artes desde otro campo. Miguel Mihura, como dramaturgo, al ser el autor teatral con más renombre de todo el grupo, y Edgar Neville como cineasta, porque es el único en conseguir que su carrera cinematográfica obtenga más repercusión que su obra literaria.

En este contexto, el estudio de la adaptación inversa que pretendemos desarrollar a continuación se vislumbra todavía más interesante: al fijarnos en las obras elegidas podremos tratar el fenómeno que nos interesa no sólo a través de dos versiones de una obra, sino también desde la perspectiva de los autores que ensamblan en su carrera dos códigos artísticos y que, a su vez, representan diferentes pilares creativos de una generación inaudita en la historia cultural de España. Pero antes de entrar, a través de los universos de Miguel Mihura y Edgar Neville, en el campo de relaciones entre teatro y cine para asomarnos a los inusuales procesos adaptativos, veamos primero cómo dichos universos se han ido construyendo a lo largo de sus trayectorias.

2.2.1 *Edgar Neville*

De haber sometido a una sola idea, a una sola actividad, a un solo oficio, todas mis energías, conocimientos e inteligencia, sería hoy un gran hombre. Pero hacerlo habría sido tanto como suprimir mi alma.

Orson Welles

Edgar Neville, ese 'buque insignia' que, como dice Fernando Rodríguez Lafuente, fue el eje vertebrador y había dado razón y sentido a la 'otra generación del 27', es un artista inclasificable, de actividad variada y realmente desbordante. No sólo fue articulista, periodista, humorista, escritor, poeta, pintor y, sobre todo, dramaturgo y cineasta, sino que en cada uno de estos ámbitos creativos cultivó géneros y formas diferentes; desde la crónica y la reseña periodística hasta el cuento y la novela, desde las piezas vanguardistas y el vodevil hasta el sainete y la

---

[54] Véase J. A. Ríos Carratalá (2003), p. 43.

alta comedia, y desde el cine policíaco y costumbrista hasta el histórico o el documental. Aparte de este polifacetismo y diversidad estilística, completan su perfil de hombre renacentista su actividad deportiva — igualmente versátil y sorprendente[55] — , la afición al baile y cante flamenco, a los toros, su temperamento de bohemio, *gourmet, bon vivant*... Todas estas facetas e inquietudes coinciden en Neville, un autor singular, que logró construir una obra auténtica y personal en unos tiempos especialmente adustos para la cultura y la libertad creativa.

En esta obra tan heterogénea y prolífica nos interesará especialmente la interrelación y convivencia entre las facetas teatral y cinematográfica, los dos pilares primordiales de una trayectoria que aúna en su seno la literatura y el cine.[56] En principio, puede parecer difícil plantearse una clara parcelación o relación jerárquica entre la actividad que desarrollará el autor en cada uno de los terrenos artísticos. Pero analizando la manera en que los entrelaza a lo largo de su carrera y cuál de ellos explora en cada momento, obtendremos las claves para comprender los motivos y la naturaleza de su particular *bilingüismo* creativo.

Obviamente la pluma cae en las manos de Neville mucho antes que la cámara. Como un 'novel resuelto e impetuoso' — según lo describirá José López Rubio — entra con ansiedad y entusiasmo en la intensa vida literaria y social de aquellos años,[57] relacionándose con los ambientes culturales de su época a través de las tertulias intelectuales y sus colaboraciones en la prensa. El grupo que forma junto

---

[55] Según afirma José López Rubio en el discurso de entrada en la Academia, Neville fue jugador del equipo nacional de hockey, un excelente esquiador y nadador; además practicaba la pesca submarina, le encantaba la caza y fue quien trajo a España los biciclos.

[56] Para más información sobre la trayectoria del autor y todos los aspectos que dejamos al margen de estas páginas, remitimos a las aportaciones biográficas más recientes sobre Edgar Neville: J.A. Ríos Carratalá, *Una arrolladora simpatía. Edgar Neville: de Hollywood al Madrid de la postguerra* (Barcelona: Ariel, 2007); Santiago Aguilar, *Universo Neville*, ed. Ríos Carratalá (Málaga: Área de Cultura del Ayuntamiento, 2007); así como a la publicación monográfica del último autor citado que incluye la filmografía completa de Edgar Neville: Santiago Aguilar, *Edgar Neville: Tres sainetes criminales*, (Madrid: Cuadernos de la Filmoteca Española, nº 8, 2002) y el volumen de ensayos M. L. Burguera Nadal; A. Ubach Medina; A. Castro, *Edgar Neville (1899-1967): La luz en la mirada*, ed. J. M. Torrijos (Madrid: Ministerio de Educación y Cultura, 1999); y el libro M. L. Burguera Nadal, *Edgar Neville. Entre el humor y la nostalgia* (Valencia: Institució Alfons el Magnánim, 1999). Entre las publicaciones de referencia cabe mencionar también las aportaciones más antiguas: J. Perucha, *El cinema de Edgar Neville* (Valladolid: 27 Semana Internacional del Cine de Valladolid, 1982); la publicación *Edgar Neville en el cine* editada por la Filmoteca Nacional de España en 1977, así como la edición especial de *Nickel Odeón*, 17 (1999), dedicada a Edgar Neville.

[57] Al margen de la actividad artística en la que nos centramos en este apartado, conviene apuntar que en el círculo de amistades de Neville entran las figuras de intelectuales y artistas más importantes de la época, como Ramón Gómez de la Serna, Ortega y Gasset, Federico García Lorca, Manuel de Falla, Luis Buñuel, Rafael Alberti, Carlos Arniches, Sánchez Mejías o Pío Baroja.

a sus cuatro amigos más íntimos (Antonio de Lara 'Tono', Enrique Jardiel Poncela, Miguel Mihura y José López Rubio), bajo la tutela de Ramón Gómez de la Serna, lleva su labor de 'dinamiteros del humor' de las mesas del café Pombo a las redacciones de las revistas de humor, *Buen Humor* y *Gutiérrez*, antes de pasar por la publicación bélica de *La Ametralladora* y llegar a *La Codorniz*. En las páginas de aquellas revistas Neville irá forjando, junto con sus compañeros generacionales, el nuevo humorismo de vanguardia, aunque su carrera de periodista, en realidad, empieza varios años antes y ya en la década de los veinte abarca muchas más publicaciones.[58]

Su primer contacto con el periodismo se remonta a los artículos de la serie 'Diario de un voluntario' que envía en 1921 desde la guerra de Marruecos al diario *La Época*. A la vuelta su firma empieza a aparecer en *Nuevo Mundo*, al lado de Unamuno o Gómez de la Serna; en *ABC*, donde seguirá publicando hasta los sesenta; en *La Gaceta Literaria*; en la revista de la Residencia de Estudiantes, *Residencia*; hasta en la prensa infantil, en la revista *Pinocho*, y deportiva, en *Aire Libre*. Entre sus artículos la mayoría serán cuentos y narraciones, de ahí que el periodismo suponga asimismo una vía de expresión para su vocación de escritor y humorista,[59] que manifiesta, al mismo tiempo, en sus primeros libros de relatos (*Eva y Adán*, 1926) y novelas (*Don Clorato de Potasa*, 1929). ¿Qué lugar en estos inicios literarios ocupa el teatro, que según varios estudiosos de la obra de Neville — reconocido, según apuntamos, principalmente como cineasta — constituye 'su gran pasión' y una faceta fundamental dentro de su carrera?

El teatro, en realidad, empieza a formar parte de su vida antes que la narrativa o la prensa. El arte dramático, cuya magia entraría en su infancia con los espectáculos infantiles del Teatro Apolo de Madrid o las funciones benéficas de sus veranos en La Granja de San Ildefonso, será, desde luego, el primero en revelar al Neville artista. Con tan sólo dieciocho años, en 1917, escribirá y pondrá en escena en Madrid un vodevil en medio acto, *La Vía Láctea*. Luego, a principios de los años veinte colabora con López Rubio en sus comedias primerizas[60] y

---

[58] Sobre la actividad periodística de Edgar Neville, véase el repaso de las publicaciones del autor en la prensa incluido en el artículo de A. Ubach Medina, 'El periodismo de Edgar Neville', en M. L. Burguera Nadal; A. Ubach Medina; A. Castro, pp. 69-93. Véase también 'Apéndice: Colaboraciones de Edgar Neville en revistas humorísticas' en Santiago Aguilar (2002), pp. 279-83.
[59] Cabe recordar al respecto la firme constatación de Neville en lo referente a su aportación como escritor humorista: '[...]los que creamos el género [de humor], mucho antes que los italianos y los franceses, fuimos Tono y Mihura en los dibujos y yo en la prosa'. Citado en M. L. Burguera Nadal; A. Ubach Medina; A. Castro, p. 11.
[60] Entre las comedias que Neville escribe con López Rubio están *¡Al fin sola!* (estrenada por la compañía de Ernesto Vilches bajo el título *Su mano derecha* y firmada con el seudónimo de Honorio Maura) y otras tres que no llegan a estrenarse: *Luz a las ánimas*, *El amor incandescente* y *Aventura*. Véase M.L. Burguera Nadal, 'Edgar Neville y el teatro', en M. L. Burguera Nadal; A. Ubach Medina; A. Castro, p. 45.

estrena en el Teatro de Mirlo Blanco de los Baroja la pieza corta *Eva y Adán*.[61] Además, en 1927, *La Gaceta Literaria* publica sus dos cuentos dramatizados, *Judith y Holofernes* (tragedia en un acto) y *Dalia y Sansón* (drama).[62] Después de estos primeros escarceos en el terreno dramático, en 1934 viene el primer estreno importante de Neville, *Margarita y los hombres*, que llega a las tablas tras seis años de espera y supone su revelación como dramaturgo.[63] Paradójicamente, la comedia que el mismo autor describe como una obra 'eminentemente teatral', negando cualquier influencia de los 'procedimientos del cinematógrafo',[64] a pesar del éxito, se convierte en su despedida de los escenarios antes de la decisiva incursión en el cine. Su nombre no volverá a la cartelera teatral hasta 1952 y pronto toda la creatividad de Neville será encauzada hacia el séptimo arte.

Tan sólo un año más tarde, en 1935, el recién aplaudido dramaturgo vivirá su estreno como director de cine con *El malvado Carabel*, película basada en la novela de Wenceslao Fernández Flórez, aunque formalmente inicia su carrera de realizador cinematográfico ya en 1931, con el corto paródico *Yo quiero que me lleven a Hollywood* — que él mismo se negará siempre a incluir en su filmografía —, y con dos cortometrajes cómicos de tono surrealista, *Falso noticiario* (1933) y *Do re mi fa so la si* (1935). Sin embargo, para hablar de la faceta cinematográfica de Neville tendríamos que remontarnos todavía más en el tiempo. Su actividad en este terreno empieza, en realidad, mucho antes, y aunque todavía no asuma la responsabilidad de director, su sensibilidad de cineasta llega a manifestarse a través de otras tareas.

Antes de fijarnos en las primeras muestras del talento cinematográfico del autor conviene recordar la fascinación por el séptimo arte que compartía con sus compañeros generacionales. Como joven tertuliano y periodista no sólo participaba de la misma afición — asistiendo a las sesiones de cine en la Residencia de Estudiantes o como miembro de la elitista familia del Cineclub Español —, sino que también daba fe de su incipiente cinefilia a través de sus

---

[61] *Eva y Adán* es en realidad un cuento dialogado que da título al antes mencionado libro de relatos y que se publicará en la Imprenta Sur de Málaga en 1926. Se estrena como una comedia corta, con la actuación de Raymonde de Back (Eva), Gustavo Pittaluga (Adán) y Ricardo Baroja.

[62] Otro ejemplo de colaboración periódica de Neville en formato dramatizado encontraremos en *Crónica*, donde el mismo año del estreno de *Margarita y los hombres* publicará *La mujer vista por su modista. Drama en tres actos*. Véase *Crónica*, 18–25 de marzo de 1934, pp. 22–24.

[63] Según confiesa Neville, la obra la tenía escrita desde 1928 y había ido modificándola todos estos años. *Margarita y los hombres* se estrena en el Teatro Benavente de Madrid el 9 de febrero de 1934, montada por Antonio Vico, con Carmencita Carbonell en el papel protagonista, es muy bien acogida por la crítica y parece anunciar el porvenir de Neville como comediógrafo.

[64] Citado en *La Voz*, 9 de febrero de 1934, p. 3.

colaboraciones en la prensa.[65] Neville, como ya hemos subrayado, viene al mundo junto con el cine[66] y, como veremos, toda su vida permanece bajo su hechizo.

El peculiar camino que le conduce a adentrarse en el universo del cine lo resumía Juan Piqueras en *La Gaceta Literaria* con la siguiente constatación: 'Edgar Neville llegó al *cinema* por donde acaban otros — Comenzó por Hollywood'.[67] Con esta frase redonda el autor se refería a la experiencia que vivió Neville en la misma 'Meca del cine' cuando, aprovechando su cargo diplomático como agregado de la Embajada en Washington, decidió viajar a Hollywood. Desde luego, no cabe duda de que el hecho de entrar en el mundo de la industria cinematográfica y conocer los secretos y realidades del oficio de la mano de Mary Pickford o Douglas Fairbanks, asomándose por primera vez al plató en la compañía de Chaplin, fue un privilegio y un hecho decisivo en la trayectoria del futuro cineasta.[68]

Aparte del aprendizaje que supuso para Neville aquel periplo americano, de allí le llegará también su primer contacto profesional con el cine: contratado por la Metro Goldwyn Mayer, empieza a trabajar como coordinador y dialoguista de las versiones sonoras en español de las películas norteamericanas.[69] Ya de regreso a España vuelve a encontrarse con su padrino *hollywoodiense*, Harry d'Abbadie d'Arrast,[70] para entrar por primera vez en los estudios madrileños como ayudante

---

[65] Entre las colaboraciones de Neville encontramos, por ejemplo, su serie de artículos 'Los estrenos en Broadway' (1928) que escribe como redactor corresponsal de los Estados Unidos en el semanario cinematográfico *La Pantalla*; los artículos que publica en 'Las páginas cinematográficas' de *ABC* en 1929; y la biografía de Charles Chaplin que le encarga *La Gaceta Literaria* para el volumen de *Figuras del cinema*.

[66] Neville nace el 28 de diciembre de 1899, es decir, su nacimiento no sólo corresponde a los principios del cinematógrafo, sino que, además, da lugar a una mágica coincidencia: sucede el día del cuarto aniversario de la primera proyección pública del invento de los hermanos Lumière.

[67] J. Piqueras, 'Los escritores: Edgar Neville', *La Gaceta Literaria*, 76, 15 de febrero de 1930, p. 16.

[68] Neville es el único al que Chaplin permite entrar, con la cámara fotográfica, en el plató de *Luces de la ciudad*, película en la que llega a interpretar un pequeño papel que sería suprimido por exceso de metraje. Véase E. Rodríguez Merchán; V. García de Lucas, 'Edgar Neville, un dandy tras la cámara', *Nickel Odeón*, 17 (1999), p. 135.

[69] Como autor de las versiones españolas y dialoguista trabaja en *El presidio*, de Ward Wing (1930) y *En cada puerto un amor*, de Marcel Silver (1931), versiones respectivas de *The big house*, de George W. Hill, y de *Way for a sailor*, de Sam Wood. También figura como traductor de diálogos en los créditos de *La mujer X*, dirigida por Carlos F. Borasuque, versión de *Madame X*, de Lionel Barrymore. La información sobre las colaboraciones del periodo americano queda incluida en la filmografía publicada en Santiago Aguilar (2002). Según algunas fuentes, en el caso de *El presidio* Neville se ocupó también de la dirección de actores. Véase J. García Dueñas, *¡Nos vamos a Hollywood!* (Madrid: Nickel Odeón, 1993), p. 215.

[70] Este director español asentado en Estados Unidos fue quien introdujo a Neville en los círculos de directores y productores *hollywoodienses*. Véase J. L. Borau, *El caballero D´Arrast*, San Sebastián, Festival Internacional de Cine de San Sebastián, 1990.

de dirección y guionista de la película *La Traviesa Molinera* (1934). De ahí le quedará tan sólo un paso para inaugurar su carrera como director en solitario con el proyecto al que ya aludimos, es decir, *El malvado Carabel* (1935).

A partir de ese momento, Neville quedará absorto en su nuevo oficio de cineasta e irá construyendo su propio universo en el celuloide, insólitamente personal y original, al margen de las directrices establecidas y las modas de la época, valiéndole el reconocimiento — aunque tardío — de haber sido el más auténtico e independiente de los cineastas que trabajaron durante esos años. Dirigirá diecinueve largometrajes, con guión original propio (prácticamente la mitad) o basados en argumentos literarios ajenos (la mayoría en las novelas) y, entre ellos, algunos verdaderos monumentos cinematográficos.

Uno de dichos 'monumentos' lo constituye, sin duda, la trilogía de sainetes criminales que realiza en medio de la década más fructífera de su carrera fílmica: *La torre de los siete jorobados* (1944), *Domingo de carnaval* (1945) y *El crimen de la calle de Bordadores* (1946). Estos tres frescos cinematográficos, en los que Neville retrata — en clave fantástica, carnavelesca y policíaca — el Madrid de finales del XIX y principios del XX conformarán una de las características esenciales de su cine: el costumbrismo sainetesco, bañado en humor y poesía, el sello de identidad de un 'director ilustrado en un cine sin lustre', un 'intelectual del exilio que se quedó en España'.[71] Estas definiciones oximorónicas con las que Román Gubern se refiere al cineasta madrileño no sólo reflejan el contraste que supone su obra y su personalidad en el anodino panorama creativo del cine español de los cuarenta, sino que apuntan hacia una peculiaridad que caracteriza su universo cinematográfico: el arte de entroncar lo popular y costumbrista con una visión amplia y moderna, de partir de lo local y personal para llegar a lo universal. Porque, como dice Fernando Fernán Gómez en el entrañable retrato que hace de su amigo '*dandy* en la taberna', Neville, 'casi extranjero, de cultura y vida internacionales, hizo un cine de puras imágenes españolas'.[72] Y como el 'castizo más universal', amante de sus orígenes y reivindicador del costumbrismo en la pantalla, ha ido siempre más allá de lo tópico y típico; en ello radica la palpitante humanidad y la autenticidad de su cine. Semejante audacia y amplitud de miras lo condenaba obviamente a la indiferencia de las instancias oficiales y a la incomprensión del público,[73] pero Neville asume el riesgo de ser incomprendido y construye su mundo en celuloide tal y como lo describía en *La Codorniz* su compañero de batallas culturales, Miguel Mihura, es decir, 'con

---

[71] R. Gubern (1999), p. 133.
[72] 'El *dandy* en la taberna', *ABC*, supl. *El Cultural*, 18 de diciembre de 1999, p. 9.
[73] Uno de los ejemplos de dicha incomprensión lo relata Fernando Fernán Gómez a propósito de la trilogía *sainetesca* que, según el testimonio del actor, el público despreció ostentosamente porque 'nadie iba a aceptar que en una película de crímenes se cantase flamenco, o que los actores y cantautores fueran feos'. Véase la nota anterior.

valentía, a pecho descubierto, sin temor de ninguna clase, sin preocuparse por la condecoración'.[74]

Santiago Aguilar constata que Neville, como cineasta, es un adelantado, puesto que en el panorama español de los años cuarenta nadie asumió tan precozmente y con tal continuidad función de guionista, realizador y productor.[75] Cabe añadir que tampoco había nadie que se atreviera a juntar los cuplés con el expresionismo alemán, ensamblando el humor surrealista y el tipismo costumbrista, como lo hace el autor de la citada trilogía sainetesca. El mismo que, al reanudar su carrera en la posguerra, se lanza a enmarcar una verbena madrileña en una provocación vanguardista con los monstruos de Tod Browning (en el mediometraje *Verbena*, 1941) y una década más tarde, ya respaldado por su propia productora, convierte la historia quijotesca con tipos populares de *El útlimo caballo* (1950) en la primera comedia neorrealista española.[76] Lo consigue Edgar Neville, un verdadero 'adelantado a su época', con su irrepetible estilo personal y una marca de autoría firme e inconfundible.

La versatilidad en el uso de géneros, un estilo característico y la dimensión universal del cine del director madrileño dan lugar a comparaciones que dotan de prestigio su quehacer fílmico; asimismo, como muchos estudiosos de su obra, podríamos emparentarlo con Lubitsch, descubrir parentescos con Renoir o ver en el director madrileño — como lo propone Luis Antonio de Vilena — a 'un Cocteau a la española'.[77] No obstante, no cabe duda de que lo que en primer lugar define y da coherencia al universo cinematográfico de Neville, es su propia impronta de autor que emerge en los mundos de ficción que hace realidad en la pantalla.

Hemos citado los primeros títulos de su carrera y los más emblemáticos que han supuesto la eclosión de su talento y libertad creativa, pero en la extensa filmografía de Neville podríamos rastrear su marca personal incluso en los

---

[74] M. Mihura, 'Edgar Neville. *La vida en un hilo*. *La familia Mínguez*', *La Codorniz*, 198, 20 de mayo de 1945.

[75] El director crea 'Edgar Neville Producciones' al rodar *La vida en un hilo* (1945) y seguirá produciendo todas sus películas hasta 1955. Más adelante en este apartado aludiremos a las coproducciones realizadas en los últimos años de la actividad de su productora y las circunstancias del cierre de la misma.

[76] Afirman este mérito de Neville como 'autor de la otra gran aportación del cine español al intento de inaugurar una especie de neorrealismo a la española', los autores del estudio sobre los 'nuevos cines' europeos de la época. Véase J. E. Monterde; E. Riambau; C. Toreiro, *Los 'nuevos cines' europeos: 1955-1970* (Barcelona: Lerna, 1987) y también E. Rodríguez Merchán y V. García de Lucas, los firmantes del artículo 'Edgar Neville, un *dandy* tras la cámara', p. 141.

[77] M. Marías, a propósito de *El baile*, descubre este parentesco entre el universo fílmico de Neville y 'ciertas obras tardías de Jean Renoir'; y esta misma asociación la resalta Emilio Sanz de Soto. Véase *Nickel Odeón*, 17 (1999), pp. 188-89 y 56-60, respectivamente. Sobre la influencia de Lubitsch trataremos en el Capítulo 3.

proyectos considerados menos *nevillescos* y en las producciones sujetas, supuestamente, a patrones establecidos.

Dejando al margen los documentales de propaganda del bando nacional que rodará en plena contienda — y que despiertan más interés como manifestación ideológica que artística del autor[78] — , encontraremos entre sus primeras realizaciones las versiones españolas de películas italianas que surgen, igualmente, de su reciente adscripción al régimen franquista. Entre 1939 y 1941 Neville viaja a Roma para rodar allí *Frente de Madrid*, *Santa Rogelia* y *La muchacha de Moscú*. Aunque dichas producciones se alejan de lo que el joven director quisiera hacer en el cine, llama la atención la primera, *Frente de Madrid*, basada en la novela corta del propio Neville, puesto que, a pesar de lo estereotipado y maniqueo de la historia, el final, con su complejidad ideológica y artística, evidentemente se sale del patrón de las coproducciones hispano-italianas del momento. El cineasta madrileño decide concluir la cinta con una secuencia que será censurada y que le ocasionará problemas en España: *Frente de Madrid* termina con una escena en la que un miliciano comunista y un falangista se reconcilian antes de morir juntos en el hoyo de un obús; una imagen auténtica y sugerente, tan *nevillesca* como arriesgada y políticamente incorrecta.[79]

Del mismo modo, su primer largometraje con guión original, *Correo de Indias* (1942), a pesar de corresponder a una ambiciosa producción de época, se aparta del cine histórico que se rodaba por aquel entonces y que el mismo Neville calificaba peyorativamente de 'histórico-victorioso'. La película, que narra la travesía a las Indias de la esposa del virrey de Perú y termina con un melodramático abrazo de amantes, en realidad evita la grandilocuencia convirtiendo una epopeya fílmica en 'fundamentalmente, una historia de amor situada un siglo y medio atrás', que — como dice Antonio Castro — 'en ningún momento participa de las características de los films españoles en boga en la época' y, como dirá el propio director, en 'una película excepcional, de un tono y rango jamás alcanzado aquí.'[80]

---

[78] Nos referimos a los cortometrajes de propaganda bélico-franquista, de carácter evidentemente despectivo hacia las fuerzas republicanas: *La Ciudad Universitaria* (1938), *Juventudes de España* (1938) y *¡Vivan los hombres libres!* (1939). Respecto la polémica condición ideológica del autor y las connotaciones políticas de su obra véase la nota del comienzo del apartado 2.2. Para más detalles sobre este episodio concreto remitimos a F. Cabrerizo Pérez, '*Frente de Madrid*: un primer (y frustrado) intento de apertura hacia un cine de reconciliación nacional', *Mundaiz*, 67 (2004), pp. 54–55.

[79] La censura vio en la descrita secuencia final 'visiones poco heroicas y juguetonas de la guerra'. Para más información sobre este título de la filmografía del director remitimos al artículo de C. Toreiro, 'Un huésped poco deseable. Edgar Neville en Roma', *Secuencias*, 29 (2009).

[80] Edgar Neville en la entrevista con Domingo Fernández Barreira, *Primer Plano*, 150, 29 de agosto de 1943.

Algo similar sucede con otra producción de Neville, también histórica y, en cierto modo, alejada de las constantes más características del realizador: *El marqués de Salamanca*, el encargo que recibe en 1948 del Ministerio de Obras Públicas para rodar una película sobre José de Salamanca.[81] En este proyecto, concebido en primera instancia como una hagiografía al uso, Neville, a pesar de verse obligado a cambiar el Madrid de las verbenas y los ambientes populares por los palacios de la aristocracia, se permite apartarse de un retrato modélico, restándole patetismo y solemnidad. En consecuencia, la película que sobre el papel se mostrara como una producción típicamente franquista, precisamente por las 'desviaciones' introducidas por el autor no puede optar a la calificación de Interés Nacional. Desde luego, no pudo ocurrir de otra manera con la historia 'de un singular adelantado de su época filmada por otro genial adelantado a la suya', como sugiere con toda razón Rodríguez Merchán en las páginas de *Nickel Odeón*.[82]

Y cuando haga su primera película 'de toros y toreros' — empresa que, como decía nuestro autor, todo director español estaba obligado a abordar en algún momento de su carrera — lo hará alejándose, con toda consciencia, del chabacano folklorismo 'de pandereta' al que reducían el tema las producciones de sus contemporáneos. En la película *El traje de luces* (1948), que Neville dirige a partir de los relatos de José María Carretero, cobra cuerpo otra Andalucía, la que él mismo describe como 'la verdadera, profunda y sentida', y para cuyo retrato en la pantalla dice no haber empleado más de treinta *olés*, en contraste a 'una españolada' que, según su criterio irónico, 'ha de tener de ciento cincuenta para arriba'. Con la misma dignidad y respeto afrontará más tarde el documental *Duende y misterio del flamenco* (1952), en el que el rosario de cantes y bailes captados por la cámara en los espacios naturales se convierte en una reivindicación del flamenco sin precedentes en el cine español.[83]

De ahí que, José Enrique Monterde, en su reflexión sobre la vertiente folclórica en el cine español de los años cuarenta, reconozca esta obra de Neville como 'la

---

[81] La película es producida por la Comisión Oficial del Centenario del Ferrocarril y al escribir el guión Neville se basará en un argumento de Tomás Borrás. Para más detalles sobre esta la realización véase el citado artículo sobre los desencuentros de Neville con la censura: D. Erauskin Fernández, p. 446.

[82] *Nickel Odeón*, 17 (1999), p. 141.

[83] Entre las actuaciones registradas por Neville en dicha película se encuentran las secuencias más impresionantes de la historia de este arte: los números de figuras como Pilar López, Antonio Mairena, Mary Luz, los primeros testimonios audiovisuales del martinete y las sonatas del padre Soler; y además de los cantes y bailes, dos escenas memorables: Belmonte toreando una vaquilla y un entierro improvisado por los gitanos del Sacromonte que supone el primer homenaje público a Federico García Lorca. En este contexto resulta también relevante el reciente descubrimiento de un cortometraje de Neville dedicado al cante jondo (*Cante jondo*, 1952). Véase S. Aguilar (2002), p. 304.

única película en todo el periodo que trasciende los tópicos y se convierte en una profunda y lúcida reflexión sobre el flamenco más puro'.[84] La obra de Neville se muestra pionera en este aspecto incluso desde la perspectiva actual: si nos damos cuenta, el género del documental musical dedicado al arte flamenco, en realidad tiene su antecedente precisamente en *Duende y el misterio del flamenco*, de Neville.

Pero el año en el que sale a luz *Duende y misterio del flamenco* es especialmente relevante y no sólo para la trayectoria cinematográfica del autor; resulta significativo también para su faceta teatral. Desde su primer estreno como dramaturgo en 1934, con *Margarita y los hombres*, la actividad de cineasta le mantiene alejado de los escenarios y, precisamente en 1952, tras dos décadas fuera de la escena — pero con más de veinte películas realizadas —, es cuando su nombre vuelve a la cartelera teatral. En cualquier caso cabe señalar que, en todos estos años, la temprana vocación escénica no queda totalmente desterrada de su universo cinematográfico y además encuentra su plataforma de expresión en la prensa, terreno que el autor nunca abandona.[85] En su segundo largometraje, *La señorita de Trévelez* (1936), lleva a la pantalla la obra teatral de Carlos Arniches; y luego, en 1941, saca del cajón la pluma de dramaturgo para escribir la pieza *Producciones Mínguez S.A.* que se publicará en *La Codorniz*, aunque nunca llegase a ser estrenada.[86] La esperada vuelta a la escena dramática no se produce hasta 1952, con la comedia *El baile*, marcando un antes y un después en la carrera de Neville como autor teatral y también un punto de inflexión en su polifacética trayectoria artística.[87]

El baile no sólo rompe el silencio del autor en los escenarios, sino que lo hace con verdadero estruendo y consigue mover la balanza de la vocación artística del autor, inclinándola esta vez hacia el teatro. El inesperado éxito de esta comedia — reafirmado con el Premio Nacional de Teatro y tres temporadas en cartel — brinda a Neville prestigio y una sólida posición como dramaturgo y, por lo tanto, le anima a proseguir su carrera de comediógrafo. A partir de este momento, hasta la fecha de su último estreno teatral en 1963, ésta será su actividad artística

---

[84] *Los 'nuevos cine' europeos*, ed. J.E. Monterde; E. Riambau; C. Toreiro, p. 35.
[85] Durante todo este periodo Neville sigue colaborando en la prensa: sobre todo, continúa escribiendo para *ABC* y hasta 1948, para *La Codorniz*; además se publican sus relatos *Frente de Madrid. Novelas de guerra* (1941) y ven la luz las ediciones de *Música de fondo* (1936) y *La familia Mínguez* (1946).
[86] E. Neville, 'Producciones Mínguez, S.A.', *La Codorniz*, 57-58, 5 y 12 de julio de 1942. Las razones del fallido estreno las relata Neville en el prólogo a su novela *La piedrecita angular*. Aunque José López Rubio menciona otra tentativa de Neville de volver al teatro en aquella época: la obra *Los hombres rubios*, que tampoco se estrenó en aquel entonces y más tarde dio origen a *Veinte añitos*.
[87] *El baile* se estrena bajo la dirección del propio Neville el 22 de junio de 1952 en Bilbao y el 26 de septiembre del mismo año en el Teatro de la Comedia de Madrid.

predominante y su fruto: once piezas escénicas que constituirán la parte fundamental de su obra dramática.[88]

Todavía rodará algunas películas (como *La ironía del dinero*, en 1955, *El baile* en 1959 y *Mi calle*, con la que en 1960 clausurará su filmografía) y colaborará como guionista en los proyectos de otros realizadores (con Luis G. Berlanga en *Novio a la vista*, 1954, y con José Antonio Nieves Conde en *Prohibido enamorarse*, 1961); escribirá además los diálogos de la adaptación de su comedia *Veinte añitos* que en 1963 José María Elorrieta rodará bajo el título *El diablo en vacaciones*. Pero mientras la presencia de sus obras en los teatros se hará cada vez más frecuente, se irá atenuando la febril dedicación de Neville al séptimo arte. Con el tiempo dejará atrás los platós, soltará la cámara, y al final de su camino de cineasta se quedará con la cuartilla de dialoguista y adaptador, despidiéndose del cine de la misma manera en que empezó a conquistarlo.

Este paulatino abandono del cine a favor del teatro, observado en la trayectoria del autor a partir de la década de los cincuenta, en el fondo tampoco suprime del todo la convivencia de las dos vertientes en su actividad creativa. Desde luego, no podemos dudar de su invariable dimensión polifacética si en 1957, en pleno apogeo de su popularidad escénica, una nota de prensa de *Primer Plano*, al dar 'un pequeño repaso a su abultada carpeta de trabajo' lo retrata del modo siguiente:

> A Neville ya le está saliendo la curva de la felicidad. Acaba de terminar la comedia *Prohibido en otoño* y está escribiendo para Iquino el guión de *La novia de Napoleón*. Cuando lo termine, dirigirá la película basada en un guión suyo, *Mi calle* o *El día de la bomba*. [...] Luego se meterá de lleno con el guión de *El baile* [...] Y terminada ésta, convertirá el guión de su película *La vida en un hilo* en una estupenda comedia. Ya tiene Edgar una temporada de aúpa para adelgazar unos kilitos.[89]

En una nota tan breve caben cinco títulos distintos y, a través de ellos, las coordenadas que definen aquel momento de la vida artística de Neville y que asimismo reflejan la complejidad de toda su trayectoria. Resumiendo la citada 'mini agenda' encontramos en ella: un estreno teatral reciente y una película nueva en el horizonte, una colaboración de escritor cinematográfico en un proyecto que no llegará a su fin y dos adaptaciones en sus dos variaciones posibles — del teatro al cine y del cine al teatro — que enfrentan y sobreponen dos caminos opuestos en el marco de una misma obra.

---

[88] Después de *El baile*, su presencia en los escenarios se hará cada vez más frecuente: en 1954 estrena *Veinte añitos* y *Marramiau* (adaptación de una obra de Laszlo Fodor); en 1955 *Rapto* y *Adelita* (la continuación de *El baile*); en 1957 *Prohibido en otoño* y *Alta fidelidad*; en 1959 *La vida en un hilo* (a la que dedicamos el capítulo 3) y en 1963, *La extraña noche de bodas*, el último estreno antes de abandonar el teatro para dedicarse a la poesía, la pintura y sus colaboraciones periódicas.

[89] *Primer Plano*, 893, 24 de noviembre de 1957.

Este cuadro demuestra la alternancia y el ensamblaje de las diferentes facetas que determinan la actividad artística de Neville y que encuentra explicación en su particular concepto de autoría, puesto que, para nuestro autor, no caben distinciones relacionadas con una supuesta dualidad entre el cine y la literatura. Los dos procesos creativos están al mismo nivel. Como él mismo repite en varios momentos de su carrera, el cine es como una novela que se escribe con un instrumento diferente de la pluma y el director cinematográfico y el dramaturgo, son, ante todo, autores.[90]

De ahí que, aunque podamos ver la carrera artística de Edgar Neville como sucesión de dos etapas — la primera, de intensa dedicación al cine y la siguiente, centrada en la producción dramática — , lo más característico y relevante de su universo es, precisamente, su oscilación entre estos dos polos, el arte cinematográfico y el teatral. A Neville le fascina tanto este ir y venir entre el escenario y la pantalla, que lo ensaya incluso dentro del marco de su propia obra: el mismo año 1959 lleva a la pantalla su pieza dramática *El baile* y decide abordar una práctica inversa con *La vida en un hilo*. Estos dos títulos más explícitos en cuanto a la interrelación entre la faceta teatral y cinematográfica de Neville dibujan un puente entre sus dos universos creativos, puente que el autor parece atravesar en un momento de su carrera, aunque nunca pierda de vista ninguno de sus extremos. En este contexto, el alejamiento de Neville del universo cinematográfico en la última década de su carrera no debe ser considerado simplemente como una premeditada traición de un medio en favor del otro, sino más bien como consecuencia de las circunstancias que en cada momento condicionan su creación.

Ríos Carratalá señala como decisiva la coincidencia del éxito teatral de Neville, por un lado, y del desencanto que vivía en aquel momento con el cine, por otro.[91] Desde luego, como mencionamos, el director madrileño nunca gozó del apoyo ni por parte del público ni de la crítica,[92] ni tampoco pudo contar con la ayuda de las instituciones oficiales. En general, su obra cinematográfica sufría permanente desconsideración, basta recordar los escasos días en cartel, las penosas campañas de propaganda, las subvenciones negadas y, por consiguiente,

---

[90] A. Walls, 'Directores literatos', *Cámara*, 36, 1 de julio de 1944, pp. 30-33.
[91] J. A. Ríos Carratalá (2003), p. 71.
[92] Las películas de Neville nunca fueron galardonadas con las primeras recompensas oficiales del franquismo; recibían los galardones menores del Sindicato Nacional del Espectáculo, pero nunca, por ejemplo, una declaración de Interés Nacional. Los únicos títulos que contaron con premios y ayudas fueron: *Verbena, Domingo de carnaval, El crimen de la calle Bordadores, Nada* y *El marqués de Salamanca*. En cuanto a la frialdad del público, no cabe duda de que las películas de Neville se hacían difíciles para las mentalidades formadas y nutridas con un tipo de humor tradicional; como dice Juan Miguel Lamet, el director madrileño se encontraba con 'una sociedad adormecida y banal a la que intentaba en vano despabilar con su cosmopolitismo y buena crianza'. Véase *Nickel Odeón*, 17, p. 98.

los frecuentes problemas económicos. A principios de los cincuenta Neville se ve obligado a buscar apoyos para sus proyectos fuera de su propia productora y las dos películas cofinanciadas — *Cuento de hadas* (1951), con Sagitario Films, y *La ironía del dinero* (1959), con Les Grands Films Français — , acaban en fracasos rotundos y llevan a la ruina Edgar Neville Producciones. Mientras que el teatro, por fin, le da un espaldarazo de popularidad y supone más tranquilidad económica, revelándose como el *orteguiano* 'descanso de vivir', un refugio al que puede acudir en el momento más oportuno.

Según López Rubio, Neville alcanza en el terreno dramático la verdadera 'meta presentada y prevista', al igual que el resto de los intelectuales de la 'otra generación del 27' que han decidido volver al teatro por 'no haber conseguido en el cine lo que creyeron, lo que esperaban o porque lo conseguido no bastaba'.[93] Neville pronto descubrirá que la evasión de la realidad que siempre ha buscado hechiza al espectador más fácilmente desde las tablas que desde la pantalla. El público teatral responderá mejor a sus batallas culturales libradas con el humor inteligente, aunque también es cierto que éstas no tendrán mucho que ver con el desgarro de sus hazañas cinematográficas. Como dice Ríos Carratalá, 'es mucho lo que el dramaturgo deja atrás en un teatro que pretende dirigirse a un público renovado y selecto'.[94] En efecto, las obras teatrales de la última etapa de la carrera artística de Neville nada tienen que ver con los elementos *sainetescos* presentes en su cine de los cuarenta, ni con las mezclas de la realidad castiza y la fantasía, ni con la poética del carnaval; en general se aleja de la nota popular que impregnaba su cine.

Al margen del respaldo del público, podríamos suponer que la vuelta al teatro significa para Neville también una mayor libertad, sobre todo si tenemos en cuenta los enfrentamientos con los censores que sufría como realizador cinematográfico, desde la mutilación de *Frente de Madrid* hasta la accidentada presencia en Cannes de *El último caballo*.[95] No obstante, esas desventuras parecen repetirse en el terreno dramático: basta recordar el caso de *La Vía láctea*, suspendida por la policía al día siguiente del estreno, o el de *Alta fidelidad*, obra que el mismo Neville denominaba 'protesta del individuo contra los impuestos' y que, considerada irrespetuosa con los funcionarios de la administración pública, estuvo paralizada por la censura durante casi tres años. En este aspecto Neville podría decir, al igual que su compañero *codornicesco* Mihura, que con la censura

---

[93] J. López Rubio (1983), p. 12.
[94] Véase J. A. Ríos Carratalá (2003), p. 71.
[95] *Frente de Madrid* (1939), como ya hemos señalado, llega a tener problemas con la censura a causa de la secuencia final. Todavía más problemática resulta *La torre de los siete jorobados* (1944), demasiado realista desde el punto de vista de la censura franquista; *El marqués de Salamanca* (1948), aunque encargo ministerial, no consigue la calificación pretendida debido a 'desviaciones autorales'; mientras que *El último caballo* (1950), a causa de toda clase de impedimentos burocráticos, no puede ser presentada a concurso en el Festival de Cannes.

ha tenido que luchar siempre, en cada momento, independientemente del medio.

Antonio Castro, investigador de la obra cinematográfica del autor, dice estar inseguro de que el cine fuera 'aquel oficio que mejor se adecuara al desarrollo de las cualidades de Neville';[96] y César Oliva, en su estudio sobre el teatro español del siglo XX, sugiere que Neville podría haber sido el gran autor de alta comedia española de su tiempo, si tan sólo no hubiera combinado su actividad escénica con la cinematográfica.[97] Nos abstenemos de resolver tales deliberaciones estableciendo jerarquías entre las dos parcelas cultivadas por nuestro autor. Estas páginas aguardan todavía la posibilidad de apreciar el mérito del autor en cada uno de los dos terrenos pero, como ya hemos señalado, el propio Neville evitó siempre enfrentar sus dos aficiones y su propio polifacetismo, omnipresente e incesante, impide tratar el abandono del cine a favor del teatro como una elección según sus preferencias artísticas.

Nos reafirman en esta postura los testimonios del propio autor que en ningún momento de su carrera excluye la convivencia de las dos artes. Incluso sumergido de lleno en su labor de cineasta, no duda en asegurar:

> Esta vieja manía castellana de formar siempre dos grupos antagónicos, los 'unos' y los 'otros', 'Joselito o Belmonte'; 'Toros o fútbol', ha querido poner en pugna también 'Cine y Teatro'. ¿Lo han conseguido? Yo creo que no; por lo menos, los que hacemos cine no hemos dejado de amar el teatro.[98]

La misma equidistancia entre las dos facetas del autor se cristaliza en la encrucijada de caminos artísticos que representa en la carrera de Neville el año 1959: cuando su película *La vida en un hilo* pasa del cine a las tablas y la comedia *El baile* cambia el escenario por la pantalla. Porque si el primer reto confirma la seguridad de su asentamiento en el campo dramático, el segundo, viene a negar el supuesto abandono del medio cinematográfico, y revela a un autor que, desde el teatro, 'su sazón y su tute de reyes', sigue añorando el cine.

Como decía Neville en una carta a López Rubio justo antes de emprender su aventura de cineasta, el cine es maravilloso, y es fácil si las dificultades económicas están resueltas. Y cuarenta años más tarde el cine para Neville seguía siendo maravilloso, pero las dificultades económicas le impedían disfrutarlo. En este sentido el teatro parecía ofrecerle más libertad: la de ser autor, algo que le negaba el cine. Esta explicación nos la da el propio Neville revelando las razones de su ausencia en los rodajes, antes de que surgiera la posibilidad de rodar la que sería su última película (*Mi calle*, 1960):

---

[96] *Edgar Neville (1899-1967). La luz en la mirada*, ed. J.M. Torrijos (2007), p. 97.
[97] C. Oliva, *Teatro español del siglo XX* (Madrid: Editorial Síntesis, 2002), p. 161.
[98] *Primer Plano*, 14 de enero de 1945.

Y que conste que el alejamiento de estos años no se ha debido al cansancio ni mucho menos a falta de entusiasmo. La razón principal fue indudablemente que el coste actual de una película no me permite ya ser mi propio productor, como siempre he querido.[99]

Sin duda, la autonomía de ser al mismo tiempo guionista, director y productor de un proyecto resultaba imprescindible para el cine de autor, que era el que pretendía hacer Neville, no sin razón considerado hoy en día uno de los primeros directores-autores del cine español. Es por lo tanto su propio concepto de autor y su espíritu independiente lo que irá alejándolo del cine. De ahí que no sorprenda la conclusión de Fernando Fernán Gómez: 'en cuanto Neville dejó de producir, dejó de escribir sus guiones. Y de dirigir. Y el cine de Neville quedó como una laguna en su propia vida'.

La carrera de Neville, en efecto, se compone de etapas en las que cambia la tarea predominante, pero eso no impide que incida en la pantalla y en el escenario con la misma vocación e interés. Su obra permanece a los dos lados del puente que se extiende entre el terreno cinematográfico y el teatral, las dos facetas no se excluyen, ni compiten: juntas componen su propio universo.

Edgar Neville, más que un cineasta frustrado que se refugia en el teatro o un dramaturgo impaciente que se deja seducir por la séptima de las artes, es un autor que necesita expresarse con libertad y cuya autoría desborda los límites de cualquier arte. De ahí que, para Neville, limitarse a un solo medio, 'hubiera sido tanto como suprimir su alma'.

2.2.2 Miguel Mihura

La vida es como sacar a pasear un perro.
Siempre acabas por ir a dónde quiere el perro.

Miguel Mihura

Los principales pilares de la obra de Miguel Mihura los constituyen — como en el caso de Edgar Neville — el cine y teatro. El autor inaugura su carrera artística como articulista y dibujante, pero en realidad el aliento de futuro dramaturgo y cineasta se deja notar ya en sus primeros trabajos como periodista de humor. El primer relato publicado en *La Voz*, en el que Mihura cuenta una historia narrada por un cigarrillo, supone la primera colaboración del autor en la prensa y revela ya una concepción narrativa totalmente cinematográfica, aunque plasmada sobre el papel en lugar de en el celuloide.[100] También los artículos 'escenificados' que escribe para la revista *Gutiérrez* se salen evidentemente del marco del género,

---

[99] Citado en 'Después de tres años, Edgar Neville reanuda sus actividades cinematográficas', *Blanco y Negro*, 13 de julio de 1957, p. 86.
[100] 'Tragedia breve de una señorita' publicado el 16 de junio de 1922.

esbozando vínculos con la dramaturgia teatral. En realidad, todos los reportajes gráficos y dibujos de su etapa de periodista no son otra cosa que una primitiva versión de narrativa visual, una muestra evidente de su sensibilidad cinematográfica.[101] Pero, obviamente, en la cristalización de estas vertientes vislumbradas en el umbral de la trayectoria de Mihura tendrá que ver no sólo la voluntad del artista, sino también el destino.

No debemos olvidar tampoco que su primer destello de genialidad pertenece al arte dramático. *Tres sombreros de copa*, que escribe en 1932, supone su debut teatral y, al mismo tiempo, la revelación de un dramaturgo mayor. Pero la ironía del destino hace que la recién inaugurada faceta se quede paralizada. La imposibilidad de estrenar la obra frena su potencial creativo en el terreno dramático y lleva al autor a explorar otros terrenos de creación artística.

Así entra en el universo del cine: disgustado, decepcionado con el mundo dramático y empujado a hacer suyo otro medio, el cinematográfico. Al no conseguir que sus diálogos sonaran desde un escenario, en 1933 pone sus dotes de dialoguista al servicio de los personajes creados en la pantalla de cine, trabajando primero en los estudios cinematográficos CEA — como adaptador de diálogos para doblaje en la sección dirigida por su hermano, realizando las adaptaciones de las películas de Columbia que importaba CIFESA — y después de la guerra en los estudios de doblaje Fono España, S.A. El hecho de haber trabajado en Fono España lo corroboran las notas de Jerónimo encontradas por Julián Moreiro en Fuenterrabía: allí el director da cuenta de haber dirigido durante 1940 quince doblajes con diálogos de su hermano Miguel.[102] Esta labor, aunque supuestamente menos creativa que la del escritor, sin embargo, de algún modo le permite — como él mismo admite — encauzar su ingenio: 'era un trabajo de chinos, un trabajo anónimo, además; pero a mí me divertía'.[103] Esta habilidad la confirmará adaptando los diálogos de *Una noche en la ópera* de los hermanos Marx, estrenada en España en 1936.[104]

Dispuesto a ofrendar su talento en el altar del séptimo arte, poco a poco empieza a librarse de las trabas y las limitaciones que supone el doblaje, logrando cada vez más autonomía creativa. Primero gracias a Eduardo Maroto, quien le

---

[101] Desde 1924 publica dibujos y escritos en la revista cómico satírica *Muchas Gracias*. En la década de los veinte colabora como humorista gráfico en *Cosquillas, Varieté, Buen Humor*. Entre 1927-33 publica artículos y dibujos (sus característicos 'monos') en *Gutiérrez*, revista que significará para Mihura la antesala de sus mayores éxitos como humorista en *La Ametralladora* y *La Codorniz*. Además, en 1933-34 colabora en el diario *Ya* en una serie titulada 'El señor cara de palo'.
[102] J. Moreiro, p. 206.
[103] M. Gómez-Santos, 'Miguel Mihura', *Diario Pueblo*, 14-19 de marzo de 1960.
[104] Según Rafael Gil el indudable éxito de la cinta se debía precisamente al acierto de los diálogos de Mihura; mientras que Carlos Fernández Cuenca comenta a propósito de *Un bigote para dos* (1940): 'Algo así como los hermanos Marx en el gesto son Tono y Mihura en la frase'.

brindará la oportunidad de estrenarse como autor del texto en *off* y los diálogos en su peculiar trilogía de cortometrajes *Una de fieras, Una de miedo, Y ahora... una de ladrones* (1933-1935) y en el largometraje *La hija del penal* (1936), una actividad que Mihura seguirá desempeñando en los años siguientes a las órdenes de directores como Benito Perojo, Nunzio Malasomma, Mario Bonnard o Antonio Román. En 1939 trabaja en Berlín escribiendo los diálogos adicionales de *Los hijos de la noche*, de Benito Perojo, que se rodará en Roma. En 1940 vuelve a trabajar para el mismo director en los diálogos de *La última falla*, en la cual Jerónimo interviene como ayudante de dirección y ese mismo año viaja a Roma para escribir los diálogos de dos películas italianas: *Marido provisional* y *Yo soy mi rival*; escribe además los diálogos adicionales de *Boda en el infierno* (1942) e *Intriga* (1943), ambas de Antonio Román, y trabaja como dialoguista en las primeras películas de su hermano, antes de tomar las verdaderas 'riendas creativas' de los proyectos de Jerónimo como su inseparable guionista y colaborador.[105]

Cabe incluir también en este historial de los inicios de la obra de Mihura el primer ensayo de autoría cinematográfica que supone *Don viudo de Rodríguez*, cortometraje que realiza con su hermano en 1935, así como el original ejercicio de libertad creativa de *Un bigote para dos*, que lleva a cabo con Antonio de Lara 'Tono' en 1940 y en el que el papel de nuestro autor excede ya las responsabilidades de dialoguista.[106]

A finales de los treinta Mihura parece alcanzar su madurez como profesional de cine, es apreciado en los círculos cinematográficos y sus diálogos en muchos casos son reconocidos como lo mejor de los filmes en los que colabora. Así sucede sin duda en el caso de *Boda en el infierno* o *Intriga*; por otro lado, el hecho de que la Subcomisión Reguladora de Cinematografía se dirija a Mihura para pedirle que arregle los diálogos de *Castillo de naipes* cuando la censura paraliza el rodaje, es una evidente muestra de prestigio que había obtenido como dialoguista. Aunque en el camino por el que se va adentrando en el universo cinematográfico habrá tramos de mayor y menor actividad, rutas paralelas y desvíos por los que

---

[105] Miguel Mihura es autor de los diálogos adicionales de *Castillo de naipes* (1943), dirigida por su hermano Jerónimo. Javier López Izquierdo sostiene en su investigación que la labor de Mihura afecta toda la estructura del guión (*El cine de los hermanos Mihura*, p. 95). Además, entre las últimas reivindicaciones de la participación de Miguel Mihura en otros proyectos se encuentra la que propone el citado investigador en el caso de la primera película de su hermano Jerónimo, *Aventura* (1942, estreno en 1944). Otros investigadores deciden no incluir esta producción en la filmografía del dramaturgo, sin embargo, en su estimación no cuentan con la documentación que maneja López Izquierdo, por lo tanto, somos partidarios de admitir la participación de Miguel Mihura en *Aventura* como dialoguista y coguionista junto a Jerónimo Mihura, limitando la autoría de Marquerie al argumento.

[106] *Un bigote para dos* es un experimento curioso de doblaje cinematográfico sobre una película en alemán (*Unsterbliche melodien/Melodías inmortales*, de Heinz Paul, 1935) a la que Tono y Mihura cambian los diálogos.

en algún momento se alejará temporalmente del medio. En 1935 diferentes facetas parecen atraerle igualmente: colabora en *Ya* con su tira cómica titulada 'Andanzas del señor Cabezabuque', al mismo tiempo que trabaja como doblador de películas e intenta que le estrenen su primera comedia. Pero durante la guerra el periodismo volverá a constituir su actividad principal: colabora en *Vértice, Diario Unidad, Diario Falangista FE., Y, Nuevo Mundo,* y llega a dirigir la revista de humor *La Ametralladora*.

Entra en la década de los cuarenta decidido a compaginar su carrera de periodista con la labor en el cine, donde ya había alcanzado cierto nombre (entre 1940- 1944 dirige *La Codorniz* y escribe diálogos para seis películas, además de la ya mencionada adaptación paródica de *Un bigote para dos* y sus trabajos en los estudios de doblaje). De este modo su faceta de escritor sigue desarrollándose en el mundo de la prensa y el cinematográfico, dejando atrás sus aspiraciones de dramaturgo. La inspiración de la que surgió *Tres sombreros de copa*, tan injustamente menospreciada, aflorará tan sólo de vez en cuando, y muy tímidamente, a través de las comedias teatrales que en esta época escribirá en colaboración con Joaquín Calvo Sotelo (*Viva lo imposible*, 1939), Tono (*Ni pobre ni rico sino todo lo contrario*, 1942) o Álvaro de Laiglesia (*El caso de la mujer asesinadita*, 1946), como si necesitara compartir el peso de la autoría, justo él, que antaño se atreviera a debutar con una obra sin precedentes. Los estrenos teatrales de las últimas dos coincidirán con su alejamiento de los estudios de cine, marcando en su trayectoria unos años de vacilación — o nostalgia — creativa, periodo en el que todavía parece disputarse la primacía entre sus dos facetas. Sin embargo, finalmente decidirá volver al recién descubierto reino del celuloide, preparado para conquistarlo definitivamente con su talento e imaginación.

En 1947 pasará de autor de diálogos a asumir oficialmente el papel de guionista. Lo hará por primera vez cuando la recién fundada Peña Films reclame a los dos hermanos Mihura para su primera producción, *Confidencia*, dirigida por Jerónimo.[107] La ruta artística elegida por Miguel parece reafirmarse: de un lado, le hace más dueño de los proyectos cinematográficos en los que participa y significa un desahogo financiero largamente esperado, sellado con la concesión del Premio Nacional de Cinematografía; del otro, en la relación fraternal encuentra la siempre deseada confianza y comunión creativa. De ahí que Mihura se quede entre el plató y la moviola, seducido por el cine, por esa, como él mismo

---

[107] López Izquierdo en su Tesis insiste en que las anteriores colaboraciones del escritor ya comprendían, de algún modo, las competencias de guionista. Según el investigador, en *Aventura o Castillo de naipes* Mihura era 'algo más que dialoguista', ya que 'cuando trabajaba en libertad, su labor afectaba a la rima, el desarrollo y la construcción de los guiones'. Por otro lado, en cuanto al guión de *Confidencia*, sugiere que su autoría no se debe del todo a Mihura, puesto que el argumento original era de Francisco García Martínez. (*El cine de los hermanos Mihura*, pp. 125–27).

dice, 'locura colectiva' y 'su encanto, su esfuerzo, su embrujo, su ilusión y esperanza'.[108]

Los hermanos Mihura realizarán juntos cinco películas más: otra para Peña Films, titulada *Siempre vuelven de madrugada* (1948); estrenada ese mismo año aunque rodada casi dos años antes, *Vidas confusas* (1947) para Sirena Films; y tres producciones de Emisora Films, *Mi adorado Juan* (1949), *El señorito Octavio* (1950) y *Me quiero casar contigo* (1951), las dos últimas hoy inaccesibles.

Aparte de Jerónimo, entre los directores que recurrirán al cada vez más preciado guionista estará Rafael Gil, con quien Mihura tendrá posibilidad de desplegar su talento en producciones de mayor presupuesto, primero en *La calle sin sol* (1948)[109] y luego en *Una mujer cualquiera* (1949). Lo reclamarán también los realizadores con los que había trabajado anteriormente como dialoguista: Benito Perojo, para *Yo no soy la Mata-Hari* (1950) y Antonio Román, para *El pasado amenaza* (1950). Además, colaborará escribiendo diálogos para un argumento de Jean Cocteau en la producción de Cesáreo González, *La corona negra*, de Luis Saslavsky (1950), y será el responsable de las antológicas frases y situaciones de *Bienvenido, Míster Marshall*, de Luis García Berlanga (1953). Al margen de la polémica que acompaña el tema de la intervención de Mihura en esa mítica película española — reivindicada en el citado trabajo de Fernando Lara y Eduardo Rodríguez[110] —, el innegable hecho de que los directores le entregaran el guión para su supervisión nos da la medida del respeto que nuestro autor inspiraba en aquel momento entre la gente del cine.

Paradójicamente, en ese período de mayor actividad cinematográfica — en realidad el grueso de la labor de Mihura como cineasta se concentra en estos cuatro años — es cuando por fin se dará a conocer públicamente su primera obra teatral. En 1947 la Editora Nacional publicará un volumen con sus tres dramas: *Tres sombreros de copa*, *Ni pobre ni rico, sino todo lo contrario* y *El caso de la mujer asesinadita*. De este modo, la sombra del dramaturgo alcanzará al guionista en pleno fervor creativo, recordando sus antiguas aspiraciones, trasladadas ahora a otro terreno, ya al servicio del otro medio.

---

[108] Miguel Mihura, 'Prólogo', en Adolfo Marsillach, *Silencio... se rueda* (Barcelona: Ediciones Ayuná, 1962), p. 12
[109] Aunque no aparece acreditado como guionista, lo testificaba el mismo Gil. Véase *El Alcázar*, 31 de octubre de 1977.
[110] Los autores de *Mihura en el infierno del cine* demuestran que la colaboración del escritor en esta película constituye una intervención más importante de lo que se suponía y que afecta a los diálogos, las escenas y la estructura del guión. Esa reivindicación queda expuesta y documentada por Eduardo Rodríguez Merchán en 'De la palabra a la imagen: Bienvenido, Mr. Mihura y otras investigaciones sobre una película mítica' (trabajo de investigación presentado para la Habilitación Nacional del Cuerpo de Catedráticos, inédito, Universidad Complutense, Madrid, 2003), código 1/05/902.

Bastará un lustro de experiencias como guionista en el mundo del cine para que Mihura vuelva a replantearse su carrera. En 1951 empieza a considerar seriamente incorporarse otra vez al periodismo. No consigue sacar adelante el proyecto de la revista *La Correspondencia Universal*, pero entonces empieza a llamar a su puerta gente de teatro interesada en resucitar su olvidado debut;[111] viene también, por fin, la inspiración. Mihura pronto se ve embarcado en tres proyectos teatrales a la vez: con la compañía de Maritza Caballero prepara en Sevilla *El caso de la señora estupenda* (que finalmente será montada por Luis Escobar en Madrid), escribe *Piso de soltero* (llamada luego, *A media luz los tres*) y empieza a trabajar en la adaptación teatral de la película *Una mujer cualquiera*. Y cuando varios contratiempos están a punto de disuadirle del camino emprendido, ocurre 'un milagro' que decidirá definitivamente el nuevo rumbo de su trayectoria.

Un estreno tardío (¡tras 20 años de espera!) de *Tres sombreros de copa* que tiene lugar el 24 de noviembre de 1952 en el Teatro Español[112] y el interés que su obra despierta entre la crítica y el público le anima a reanudar su carrera de dramaturgo y, a mitad de su camino artístico, decide cambiar el medio cinematográfico por el teatro. Después de dar ese paso volverá al cine únicamente para participar en las versiones cinematográficas de sus comedias y colaborará, ya sin demasiado esfuerzo ni ambición, en tres películas más: *Tres citas con el destino*, de Fernando Rey (1953); *Suspenso en comunismo*, de Eduardo Manzanos (1955) y *El puente de la paz*, de Rafael J. Salvia (1957). Los últimos quince años de su carrera los dedicará al arte dramático. De este modo, la primera obra de Mihura, en vez de constituir un punto de partida en su trayectoria de autor teatral, significará la llegada — o la vuelta — a la escena dramática. Una paradoja y contradicción propia del destino del autor, como es el hecho de entrar en escena a contracorriente, con un título vanguardista y rompedor y querer quedarse en ella entreteniendo y respondiendo a los gustos de la mayoría, haciendo 'teatro comercial o de consumo, al alcance de la mentalidad de los empresarios, de los actores y de las actrices y de ese público burgués'.[113]

Entre los veintiún títulos[114] con los que Mihura irá conquistando al público

---

[111] Sobre cómo Mihura despachaba a los primeros interesados en montar *Tres sombreros de copa*, antes de que le convenciera Gustavo Pérez Puig, véase 'Prólogo' de Miguel Mihura a *Tres sombreros de copa* y *Maribel y la extraña familia* (Madrid: Castalia, 1989).
[112] Montaje a cargo de la compañía del Teatro Español Universitario (TEU), dirigido por Gustavo Pérez Puig.
[113] Véase M. Mihura, 'Prólogo', *Tres sombreros de copa*, p. 19.
[114] En la edición revisada de *Tres sombreros de copa* y *Maribel y la extraña familia* (Madrid: Castalia, 2004) Juan A. Ríos Carratalá dice que la obra teatral de Mihura comprende veintitrés comedias y numerosos guiones. No obstante, teniendo en cuenta las piezas que aparecen en la antología editada por Arturo Ramoneda, que incluye las tres obras teatrales escritas por el dramaturgo en colaboración con otros autores y *El seductor*, hablamos de un total de

teatral y confirmando su talento de dramaturgo nato, curiosamente, los dos primeros corresponden a ideas esbozadas — o realizadas — anteriormente en el cine. Así el autor parece enlazar las dos etapas de su carrera: haciendo realidad la historia de *El caso de la señora estupenda* (1953), que fue primero un boceto de guión cinematográfico, y llevando a escena *Una mujer cualquiera* (1953), película dirigida por Rafael Gil (1949) con el guión de Mihura que el dramaturgo somete al proceso de adaptación inversa (del mismo modo que lo hará más adelante con *Mi adorado Juan*). Esas reescrituras de sus creaciones fílmicas, así como las adaptaciones de sus obras teatrales — en las que repararemos a continuación — , evidencian los profundos lazos internos que permanecen entre las dos facetas del autor a pesar de haber cambiado radicalmente el ámbito de su actividad. Aunque, una vez en la escena, su autoría, sin duda, adquiere otra dimensión: allí evidentemente brillará más. Si — como afirmaba el guionista de ficción Joe Gillis del *Crepúsculo de los dioses* — los espectadores de las películas normalmente no reparan en la existencia de los guiones, ahora a Mihura le sucederá todo lo contrario: su nombre no pasará desapercibido para el público teatral. El de Mihura será coreado dentro y fuera de los teatros, convirtiéndose por un tiempo en el reclamo para la audiencia y la garantía de éxito para los profesionales de la industria.

En 1953, el estreno de *El caso de la señora estupenda* resulta ser un 'éxito rotundo', mientras que el de *Una mujer cualquiera* consigue batir la recaudación de taquilla que hasta entonces se había hecho en el Teatro Reina Victoria. Desde el siguiente, *A media luz los tres* (1953), Mihura dirige todos los montajes de sus obras y experimenta una racha de éxitos vertiginosos. *El caso del señor vestido de violeta* (1954) permanecerá en cartel dos meses, *Sublime decisión* (1955) inaugurará — ¡llegando a 250 representaciones! — una fructífera relación profesional con Arturo Serrano e Isabel Garcés, primera actriz del Teatro Infanta Isabel, que — con el único desliz de *La canasta* (1955) — consolidará su fama con triunfos como *Melocotón en almíbar* (1959), *La tetera* (1963) o *La decente* (1967). Su creciente prestigio como dramaturgo vendrá confirmado con los premios que le lloverán nada más pasar al otro lado de la 'cuarta pared': en 1953 recibe el Premio Nacional de Teatro por *Tres sombreros de copa*; luego será reconocido con este prestigioso galardón en tres ocasiones más: en 1956, por *Mi adorado Juan*; en 1959, por *Maribel y la extraña familia*, y en 1964, por *Ninette y un señor de Murcia*. Esta última obra se representa en España cerca de tres mil veces, suponiendo el mayor éxito popular de Mihura y su consagración definitiva. A pesar del desencuentro entre la crítica y los espectadores, algo que parece perseguirle desde sus inicios — ya que casi nunca le aplauden unánimemente — ,

---

veinticinco piezas teatrales y, por consiguiente, de veintiuna obras que Mihura escribirá a partir de su vuelta al teatro en 1952. Véase M. Mihura, *Teatro completo* (Madrid: Cátedra, 2004).

a principios de la década de los sesenta se convierte en un comediógrafo reconocido, apreciado y pretendido por actores y empresarios. Lo confirman sus declaraciones de aquella época, cuando con su habitual franqueza socarrona se lamentaba: 'por desgracia gano dinero y no sé qué hacer con él', 'no hay nada que desoriente tanto a un autor como un éxito'.[115] Para reflejar mejor la escala de su éxito basta recordar que en 1965 en la cartelera madrileña figuran al mismo tiempo tres títulos de Mihura: *Ninette y un señor de Murcia* — que no sale de cartel en un año entero —, *Milagro en casa de los López* — estrenada primero en el Teatro Talía de Barcelona — y *La tetera*. En aquel momento Mihura era también el dramaturgo español vivo más traducido.[116]

Su carrera escénica demuestra una intensidad y evolución inauditas, pero no deja de ser un camino iniciado — o reanudado — a destiempo, y por eso también relativamente breve. Pero en esta ruta, compuesta de memorables éxitos y récords de recaudación en el teatro español, no faltan tampoco baches de suerte o inspiración (como *La canasta, Milagro en casa de los López, El chalet de madame Renard*). Y llegado el momento, Mihura la concluye de una manera también desigual: con *La decente* (1967), un último éxito y una taquilla histórica, y *Solo el amor y la luna traen fortuna* (1968), una de sus comedias más flojas, de éstas que el autor mismo describe como 'escritas para salir del paso'. Un compromiso personal (valga la paradoja: ¡regalo de boda del mayor escéptico del matrimonio!)[117] le obliga a Mihura a añadir una coda desangelada a su carrera de comediógrafo, quitándole el esplendor a su mutis final, tal y como antes le fue denegado a su debido tiempo en la entrada a los escenarios.

Sin embargo, resulta relevante observar que en el momento de esa reincorporación tardía al mundo escénico — en una nota para el programa de la función de *Tres sombreros de copa* de 1954 — Mihura habla del 'querido y estremecedor mundo del teatro', revelando todavía el entusiasmo propio de un debutante, mientras que dos décadas más tarde parece no guardar nada de esta pasión. En 1972 en una entrevista con Diego Galán y Fernando Lara confiesa: 'es una profesión que no me ha gustado nunca'[118] y en el prólogo a la edición de sus obras que prepara en 1976 vuelve a declarar: 'A mí no me gusta nada el teatro; que no siento por él la menor afición'. Al final baja del escenario igualmente decepcionado como cuando abandonaba el medio cinematográfico proponiendo

---

[115] Citado en J. Moreiro, p. 343 y p. 376.
[116] En una de las cartas encontradas por Julián Moreiro en Fuenterrabía el propio Mihura apunta al respecto: 'con el polaco, he llegado a quince lenguas'. No sabemos a qué obra traducida se refería en aquel momento, pero como ejemplo de traducción al polaco podemos citar la versión polaca de *Tres sombreros de copa*, traducida por Joanna Karasek y publicada recientemente en Polonia dentro de la antología: *Słowa, rzeczy, imiona. Sześć sztuk z Hiszpanii I* [*Palabras, objetos, nombres. Seis obras teatrales de España*] (Cracovia: Panga Pank, 2008).
[117] La obra era un regalo de boda a Paula Martel y José María Mompín.
[118] Véase *18 españoles de posguerra* (1973), p. 229.

titular aquel capítulo de su vida artística: '¡¡Yo he sido guionista de cine!! ¡Quince años en el infierno de las sombras chinescas!'[119]

2.2.2.1 Una trayectoria entre teatro y cine

Resumir una trayectoria tan contradictoria y compleja de un autor tan singular y reacio él mismo a cualquier definición o etiqueta (capaz de admitir: 'no tengo ideas fijas, soy de izquierdas por la mañana, y de derechas por la tarde o al revés'),[120] se antoja una tarea sumamente complicada. Sobre todo si el espacio y el motivo contextualizador de este resumen nos obliga a limitarnos a reflexiones concisas e imprescindibles. El propio escritor presenta una síntesis del recorrido de su trayectoria bastante lacónica y trivial: 'Un día me cansé del periodismo y me dediqué al cine [...] Y, de pronto, me aburrí del cine y me dediqué por entero al teatro'.[121]

Lo que revelan estas frases es el rechazo a la estabilidad y continuidad, que en el caso de nuestro autor define tanto su actividad profesional como su actitud personal. En este aspecto, puede parecer un despropósito intentar analizar la evolución de la carrera de un artista que manifiesta abiertamente su necesidad de cambio declarando: 'Me gusta cambiar de butaca. De ambiente. De mujer.'[122] Al margen de lo real o utópico de esta actitud, dejando aparte los muchas veces arbitrarios testimonios del escritor, intentaremos recapitular los sucesivos giros en su trayectoria con la finalidad de buscar conclusiones que ayuden enfocar el tema de nuestro estudio.

Miguel Mihura se debate a lo largo de su actividad artística entre varios medios, los compagina, entrelaza, intercambia. Debuta en el periodismo, siendo un articulista reconocido se revela de repente como dramaturgo, y luego en seguida se dedica al cine, compaginando durante unos años esta nueva actividad con la de periodista y, esporádicamente, con la de autor teatral, hasta volcarse de lleno en el oficio de profesional del cine. Si nos damos cuenta, durante los primeros quince años de esta trayectoria sus facetas primordiales permanecen eclipsadas: la de escritor cinematográfico se encuentra presa de las líneas de los diálogos adaptados en el doblaje, antes de poder desenvolver su imaginación con más libertad en la labor de guionista; la de dramaturgo, después de su temprana revelación, es cultivada 'a trompicones' y a 'media potencia' a través de las colaboraciones. El dramaturgo, abandonado en su primer intento, 'traiciona' al teatro e intenta hacerse lugar en el cine. Un tiempo más tarde, otra vez cansado y disgustado, vuelve a las tablas. Y allí concluye su periplo.

---

[119] Miguel Mihura, 'Pórtico' a *Silencio... se rueda*, de Adolfo Marsillach (1962).
[120] D. Galán, F. Lara, pp. 228–29.
[121] Declaraciones de Mihura recogidas en la cinta magnetofónica del Archivo de la Palabra, Ministerio de Educación y Ciencia citadas en F. Lara; E. Rodríguez, p. 242.
[122] M.Mihura, 'Prólogo' a *Tres sombreros de copa y Maribel y la extraña familia* (Madrid: Castalia, 1989), p. 13.

Para someter a análisis los trasvases entre teatro y cine en la obra de nuestro autor, conviene preguntarnos en qué medida el sinuoso camino artístico de Mihura es fruto del destino y las circunstancias y hasta qué punto refleja su índole creativa. Si determinamos los puntos decisivos de un trayecto tan irregular, y averiguamos el motivo que en cada momento clave decide su curso, podremos ver no solamente una carrera dividida entre varias facetas, sino al propio autor en su pugna interna entre teatro y cine.

La observación de los tramos en los que él mismo está al timón o va a la deriva nos llevará a conocer su actitud frente a la materia teatral y cinematográfica de la que se construye su obra y, al igual que el caso de Edgar Neville, esbozar un marco para el estudio de una manifestación concreta de su doble faceta de autor. Al mismo tiempo, resulta relevante volver a preguntarnos — esta vez, a propósito de la trayectoria de Mihura — por las razones del asentamiento tardío y definitivo en el mundo de teatro que caracteriza a los dos autores. Y para averiguar en qué medida este hecho se corresponde con su propia jerarquía y su aspiración artística, refleja su destino o la coyuntura artística del momento, o bien debe ser interpretado como un rasgo generacional, resulta imprescindible indagar en los motivos que han podido conducir al autor a la decisión de dejar el cine y desembarcar para el resto de su vida artística en el teatro.

Primero, a modo de justificación del epíteto *nato*, empleado con respecto a nuestro dramaturgo en un párrafo anterior y, sobre todo, para comprender mejor los fundamentos de las dos facetas que nos interesan, convendría aportar más datos que los referentes a su obra mencionada arriba. Sin pretender explayarnos en el terreno puramente biográfico y anecdotario, resulta preciso recordar que el padre de Miguel Mihura, don Miguel Mihura Álvarez, era actor, autor y empresario teatral, por lo cual los camerinos, los ensayos y las tablas han formado parte de la vida del autor desde su infancia. Él mismo se presenta como 'un hombre que había nacido y se había educado en el teatro' y, en realidad, el teatro empieza a formar parte de su vida profesional antes de que vuelque al papel su talento de dramaturgo. Primero intenta buscarse la vida, como su padre, en el mundo de negocio escénico: participando en las giras por provincia, trabajando en la contaduría del Teatro Rey Alfonso, o como director artístico en la compañía de variedades de Carles Saldanya Beut 'Alady', para quién además compone letras de canciones. Estos inicios permiten ver su revelación como autor de teatro a los veintisiete años como algo lógico y natural, y ayudan a comprender sus posteriores vueltas y relaciones con la escena teatral.

En el prólogo a la citada publicación de su primera obra Mihura reconoce que fue la vocación de escritor teatral, ninguna otra, la que brotó de él de forma orgánica y espontánea. En todos los demás testimonios cultiva siempre la imagen de 'un escritor que no tiene ninguna afición por su trabajo' y que escribe simplemente porque no sabe hacer otra cosa, 'como podría hacer pajaritos de papel o butacas'. Pero este creador escéptico, que asegura que no le gusta escribir y que, con la misma facilidad con la que empieza una carrera, luego la deja, en uno de sus últimos textos confiesa que 'había llegado al teatro por amor' y describe el rechazo que experimentó al escribir su primera obra teatral como 'una novia que nos deja después de haber puesto en ella un gran cariño'.

Aunque rompa el hechizo de esta metáfora diciendo que en lo sucesivo de su carrera 'olvidó el teatro por completo', y sazone tal declaración con una dosis de ironía puramente *mihuresca* — 'como a ciertos maridos enamorados les caen antipáticas sus mujeres al cabo de varios años de convivencia' — sabemos que esto no es del todo cierto. En realidad el teatro reaparece en su carrera una y otra vez, y hasta la mitad de su camino artístico es, tal y como lo define Torres-Dulce, 'el gran ausente de su vida creativa'.

Esta 'ausencia' se proyecta sobre su otra faceta, hasta hacerse presente. El propio escritor, en un momento, parece dar cuenta de su personal jerarquía de las artes: en el mencionado prólogo a *Tres sombreros de copa* publicado en 1977, refiriéndose al estreno de ¡*Viva lo imposible!*, lo describe como su 'primer estreno de verdad', explicando que antes sólo había estrenado películas, *sketches* y canciones. Lo que cuenta para Mihura es estrenar en el teatro, y por alguna razón lo celebra más que en el cine. Acaso fuera éste el motivo de su vuelta y su definitiva dedicación a las tablas.

Además, resulta significativo que una de las pocas veces en las que Mihura admite haber sentido alguna vocación es cuando habla de sus principios en el teatro: 'Si en los primeros pasos experimento alguna vocación, poco tiempo después, en cuanto logró algún pequeño éxito esta vocación se fue difuminando hasta borrarse totalmente'.[123] Teniendo en cuenta dichas consideraciones podríamos aceptar el teatro como la primera — si no la única — vocación de nuestro autor. No obstante, explicar su variada trayectoria como la historia de un primer amor imposible que concluye con un feliz, aunque tardío, reencuentro (del dramaturgo con su musa preferida), significaría simplificar demasiado y abandonarnos al tópico. Y eso, tratándose de Mihura, supone rendirnos a su principal adversario. Más acorde con nuestro protagonista resulta cuestionar cualquier tesis, también la supuesta primacía de su vocación teatral.

Basta recordar, por ejemplo, el caso de *Ni pobre ni rico, sino todo lo contrario*, cuando el autor no dudó en aceptar el trato con Benito Perojo y aceptó retrasar el estreno teatral de la obra hasta que ésta fuera llevada al cine. La historia presenta más matices en los que no vamos a entrar ahora, pero la paradoja está servida y el desafiante tono *mihuresco* recuperado: en aquel momento Mihura, sin duda, prefería ver su título en la cartelera de cine antes que en la teatral. Por supuesto no podemos no contemplar las circunstancias económicas de tal decisión, que el propio autor confiesa tener en cuenta, o el hecho de que se tratara de una obra

---

[123] M. Mihura, 'Del teatro, lo mejor es no hablar', en *Seis conferencias en torno al Día Mundial del Teatro* (Madrid: CEIIT, Ministerio de Información y Turismo, 1972), p. 17.

menos importante para Mihura, ya que fue escrita en colaboración. De todas formas, el episodio evocado demuestra sobre todo la complejidad de nuestro reto de analizar la carrera de Mihura con el objetivo de desvelar la jerarquía entre las facetas del autor.

Con este espíritu nada dogmático nos proponemos seguir la estela del artista entre los dos universos y preguntarnos qué fuerzas deciden el trayecto de su órbita. Puede que su recorrido obedezca al puro azar y refleje la personalidad del autor que necesita variar de actividad porque en seguida se cansa y aburre, pero él mismo nos señala otros factores importantes en su carrera.

Por un lado, la imagen que crea Mihura de sí mismo nos hace pensar que su espíritu inquieto necesita precisamente retos y que los laureles hacen que empiece a bostezar y, naturalmente, dormirse en ellos. Pero advierte también que todo depende de la suerte de cada individuo, de factores, de oportunidad y de cierta capacidad de resistencia. En realidad, es esa 'suerte', o más bien su falta, lo que marca sus principios en el teatro. No cabe ninguna duda de que el retraso en el estreno de su primera obra condiciona toda su trayectoria profesional. Él mismo suspira: 'Yo hubiera sido quizá diferente si hubiera estrenado mi primera comedia cuando se debió estrenar', consciente de que — como dice — su 'destino y proyección en el teatro hubiese sido diferente'.[124] Igualmente, la poca repercusión de los siguientes estrenos — corta vida en cartel de ¡Viva lo imposible!; el sambenito 'codornicesco' colgado a Ni pobre ni rico, sino todo lo contrario; o la desatención de la crítica respecto a El caso de la mujer asesinadita — , inevitablemente tiene que desanimar al dramaturgo.

Además, está el factor pragmático cuya importancia él mismo nunca ha ocultado. Más de una vez admite que el único motor de su carrera es el dinero, y que tan sólo su falta y necesidad de vivir bien le motivan a coger su estilográfica y escribir. Puede tratarse de otra pose que el autor construye para distraer al público, pero queda claro que al principio el teatro no le proporciona dinero suficiente para vivir con comodidad, mientras que la labor como dialoguista resulta más gratificante: la primera colaboración con Antonio Román (Boda en el infierno), gracias al Premio del Sindicato Nacional, en seguida le trae prestigio y mejora su economía y, como señalan los citados Moreiro, el biógrafo del escritor, y López Izquierdo, estudioso de la labor cinematográfica de los hermanos Mihura, éste podría ser considerado el punto decisivo en la dedicación de Mihura al cine. El propio autor, al margen de la irritación con la que hablará de su pasado de guionista, vincula su despedida claramente con la precaria situación del cine español y su repercusión en sus finanzas. Desde luego, no le faltan motivos para constatarlo, tanto en el ámbito de la política económica de las productoras como en las relaciones profesionales con amigos. Basta recordar, por ejemplo, las

---

[124] M. Mihura, 'Prólogo' a Tres sombreros de copa (1977) p. 42.

conflictivas relaciones con la productora Emisora — que primero arremete contra su libertad creativa en *Mi adorado Juan* y después no le deja participar en el rodaje de *Me quiero casar contigo* — o la ruptura con los hermanos Peña a raíz de la quiebra de Peña Films.[125]

Mihura en ningún momento oculta que le gusta vivir bien, por eso cuando la situación se complica busca soluciones reconsiderando otros medios. Decide volver al teatro 'para vivir de él en serio', es decir, 'vivir bien, como había vivido bien con mis anteriores ocupaciones'.[126] Al margen de su desconcertante declaración de 'prostituirse' como autor, que proclama a su vuelta al teatro, la recompensa por su labor creativa en el terreno escénico, de hecho, romperá con creces el *impasse* vivido en el cine.[127] No sorprende que necesitara triunfar para seguir el camino emprendido: el reconocimiento alienta al artista, tanto en el aspecto creativo como en el material. Pero aun teniendo en cuenta los aspectos pragmáticos que, obviamente, condicionan las decisiones del autor, cabe preguntarse si la suerte que experimenta el artista al cambiar de actividad artística se debe tan sólo a las oportunidades que le ofrece el nuevo medio o también a sus momentos de inspiración. En la conferencia 'Del teatro lo mejor es no hablar', pronunciada en 1972, Mihura confesaba: 'Entre lo que me gustaría hacer y lo que hago, hay todo un abismo'. En todo caso, conviene asomarnos a ese abismo...

Inmediatamente pensamos en las limitaciones y obstáculos que supone la censura en el cine español de la época y que deben influir en la fluctuación del creador entre los diferentes medios. Sin embargo, nos llevamos una sorpresa: Mihura desmiente este supuesto admitiendo que, en realidad, con la censura tenía que luchar siempre, tanto en el cine como en el teatro. En efecto, si en el terreno fílmico se ve muchas veces obligado a modificar las líneas de sus diálogos o cambiar el desarrollo del argumento en defensa del 'decoro narrativo' impuesto a la fuerza, en el teatro sus proyectos también padecen el control de la administración franquista. Los finales de *Confidencia* y *Siempre vuelven de madrugada* resultan igualmente inadmisibles y le ocasionan los mismos problemas que, por ejemplo, el cierre (y el primer título, *Piso de soltero*, considerado inadmisible por la censura) de *A media luz los tres;* las copias de *Una mujer cualquiera* quedan destrozadas por las tijeras gubernamentales y la trama teatral de *La canasta* la tiene que confeccionar codo con codo con un censor.

A propósito de la película rodada por Rafael Gil (*Una mujer cualquiera*), los investigadores Fernando Lara y Eduardo Rodríguez sugieren una 'mayor liberalidad' de la censura en el campo escénico,[128] aunque no dejan de citar el

---

[125] Véase J. López Izquierdo, pp. 318–19; J. Moreiro, p. 284.
[126] M. Mihura, 'Prólogo' a *Tres sombreros de copa* (Castalia, 1989), p. 13
[127] Mihura comenta su incorporación al mundo de las tablas e intención de hacer 'teatro comercial' diciendo abiertamente: '¡Había decidido prostituirme!'
[128] F. Lara, E. Rodríguez, p. 142.

comentario del autor referente a su montaje de la versión teatral de la obra, en el que da cuenta de los problemas que sufrió antes del estreno. Cabe señalar que el propio Mihura también alude a la creciente permisividad de la censura que experimenta a partir de cierto momento de su carrera teatral — hasta le dejan estrenar e incluso premian obras como *Maribel y la extraña familia* — , aunque este hecho puede ser interpretado no solamente en relación con la trayectoria del dramaturgo, sino en el contexto general de la apertura del ambiente cultural en España.

No es nuestra intención — aunque la cuestión en sí la despierte — tratar en estas líneas las diferencias entre los regímenes de la censura española vigentes en cada uno de los dos medios y su correspondiente evolución;[129] nos interesa la particular situación de nuestro autor y para él, tal diferencia no resulta vital, puesto que ha tenido que luchar con la censura, como dice, 'antes, después, a cada momento'.[130] Además, acostumbrado a poner su escritura al servicio de los directores y productores de turno, demuestra bastante flexibilidad en el arte de esquivar los golpes en esa lucha: es capaz de realizar increíbles piruetas narrativas para cumplir con las exigencias de la censura en *La calle sin sol* (Rafael Gil, 1948), sabe recurrir al camuflaje de la vestimenta de la época en los planteamientos de más riesgo, acomodarse en las producciones que de por sí ya cuentan con la bendición del régimen o jugar con el criterio autoritario poniéndolo a su servicio. De este modo desvía hacia los siglos pasados la trama terrorista en *Vidas confusas*, el discurso femenino en *Sublime decisión*, o un perverso juego de asesinatos en *Carlota*. En el caso de *Me quiero casar contigo*, por ejemplo, cierra en boda un argumento perverso de intercambio de parejas, aprovechando con ingenio la 'prioridad moral de los finales sobre los principios' por la que se rigen los juicios de la censura. Y todo esto no le supone mayor dificultad, ni va en contra de su misión o necesidad de expresarse, ya que, como asegura, tales principios le son ajenos: éste es un oficio y él está en él para 'complacer al cliente'. Según proclama en la citada conferencia 'Del teatro lo mejor es no hablar': 'El escritor profesional, cuando llega a un puesto, no debe escribir lo que a él le place. El placer debe dárselo a los demás. A los que pagan'.

Desde luego, en el cine, Mihura escribe por encargo. Emplea, por supuesto, en mayor o menor medida, su ingenio y talento pero, fuera de los lejanos y despreocupados experimentos de *Un bigote para dos* o *Don Viudo de Rodríguez*,

---

[129] El posterior análisis que presentamos en el capítulo 4 tratará el tema de la censura en el ámbito cinematográfico, dejando sin embargo al margen la exploración del tema de la censura en el medio teatral y la comparación de los regímenes vigentes en los dos medios. Para ubicarnos en dicho contexto puede servir el estudio de Berta Muñoz Cáliz, *El teatro crítico español durante el franquismo, visto por sus censores* (Madrid: Fundación Universitaria Española, 2005).

[130] D. Galán, F. Lara, p. 232.

da la impresión de que escribe en función del margen de libertad que le ofrece cada producción. Y si se refiere a algún proyecto en términos de 'defenderlo con dientes',[131] podemos intuir que se trata de algún montaje teatral. En opinión de Julián Moreiro la escritura de guiones podría ser la carrera definitiva de Mihura precisamente si no tuviera que escribir por encargo. Esta hipótesis nos encamina hacia otros interrogantes: dejando ya aparte los condicionamientos impuestos por la censura, ¿cuál de los universos le ofrece a Mihura más libertad y autonomía de autor? Y, por consiguiente, ¿cómo influye esta circunstancia en la dirección de sus tránsitos entre los diferentes medios?

En estos aspectos, Mihura experimenta limitaciones en ambos terrenos: en el cine la realización de sus proyectos viene condicionada por los productores y su labor creativa, como dialoguista o guionista, sujeta directamente a la autoridad del director; en el teatro, la viabilidad de los estrenos también depende de los empresarios y las compañías teatrales. También es cierto que en su labor cinematográfica Mihura se encuentra con directores que le conceden bastante autonomía, como Antonio Román o Rafael Gil, y por supuesto su hermano Jerónimo, con quien su autoría obtiene el rango más elevado. Las desilusiones profesionales surgen más bien en las relaciones con los productores. Cabe señalar al respecto las dificultades que encuentra para poner en marcha el proyecto de *Cabotaje* con Hércules Films, la accidentada realización de *Siempre vuelven de madrugada* que lleva a la ruptura con Peña Films[132] o los conflictos con el productor de Emisora, Francisco Ariza (véase el Capítulo 4 del libro). En este marco podríamos citar también los proyectos fallidos que por cuestiones de producción nunca vieron la luz, como por ejemplo las películas que iba a rodar con Niní Marshall y Luis Sandrini después de *Yo no soy la Mata Hari*, o la 'colección de películas de humor' que tenía pensado realizar con Tono. Aunque en su camino se encuentre también con millonarios voluntariosos, como Joaquín Gómez Martínez de Cieza, que financia *Vidas confusas*, el balance general de sus experiencias fílmicas deja en el autor indudablemente un sabor amargo.

Pero este tipo de frustraciones también aparece en el mundo del negocio teatral: recordemos que en los treinta no hay nadie que se atreva estrenar su primera obra y, más tarde, igualmente tropieza con dificultades para llevar al escenario los siguientes títulos de su teatro del absurdo (¡*Viva lo imposible!* y *El caso de la mujer asesinadita*), e incluso cuando decide incorporarse a la vía del

---

[131] Así dice, por ejemplo, al respecto de *El caso de la señora estupenda*: 'Defendía con dientes lo que tanto me había costado conseguir'.
[132] Peña Films no le paga a Jerónimo lo correspondiente por los permisos de importación de películas que correspondían a *Siempre vuelven de madrugada*, y que especificaba el contrato, y a raíz de esta deuda que los hermanos Peña se niegan a saldar, Mihura decide romper la amistad y la relación profesional.

teatro comercial, tampoco le resulta fácil: *El caso de la señora estupenda* pasa por cuatro compañías antes de su gira triunfal y el estreno de *A media luz los tres* se ve aplazado toda una temporada. Sin embargo, es cierto que sólo en el teatro Mihura llega a convertirse en un autor de prestigio, a quien le piden comedias 'como si fueran cigarrillos', sin más obstáculos para estrenar títulos nuevos que su propia pereza.

En términos de libertad creativa, su actividad en el cine — ya fuera de las presiones del doblaje — está siempre sujeta a la autocracia del guión (en el caso de los diálogos), del argumento cinematográfico (en el caso de algunos guiones), y al proceso de la realización: puesta en escena y montaje (sumisión que comparte toda labor cinematográfica del escritor). En principio son seis las películas realizadas según los guiones de Mihura basados en sus argumentos originales: *Siempre vuelven de madrugada, Una mujer cualquiera, Mi adorado Juan, Yo no soy la Mata Hari, El pasado amenaza* y *Me quiero casar contigo*. Podemos añadir a este listado, basándonos en las reivindicaciones de Lara y Rodriguez,[133] *La calle sin sol*, de Rafael Gil, y el episodio escrito para *Tres citas con el destino*.[134] En los demás casos la escritura del guión se desarrolla a partir de una idea previa y aunque este condicionamiento fuera mínimo, le resta autonomía al autor. Entre dichos títulos podríamos incluir también el de *Confidencia*, oficialmente considerada como escrita por Mihura, pero según los datos aportados recientemente, basada en un argumento ajeno.[135] En cuanto a otros guiones: la sinopsis de *Vidas confusas* está basada en la novela de Rosa María Aranda *El cabotaje*; *El señorito Octavio* es una adaptación de la novela de Armando Palacio Valdés; *La corona negra* está basada en el argumento de Jean Cocteau. Dejamos aparte el caso de *Suspenso en comunismo*, teniendo en cuenta que, aunque el argumento y el guión original son de Mihura, el guión de rodaje es de José María Palacios y Eduardo Manzanos, y la labor del guionista está sujeta a los condicionamientos propagandísticos.

Además, como hemos advertido, cada guión, aparte de las modificaciones exigidas por la censura y el presupuesto, está sujeto a las modificaciones introducidas por cada director, o actriz (caso de María Félix en *Una mujer cualquiera*), durante y después del rodaje. En este aspecto, es en las películas realizadas por su hermano Jerónimo donde el resultado final se debe en su mayor parte a lo escrito por Mihura y cuyo máximo ejemplo constituye la obra que analizamos a continuación. Aunque aquí también se da la paradoja de *Siempre vuelven de madrugada* que, según demuestra López Izquierdo en su estudio, es el film que Mihura más cambia en su puesta en forma del guión al film.

---

[133] *Miguel Mihura en el infierno del cine*, p. 128.
[134] Película de 1953 compuesta por tres episodios rodados, cada uno, por otro director: Florián Rey, León Klimovsky y Fernando de Fuentes.
[135] J. López Izquierdo, pp. 126–27.

Del otro lado, en el teatro el escritor primero se encuentra con las trabas que supone la escritura en colaboración, cuando tiene que ajustar su imaginación y oficio a los compromisos con sus coautores, lo cual hace imposible que se identifique totalmente con estas obras. A partir de *El caso de la mujer asesinadita* escribe siempre en solitario, pero eso no significa que siempre se sienta el autor soberano de su obra. Aunque el proceso de traslación del texto escénico a las tablas parece menos aparatoso que en el paso del guión a la pantalla, el dramaturgo, según relata en varios testimonios, en muchas ocasiones no puede disfrutar de la deseada autonomía. Primero, antes de estrenar está obligado a negociar con los empresarios teatrales tal y como lo va haciendo con los productores de cine, y resulta habitual que tanto actores como actrices, empresarios y directores, le exijan cambios y correcciones.

Además, la cristalización del texto en la escena muchas veces se aleja de su propio concepto de la representación de la obra. Por eso también, para evitar esta discrepancia y mantener el control, como autor, hasta el momento de la escenificación de la pieza, a partir de su quinto estreno decide dirigir él mismo los montajes de sus obras. Según argumenta, tiene que hacerlo porque su teatro hay que 'matizarlo de un modo especial', decirlo 'en la debida forma', y una obra suya 'montada por otro señor, no tiene gracia, ni nada de nada'.[136] La importancia que concede a la puesta en escena revela su particular concepción de escritura teatral, que según Mihura está pensada siempre para ser representada y cuya existencia se completa en las tablas. De ahí que el autor llegue a extremos de seguir las giras de sus obras por provincias y supervisar las representaciones fuera de Madrid, o suspender los montajes que, en su opinión, no se corresponden con sus intenciones. Por eso mismo es capaz de romper el compromiso de montar *El caso de la señora estupenda* con la compañía sevillana de Lilí Murati o impedir el estreno de *Tres sombreros de copa* después de ver un ensayo general de la compañía de Maritza Caballero en 1957.

En el cine su autoría evidentemente no podrá llegar a este alcance, aunque sus aspiraciones igualmente vayan más allá del proceso de escritura. Las historias que escribe en las cuartillas de guionista conllevan una visión concreta de su plasmación en la pantalla. Acostumbrado a hacer bocetos de decorados para su teatro, no se resiste a pensar en la escenografía para el plató y las localizaciones, ni a imaginar caras y actuación de los intérpretes. La mayor implicación de Mihura en la realización fílmica de sus guiones se va a producir durante la colaboración con su hermano Jerónimo, y en el capítulo dedicado a *Mi adorado Juan* estudiaremos el alcance y el carácter de estas responsabilidades describiendo las facultades cinematográficas del autor. De todas formas, no cabe duda de que en el escenario la autoría de Mihura llega a desplegarse con una libertad

---

[136] Emilio de Miguel Martínez, *El teatro de Miguel Mihura* (Salamanca: Universidad Salamanca, 1997), p. 228.

incomparable. Aunque el dramaturgo nunca lo considere control supremo, pues existe otro tipo de esclavitud: la de 'cualquier comediógrafo' que 'generalmente no conoce la alegría de escribir o la conoce a medias' porque 'está sujeto a unas reglas, a unos condicionamientos, a unas medidas, a unas normas, a unos compromisos, que al privarle de libertad le restan entusiasmo'.[137]

Aparte de los aspectos ya mencionados, la principal norma que él mismo se impone en este sentido es 'acertar en el gusto del público y no fallar el golpe'. Un objetivo que a la larga llega a agobiar al autor a causa de la desorientación y confusión que provoca la incesante evolución del medio. Además, el hecho de escribir pensando en los intérpretes, que a partir de *El señor vestido de violeta* se convierte en su táctica habitual y que, en cierto modo, constituye un privilegio del autor. Este 'sistema de alta costura', como lo definía el propio Mihura, refleja sin duda el creciente prestigio del dramaturgo, que al principio escribe a medida de los actores y luego buscando actores que estuvieran a medida de sus obras, no obstante, como reconoce el dramaturgo, al final también 'fatiga un poco y le quita a uno inspiración y libertad de movimientos'.[138]

Hay, sin embargo, un aliciente incuestionable que se resiste a estos matices de ambigüedad, reservado para su labor creativa en el escenario. Como dice Mihura, el teatro representado es una materia viva que sufre variaciones constantemente y sólo el teatro le permite ir modelando y puliendo las obras una vez puesto el punto final. Se beneficia de esta contingencia del arte dramático — que lo pone en las antípodas de la *reproductibilidad técnica* del cine y lo inmutable del registro fílmico — cambiando, por ejemplo, el desenlace de la comedia después de su estreno e introduciendo modificaciones en función de la reacción del público o de la crítica. Así, por ejemplo, en el caso de *Carlota*, introduce cambios una vez estrenada la obra, después de leer los comentarios en la prensa, y en *El caso del señor vestido de violeta* retoca el final tras una semana de representaciones.

Él mismo define la ansiada autonomía del escritor como posibilidad de 'escribir a su gusto. A su aire. Con libertad. Sin condicionamientos. Dejándole a él solo la responsabilidad de su trabajo, de sus ideas, de mostrar sin tapujos, sin caretas, su propia personalidad.'[139] Este discurso nos introduce al estudio en el cuál intentaremos reflexionar sobre el terreno creativo en el que nuestro autor ve cumplido este deseo en mayor medida. El análisis al que nos vamos aproximando en estas páginas nos permitirá observar cómo las limitaciones y posibilidades de cada uno de los medios se proyectan sobre la obra de Mihura, y cómo, a través de los códigos propios del cine y del teatro, logra poner en pie su universo. Hasta ahora hemos observado la actividad que el autor desarrolla en cada uno de los

---

[137] M. Mihura, 'Del teatro lo mejor es no hablar' (1972), p. 19.
[138] M. Mihura, 'Prólogo' a *Tres sombreros de copa* (Castalia, 1977), p. 59.
[139] M. Mihura, 'Prólogo' a *Tres sombreros de copa* (Castalia, 1977), p. 30.

campos, su alternancia o simultaneidad, y hemos intentado averiguar las razones de su recorrido. Esta exploración del polifacetismo de su trayectoria, a través de los vínculos que relacionan las facetas cinematográfica y teatral, nos lleva a la dimensión polifacética de una obra: la adaptación inversa que entrelaza los dos campos y asimismo constituye el objeto de este trabajo de investigación.

Pero antes, al margen de esta práctica peculiar en la que nos centraremos, consideramos interesante (y revelador para la perspectiva de nuestro estudio) fijarnos en cuántos títulos de Mihura han pasado de un medio al otro en el sentido habitual de las adaptaciones, es decir, del escenario a la pantalla, con la ayuda del propio autor o bien convirtiéndose en 'materia prima' en las manos de otros realizadores. La reflexión sobre el quehacer adaptador del autor y la coexistencia de sus vertientes cinematográfica y teatral en el marco de una obra aflorarán en el análisis posterior. Sin embargo, un breve recordatorio de la presencia de sus comedias en la pantalla puede servir de pórtico.

2.2.2.2 Adaptaciones cinematográficas de las obras teatrales de Miguel Mihura

Llama la atención el mismo alcance del fenómeno en el que nos proponemos reparar, puesto que si en la trayectoria de Edgar Neville, al margen de la adaptación inversa, destacamos una traslación a la pantalla de su texto teatral, en el caso de Miguel Mihura, las adaptaciones teatrales de sus obras superan una docena. El porcentaje que suponen los títulos adaptados al cine en el conjunto de la producción teatral del escritor indica, sin duda, la gran popularidad alcanzada por sus comedias, al mismo tiempo que nos hace pensar en la existencia de ciertas características que propiciarán su trasvase al lenguaje cinematográfico. Tampoco debe pasar desapercibido el hecho de que el autor mismo colaborara en tres de estas adaptaciones.

Desde las obras primerizas y escritas en colaboración (¡*Viva lo imposible!*, *Ni pobre ni rico, sino todo lo contrario*, o *El caso de la mujer asesinadita*), a través de los títulos con los que reanudaba su carrera de dramaturgo en la década de los cincuenta (*A media luz los tres*) y, evidentemente, los éxitos más sonados (*Sublime decisión*, *Melocotón en almíbar*, *Maribel y la extraña familia*, *Ninette y un señor de Murcia*), también *Carlota*, *Las entretenidas*, hasta la penúltima, *La decente*: todas han tenido sus versiones cinematográficas, algunas incluso más de una. Entre las obras adaptadas tan sólo dos pertenecen a la primera etapa del Mihura dramaturgo.[140] Es el caso de ¡*Viva lo imposible!* y *Ni pobre ni rico, sino todo lo contrario*, éste último lo hemos mencionado de reojo a propósito del acuerdo

---

[140] Las dos etapas en las que se divide la producción dramática de Mihura han quedado delimitadas en los párrafos anteriores: la primera corresponde al periodo de 1932 a 1946, y la siguiente, al período de 1953 a 1968. Esa misma ordenación diacrónica propone Emilio de Miguel Martínez en *El teatro de Miguel Mihura*.

sobre su filmación que retrasó el estreno teatral. Los autores lo firmaron con el director Benito Perojo, pero finalmente las vicisitudes de su filmografía le impidieron aprovechar los derechos adquiridos en su momento. La comedia llegó a las pantallas en 1945 dirigida por Ignacio F. Iquino, y constituyó asimismo el primer caso de adaptación al cine de una obra de Mihura y un precedente que — a pesar de ser calificado de 'disparate' — tendría muchos seguidores. Las adaptaciones que la seguirán, con pocas excepciones, desgraciadamente repetirán la mala suerte de Mihura con las recreaciones de sus comedias en el cine.

El citado compromiso hace que la cristalización de esa primera adaptación se alargue en el tiempo, pero desde entonces, en la mayoría de los casos, los títulos *mihurescos* suelen esperar como máximo cinco años para reaparecer en la pantalla. Evidentemente, los sonados éxitos del dramaturgo crean esperanzas de repetir el mismo resultado en otro formato y la mayoría de las adaptaciones tienen su origen en el aprovechamiento del gancho comercial de un estreno reciente. Basta fijarnos en la llegada de los títulos concretos a los cines teniendo presente la referencia de sus estrenos teatrales.

En 1949 Boris H. Hardy realiza en Argentina una versión cinematográfica de *El caso de la mujer asesinadita*, estrenada en 1946 como obra teatral;[141] en 1958 Julián Soler lleva a la pantalla en Méjico *A media luz los tres*, comedia representada por primera vez en 1953, y Enrique Cahen Salaberry en 1958 hace lo mismo con *Carlota*, estrenada en el teatro tan sólo un año antes. En 1960 José María Forqué inicia el rodaje de *Maribel y la extraña familia* cuando ésta se representa todavía en los teatros,[142] y ese mismo año llegan a los cines dos películas más basadas en las obras de Mihura: adaptación de *Sublime decisión*, estrenada en el teatro en 1955 y realizada en el cine por Fernando Fernán Gómez bajo el título *Sólo para hombres*[143] y la adaptación de *Melocotón en almíbar*, comedia que triunfó en 1958 y que pasa al celuloide de la mano de Antonio del Amo y Carlos Sampelayo. En 1965 Fernán Gómez repite su experiencia de adaptador de Mihura con *Ninette y un señor de Murcia*, tan sólo un año después de su estreno teatral; y en 1970 José Luis Sáenz de Heredia lleva al cine *La decente*, estrenada en la escena en 1967. Las obras que tienen que esperar algo más para alcanzar el universo de celuloide son *¡Viva lo imposible!*,

---

[141] La película se estrena en Buenos Aires el 27 de julio de 1949, bajo el título *El extraño caso de la mujer asesinadita*. Para más información sobre ésta y todas las demás adaptaciones extranjeras mencionadas, remitimos al apartado 'Adaptaciones de obras de Mihura realizadas en el extranjero' en F. Lara, E. Rodríguez, pp. 303-10.

[142] Mihura le sugirió a José María Forqué que realizara la adaptación de la obra ya en el momento de su estreno y cedió los derechos a la productora Tarfe en noviembre de 1959, es decir, sólo dos meses después de darse a conocer la obra en el escenario.

[143] En el apartado de este capítulo sobre las adaptaciones inversas en la 'otra generación del 27' advertimos el germen cinematográfico de esta obra — pensada en principio para cine — , que al final llega a la pantalla a través de la citada adaptación.

de 1939, dirigida en cine por Rafael Gil en 1957, y *Las entretenidas*, de 1962, llevada a la pantalla en 1969 por Ramón Fernández con el título *Las panteras se comen a los ricos*.

Como podemos observar, los estrenos de las adaptaciones se suceden y solapan en la cartelera cinematográfica tal y como sucedía en los teatros con las comedias del autor en su época más exitosa. Además, la mayoría de los títulos se hacen presentes en los dos espacios, teatral y fílmico, con una inmediatez realmente asombrosa. Cabe señalar que en varias ocasiones la obra, una vez adaptada, vuelve a inspirar a otro realizador. Así sucede por ejemplo con *El caso de la mujer asesinadita*, llevada al cine por segunda vez en 1954 por el mejicano Tito Davison; *Ni pobre ni rico, sino todo lo contrario*, que en 1952 también llega a los cines de Méjico en versión de Fernando Cortés y con el título *Ni pobres ni ricos*. Entre las adaptaciones realizadas en América Latina debemos incluir también *Pecadora*, la versión cinematográfica de *Una mujer cualquiera* realizada por Enrique Carreras que en 1955 se da a conocer en Argentina.[144] Estos repetidos casos de adaptaciones hispanoamericanas — que con las segundas versiones suman ya cinco — indudablemente reflejan el éxito que cosechaban las obras de Mihura en las giras al otro lado del Atlántico.[145] A las adaptaciones extranjeras tenemos que añadir además la versión alemana de *Melocotón en almíbar*, de Rolf Thiele,[146] realizada en 1960.

Las tres últimas adaptaciones, que al mismo tiempo incurren en el calificativo de *remake*, son las de *Carlota*, que Stefano Rolla y Silvia Napolitano estrenan de nuevo en los cines en 1981; *Cásate conmigo, Maribel*, de Ángel Blasco, que sigue el camino de Forqué y vuelve a adaptar la mítica *Maribel y la extraña familia* que llega a las pantallas en 2003; y *Ninette*, una segunda adaptación de la famosa obra del dramaturgo[147] — esta vez bajo el título reducido al nombre de su protagonista —, la más reciente de todas, con la que José Luis Garci en 2005 confirma la actualidad del interés que viene despertando entre los cineastas el teatro de Miguel Mihura.[148]

---

[144] Incluimos este título entre las adaptaciones cinematográficas, a pesar de que cuente con un precedente fílmico con guión de Mihura, teniendo en cuenta que su realizador Enrique Carreras se basa en la obra teatral.
[145] Las obras de Mihura escritas en colaboración después de ser explotadas en Madrid se representaban con gran éxito en Hispanoamérica. Así, por ejemplo, *El caso de la mujer asesinadita* estuvo dos temporadas en cartel en la capital y seis meses en Buenos Aires.
[146] Título en alemán: *Auf Engel schiesst man nicht*. Véase F. Lara; E. Rodríguez, p. 308.
[147] Aunque cabe recordar que *Ninette*, de José Luis Garci, supone una adaptación cinematográfica de *Ninette y un señor de Murcia* ampliada con la adaptación de otra comedia de Mihura, *Ninette Modas de París*.
[148] Para la relación más detallada de las adaptaciones de obras de Mihura remitimos a F. Lara, E. Rodríguez (1990), donde la información sobre todas las adaptaciones españolas anteriores a 1990 se amplía con el comentario crítico, las fichas artísticas y técnicas y las sinopsis. Véase también el catálogo de adaptaciones de Juan de Mata Moncho Aguirre, *Las adaptaciones de*

Sin pretender valorar o emitir juicios generalizadores sobre estas adaptaciones, consideramos oportuno señalar que según la opinión que comparten tanto los estudiosos del teatro como los expertos en el cine, ninguna se sitúa a la altura de su correspondiente original teatral. Algunas, además, han sido duramente criticadas como no merecedoras de su referente *mihuresco*. Así, Julián Moreiro constata en su estudio biográfico que 'no puede decirse que Mihura tuviera mucha fortuna con las versiones cinematográficas de sus comedias',[149] mientras que Lara y Rodríguez hablan de 'muy poca suerte que tendría Mihura con las adaptaciones de sus obras'.[150] Igualmente se sorprenden Eduardo Torres-Dulce[151] y Virginia Guarinos[152] constatando la idoneidad de las obras de Mihura para ser adaptadas al cine y observando los resultados de tales intentos: muy alejados de las posibilidades y sin la frescura del original.

Entre las más vapuleadas, desde la perspectiva de hoy, se encuentran las adaptaciones de *Las entretenidas* y *La decente*; en ambos casos las modificaciones introducidas y el alejamiento entre los universos del autor y sus adaptadores desembocan en creaciones que no sólo no aportan nada nuevo, sino que evidentemente desvirtúan la historia y el ambiente ideados por el escritor. Aunque la traición más frustrante supone sin duda *Amor es . . . veneno* que, a pesar de contar con actores de la talla de Silvia Pinal y Rafael Alonso, produce verdadera irritación en los admiradores del dramaturgo: Lara y Rodríguez la describen como 'una película que Mihura no se merecía'.[153]

En el otro extremo, entre las adaptaciones más logradas se sitúa la primera versión de esta misma obra, *Carlota*, realizada bajo el título homónimo, y la primera adaptación de *Maribel y la extraña familia*, que el propio dramaturgo consideraba su obra más conseguida[154] y cuya recreación en la pantalla de la mano de Forqué es por muchos reconocida como la mejor de todas las adaptaciones cinematográficas que se han hecho del teatro de Mihura.[155] Detrás

---

las obras del teatro español en el cine y el influjo de éste en los dramaturgos (Alicante: Universidad de Alicante, 2001) <http://www.cervantesvirtual.com> [consultado 10.03.2011]. Las únicas adaptaciones mencionadas que no figuran en ninguno de los listados mencionados son: *Ninette*, de José Luis Garci, y *Cásate conmigo, Maribel*, de Ángel Blasco, debido a sus fechas de producción, posteriores a esos estudios.

[149] J. Moreiro, p. 364.
[150] F. Lara, E. Rodríguez, p. 281.
[151] Véase 'El cine imposible de Miguel Mihura', *Nickel Odeón*, 21 (invierno 2000)
[152] Virginia Guarinos echa en falta la frescura del original en la adaptación comentada y considera a Mihura como autor 'modernísimo para ser adaptado, mucho mejor que muchas de las comedias españolas actuales'. Véase '*Ninette*, la de un señor de Murcia, por la calle Mayor', en *Teatro, novela y cine en los inicios del siglo XXI*, ed. J. Romera Castillo, p. 135.
[153] F. Lara; E. Rodríguez, p. 289.
[154] M. Mihura, 'Prólogo' a *Tres sombreros de copa* (Castalia, 1977), p. 69.
[155] Lara y Rodríguez la reconocen como la mejor y les secunda Juan A. Ríos Carratalá en su artículo 'Fernando Fernán-Gómez, adaptador de Miguel Mihura' (2005) <http://www.cervantesvirtual.com> [consultado 1.03.2013]

de estos títulos, en la memoria benevolente del espectador, nos encontraríamos con la adaptación realizada por Rafael Gil y las dos películas dirigidas e interpretadas por Fernando Fernán Gómez. En el caso del último, destaca la sintonía de los universos creativos y perfiles vitales del autor y el guionista—director, que sin duda influye en los resultados de dichos proyectos. Al mismo tiempo, la cercanía artística de los autores no evita disparidad de criterios y reproches en lo referente al tratamiento de las historias originales, y el propio autor se muestra escéptico al respecto: recibe *Sólo para hombres* con un enfado,[156] y sobre *Ninette y un señor de Murcia* opina que 'No es cine. Es teatro fotografiado'.[157]

Es cierto que Mihura, por regla general, se mostraba decepcionado con las adaptaciones de sus comedias, y parecía convencido de que la única persona capaz de llevarlas a buen puerto era él mismo, porque 'si las hace otro señor, no se entienden'. Parece que el monopolio que se adjudicaba en la dirección de sus propias obras en el teatro lo podríamos aplicar igualmente al ámbito de sus versiones cinematográficas. Lo cierto es que, después de haber viajado por el universo *mihuresco* desde la butaca del lector o espectador teatral, al querer continuar esa aventura en el cine lo más probable es que acabemos dándole la razón.

Basta fijarnos cómo afecta el paso al celuloide a la mayoría de sus singulares y entrañables personajes femeninos: cómo se aplana el espíritu rebelde y crítico de Florita en *Sublime decisión*, la pionera entre los funcionarios; cómo desaparece la cara más 'fisgona, cotillera e indiscreta' de Sor María en *Maribel y la extraña familia*; qué queda de la tierna y sensible Fany, de la dulce e inescrutable Carlota, o de la seductora y perversa Nuria, capaces de las más impensables artimañas para retener a sus protectores, maridos o amantes... Estas 'señoras estupendas', tan irresistibles en su mezcla de picardía e ingenuidad, a menudo resultan irreconocibles en la pantalla, y con ellas desaparece la sutil ironía y el tierno trasfondo de la gracia *mihuresca*.

Las razones de estos desencuentros entre los adaptadores de sus obras y el universo del autor habría que buscarlas en las inexplicables modificaciones y los fallidos intentos de seguir la línea humorística trazada por el autor — que practican Sáenz de la Heredia, Ramón Fernández o Stefano Rolla —, en las propuestas de 'airear' la trama teatral sin insuflarle verdadero aire cinematográfico — de las que no se libra Fernán Gómez —, o en los nuevos finales, redondos y conformistas, que tan mal sientan a *Sublime decisión*, *Melocotón en almíbar*, *Amor es... veneno*... Podemos achacar algunas de estas alteraciones a las exigencias de la censura y su consabida aversión a las monjas poco reglamentarias (*Melocotón en almíbar*), o ciertas alusiones ideológicas (*Ninette y un señor de Murcia*), pero en la mayoría de los casos los culpables son los propios responsables de la

---

[156] Declaraciones de Fernando Fernán Gómez en *Nickel Odeón*, 9 (invierno 1997), p. 60.
[157] Carta de Mihura de febrero de 1966 citada en J. Moreiro, p. 355.

adaptación. Teniendo en cuenta el panorama que acabamos de contemplar, nos inclinamos a corroborar el principio defendido por Mihura: las versiones más conseguidas resultan ser las que cuentan con la aportación del propio dramaturgo.

En este apartado privilegiado se inscriben tan sólo tres títulos:[158] *Maribel y la extraña familia*; *¡Viva lo imposible!* y *Carlota*, y los tres, efectivamente, coinciden con las adaptaciones más celebradas. Aun así cabe apuntar que en el caso de *Maribel y la extraña familia*, donde Mihura figura como coguionista (al lado de Forqué, Luis Marquina y Vicente Coello), su autoría, en realidad, se reduce a los diálogos que escribe para las nuevas escenas añadidas; en *¡Viva la imposible!*, colabora en el guión con el director Rafael Gil, y tan sólo en *Carlota* asume en solitario el papel de guionista adaptador.

En todos estos casos, el beneplácito y la implicación del dramaturgo hacen posible, sin menospreciar por supuesto la labor de los directores e intérpretes, que el espíritu *mihuresco* renazca en la pantalla. Forqué, que vio nacer a la entrañable Maribel sobre el papel, logra ese feliz equilibrio entre el respeto hacia el original y las posibilidades de una narración fílmica; Gil, colaborador habitual y conocedor de las rutas bidireccionales — entre teatro y cine — de Mihura, se mantiene fiel ante el texto original y sabe conectar con el imaginario, tanto literario como cinematográfico, del amigo escritor.[159] En el caso de *Carlota*, desgraciadamente, la única copia que queda, en estos momentos está pendiente de conservación, por lo cual no hemos podido visionarla. Recurrimos al detallado comentario de la película que presentan en las páginas de su libro Lara y Rodríguez para convencernos de que también esta vez la correcta realización del director argentino Salaberry, quien somete su autoría a un guión cerrado y preciso del dramaturgo, trae buenos resultados.[160]

Nos podemos preguntar por qué Mihura no adaptó al cine más obras suyas, o por qué nadie todavía se ha atrevido a traducir a imágenes su obra — emblema, *Tres sombreros de copa*. Tuvieron que pasar dos décadas para que se estrenase en el teatro y todavía está esperando a un Pérez Puig en el cine, algún entusiasta incondicional capaz de afrontar el reto. Aunque Julián Moreiro encuentra entre los papeles conservados en Fuenterrabía los documentos que confirman que la

---

[158] Mihura figura también como autor de diálogos y coguionista de la película *Amor es... veneno*; sin embargo este dato lo rectifican Lara y Rodríguez, suponiendo que Rolla y Napolitano han introducido el nombre del dramaturgo en los créditos al basarse en su obra o el guión rodado en su día por Salaberry. Los mismos autores someten también a rectificación la participación de Mihura en *Sólo para hombres*: en virtud de los testimonios recogidos en su investigación el guión de la película queda oficialmente atribuido a Fernando Fernán Gómez. Véase F. Lara, E. Rodríguez, pp. 295-97.
[159] Recordemos que Gil es el realizador de la película *Una mujer cualquiera*, que luego pasa a la escena.
[160] El único reproche que presentan los autores de cuyo criterio nos servimos se refiere a la modificación del final, introducido, de todas formas, por el propio Mihura.

obra iba a ser convertida en película: un presupuesto previo y el guión que iba a rodar Antonio Román en 1954 y que no llegó a realizarse ni entonces ni luego. También es sabido que en 1957 Aurora Bautista compró los derechos de la obra y en los años ochenta el proyecto de versión cinematográfica de *Tres sombreros de copa* lo intentaron poner en pie Víctor Manuel y José Luis García Sánchez, sin éxito. Se realizó tan sólo una adaptación para televisión, enre los años 1977-1978, bajo la dirección del actor Fernando Delgado, con María José Goyanes, Luis Varela, Antonio Iranzo, Mara Goyanes, y la colaboración especial de José M. Prada, Florinda Chico, Guillermo Marín y José Bodalo.[161]

Curiosamente, si consideramos el patrimonio de Mihura como adaptador, con todas las variaciones y obras inconclusas, la línea predominante nos llevará del cine al teatro, no al revés. Éste puede que sea el orden de las preferencias del autor, aunque pudo ser también un orden establecido por la realidad y sus circunstancias (ya que siempre resulta más fácil montar una obra en el teatro que promover un proyecto cinematográfico). Éste fue, desde luego, el orden que al final obedece su trayectoria, a la que nos asomamos intentando responder estas incógnitas. El propio Mihura las explica a su manera, con una frase no menos enigmática: 'la vida es como sacar a pasear un perro, siempre acabas por ir a dónde quiere ir el perro'.[162] Aunque resulte imposible definir claramente esa fuerza que empuja a Mihura en su itinerario, hemos recorrido sus recovecos y con esta experiencia partiremos a explorar más detalladamente uno de los caminos que descubrimos acompañando al autor en sus idas y venidas entre el teatro y el cine. Porque al margen de la indescifrable pugna entre la vocación y el destino, éste es el aspecto de su obra que nos interesa: los puentes que atraviesa entre las dos facetas a lo largo de su carrera y en cada una de las adaptaciones.

Si una de las condiciones — aunque no imprescindible — que suelen facilitar la adaptación de una obra de un medio de expresión artística al otro es la

---

[161] Véase C. Sánchez Ávila, 'La adaptación para televisión del teatro de Miguel Mihura: *Tres sombreros de copa*', en *La comedia española entre el realismo, la provocación y las nuevas formas (1950-2000)*, ed. M. Casenave y A. Romero Ferrer (Cádiz: Fundación Pedro Muñoz Seca, Universidad de Cádiz, 2003), p. 387. Como curiosidad añadimos que la Televisión Polaca también estrenó la versión televisiva de la obra de Mihura, escenificada según la traducción al polaco de Joanna Karasek. [*Trzy cylindry*, TVP SA, 1996; *Dirección*: Lena Szurmiej; *Asistente del director*: Danuta Porebska; *Director ejecutivo*: Anna Kulawik-Rzonca; *Escenografía*: Agnieszka Zawadowska, Krzysztof Benedek; *Música*: Janusz Tylman; *Reparto*: Justyna Sieńczyłło (Paula), Jacek Mikołajczak (Dionisio), Henryk Bista (Don Rosario), Anna Korcz (Fanny), Jan Peczek (El anciano militar), Janusz R. Nowicki (Don Sacramento), Jacek Jarosz (El odioso señor), Bożydar Murgan (Buby), Ewa Telega (Madame Olga), Sylwia Zmitrowicz, Kinga Szymaniak (Trudy), Małgorzata Biniek-Jankowska (Carmela), Szymon Kuśmider (El Cazador Astuto), Maciej Wierzbicki (El romántico enamorado), Jacek Rożenek (El guapomuchacho), Marek Cichucki (El alegre explorador)]

[162] Citado en Alonso Sánchez, 'Miguel, mi amigo', *Informaciones*, 29 de octubre de 1977.

sintonía entre el autor del original y el adaptador, no cabe duda de que nadie conocerá el universo de un creador mejor que él mismo. Y si, como supone Torres-Dulce,[163] la clave del fracaso reside en que nadie respeta el original, la implicación del propio autor sin duda puede servir de garante de dicha lealtad hacia su obra. Aunque, como señalan algunos, en estos casos el resultado de la adaptación podría verse perjudicado con la asimetría profesional de su artífice, más asentado en uno de los campos. No obstante, Miguel Mihura — al igual que Edgar Neville — nos ofrece la posibilidad de estudiar un ejemplo de adaptación que aparte de inscribirse en el proceso adaptativo que nos interesa, supone una plasmación pura del universo de un autor: una obra no deformada por lecturas e interpretaciones de otros creadores, ni tampoco limitada por una única especialidad artística.

Tratándose de un mismo autor que abarca las dos facetas y que acomete la traslación de un código al otro en el marco de su propio mundo, nos encontramos con una posibilidad de explorar la complejidad de su universo con todos sus matices y de investigar esa 'traducción' interna, su proceso y las capacidades del artista. Con esta intención nos acercaremos a las dos obras elegidas como objeto de esta investigación: *La vida en un hilo*, de Edgar Neville, que ya destacamos como el título en el que se encuentran sus dos facetas de escritor y cineasta a través de una adaptación inversa; y *Mi adorado Juan*, de Miguel Mihura, que ha llamado nuestra atención como el único caso de adaptación en el que la labor del autor teatral y guionista se extiende al proceso de realización y la plasmación del texto escrito en la pantalla. Pero antes de yuxtaponer los análisis de estas obras concretas, dediquemos a los dos creadores que acabamos de presentar por separado, una mirada conjunta.

2.2.3 Paralelismos biográficos y generacionales

Tras contemplar las trayectorias de Edgar Neville y Miguel Mihura, no resulta difícil advertir sus sintonías. Como todos los integrantes de la 'otra generación del 27', los dos autores, aparte de la coherencia estilística, guardan bastantes paralelismos biográficos, y sus zigzagueantes itinerarios artísticos combinan las mismas facetas y siguen los mismos giros.

Desde luego, el abanico de actividades creativas que emprenden a lo largo de sus carreras es igualmente impresionante: ambos firman chistes gráficos, artículos y cuentos o novelas cortas, guiones y obras teatrales. Neville, además, se atreve a componer versos y, aparte de la pluma de escritor, coge en sus manos la cámara cinematográfica y el pincel. Mihura, por su parte, aunque no haya sido director de cine, poeta ni pintor, no es ajeno a estas facetas si consideramos su labor como dibujante y su implicación en los proyectos cinematográficos de su hermano, o

---

[163] E. Torres-Dulce, 'El cine imposible de Miguel Mihura', p. 151.

llegamos a descubrir en su obra literaria a 'un poeta que se ocultó debajo de la burla y de la broma para no romper a escribir versos como un loco'.[164]

En general, ambos cultivan un polifacetismo frenético y apoyan la mayor parte de su obra sobre dos facetas primordiales: el teatro y el cine. Sus caminos artísticos reflejan, en gran parte, las mismas fases cronológicas: las aventuras creativas de índole vanguardista y el periodismo del humor; las primeras experiencias como autores dramáticos — entre ellas obras que no llegan a ser estrenadas y empresas abordadas en colaboración — ; la entrada a la industria cinematográfica por la vía del doblaje y la labor de dialoguistas de películas americanas. Ambos, igualmente, comparten la experiencia del primer estreno teatral al que sigue, paradójicamente, la inmersión en la vorágine del cine; el desencanto del mundo del celuloide y la posterior vuelta al teatro, a través de los estrenos igualmente clamorosos y prácticamente simultáneos, que al final anclan sus trayectorias a las tablas.

Incluso más allá de estos cauces generacionales por los que transcurre su vida artística — y donde Neville y Mihura demuestran, sin duda, la coherencia más destacable entre todos los autores del grupo — , encontraríamos muchos más paralelismos entre los dos autores. Algunos de ellos curiosos y sorprendentes.

Si nos remontamos, por ejemplo, a sus inicios en el mundo del espectáculo, la primera plasmación de su talento en este terreno nos lleva a la misma fuente: el vodevil. Mucho antes de la experiencia frustrada de Mihura con *Tres sombreros de copa* y las escenificaciones de los textos primerizos de Neville en el Teatro de Mirlo Blanco, resulta que ambos inauguran su autoría en el escenario poniendo su pluma al servicio de una función de variedades: el primero, estrenando cuplés cómicos con la compañía del artista Alady, conocido como el 'ganso del hongo', y el otro, con la 'estrella de canción atrevida', la 'Chelito'.[165]

También entre los periplos cinematográficos de los dos encontramos, igualmente, un episodio italiano, ya que tanto Neville como Mihura en un momento de su carrera colaboran en películas que se ruedan en Roma.[166] Esta

---

[164] 'En La Comedia se estrenó *Mi adorado Juan*, de Miguel Mihura', *ABC*, 12 de enero de 1956, p. 45.
[165] Recordamos que en 1917 Neville estrena el vodevil *La Vía Láctea*, con la 'Chelito', mientras que Mihura confiesa haber escrito canciones y estrenado algún cuplé cómico con la compañía de variedades de Carles Saldanya Beut (Alady) a quien conoce en 1925 en el Teatro Romea y con quien luego, en 1929, hará la inolvidable gira con el espectáculo *Alady-Ballet*, como encargado del guión y de los decorados, experiencia que le servirá de inspiración para la historia de *Tres sombreros de copa*.
[166] Recordamos que Mihura viaja en 1940 a Roma para escribir los diálogos de películas italianas, *Marido provisional* y *Yo soy mi rival*, de Nunzio Malasomma y Mario Bonnard; mientras que Edgar Neville es contratado por el productor Renato Bassoli para adaptar al cine su novela, *Frente de Madrid*, y dirige dos películas más: *Santa Rogelia*, atribuida a Roberto de Ribón, pero realizada por el director español y *La muchacha de Moscú*, de la productora la Societá Fono Roma.

coincidencia no sorprende si recordamos los acuerdos de coproducción que existían entre la España franquista y la Italia de Mussolini, en virtud de los cuales muchos cineastas españoles se vieron implicados en las producciones italianas.[167] No obstante, el hecho de que Mihura también pasara por los estudios trasalpinos no deja de ser una coincidencia, teniendo en cuenta lo poco que viajaba y que su labor de dialoguista le permitía participar en los proyectos cinematográficos sin la necesidad de desplazarse al rodaje.[168]

Otro viaje en el que, sin embargo, no participará Mihura, supondrá probablemente la mayor divergencia entre las trayectorias de los dos autores, así como entre el dramaturgo y el resto de la 'otra generación del 27'. Mihura no podrá, por cuestiones de salud, acompañar a sus amigos — Neville, Antonio de Lara 'Tono', Jardiel Poncela, López Rubio — cuando viajen a Hollywood para trabajar en las versiones españolas de películas americanas, y por lo tanto, no compartirá ese insólito episodio de la historia del cine español que tanto marcó al grupo. Consciente de esta falta, Mihura siempre lamentará haberse perdido aquella experiencia que tanto aprendizaje supuso para toda 'la otra generación', y que fue iniciada precisamente por Neville.

Pero el hecho de que uno de los autores faltara a la aventura americana, no niega la permeabilidad recíproca entre sus carreras y biografías que, según el testimonio de José López Rubio, caracterizaba a todos los componentes de esta 'otra generación del 27' que fue coincidiendo, casi cronométricamente, no sólo en aficiones y afinidades, sino también en los mismos lugares. Desde luego, las vidas de los cinco escritores humoristas, y entre ellos, la de nuestros dos autores, se fueron entretejiendo desde muy pronto.

2.2.4 Cruces y encuentros: alianzas artísticas y 'ósmosis estética'

Podemos suponer los múltiples lugares en los que tenían que coincidir nuestros dos autores al llevar el mismo estilo de vida y de trabajo, perteneciendo a los mismos círculos de artistas e intelectuales, compartiendo las mismas aficiones y vocaciones artísticas. Los imaginamos en las redacciones de *Buen Humor* o *Gutiérrez*, o mejor en el café de Jorge Juan donde se reunía la plana mayor de la primera revista en la que colaboraron juntos — Neville, como articulista, y

---

[167] Sobre el tema de las coproducciones hispano — italianas realizadas entre el final de la Guerra Civil española y 1943 véase la fundamental contribución de Felipe Cabrerizo, *Tiempo de mitos. Las coproducciones cinematográficas entre la España de Franco y la Italia de Mussolini (1939-1943)* (Zaragoza: Diputación Provincial, 2007).

[168] Así por ejemplo, los diálogos de *Los hijos de la noche*, de Benito Perojo, rodada en los estudios Cinecittà en 1939, los escribió en Berlín. De todas formas, es conocida la aversión que sentía Mihura hacia los viajes. De ahí que en su vida visitara tan sólo tres o cuatro países europeos, Argentina, por motivos profesionales, y Tánger, donde viajó con el dinero de la venta de *La Codorniz*.

Mihura, como dibujante —, o en La Granja del Henar, donde compartían mesa con K-Hito y los demás escritores del grupo, o bien en el legendario café de Pombo sentados en torno a Ramón Gómez de la Serna, su 'maestro de la sonrisa'. Y luego, fuera de la capital, en San Sebastián, reunidos de nuevo en su burbuja de humor contra los tiempos de la guerra. Allí los dos vuelven a publicar juntos en una revista, *La Ametralladora*,[169] donde coinciden sus seudónimos — Lilo (de Mihura) y Ene (de Neville) e, incluso, su autoría converge bajo una firma (el alias 'El Vate Pérez' que ambos comparten con Tono).

Llegados a este punto de compenetración entre las carreras de los dos autores, donde sus creaciones se funden — y confunden — vertidas en una misma forma, conviene reparar en esta particular permeabilidad que va más allá de los paralelismos biográficos y coincidencias en la actividad artística.

En el libro editado con motivo del centenario de José López Rubio, que supone una valiosa aportación a los estudios sobre la 'otra generación del 27', José María Torrijos destaca precisamente 'una permeabilidad recíproca más allá de la firma' como característica consabida y poco estudiada del grupo de los humoristas.[170] Con esta apreciación se refiere a un 'contagio mutuo' entre los integrantes del 'otro 27' que excede la autoría compartida de una obra u obras abordadas en colaboración y que deriva del peculiar sistema de trabajo que practicaron estos autores, puesto que al margen de sus colaboraciones, solían comentar mutuamente sus creaciones, intercambiar ideas, frases y anécdotas, y llegaban a crear una especie de catálogo de hallazgos comunes del que se servían en sus propias creaciones. La máxima expresión de este peculiar código creativo la encontraríamos en *La Codorniz*, concebida desde el principio como obra colectiva, donde muchos textos no llevaban firma, los seudónimos se barajaban, y la individualidad de los colaboradores quedaba difuminada en beneficio de un concepto común de humor. Cabe señalar que Miguel Mihura era nada más y nada menos que el capitán de esta empresa, y Neville, uno de los primeros convocados para colaborar.

De esta permeabilidad y migración de ideas entre los miembros de esa insólita generación de humoristas surge su universo propio, del que participan igualmente los dos autores. Torrijos, en su artículo sobre López Rubio,[171] ofrece un recuento provisional de las alianzas artísticas entre los componentes del grupo que originan dicha 'ósmosis estética', que puede ocultarse en las empresas

---

[169] Revista fundada en 1937 que Mihura dirige en San Sebastián durante tres años, llamada al principio *La Trinchera*. Creada para exaltar la moral de los combatientes del bando franquista se difundía gratis entre los soldados y su vertiente humorística supuso un 'ensayo general' de la mítica *La Codorniz*.

[170] Véase *José López Rubio. La otra Generación del 27. Discurso y cartas*, ed. J. M. Torrijos (Madrid: Centro de Documentación Teatral, 2003), p. 28.

[171] 'López Rubio: el remedio de la memoria', en *José López Rubio*, ed. J. M. Torrijos, p. 28.

comunes, en la anécdota recreada en un texto, en la frase prestada a otro, en el juicio sobre proyecto ajeno. Del mismo modo, podríamos intentar repasar los momentos en los que convergen las vidas y los universos creativos de Miguel Mihura y Edgar Neville.

Aunque no se conozca ninguna obra dramática ni fílmica que los dos autores hayan realizado en colaboración, Neville es testigo directo de las primeras experiencias creativas de su compañero generacional en ambos terrenos: está presente en una de las primeras lecturas de *Tres sombreros de copa* que tiene lugar en la redacción de *La Ametralladora*[172] y es el maestro de ceremonias en el bautizo de Jerónimo Mihura como director de cine, que inaugura también la etapa de mayor implicación en el medio cinematográfico del propio Miguel Mihura.[173] Además, se sabe que el guión de la primera película que rodaría Jerónimo, *Aventura* (1944), le fue entregado en aquella ocasión por el mismo Neville, quien, probablemente, se habría encargado de una primera revisión. En esta misma película el dramaturgo colaborará como dialoguista,[174] por lo tanto, es posible que ya en el primer proyecto fílmico de los hermanos coincidieran, en cierto modo, las plumas de Mihura y Neville.

Tendríamos algún caso más de alianzas artísticas, si Edgar Neville y Conchita Montes hubieran estrenado *Tres sombreros de copa* (1932) o *El caso de la señora estupenda* (1953) como se proponían. Es cierto que ninguno de los dos proyectos se hizo realidad, aunque conviene recordar que el último de estos títulos fue ensayado por la pareja e incluso, como cuenta su propio autor, Neville llegó a proponer algunos arreglos en la obra. Del mismo modo, unos años antes, el dramaturgo expuso al criterio de su amigo la comedia escrita con Álvaro de Laiglesia, *El caso de la mujer asesinadita* (1946), aunque luego la dirigiría en la escena Luis Escobar y Pérez de la Ossa.[175]

---

[172] En dicha lectura participaron también Tono, Álvaro de Laiglesia y Conchita Montes, entre otros. Se sabe también que los presentes le aconsejaron al dramaturgo presentar la obra a Arturo Serrano del teatro Infanta Isabel. Neville, en aquella ocasión, seguramente expresó su opinión sobre la obra del dramaturgo.

[173] Lara y Rodríguez, refiriéndose a la entrevista personal que mantuvieron con Jerónimo Mihura el 1 de abril de 1990, describen dicho bautizo ritual de Jerónimo Mihura, en el que su hermano Miguel Mihura hacía de testigo, como: 'acto íntimo y con visos toreros, en el que Eusebio Fernández Ardavín, Edgar Neville y Sáenz de Heredia le entregaron simbólicamente los trastos del director (el megáfono y el visor)'. Véase también *Primer Plano*, 14 de junio de 1942.

[174] Aunque Mihura no figure en los créditos de la película, apoyamos la hipótesis sobre su participación en los diálogos. Sobre la polémica referente a la colaboración de Miguel Mihura en dicho proyecto, véase el apartado 2.2.2. de este Capítulo.

[175] Véase M. Mihura, 'Prólogo' a *Tres sombreros de copa* (Castalia, 1977), p. 21 y p. 34. El dramaturgo cuenta que Conchita y Neville le prometieron estrenar *El caso de la señora estupenda* y empezaron a ensayarla en octubre de 1952. Al final, el éxito de *El Baile* frustró esos planes y Mihura se decidió a estrenar la obra de la mano de Cayetano Luca de Tena en el Teatro

En 1953 Mihura consigue al final que Conchita Montes protagonice *A media luz los tres* (1953) que admite haber escrito especialmente para la actriz. De este modo, a través de la musa y actriz *fetiche* de su compañero, se encuentran sobre el escenario los mundos de los dos autores. Neville esta vez renuncia a dirigir, pero precisamente cediendo la dirección escénica a Mihura permite que el dramaturgo se estrene en este campo tan suyo, y que dirija a Conchita — su 'mejor obra', como solía decir el compañero y descubridor de la actriz — secundada por Porcel Pedro y Rafael Alonso (el mismo trío de actores responsables del reciente éxito de Neville, *El Baile*). Por lo tanto, los títulos de los dos autores se suceden en la cartelera del mismo teatro,[176] los mismos actores salen de una ficción *nevillesca* para poner en escena el mundo dramático de Mihura.[177] Los universos de los dos creadores se solapan, para pasar del uno al otro basta descorrer el telón y cambiar el decorado.

Curiosamente, este mismo año otras dos obras de nuestros autores se encuentran en la pantalla de cine, puesto que en 1953 en el Festival de Cannes compiten en la sección a concurso *¡Bienvenido, Míster Marshall!*, de Luis García Berlanga (1952) — película en cuyo guión participa Bardem y Mihura — , y *Duende y misterio del flamenco* (1952), dirigida por Edgar Neville.[178]

Podríamos buscar más ejemplos de estas 'encrucijadas *nevillesco — mihurescas*' fijándonos en las referencias mutuas que aparecen en los textos de ambos autores: Neville, por ejemplo, escribe el prólogo a las *Obras completas* de Mihura[179] y le dedica un artículo en las terceras de *ABC*,[180] mientras que Mihura menciona a Neville en sus *Memorias*.[181] Sus creaciones se encuentran en las páginas de las

---

Alcázar el 6 de febrero de 1953. Respecto a *El caso de la mujer asesinadita*, el autor cuenta que leyó la obra a Neville y Ricardo Calvo, entre otros amigos, y que éste le sugirió quitar algunas frases graciosas.

[176] Tanto *El Baile*, como *A media luz los tres* se estrenan en Madrid en el teatro de La Comedia: la obra de Neville, el 26 de septiembre de 1952 (aunque haya sido estrenada antes en Bilbao, el 22 de junio de ese mismo año) y la de Mihura, el 25 de noviembre de 1953.

[177] El mismo Mihura confiesa al respecto: 'Esto de estrenar mi comedia después de la de Neville y con el mismo sintético reparto es lo que me preocupa'. Véase F. Castan Palomar, 'Dos comedias para reír, en la misma noche y a la misma hora', *Primer Plano*, 685, 29 de noviembre de 1953.

[178] *¡Bienvenido, Míster Marshall!* obtuvo entonces el Premio a la Mejor Comedia con Mención Especial para el guión, y *Duende y misterio del flamenco*, Mención Especial del Jurado. Según algunos testimonios, entre los miembros del jurado, Abel Gance mostró preferencia por *Bienvenido, Míster Marshall*, mientras que Jean Cocteau apoyó la candidatura de la película de Neville. Ver al respecto F. Lara, E. Rodríguez, p. 243.

[179] En dicho Prólogo Neville presenta un retrato cariñoso de su compañero, aunque lo define como un ser 'más bien extraño' que 'gruñe todo el tiempo y se enfada contra esto y contra lo otro'.

[180] E. Neville 'Elogio de Mihura', en *Las terceras de ABC* (Madrid: Prensa Española, 1976).

[181] M. Mihura, *Mis memorias* (Madrid: Temas de hoy, 2003).

revistas, donde se codean sus artículos, chistes gráficos, y tan inseparables como las mismas Doña Purificación y Doña Encarnación — dúo protagonista de los artículos de Neville en *La Codorniz* — , son las señoras *codornicesca*s y los *monos* que dibuja Mihura.

De este modo, las frases y las ideas coinciden en los mismos espacios artísticos y transitan entre ellos, con la autorización tácita de los autores, puesto que en las páginas del universo de esa 'otra generación', del que forma parte nuestro dúo protagonista, se aplica la ley de 'refrito' y la 'ósmosis creativa' exime de derechos de autor.

Nos daremos cuenta de esta peculiar sintonía entre los mundos de los dos creadores al sumergirlos en las ficciones que cada uno de ellos desplegará ante nosotros iluminando la pantalla de cine y descorriendo el telón teatral. Iremos descubriendo estos universos explorando el camino inverso de la adaptación que emprendemos en las siguientes páginas. Nos guiarán por él Edgar Neville y Miguel Mihura, dos autores cercanos, y diferentes al mismo tiempo, personalidades únicas y representantes de una generación igualmente inconfundible. De un lado, el director más auténtico e independiente del cine español de la autarquía y, del otro, el dramaturgo más revolucionario en el teatro español de aquellos años; el que, como subrayaba José López Rubio, 'se lanzó a hacer cine a más y mejor', y el que más aportó a la historia del teatro. Ambos, además, artistas de trayectorias variadas y versátiles que, entre múltiples campos, eligen como los más importantes, el teatro y el cine, y entre los cruces y encuentros que tejen entre las dos artes, ofrecen todas las combinaciones, también la adaptación inversa. Esta es la puerta por la que nos proponemos entrar en sus universos artísticos y el camino por el que pretendemos conducir nuestras reflexiones e hipótesis: *La vida en un hilo,* de Edgar Neville y *Mi adorado Juan,* de Miguel Mihura.

CAPÍTULO 3

~

La vida en un hilo, de Edgar Neville: del guión cinematográfico al texto teatral

Pudo haber sucedido. Tuvo que suceder.
Sucedió antes. Más tarde.
Más cerca. Más lejos. [. . .]
Porque estabas solo. Porque había gente.
Porque a la izquierda. Porque a la derecha.
Porque estaba lloviendo. [. . .]
                              Wisława Szymborska

Las dos versiones de *La vida en un hilo*, película y pieza teatral, corresponden a los momentos de auge dentro de las facetas teatral y cinematográfica de su autor. En 1945, cuando Neville empieza el rodaje de esta obra tan personal y emblemática, ya se le puede considerar un cineasta formado y reconocido. Además de haber realizado sus cortometrajes experimentales, los documentales para el Departamento Nacional de Cinematografía durante la guerra civil y los encargos fílmicos realizados en la Italia de Mussolini, ya ha inaugurado su cine de autor con *Correo de Indias* (1942) y *Café de París* (1943) y acaba de estrenar *La torre de los siete jorobados* (1944), con la que comienza su mejor, más original y fructífera etapa como director de cine.

La película es trasladada al escenario catorce años más tarde, en 1959, cuando en ese medio parece haberse asentado definitivamente la vena creativa de Neville. Desde su clamorosa vuelta a los escenarios con *El baile* (1952) el director ha estrenado seis comedias más, corroborando con los sucesivos éxitos su talento como comediógrafo y creador de un nuevo tipo de humor. De este modo, el inusual fenómeno de convertir el guión en pieza escénica supone, por un lado, un reto creativo sin precedentes en la polifacética carrera del autor; por el otro, una apuesta sobre seguro de un dramaturgo que encuentra inspiración en su propio acervo cinematográfico.

3.1 Una historia entre la pantalla y el escenario

La importancia del azar en nuestras vidas, la conciencia de la multitud de bifurcaciones que ofrece el camino de cada hombre, los momentos en los que la acción más nimia puede de repente decidir el destino, son asuntos que atormentan y fascinan a Neville desde siempre, como él mismo reconoce:

> Siempre me ha preocupado la influencia decisiva que tiene la casualidad en nuestras vidas, el cómo cambia el curso de éstas el hecho fortuito de mirar a la derecha en vez de mirar a la izquierda al cruzar una calle, el retrasarse en dos minutos al ir a un sitio, cualquier circunstancia imprevista que le haga a uno conocer o no conocer a una persona.[1]

Estas mismas ideas se convierten en el núcleo de la historia que intentará reflejar primero en la tela blanca de la pantalla y luego en la escena teatral. *La vida en un hilo* constituye, según sus propias palabras, 'una variante sobre las pequeñas causas y grandes efectos'; una reflexión sobre lo imprevisible e inexorable del destino y la frágil frontera que separa lo que fue de lo que pudo haber sido. Dicha hipótesis existencial queda reflejada a través de la vida de una mujer cuyo matrimonio resulta ser una equivocación y que al enviudar recibe una segunda oportunidad de ser feliz cruzándose con el hombre que le estaba predestinado. Este argumento tan sencillo e ingenuo se convertirá en una película llena de frescura y emoción gracias a la varita mágica del guionista y director.

Guionista, director y también productor, puesto que con *La vida en un hilo* Neville, además de las tareas que ya ha aprendido a emparejar con satisfacción en sus películas anteriores,[2] por primera vez se hace cargo de la producción. Esta nueva responsabilidad no parece resultarle del todo ajena, ya que él mismo confiesa en una entrevista que su defecto como director reside precisamente en actuar siempre con la mentalidad de productor, preocupándose del presupuesto establecido e intentando ahorrar tiempo y planos.[3] De ahí que, teniendo entre manos un proyecto en el que veía un éxito seguro,[4] se lance a producir la película, a pesar de todas las limitaciones económicas y técnicas que esa decisión pudiera suponer para su realización.[5]

---

[1] E. Neville, 'Prólogo de *La vida en un hilo*' en *Obras Selectas* (Madrid: Biblioteca Nueva, 1969), p. 291.
[2] Antes de realizar *La vida en un hilo* (1945), Neville había rodado varios largometrajes basados en sus guiones originales — como *Frente de Madrid* (1939), basada en su propia novela; *Correo de Indias* (1942); *Café de París* (1943) — o bien guiones escritos por él a partir de argumentos ajenos, como en el caso de *La Parrala* (1941) o de *La torre de los siete jorobados* (1944).
[3] Declaraciones de Neville en D. Fernández Barreira, *Primer Plano*, 150, 29 de agosto de 1943.
[4] En el Prólogo a *La vida en un hilo* leemos: 'Como estaba seguro del éxito, decidí producir yo mismo la película.' Véase E. Neville, *Obras Selectas* (1969), pp. 291-94.
[5] El presupuesto que consta en el expediente de Inspección de rodaje del día 27 de noviembre de 1944 asciende a 1.745.717, 20 pts, lo que supone un montante bastante escaso (Archivo General de la Administración, Caja/ Leg. nº 4673). De ahí que Neville se viera obligado a invertir su propio dinero.

Sin embargo, el rendimiento que el autor obtiene de este presunto filón no se corresponde con sus expectativas. Neville lo achacará a la falta de cualquier promoción por parte de la distribuidora que 'no se gastó ni un céntimo en hacer publicidad, la presentó de cualquier manera [...], no se cuidaron de haber hecho un buen contrato con el cine ni de haberle dado la propaganda necesaria'.[6] El reconocimiento de la crítica — y el dinero — llegará con el tiempo, pero ya demasiado tarde para favorecer económicamente a su creador. No obstante, aunque esta primera experiencia estuvo lejos de espolear la nueva actividad de Neville, conviene recordar que el director volverá a ejercer de productor en muchas más ocasiones, y en proyectos evidentemente más arriesgados.[7] Todas estas iniciativas, independientemente de los resultados, dan fe de su vocación profesional — acompañada de un innegable espíritu deportivo — y confirman la convicción que él mismo profesaba, admitiendo que 'eso de que el director sea al mismo tiempo el productor es lo ideal'.[8]

De todas formas, el hecho de lanzarse a esta triple aventura por primera vez precisamente en el caso de *La vida en un hilo* demuestra la gran confianza que el director depositaba en la película, su compromiso de autor y su absoluta identificación con la obra. Tal vez por eso hay tanto de Neville en la misma historia: más allá del tema que le apasiona, resplandece como nunca su espíritu melancólico y alegre, irónico y soñador y, con él, las reminiscencias de su propio 'hilo de vida'.

3.1.1 *El azar, en tren y bajo la lluvia: una historia* nevillesca

El relato empieza en una estación de trenes, donde una joven viuda, Mercedes, se despide de la vida provinciana que soportó durante el matrimonio, decidida a coger el tren que la llevará a la capital. En el compartimento coincide con una artista de circo y adivinadora — 'no de lo que ocurrirá, sino de lo pudo haber ocurrido' — y ésta le revela lo que podría haber sido de su existencia si no se hubiera casado con su difunto marido. Aquí la historia retrocede al momento crucial de la vida de la protagonista, una tarde lluviosa en una floristería, donde Mercedes al mismo tiempo conoce a dos hombres y al aceptar el taxi de uno y no del otro, marca su futuro conyugal. El azar hace que los dos desconocidos pasen

---

[6] E. Neville, 'Prólogo a *La vida en un hilo*', en *Obras selectas* (1969), p. 292.
[7] Neville vuelve a ejercer como productor ya en su siguiente película, *Domingo de carnaval* (1945); lo hará también en *Nada* (1947) y en *El marqués de Salamanca* (1948), realizada en coproducción con COCFE; *El último caballo* (1950); *Cuento de hadas* (1951), coproducida con Sagitario Films; *Duende y misterio de flamenco* (1952), rodada en coproducción con Suevia Films; y, finalmente, en *La ironía del dinero* (1955), coproducción con Les Grand Films Français que supondrá un absoluto fracaso económico y la última empresa de Neville como productor.
[8] J. Pérez Perucha, *El cinema de Edgar Neville* (Valladolid: Semana Internacional de Cine de Valladolid, 1982), p. 108.

a su lado y ella elige a Ramón, el ingeniero de puentes, en vez de Miguel Ángel, el escultor que, en realidad, es el que le podía haber aportado la felicidad.

La vuelta al punto de partida en el que Mercedes se vio invitada a elegir — aunque inconscientemente — su destino, abre la narración en dos partes, con iguales situaciones, pero con distinto personaje masculino. Mientras el tren avanza en medio de la noche, la conversación de las dos mujeres va revelando en paralelo dos sucesos matrimoniales de la protagonista: el real, ocurrido, y el imaginario, que nunca llegó a cumplirse. La misteriosa compañera de viaje le va contando a Mercedes la historia amorosa que pudo haber vivido, mientras ella rememora la gris realidad que conoció. Así, de un lado, cobra presencia en la pantalla su existencia rutinaria con un marido 'buenísimo, honestísimo, muy de derechas, trabajador, rico... pero un horrible pelmazo'; del otro, la posible vida matrimonial con 'un artista, un bohemio' que lleva 'el germen de la alegría, la naturalidad, la falta de preocupación por la etiqueta y, en definitiva, un frescor a libertad y a juventud'.[9]

La evocación de ese momento crucial que dio origen a todo despierta en Mercedes los recuerdos del principio de su noviazgo con Ramón, sus encuentros — aparentemente casuales — en casa de unos amigos comunes, los Vallejo, los buenos consejos y presiones que pronto la conducen a la boda. El mismo desenlace la habría esperado si hubiese aceptado la invitación del otro caballero, aunque la cadena de sucesos que la hubiese conducido al altar con el otro hombre habría resultado bastante más entrañable y graciosa. Y para que Mercedes pueda comprobarlo, Madame Dupont, gracias a sus poderes adivinatorios, en seguida la sitúa en el umbral de su otra alternativa matrimonial.

En la vida que Mercedes estuvo a punto de vivir, la vida *non nata*, la irresistible simpatía de Miguel la lleva a visitar su estudio de escultor el mismo día en que se conocen. Allí les sorprende el amigo de Miguel, el profesor Cotapos, acompañado de los señores de Sánchez, una familia de un pueblo de Huesca que viene a encargarle al artista 'el monumento al hijo más preclaro de la localidad'. Para causar buena impresión, el joven disimula ante sus clientes que Mercedes es su esposa y luego, para seguir el juego, los dos se ven obligados a viajar juntos a Burguillos y compartir una habitación de matrimonio. Ese juego inocente (y del todo decente, ya que los dos, para no acostarse juntos, pasan la noche sentados en los sillones), al final, se vuelve premonición de su inminente enlace matrimonial.

Pero la boda que tuvo lugar en la realidad fue con Ramón. Este recuerdo hace desvanecer el sueño contado por la adivinadora y Mercedes empieza a revivir su triste convivencia matrimonial, tejida de desencuentros y desilusiones desde la misma noche de bodas. Así, cobra presencia en su memoria — y en la pantalla — su vida en la apolillada casa de una provincia del Norte, que el matrimonio comparte con las tías Ramona y Escolástica. La joven vive allí relegada a una existencia rutinaria, presa de hipócritas convenciones, soportando a los ordinarios

---

[9] E. Neville, *Obras selectas* (1969), p. 291.

y maledicentes pequeñoburgueses, el asfixiante ambiente de las visitas y las faltas de tacto de su marido. En vano intenta cambiar los gustos estéticos y las costumbres de su entorno: los cuadros que descuelga vuelven a su sitio, la *écuyère* Isabel a la que defiende ante las viperinas invitadas de las tías, queda condenada al ostracismo. Un día Ramón le propone cambiar de aires y hacer un viaje a Madrid, para que pueda ver a su amiga y divertirse en una *boîte*. Pero una vez en la capital, un encuentro fortuito con antiguos compañeros de Ramón convierte la esperada escapada en otra reunión aburrida.

En las antípodas de este ambiente rígido y patético se encuentra la hipotética convivencia de Mercedes con Miguel, cuyos detalles le va revelando la amaestradora de patos, Madame Dupont. El escultor, en contraste con el respetable señor ingeniero, le hace saborear las alegrías de la vida matrimonial; entiende perfectamente su alma femenina, comprende sus caprichos y comparte sus desilusiones. Cuando Mercedes sufre la traición de su amiga Isabel, Miguel sacrifica la pintura más preciada de su colección con el fin de regalarle un abrigo de visón y logra animarla para que salgan a bailar. En la sala de baile coinciden con Ramón y sus compañeros. Pero esta vez Mercedes se encuentra al otro lado del espejo de su vida, y el que era su marido en la realidad ahora está casado con otra mujer.

Al final Mercedes vuelve a recordar la muerte de Ramón quien, decidido a empezar un régimen de vida higiénica, un día enferma de pulmonía. Ella, tras cumplir el luto de tres años, decide abandonar el Norte y mudarse a la capital. Y aquí es donde termina el trayecto del tren. Todavía en la estación, el benévolo destino le ofrecerá a la joven viuda una segunda oportunidad, permitiendo que los hechos vuelvan a repetirse. Mercedes se cruza con Miguel, al principio no lo reconoce y por segunda vez rechaza el taxi ofrecido por el desconocido. Pero unos momentos después, asocia el relato de la adivinadora con la situación del presente y echa a correr tras el coche, para atrapar la felicidad que la aguardaba desde aquel día lluvioso del pasado...

En esta fábula sobre el azar, donde Neville nos convence de cómo la vida pende y depende de lo más nimio, el tren y la lluvia son verdaderos vehículos del destino. Un simple viaje en ferrocarril puede deparar un cambio vital y un leve chubasco resultar trascendental para el futuro. Al ahondar en los testimonios del director y sus colaboradores en torno a su obra y vida — realidades inseparables entre sí — resulta imposible no percibir vínculos con la inverosímil historia de la película. Entrevistado por Marino Gómez Santos sobre sus comienzos como cineasta, el artista confiesa: 'Entonces tuve el encuentro definitivo de mi vida. Vi asomados a un tren en el que yo salía, los ojos más bellos que jamás he visto....'.[10] Los ojos de su compañera y musa Conchita Montes, a los que confiesa no haber dejado de mirar desde entonces, decidieron su futuro, no sólo sentimental; lo cual no habría pasado si los dos no hubieran subido a aquel tren...

---

[10] VV. AA., *Edgar Neville en el cine* (Madrid: Filmoteca Española, 1977), p. 16

Del otro lado de esta increíble historia amorosa, escuchamos la voz de la misma Conchita que, en un documental dedicado a Neville,[11] cuenta como un día precisamente la lluvia impulsó al joven Edgar a acercarse a ella por primera vez. El entonces cineasta incipiente, ya deslumbrado por su futura musa pero preso de las convenciones de la época, aguardaba el momento oportuno para abordarla. Éste se le presentó cuando Conchita, sentada en una terraza, se quedó sola porque, como empezaba a llover, el chico que la acompañaba se fue a buscar un taxi...

4. Madame Dupont (Julia Lajos) y Mercedes (Conchita Montes).
En el compartimiento Mercedes coincide con una artista de circo y ésta le revela lo que podría haber sido su existencia si no se hubiera casado con su difunto marido...

5. Mercedes y Ramón (Guillermo Marín).
Aquí la historia retrocede al momento crucial de la vida de la protagonista, una tarde lluviosa....

---

[11] Documental *El tiempo de Neville* (1990). *Guión y dirección*: Pedro Carvajal y Javier Castro; *Productora*: Los Film del Buho; *Intervienen*: Conchita Montes, Luis Escobar, Rafael Neville, Isabel Vigiola de Mingote y Luis María Delgado.

Así, de un lado, cobra presencia en la pantalla su existencia rutinaria con un marido buenísimo, honestísimo, muy de derechas, trabajador...

6. Mercedes y Ramón.

... del otro, la posible vida matrimonial con un artista, un bohemio que lleva 'el germen de la alegría, la naturalidad, la falta de preocupación por la etiqueta y, en definitiva, un frescor a libertad y a juventud'.

7. Mercedes y Miguel Ángel.

8. Mercedes y Miguel Ángel.
La joven vive relegada a una existencia rutinaria, soportando a los ordinarios y maledicentes pequeñoburgueses, el asfixiante ambiente de las visitas...

9. Mercedes en el estudio de Miguel Ángel.
La irresistible simpatía de Miguel la lleva a visitar su estudio de escultor el mismo día en que se conocen.

10. Mercedes y Miguel Ángel.
.... *el benévolo destino le ofrecerá a Mercedes una segunda oportunidad, permitiendo que los hechos vuelvan a repetirse* ....

3.1.2 *Coincidencias, plagios, versiones*

Curiosamente, el tema del azar en el cine[12] a menudo emerge a través del rítmico estrépito del tren o del susurro de la lluvia.[13] Nos damos cuenta de este fenómeno

---

[12] En nuestra opinión, el azar — al margen de revelarse como una de las claves temáticas de la obra de Neville — constituye uno de los temas universales del cine; sin embargo, hay historiadores que lo interpretan como característica especial de una generación de cineastas. Así, por ejemplo, Antonio Castro lo asocia precisamente con la 'otra generación del 27': 'Estoy hablando de la influencia del azar en la vida de las personas [. . .] cuya preocupación era al parecer común a la mayor parte de los integrantes de la generación del 27'. Véase 'El cine de Edgar Neville', en María Luisa Burguera Nadal, Antonio Ubach Medina, Antonio Castro, *Edgar Neville (1899-1967): La luz en la mirada*, ed. José María Torrijos (Madrid: Ministerio de Educación y Cultura, 1999), p. 109.

[13] Cabe resaltar a propósito que el mismo *remake* de la película de Neville que en los años noventa realiza Gerardo Vera — al que nos referiremos más adelante — resalta dicha importancia argumental de la lluvia a través de su título *Una mujer bajo la lluvia*, aunque hay razones para creer que Vera se vio obligado a renunciar al título original debido a las reposiciones de la película de Neville en los cines españoles justo antes del estreno de su adaptación. De todas formas, el nuevo título conserva la elocuencia a la que aludimos. Además, la película de Vera pone énfasis en el tema de la lluvia mediante los propios recursos de filmación: la lluvia está presente en muchos planos y situaciones, parece envolver las imágenes, hay incluso momentos en los que la pantalla refleja una cortina de agua en primer plano, nublando del todo el encuadre y convirtiendo la lluvia en su protagonista.

al reparar en otras películas que, como *La vida en un hilo*, se adentran en el laberinto de lo que pudiendo ser no fue, y de lo que siendo pudo no ser.

En *El azar* de Krzysztof Kieślowski,[14] el protagonista Wojtek va corriendo tras un tren en la estación de Łódź donde se bifurca su destino. La cámara registra la misma acción tres veces, pero sólo en el primer intento el joven consigue alcanzarlo, en otros se queda en el andén, cada vez en circunstancias diferentes. A partir de este evento aparentemente banal, su vida sigue caminos distintos y en la pantalla contemplamos cada una de las sucesivas variantes. La emblemática cinta del *cine de desasosiego moral* polaco (*kino moralnego niepokoju*), al igual que la de Neville, indaga sobre las casi infinitas posibilidades que se pueden dar a lo largo de la existencia de cada hombre, entre las cuales sólo una, en un momento y en un espacio dado, sirve para edificar un destino entero.

Del mismo modo, en *Dos vidas en un instante*[15] el camino de la protagonista, encarnada por Gwyneth Paltrow, se desdobla justo en el momento de coger el metro: presenciamos la vida de Helen que sube al vagón y otra posible, en la que la misma Helen se queda en el andén, mientras que el reencuentro con el destino feliz tiene lugar nada menos que en un puente, bajo la lluvia.

La película de María Ripoll, *Lluvia en los zapatos*[16] igualmente juega con mezclar una historia real y otra hipotética. En ella, la vida de Víctor Bukowski experimenta un giro y sigue el rumbo determinado por sus consecuencias; más tarde, se le permite al protagonista volver al punto de partida, como si no hubiera pasado nada, pero con la lección aprendida; al igual que le sucede a Mercedes después del encuentro con la adivinadora.

Aunque todas estas películas hablen de la influencia del azar en nuestras vidas jugando con la perspectiva de lo real y de lo imaginario, y en *Dos vidas en un instante* aparezca incluso — rizando el rizo de las coincidencias — una referencia *nevillesca* al oficio de ingeniero de puentes,[17] no parece que estos títulos compartan con *La vida en un hilo* algo más que la idea de mostrar las vidas posibles. Tal vez solamente Kieślowski logre abordar este fenómeno con la misma inteligencia y sensibilidad que Neville, aunque en un tono y ambiente totalmente diferentes.

---

[14] *El azar (Przypadek)*, 1981. *Guión y dirección*: Krzysztof Kieślowski; *Producción*: Zespół Filmowy 'Tor', Polonia.

[15] *Dos vidas en un instante*, 1998. *Dirección*: Peter Howitt; *Intérpretes*: Gwyneth Paltrow (Helen), John Lynch (Jarry), John Hannah (James).

[16] *Lluvia en los zapatos*, 1998. *Dirección*: María Ripoll; *Guión*: Rafa Russo; *Intérpretes*: Lena Headey (Sylwia Wed), Douglas Henshall (Victor Bukowski), Penélope Cruz (Louise).

[17] En una escena de la película en la que los protagonistas están dentro de un barco, Helen le cuenta a Jarry que su abuelo participó en la construcción del puente que se ve al fondo. Ella se queda ensimismada y dice: 'Me paro en él cuando quiero ... ', a lo que Jarry pregunta: '¿Construir puentes?', y Helen responde: 'No, cuando quiero pensar en mi abuelo'.

Los tres episodios que componen *El azar* muestran cómo cambia la vida del joven médico y cómo el entorno en el que se encuentra condiciona sus actitudes; no cabe duda de que en el fondo sigue siendo el mismo Wojtek, aunque resulta asombroso observar hasta qué punto las circunstancias llegan a moldear no sólo el destino, sino también la naturaleza del individuo. De un modo parecido, Neville dibuja el doble perfil de Mercedes: uno, rodeada de los ordinarios amigos del marido, de sus tías maledicentes e hipócritas; y otro, integrada en el ambiente bohemio y desprejuiciado de los artistas. En realidad, el cambio de su manera de ser se produce porque el nuevo entorno hace aflorar lo adormecido de su personalidad; no sólo no traiciona al personaje, sino además lo descubre en toda su complejidad.[18] En cambio las propuestas de Peter Howitt y María Ripoll no alcanzan este doble fondo de lo hipotético y azaroso de la existencia. Sus protagonistas, aunque cada vez se encuentren en un recoveco distinto, siguen metidos en el mismo laberinto: no experimentan, realmente, varias versiones de sus vidas, ya que su personalidad no se ve afectada; simplemente adquieren conocimientos y sacan conclusiones que les permiten seguir el mismo camino, evitando peligros y aprovechando atajos.

En cualquier caso existen películas cuya deuda con *La vida en un hilo* no dejaría lugar a dudas.[19] Neville menciona por ejemplo *Primera Comunión*, de Alexandro Basetti, donde dice advertir escenas exactamente iguales a las de su película.[20] El caso más explícito lo constituye, estrenada tan sólo tres años más tarde, *Si te hubieses casado conmigo* (1948), dirigida por Turjansky, con el guión del amigo y admirador de Neville, Enrique Llovet.[21] Esta película explora la misma idea del matrimonio que puede llevar a desgracia o felicidad, según el hombre al que elija la mujer: Victoria tiene que decidir entre el egoísta y antipático Carlos, y el alegre

---

[18] Este aspecto de la construcción del personaje en la historia de Neville lo resaltaremos más adelante. Al respecto, Ramón Sala Noguer dirá en su reseña que Neville 'llevando a Mercedes de un mundo a otro, de lo que fue a lo que pudo ser, del gris al technicolor, termina por descubrir ambos en el interior de sus personajes'. Véase J. Pérez Perucha, *Antología crítica del cine español 1906-1995* (Madrid: Cátedra y Filmoteca Española, 1997), p. 189.
[19] Somos conscientes de que los ejemplos citados en los epígrafes anteriores corresponden a nuestras apreciaciones subjetivas y no agotan la posible lista de referencias y asociaciones que la película de Neville establece con obras de otros directores. Así, por ejemplo, Eduardo Torres-Dulce relaciona *La vida en un hilo* con *Kiss me, Stupid* (*Bésame, tonto*), de Billy Wilder (1964), adaptación de la comedia, *L'Ora della fantasia*, de Anna Bonacci, en la que un matrimonio burgués y otro pueblerino intercambian sus papeles conyugales. Véase '*La vida en un hilo*: el azar de la felicidad', *Nickel Odeón*, 17 (invierno 1999), p. 169.
[20] Véase 'Plagios y coincidencias', en J. Pérez Perucha (1982), p. 114. Neville menciona también una película americana con Gregory Peck, *Así es la vida*; sin embargo, no se ha encontrado ninguna confirmación de su existencia.
[21] *Si te hubieses casado conmigo*, dir. Victor Turjansky (Campa para Suevia Films, 1948). Argumento y diálogos: Enrique Llovet; Intérpretes: Amparito Ribelles, Adriano Rimoldi, Fernando Rey, Rosario Roya.

y espontáneo escritor Enrique. La protagonista sale con ventaja sobre Mercedes porque puede saber cómo transcurriría su vida con cada uno de los pretendientes antes de que la alternativa elegida se haga realidad, pero por lo demás sigue las vicisitudes del personaje de Conchita Montes de manera sospechosamente fiel (aparecen escenas resueltas de la misma manera: la de la boda, con cambio de pareja; la de la protagonista en la cama por la mañana molestada por los ronquidos del marido). De ahí que no sorprenda en absoluto que Neville, después de leer el guión de *Si te hubieses casado conmigo*, le comentara al autor: 'creo que es un tema precioso, tanto es así que lo había escrito yo'.[22]

La huella de la historia *nevillesca* la encontramos también entre los guiones que se presentan a las productoras españolas en los años inmediatos al estreno de *La vida en un hilo* y que nunca llegan a ser filmados. Así sucede por ejemplo con *Frente al destino*, que José Luis Barrero Garrido entrega en 1950 a la empresa Altamira.[23] El argumento de este 'guión técnico para una fantasía humorística cinematográfica' parte del encuentro de un joven profesor de filosofía, Ignacio, con Vesta, portadora de un maletín con tres películas cinematográficas, que no son sino tres posibles destinos del protagonista. Cada uno de ellos transcurre dependiendo de si éste acepta o no una copa de champán y las proyecciones de las tres cintas recuerdan, inevitablemente, a la vida virtual de Mercedes visionada en *La vida en un hilo*, aunque en esta última de manera más sutil e imaginaria, sin necesidad de recurrir a un proyector. Además, como no podría ser de otra manera, el futuro del protagonista se tambalea entre una vida feliz con Cristina — 'una mujer exquisita, de vida ligera y sin prejuicio alguno' — y la convivencia con Luisa, 'una buena muchacha, caprichosa pero dócil', en el seno de una familia hosca y sin escrúpulos. Como diría Neville, 'realmente hace falta mala suerte para que en esto pueda haber coincidencia'.[24]

Sin embargo, no resulta difícil comprender que el guión de *La vida en un hilo*, del que el mismo autor se siente tan orgulloso, cause admiración y sea objeto de inspiración, imitaciones o 'préstamos'. Su compleja construcción, de innegable brillantez e ingenio, es reconocida por el Círculo de Escritores Cinematográficos, que galardona al autor con el Premio al mejor argumento y al mejor guión. Neville, por su parte, retoma la idea argumental de la película en una de sus últimas creaciones, la tragicomedia *Aquella mañana*,[25] que nunca sube a los escenarios.

---

[22] J. Pérez Perucha (1982), p. 114.
[23] Guión original accesible en el Archivo General de la Administración de Alcalá de Henares, Caja/ Leg. nº 9699.
[24] J. Pérez Perucha (1982), p. 115.
[25] *Aquella mañana*, comedia histórica en la que Neville evoca los tiempos de María Antonieta y Napoleón, incluida en *Teatro Selecto*, III (Madrid: Biblioteca Nueva, 1963). La vuelve a editar José María Torrijos en María Luisa Burguera Nadal; Antonio Ubach Medina; Antonio Castro, *Edgar Neville (1899-1967): La luz en la mirada* (1999)

Este guión, tan complejo, y a la vez resuelto con una sencillez y finura admirables, tiene una curiosa trayectoria en línea capicúa: está concebido para la pantalla de cine, convertido en una pieza teatral y, finalmente, vuelve a su universo original con la nueva versión cinematográfica de Gerardo Vera, *Una mujer bajo la lluvia* (1992).[26] Desgraciadamente este último intento de actualizar la anécdota *nevillesca*,[27] al simplificar la estructura del relato y empobrecer toda la dimensión significativa del contenido, resulta fallido y desposeído del encanto de la creación original. En este epígrafe nos sumamos a la reticencia demostrada por muchos críticos respecto a la versión de Gerardo Vera.[28]

La nueva ambientación de la historia en consonancia con la época de fin de siglo — que se traduce, por ejemplo, en la sustitución del tren por el avión y de la estación por el aeropuerto —, lleva al también polifacético adaptador[29] a cambiar la vestimenta de los personajes y su manera de expresarse. De este modo, los rasgos habituales y las costumbres de la sociedad de los cincuenta, lógicamente, desaparecen. Y precisamente en la actualización de este cuadro en cuyo seno surge la historia *nevillesca* — por su parte, ya obsoleto — es donde Vera no logra preservar el espíritu del creador primigenio. Toda la parafernalia contemporánea, las jornadas de golf y cenas de negocios a las que asisten los protagonistas, no resultan suficientes — ni convincentes — como signos de caracterización de los personajes y de la época, dejando el argumento en la superficie de una preocupación más bien estética. Medio siglo más tarde, la crítica

---

[26] *Una mujer bajo la lluvia*, dir. Gerardo Vera (Sogetel, Sogepaq, Atrium Productions, 1992) *Argumento*: Manuel Hidalgo; Guión: Carmen Posadas, Gerardo Vera; *Intérpretes*: Ángela Molina (Mercedes), Antonio Banderas (Miguel), Imanol Arias (Ramón), Conchita Montes (Tía Amparitxu), Javier Gurruchaga (narrador). *Estreno*: 28.02.1992, Cines Capitol y Peñalver, Madrid.

[27] En este apartado de nuestro estudio no podemos dejar de mencionar la existencia — avalada en el catálogo de adaptaciones elaborado por Juan de Mata Moncho Aguirre *Cine y Literatura. La adaptación literaria en el cine español* (Valencia: Filmoteca Valenciana, 1986, p. 63) — de una versión mejicana de *La vida en un hilo*, realizada en 1953 por José Díaz Morales para Pereda Films y titulada *Mi noche de bodas*. La imposibilidad de su visionado y el hecho de que se trate de un *remake* de la película, anterior incluso a su versión teatral, nos lleva, sin embargo, a desistir de su inclusión en nuestro análisis.

[28] En este sentido Eduardo Torres Dulce llegó a decir que la adaptación ridiculizaba 'los ideales nevillianos'. Véase 'Una comedia bajo mínimos', en *Expansión*, 14 de febrero de 1992. Un análisis crítico y comparativo más amplio de dicho *remake* lo presenta Flora Lobato en su análisis narratológico de *La vida en un hilo*. Véase el apartado 'De *La vida en un hilo* a *Una mujer bajo la lluvia*', en *Edgar Neville entre la literatura y el cine. Análisis narratológico comparativo de algunas de sus adaptaciones* (Salamanca: Librería Cervantes, 2007), pp. 297–310.

[29] Gerardo Vera aparte de ser conocido como cineasta y director de teatro, es también actor y escritor, además de figurinista y escenógrafo. En este aspecto, no sin razón Flora Lobato aprecia en su trabajo que 'lo que aporta Gerardo Vera de forma más destacada está relacionado con su profesión de escenógrafo'. Véase F. Lobato (2007), p. 309.

a toda una burguesía ñoña, cursi e hipócrita, a la vida rutinaria, respetada y bien vista, es sustituida por una sátira sobre la gente guapa de hoy y sobre la fauna de un barrio bilbaíno habitado por 'hijos de sus padres, cachorros de la mejor sociedad', como advierte la voz de un nuevo narrador. El fabuloso contraste entre 'dos especies humanas', los defensores del tópico y los amantes de la libertad, que encarnaban los personajes en blanco y negro, en la película de Gerardo Vera se desvanece y nos encontramos con que el 'retablo de monstruos' que en Neville asediaba a Mercedes desde un lado de su destino, aquí la rodea independientemente del camino que elija. Esta misma observación la hace Flora Lobato hablando de la sustitución de los ambientes de la clase burguesa rancia de la obra de Neville con otros más afines a nuestros tiempos, llegando a la conclusión de que la diferencia entre la obra de Neville y la versión de Vera consiste en 'una divergencia de enfoque'. El objetivo de Neville era demostrar la existencia de personas bien diferenciadas, y hacer una sátira en clave de humor de la clase burguesa, mientras que el planteamiento de Gerardo Vera está exento de intención crítica.[30]

Ni la participación de Conchita Montes (en el papel de Tía Amparitxu), ni las frases conservadas del original, pueden salvar la gracia y la autenticidad que guardaba la antigua versión. Además, no encontramos mucho a cambio. El único acierto del nuevo guión parece estar en la idea de abrir y cerrar el relato cinematográfico trasladándolo a un escenario teatral y sugiriendo, de este modo, que toda la historia transcurre en un universo que empieza tras el telón. Asimismo, la figura del narrador explícito que, como la protagonista de la versión teatral de *La vida en un hilo*, comenta la acción dirigiéndose al espectador desde el escenario, vincula la obra de Vera no sólo con el original fílmico, sino también con su posterior adaptación escénica.[31] Indudablemente, este nuevo marco teatral en el que queda inscrito el periplo existencial de Mercedes aporta una perspectiva nueva e interesante, un nuevo enfoque que, además, cobra otro sentido si conocemos la doble existencia del original.

En este apartado de nuestro estudio no podemos dejar de mencionar la existencia — avalada en el catálogo de adaptaciones elaborado por Juan de Mata Moncho Aguirre[32] — de una versión mejicana de *La vida en un hilo*, realizada en 1953 por José Díaz Morales para Pereda Films y titulada *Mi noche de bodas*. La imposibilidad de su visionado y el hecho de que se trate de un *remake* de la película, anterior incluso a su versión teatral, nos lleva, sin embargo, a desistir de su inclusión en nuestro análisis.

---

[30] Véase F. Lobato (2007), p. 304.
[31] En lo referido a la vinculación de la película de Vera con la pieza teatral de Neville, Flora Lobato va incluso más lejos constatando que 'la adaptación de Gerardo Vera había partido de la adaptación dramática de Neville'. Véase F. Lobato (2007), p. 300.
[32] *Cine y Literatura. La adaptación literaria en el cine español* (Valencia: Filmoteca Valenciana, 1986), p. 63.

11. Cartel diseñado por José Luis Agreda.
Publicado en *Cine en papel. Los ilustradores valencianos dibujan al cine español*
(Valencia, APIV, 2000)

3.1.3 La vida en un hilo *en el cine*

Con su acostumbrado optimismo, a pesar del escaso presupuesto al que le obliga el crédito concedido por el Sindicato Nacional del Espectáculo (261.857 pesetas), Neville se lanza a rodar *La vida en un hilo*. Deposita toda su confianza en los actores contratados y en su capacidad de dar vida a la idea que él mismo, sin falsa modestia, reconoce como 'golosa'. El mérito del guión lo advierte incluso el expediente de censura, admitiendo que 'está concebido con originalidad y llevado con gracia e interés'.

Esta vez la censura le pone a Neville solamente tres trabas, todas concernientes el enfoque temático de la historia: molesta la dosis de magia que trae consigo el personaje de la adivinadora; preocupa la intención de emparentar la gente virtuosa y respetable con los 'pelmas' y aburridos; y también resulta sospechosa la importancia concedida al azar. Está claro que para las instancias oficiales es necesario evitar esta clase de planteamientos que cuestionan el orden establecido o suponen que puede existir algo más allá de él. De acuerdo con dichas indicaciones, en la página 10 queda suprimida la frase 'también el destino tuvo la culpa' y en la página 20, en la frase: 'la persona creada por el destino' se suprime la parte 'por el destino'.[33] No obstante, aunque desaparezcan algunas expresiones de la conductora *voz en off* referentes al destino, el mensaje que tanto ha inquietado al censor, finalmente pasa del papel a la pantalla.

El rodaje empieza el 27 de noviembre de 1944, en los estudios C.E.A. de Madrid, y dura treinta y tres días. En la labor de director secundan a Neville Encarnita Giménez (la script), José Martín (jefe de producción) y Luciano Díaz (2º ayudante de dirección). Dentro del equipo técnico, cuenta con el operador Enrique Barreyre, cuya fotografía destaca también en toda la trilogía de sainetes criminales; con Sigfrido Burmann, autor de los decorados, y José Manuel García Briz ('Jotaeme'), quien ambientará las dos atmósferas distintas de la película. José Muñoz Molleda, cuyas melodías acompañan la mayoría de las obras de Neville, compone la música. En el rodaje interviene también Kurt Doogan, famoso solista de la música '*tzigane*', que se ocupa de las escenas de baile.

En el cuadro artístico de la película, encontramos los nombres más célebres de la época: Rafael Durán, quien, en los años cuarenta, compite con Alfredo Mayo por el lugar del galán favorito del cine español y será la principal estrella del reparto (también la más cara);[34] Conchita Montes, la compañera y actriz *fetiche* de Neville, que actúa en casi todos sus proyectos cinematográficos; Guillermo

---

[33] Todas las citas provienen del expediente de censura nº 316-44, Madrid, 23 de noviembre de 1944, firmado por el censor F. Ortiz (AGA, Caja/Legajo 36/4673). Véanse también los cambios señalados en el Esquema Nº1/ LVH.
[34] La distribución de sueldos queda reflejada en el Cuadro Artístico de *La vida en un hilo*, firmado el 15 de enero de 1945 por Edgar Neville (AGA, Caja/Legajo 36/4673).

Marín, reconocido actor con gran experiencia teatral que, según muchos, representa el mayor acierto interpretativo de la película. Además, el poderoso desfile de los secundarios, por los que Neville ha sentido siempre un aprecio especial y que, como es habitual bajo su dirección, crean personajes inolvidables: Alicia Romay, que construye un tipo complejo en el breve espacio de una escena; Julia Lajos, insuperable en el papel de adivinadora y extravagante artista de circo; María Brú, Eloísa Muro, Juanita Manso, María Saco y Rosario Royo, que hacen — en palabras del director — 'unas señoras de sombrero portentosas de naturalidad, exactamente iguales a esas que van por allí hablando y a la vez merendando, haciendo comentarios absurdos sobre los espectáculos ... y despidiendo a las criadas'.[35] Por lo que respecta a los hombres, aparte de Luciano Díaz, insuperable en su breve intervención como chófer,[36] cabe destacar a Joaquín Roa, experto en encarnar secundarios de particular eficacia, que aquí hace el papel del profesor llamado Cotapos,[37] y a Manolo París, quien interpreta en *La vida en un hilo* la última escena de su larga carrera de actor.

El estreno tiene lugar el 26 de abril de 1945 en el cine Capitol de Madrid. A pesar de que 'la gente lo pasó muy bien durante el estreno' — según asegura Neville en el prólogo a la edición de la obra de teatro homónima —, el título permanece en cartel poco más de una semana.[38] Como ya hemos mencionado, esta breve existencia en la cartelera puede deberse a la falta de interés y escasa

---

[35] Véase Alvear, Horacio, 'La historia y las historietas de una película: *La vida en un hilo*', en *Primer Plano*, 232, 25 de marzo de 1945.
[36] Prácticamente todas las fichas artísticas de la película divulgadas hasta la fecha (desde la publicación de Julio Pérez Perucha, hasta los recientes trabajos de Santiago Aguilar, los estudios de María Ángeles Rodríguez Sánchez y Gregorio Torres Nebrera, o el análisis de Flora Lobato) mencionan como intérprete del papel de chófer a Enrique Herreros. Nos vemos obligados a desmentir este dato que aportaba al elenco el atractivo sabor del *cameo* de uno de los artistas del grupo y amigo del director. El nombre de Herreros figura tan sólo en el primer cuadro artístico de la película, del 27 de noviembre de 1944, mientras que en el expediente del final de rodaje, con fecha del 15 de enero de 1945, es sustituido por Luciano Díaz. Además, como podemos apreciar en el citado documento, el papel del chófer queda incluido entre los personajes señalados por Neville como 'sustituidos por otros actores'.
[37] A propósito de esta primera referencia al personaje del profesor Cotapos — descrito en el guión como 'un hombre bajito y raro, bohemio, autor de conciertos que no se estrenan nunca y de inventos que ya han sido inventados' —, nos parece oportuno hacer énfasis en la correcta transcripción de su nombre para la cual nos basamos en el guión original, los expedientes de autorización de rodaje, así como en los títulos de crédito de la película.
[38] En cuanto al número exacto de días, la consulta de las publicaciones más relevantes revela una discrepancia: mientras el propio Neville en el citado prólogo a la pieza teatral habla de 'los ocho días que duró en cartel', mientras que el monográfico de Julio Pérez Perucha, que incluye dicha cita de Neville, y el artículo de Sala Noguer, en J. Pérez Perucha, *Antología Crítica del Cine Español 1906-1995* (1997), mencionan once días. Suponemos que los posteriores estudiosos van fomentando la ambivalencia de esta información al tomar como referencia una u otra de las citadas fuentes.

promoción por parte de la distribuidora, de la que tanto se quejaba el propio cineasta. Pero aunque él mismo apunta que la crítica tardó en reconocer el valor de la cinta y sólo 'pasado el tiempo (. . .) todos los periodistas cinematográficos empezaron a señalarla como una de las películas puntales del cine español y empezaron a darle premios honoríficos, a llevarla a todos los festivales y a todos los cine-clubs',[39] en la prensa del momento del estreno encontraremos muchos comentarios favorables. En este aspecto resulta interesante el comentario de Fernando Fernán Gómez, quien rememorando el estreno de la película de Neville, insiste en la favorable recepción del film e incluso, al contrario del testimonio del director, alude a su promoción en la prensa: 'Todos los comentarios que salieron fueron elogiosos, e incluso recuerdo que el anuncio en el que se lanzaba la película era una página en la que venían comentarios o frases elogiosas no de críticos de cine, sino de los intelectuales del momento. En este clima vi la película.'[40] Los críticos no dudan en calificar *La vida en un hilo* como 'una espléndida muestra de cine español inteligente, con acento y personalidad' (*Diario Baleares*, 22-V-1945) que, como escribe Carlos Serrano de Osma, 'cautiva desde el primer instante, para satisfacción del público y honor del cine nacional'.[41] Los elogios acentúan sobre todo el mérito del argumento y la elaboración del guión. Asimismo, la reseña de *Escenarios* anuncia que el argumento de esta película es el más original y divertido de los que se han llevado a la pantalla nacional.[42] El crítico García Viñolas ve en la propuesta de Neville una obra de madurez de la cinematografía española y la define como 'gran película literaria'.[43] En la calidad literaria tanto del ambicioso tema como de su hábil desarrollo insisten igualmente Enrique Llovet[44] y Arcadio Barquero, quien subraya el 'ingenioso hilo argumental' de la película.[45]

Al mismo tiempo, varios historiadores hacen referencia al rechazo que suscitaba en el público el novedoso — y transgresor para los tiempos que corrían — planteamiento argumental del film: 'hubo exhibidores que devolvieron la cinta porque la gente se iba del cine: no comprendían como Conchita Montes podía estar casada a la vez con Guillermo Marín y Rafael Durán'.[46] De ahí que la explicación de la corta carrera comercial del film la pudiéramos encontrar también en la audacia insólita que suponía tanto el tratamiento como el contenido

---

[39] Edgar Neville, 'Prólogo' a *La vida en un hilo*, en *Obras selectas* (1969), p. 292.
[40] E. Brasó, *Conversaciones con Fernando Fernán Gómez* (Madrid: Espasa, 1992), p. 39.
[41] Carlos Serrano de Osma, 'Comentario a dos films españoles', en *Cine Experimental*, 6, mayo-junio de 1945, p. 371.
[42] 'La vida en un hilo', *Escenarios*, 376, 11 de agosto de 1945.
[43] 'Lecciones de Buen Humor', *Primer Plano*, 246, 1 de julio de 1945.
[44] Enrique Llovet, 'El hilo de la película', en *Cámara*, 56, 1945, p. 43.
[45] Arcadio Baquero, 'Estreno en el María Guerrero de *La vida en un hilo* de Edgar Neville', *Alcázar*, 6 de marzo de 1959, p. 25.
[46] R. Sala Noguer, en J. Pérez Perucha (1997), p. 188.

de la historia *nevillesca*. De un lado, como apunta el director, la crítica no se enteró de que iba la película; del otro, como leemos en un artículo de prensa de la época, 'la gente no estaba preparada para que desde el cine se le quitara la razón'.[47]

La 'aureola' que, como dice Neville, al final rodea su película y hacia finales de los cincuenta ya 'ha quedado en la historia de cine',[48] ha ido resplandeciendo con más fuerza con el paso de los años. Para muchos *La vida en un hilo* merece figurar entre las mejores comedias que ha producido el cine español o, como mínimo, en el panteón de la filmografía del autor como la mejor de sus obras cinematográficas.[49] Sala Noguer ve la clave de su resistencia al paso del tiempo en la sorprendente modernidad de esta 'comedia fantástica sin rastro de espíritu ejemplarizante',[50] inédita en la época, y por eso también atemporal. Muestra de ello la encontramos en los comentarios que surgieron a raíz de las reposiciones del film que tuvieron lugar en la televisión española en los años ochenta y noventa, y que de manera unánime descubrían en la producción de Neville una película 'novedosa y poco menos que audaz'[51] que 'cuarenta y cinco años después de su realización sigue conservando intacto su atractivo'.[52] Por lo tanto, la perspectiva de la crítica contemporánea nos lleva hoy a percibir *La vida en un hilo* como una de las comedias más originales del cine español, pero sin dejar de reconocer que, a pesar de los mencionados contratiempos, en su momento la película supuso la consolidación de la singular trayectoria del cineasta y un laurel más para su carrera de guionista y director cinematográfico.

3.1.4 *Estrenos en el teatro*

Como confiesa Neville,[53] el éxito de *La vida en un hilo* en el cine hace que pronto piense en convertirla en pieza teatral. Pero la historia que logra verter en un guión en sólo unos días, ahora se resiste a la pluma del dramaturgo y la escritura escénica se extiende en el tiempo. Las dificultades técnicas le parecen tan inmensas que después de los primeros intentos abandona el proyecto y ya después de muchos años, cuando finalmente da con la solución, lo rescata y lo lleva finalmente a cabo. Una vez escrita la obra la intenta colocar en diferentes teatros de Madrid, y es entonces cuando se da cuenta de lo difícil que les resulta a todos hacer realidad el 'hallazgo' que se le ha ocurrido para trasladar su película al

---

[47] 'Los estrenos. *La vida en un hilo*', en *Diario Baleares*, 22-V-1945.
[48] Edgar Neville, 'Prólogo' a *La vida en un hilo* (1969), p. 292.
[49] En la encuesta acerca de las tres mejores películas de Edgar Neville, elaborada por la revista *Nickel Odeón* en el número especial dedicado al director, *La vida en un hilo* se sitúa en el segundo puesto. Véase *Nickel Odeón*, 17, invierno, 1999.
[50] R. Sala Noguer, en Julio Pérez Perucha (1997). p. 189.
[51] 'La vida en un hilo', en *ABC*, 21 de mayo de 1984.
[52] Tony Partearroyo, 'El toque Neville', en *El País*, 3 de abril de 1991.
[53] Véase Edgar Neville, 'Prólogo de *La vida en un hilo*', en *Obras selectas* (1969), p. 291.

escenario.⁵⁴ La complicada puesta en escena que exige la adaptación ideada por Neville desanima a muchos directores; al final, el reto lo aceptará Claudio de la Torre del Teatro María Guerrero.

El ingenioso procedimiento que parece causar tantas complicaciones a la hora del montaje es necesario para recrear en la escena la compleja estructura de la película. En pocas palabras, citando a Neville, 'la solución consiste en que la protagonista cuente su propia historia adelantándose al público durante las mutaciones'. Esta idea queda desarrollada a través de un montaje que el mismo autor describe como 'dificilísmo' y que se apoya en la utilización de una serie de telones. Gracias a este mecanismo escénico, los sucesos de la vida real de la protagonista y su pasado hipotético pueden ser reflejados en el escenario: mientras bajan y suben los telones, Mercedes cuenta las cosas que le pasan y las que le podrían pasar e, inmediatamente, éstas toman cuerpo sobre la escena. Claudio de la Torre soluciona las dificultades de esta compleja y moderna representación con la ayuda del escenógrafo Emilio Burgos y de Manuel López, autor de los bocetos del decorado. La decisión de emplear la técnica de revista para agilizar los diferentes cuadros permite que la puesta en escena resulte más efectiva y el esfuerzo de sus colaboradores todavía más eficaz. Lo comprobarán los espectadores del estreno de *La vida en un hilo* que tiene lugar el 5 de marzo de 1959 en el teatro María Guerrero de Madrid.

Además del ingenioso montaje, la atención del público la acapararán los intérpretes. En el reparto participan diecinueve actores y aunque los entusiasmados comentarios sobre la actuación abarcan a todos en general, los máximos elogios van dirigidos a los tres personajes protagonistas: María del Carmen Díaz de Mendoza, como Mercedes; Ángel Picazo y Luis Prendes en los papeles de protagonistas masculinos. Entre los demás actores aparecen artistas tan admirables como María Luisa Moneró, María Isabel Pallarés, Pepita Calvo Velásquez, Mercedes Muñoz Sampedro, Dolores Gálvez, María Rus, María de las Rivas, Agustín Povedano, Loreto Ardavín, etc. Según recuerda Arcadio Barquero, quien presencia este memorable espectáculo, 'el público siguió la representación francamente complacido y divertido. Los aplausos sonaron unánimes al término de los dos actos, y autor, intérpretes y director hubieron de saludar repetidas veces'.⁵⁵ Las críticas resaltan sobre todo la maestría del empeño del director y, en cuanto a la obra misma, el humor — 'profundamente divertido sin retorcimiento ni estrépito'⁵⁶ — y los diálogos, el ingenio de las

---

⁵⁴ En el citado Prólogo de *La vida en un hilo* leemos: 'Intenté colocarla en diferentes teatros de Madrid, y todos se asustaban de lo difícil que era la puesta en escena, y la única que quería ponerla era Carmen Troitiño en el teatro Recoletos; eso sí, reduciéndola en dos tercios de personajes y dejándola casi en monólogo, cosa que era bastante difícil'.
⁵⁵ Arcadio Baquero, *Alcázar*, 6 de marzo de 1959.
⁵⁶ N. González Ruiz, 'Teatro', *Ya*, 6 de marzo de 1959.

acertadas frases y el lenguaje punzante que, como dice Alfredo Marquerie, 'hace saltar chispas rientes'.[57]

El único reproche, repetido en varias reseñas, se refiere al desigual ritmo de la pieza, los altibajos de su temperatura cómica. Tanto Adolfo Prego en *Informaciones*, como José Monleón en *Triunfo* o Alfredo Marquerie en *ABC*, afirman que la primera parte de la comedia mantiene el regocijo de los espectadores en un alto nivel, mientras que en la segunda, la embarullada colección de anécdotas y la abundancia de demostraciones hacen que la acción se atasque y que disminuya la comicidad.

La vida en un hilo conocerá todavía una versión teatral más: en 1970 es estrenada en el Teatro Eslava de Madrid como comedia musical. La adapta y dirige Luis Escobar, escritor, actor y director escénico, aunando en el escenario el argumento y el diálogo de la original pieza *nevillesca* con la composición musical de Jaime Pérez. Según apuntan los críticos, el resultado es un espectáculo lúcido de decorados (ideados por Muntañola y realizados por Manuel López), excelente de vestuario (gracias a los figurines de Esparza) y muy cuidado coreográficamente (el mérito de Alberto Portillo). Las reseñas subrayan también el encanto y ritmo escénico de esta versión, debido sobre todo a la naturalidad con la que todos los números musicales se inscriben en la historia. Igualmente se aprecian los nuevos elementos que Escobar decide introducir en la comedia para aumentar su gracia y que establecen un nexo feliz con el espíritu alegre y subversivo del original.[58] Así, por ejemplo, en sintonía con el tono de humor irónico y teñido de nostalgia tan propio de Neville, entra en escena un coro de vicetiples entradas en años y nada esbeltas, convirtiendo un elemento escénico convencional en un recurso paródico, muy logrado y sorprendente. Los actores, en cuya interpretación en esta versión de la comedia se inscriben inevitablemente las facetas del canto y del baile, han despertado únicamente elogios: en primer lugar, la protagonista, Irene Gutiérrez Caba, y, junto a ella, Paco Muñoz, Julia Caba Alba, Mara Goyanes (comparada incluso con Shirley MacLaine), José Cerro, Asunción Montijano, Consuelo Lozano o Isabel Ortega, entre otros.

El veredicto de la crítica es unánime: espectáculos como éste son los que está necesitando la comedia musical española. Con esta adaptación, tres años después de la muerte de Neville, su argumento cinematográfico vuelve a pisar las tablas del escenario y, además, lo hace cobrando una nueva forma musical, la misma con la que el cineasta en 1917, con *La Vía Láctea*, estampaba la primera huella de su trayectoria artística. De este modo, *La vida en un hilo* de Escobar, como un

---

[57] A. Marquerie, 'Informaciones teatrales y cinematográficas', *ABC*, 6 de marzo de 1959, p. 57.
[58] F. Álvaro, *El espectador y la crítica (El teatro español en 1970)* (Madrid: Prensa Española, 1971), pp. 128–29.

La vida en un hilo en el Teatro María Guerrero

12. Mercedes, Miguel y Ramón delante de la floristería.

13. Encuentro en la sala de baile.

14. Estudio de Miguel. Visita de los Sres. de Sánchez.

15. Mercedes y Miguel en la alcoba de la casa de los Sres. de Sánchez.

16. Salón de la Sra. Vallejo. Mercedes y Ramón de visita.

17. Claudio de la Torre, director del montaje teatral de *La vida en un hilo*. Al fondo, el telón empleado en la escena de inauguración del monumento de Miguel en Burguillos.

homenaje póstumo al director madrileño, resucita el espíritu de su obra más personal recordando, al mismo tiempo, su primer brote *vodevilesco*. Toda una vida, en un hilo.

3.2 El guión, la película, el texto dramático: un intento de comparación

3.2.1 *El guión y la película*

Intentando descifrar la difícil labor de traslación del universo reflejado en la pantalla al escenario, conviene recordar que la historia objeto de este trasvase del medio cinematográfico al teatral, antes que en celuloide, surge sobre el papel, puesto que nace en forma de guión. Al disponer de este primer registro legible de *La vida en un hilo*, nos parece oportuno examinar su paso al plató y resaltar los cambios introducidos en el rodaje. Ante todo, pretendemos observar de cerca el tránsito de la película entre la cuartilla del autor y la cámara; es decir, entre los dos medios de expresión artística que nos interesan. Además, a través de dicho proceso podremos advertir el desarrollo del argumento fílmico en todos sus niveles, lo cual nos servirá, indudablemente, en el posterior estudio de su traslación a la escena teatral.

Con este objetivo confeccionamos el Esquema Nº1/LVH (incluido al final del libro) en el que resaltamos las diferencias más relevantes entre el guión y la historia filmada, desglosando la acción cinematográfica según las secuencias especificadas en el guión técnico original y cotejándola con la película. Asimismo, hacemos especial énfasis en los elementos que han sido el blanco de la censura, para evidenciar los eventuales cambios que no corresponden directamente a la voluntad del artista y que, aunque reflejan su actitud y se inscriben en el proceso creativo, no deben ser identificados con la intención del autor.

Basamos nuestro estudio en el guión original mecanografiado de *La vida en un hilo*, firmado por Edgar Neville, al que hemos tenido acceso a través del Archivo General de la Administración de Alcalá de Henares (AGA, Caja/Leg. nº 4673). El guión consta de 92 páginas y comprende 57 secuencias y 244 planos. Como fuente audiovisual utilizamos la copia de *La vida en un hilo* en formato VHS facilitada por la Videoteca de la Facultad de Ciencias de la Información de la Universidad Complutense de Madrid, apoyándonos asimismo en la transcripción de los diálogos de la película que hemos elaborado a partir de dicha copia. Asimismo, con el fin de evitar confusiones, tanto en el presente análisis como en los siguientes apartados del libro emplearemos la abreviatura 'GUIÓN/LVH' como referencia bibliográfica del mencionado guión, mientras que las iniciales 'LVH' nos servirán siempre para indicar el título *La vida en un hilo*.

Para Neville el guión representa la piedra angular de la obra cinematográfica, de ahí que las noventa y dos páginas en las que, como reconoce, 'allá por el año

1944 y en pocos días' despliega la historia de *La vida en un hilo*, reflejen la película prácticamente en su totalidad. Los cambios que hemos podido observar en realidad no alteran ningún aspecto significativo del argumento y se deben, sobre todo, a los retoques impuestos por la censura o a las necesidades del rodaje. (Véase el Esquema Nº1/LVH)

De acuerdo con las indicaciones del censor a las que aludimos previamente, han sido tachadas algunas expresiones referentes al destino (guión, págs. 10, 20) y al carácter de los 'pelmazos' (guión, págs. 18, 19, 31, 44, 64). Otros recortes observados en los diálogos conciernen fragmentos reiterativos que innecesariamente alargaban las conversaciones (los cuentos de Ramón, las recetas de Dª Encarnación) o derivan de su ajuste al ritmo impuesto por las imágenes. Sin duda, éstas son las razones que motivan las supresiones más notables en este aspecto: la eliminación de fragmentos de diálogo en la primera escena introductoria de la estación y en las conversaciones con las invitadas *codornicescas*. En cambio, las frases nuevas que suenan en la versión definitiva del film sirven para poner énfasis en algún elemento del discurso (las tarjetas de la boda, la profesión de Ramón), enlazar las escenas y anunciar los acontecimientos que vienen a continuación (los comentarios de las voces en *off*), o bien para introducir más gracia y espontaneidad (como las reacciones de Mercedes y Cotapos durante su encuentro en el estudio de Miguel, que parecen responder a un simple impulso de comicidad, registrado ya en el plató).

Neville incorpora además chistes e ideas que, probablemente, se le ocurren a la hora de rodar (p. ej. el *gag* en el que Ramón traga el agua con la que está enjuagándose la boca, o el comentario del taxista, que confiere más protagonismo a la figura del chófer) y que a veces corresponden a soluciones totalmente arbitrarias (como cambios de nombres y algunos datos sin relevancia para el argumento). Entre las alteraciones más visibles cabe mencionar la sustitución de la escultura griega en el estudio de Miguel por un cuadro de El Greco. La función que los dos objetos asumen dentro de la trama — tanto en el desarrollo de la acción como en la caracterización de la vertiente artística del personaje — , convierte esta modificación en simple muestra de la voluntad del director, capricho de un autor que, obedeciendo sus propias inquietudes artísticas, se inclina finalmente hacia la pintura.[59]

---

[59] La pintura constituye una de las vocaciones artísticas de Neville y a ella dedicó los últimos años de su carrera. El ejemplo más emblemático de la influencia pictórica en la cinematografía *nevillesca* lo constituye *Domingo de carnaval* (1945), película cuya ambientación se basa en la recreación fílmica de los cuadros carnavalescos del pintor Javier Gutiérrez Solana. Véase 'El temperamento español que recoge *Domingo de Carnaval*', *Primer Plano*, 263, 28 de octubre de 1945, pp. 2-3; y también el artículo del propio Edgar Neville, 'El pintor Solana, su primera y última intervención en el cine', *Primer Plano*, 247, 8 de julio de 1945, pp. 8-9.

Algunas de las variaciones advertidas afectan el cuadro artístico[60] de la película: desaparecen los niños que acompañaban a la familia de Sánchez y la cuñada de los Arrigurrita, Filomena; en cambio, Luisita deja de ser la única menor en el ritual de las visitas y viene acompañada de otro niño;[61] además, entra en el reparto la amiga de Mercedes, Isabel. En cuanto a los primeros cambios, aunque suponen una nueva configuración de personajes en algunas escenas, no inciden de ningún modo en el desarrollo de las mismas, ya que los actores que desaparecen encarnaban personajes totalmente episódicos. Finalmente, la introducción del personaje de Isabel, en realidad, desarrolla una idea que ya figuraba en el guión y supone simplemente la visualización de un episodio que antes permanecía inserto en el plano de los diálogos. En realidad el argumento de dicha escena y la información que aporta no cambia; la diferencia consiste en que en el guión Mercedes se enteraba del comportamiento de Isabel a través de la conversación con la anfitriona Mariana, mientras que en la película, Isabel está presente en la recepción y la conversación, sin variar prácticamente su contenido, se desarrolla entre las tres mujeres. De este modo, Isabel, antes solamente aludida en el diálogo, finalmente participa en la acción. Lo que cambia es el tono de la conversación (estando Isabel presente, los comentarios de las otras interlocutoras se suavizan) y su duración (el diálogo en el que participan ahora no dos, sino tres mujeres, naturalmente, se alarga).[62]

Por lo tanto, como hemos podido observar, ninguna de las modificaciones resulta sustancial para el desarrollo de la historia y, curiosamente, en la obra teatral, Neville volverá a algunas de las primeras propuestas del guión. Tendremos ocasión de reconocerlo en el siguiente apartado, en el que estudiaremos de cerca

---

[60] Estos cambios quedan reflejados en los dos cuadros artísticos incluidos en los expedientes de la Inspección de rodaje que se presentan, primero el 27 de noviembre de 1944 y luego, al finalizar el rodaje, el 15 de enero de 1945. En el primero figuran 22 personajes, en el segundo el elenco se ve ampliado hasta 29. Sin embargo, conviene señalar que, en realidad, el reparto de la película aumenta, respecto el primer cuadro artístico propuesto, en dos personajes mencionados arriba (el hermano de Luisita e Isabel), y si la diferencia del número de personajes entre el primer expediente y el segundo resulta mayor, es porque algunos personajes, aunque previstos en el guión, no quedan incluidos en el primer cuadro (Sra. Vallejo, Alcalde) o son introducidos en el cuadro definitivo, pero finalmente no aparecen en la película (Niño). Neville indica en el segundo expediente a dos personajes (Isabel y Niño) como 'creados después de guión'; asimismo señala a siete personajes como 'sustituidos por otros actores', y entre ellos, los que sí aparecen al final, y son: José María Franco, en el papel de Arribachu, que sustituye a Cesar Nueda; F. Delgado Tena, en papel de Anselmo, que sustituye a Marimón; y Luciano Díaz, en papel de chófer, que sustituye a Enrique Herreros (a este último caso hicimos referencia en una nota anterior).

[61] Los niños que aparecen en la película son hermanos de verdad. La niña es Puchy Bethencourt (que ya estaba prevista en el primer cuadro artístico) y el niño, Boyito Bethencourt (aunque no mencionado en el guión, aparece en la pantalla).

[62] Véase el Esquema Nº 1/LVH. GUIÓN PP. 72-73; SECUENCIA: Estudio de Mariana.

esta singular circulación de ideas y elementos del relato entre las dos versiones de *La vida en hilo*, confrontando la obra cinematográfica con la pieza teatral.

3.2.2 *Del cine al teatro: la trama*

Para llevar a cabo nuestro análisis comparativo y revelar los procedimientos que al final permitieron convertir la película en pieza teatral, nos serviremos de una tabla que desglosa, en paralelo, las sucesivas escenas de la obra cinematográfica y de la comedia dramática (Esquema Nº2/LVH). Dicho cotejo resultará más transparente y eficaz si lo realizamos en función de un armazón homogéneo: de ahí que el propuesto cuadro enfrente las secuencias del guión con la estructura de la pieza teatral, pero a través de unidades equivalentes destacadas en ambas versiones ('escenas' comprendidas como segmentos de situaciones que representan continuidad de acción y unidad de espacio). La transparencia del esquema elegido se basa, por lo tanto, en un desglose elaborado en virtud de un criterio común y aplicable para ambos formatos de la obra, que permite al mismo tiempo reflejar el nivel de correspondencia entre los contenidos y las estructuras de las dos versiones.[63] El esquema confeccionado de esta manera permitirá confrontar los contenidos y el transcurrir de los relatos fílmico y escénico, descubriendo las correspondencias y los cambios a los que el autor somete la acción fílmica en el escenario. Éste será el punto de partida para nuestra reflexión sobre el trasvase entre las dos formas artísticas de la obra.

De acuerdo con nuestra propuesta de confrontar las dos versiones de *La vida en un hilo*, el Esquema Nº2/LVH despliega la historia fílmica y escénica en función de las unidades de acción establecidas. La confrontación entre las escenas de la película y de la obra teatral revela un mecanismo de correspondencias sorprendentemente eficaz. Salvo algunas excepciones, la sucesión de situaciones observada en la pantalla se mantiene en la estructura de la pieza teatral. La prácticamente simétrica disposición de casillas dentro del esquema sugiere que nos encontramos con un caso de adaptación cuya forma y contenido denotan un importante grado de fidelidad respecto al original.

En efecto, *La vida en un hilo*, comedia en dos partes y un epílogo, se compone de escenas que en su mayoría encuentran sus equivalentes en las secuencias de la película, trasladando a la fórmula dramática el argumento de su precedente cinematográfico. La historia desarrollada en el escenario obedece a la misma línea narrativa: Mercedes, una joven viuda, tras cumplir el luto por su difunto esposo

---

[63] Desistimos asimismo de reproducir el desglose original del guión (57 secuencias, 244 planos) o el esquema de la estructura dramática propuesto por María Luisa Burguera, según el cual las sucesivas partes de la comedia se componen de: 1º parte, 10 situaciones; 2º parte, 10 situaciones; Epílogo, 5 situaciones. Véase Edgar Neville, *El baile. La vida en un hilo*, ed. M. Luisa Burguera (Madrid: Cátedra, 1990), pp. 69-70.

Ramón, decide mudarse a la capital, y al inicio de su nuevo periplo conoce a la adivinadora 'del pasado'. El encuentro con la misteriosa mujer la hace consciente de que su vida pudo haber tomado otro rumbo si no hubiera echado a perder la oportunidad que un día le ofreció el destino. Con ayuda de la vidente, la viuda va confrontando, a partir de aquel momento decisivo, la vida vivida en realidad con la otra hipotética. Al final de este viaje virtual — a través de la memoria y de la imaginación — la protagonista conoce los detalles del otro camino 'posible' que pudo haber compartido con Miguel, el hombre que la hubiera hecho dichosa. Sus caminos vuelven a cruzarse y ella, consciente del feliz destino que no llegó a cumplirse, lo atrapa aprovechando esta segunda oportunidad.

En ambas versiones, el núcleo de la trama lo constituye igualmente la alternancia de las escenas de Mercedes con Ramón (lo vivido — real) y las escenas con Miguel (lo hipotético — imaginario). La diferencia consiste en que en la pantalla la cadena de recuerdos de la vida pretérita e imaginaria de la protagonista se inscribe en el transcurso de su viaje entre la provincia y la capital, mientras que en la obra dramática surge entre sus preparativos para la mudanza y la instalación en el nuevo piso de Madrid, quedando todo el viaje fuera del relato escénico. Por lo tanto la adivinadora, que en vez de artista de circo es ahora prendera, no coincide con Mercedes en el compartimento del tren, sino que se presenta en su casa del Norte, y es allí donde empieza a contarle cómo habría sido su vida si hubiera hecho caso a Miguel, el escultor, en lugar de a Ramón, el ingeniero y su difunto esposo.

Esta visita, al igual que el encuentro fortuito con Madame Dupont en la versión cinematográfica, da paso al entramado de escenas ubicadas en diferentes planos temporales. Su sucesión prácticamente reproduce la cadena de acontecimientos fílmicos, manteniendo el mismo orden y contenido de los sucesivos bloques:

1) desde el encuentro en la floristería hasta la boda con Ramón,
2) la alternativa de aceptar el taxi de Miguel seguida de la visita en el estudio del escultor, la inesperada llegada de los señores de Sánchez, la estancia en Burguillos y la ceremonia matrimonial con el artista, interrumpida por Ramón y convertida en la boda celebrada en la realidad,
3) la frustrada noche de bodas con Ramón y las escenas de la vida matrimonial provinciana, con las abluciones matinales, las conversaciones de sobremesa y las discusiones al acostarse, ruptura de la rutina con la excursión a Madrid y la noche de diversión en la sala de fiestas.

Hasta aquí la adaptación escénica sigue los giros del guión con absoluta fidelidad y precisamente en este punto aparece la primera diferencia digna de consideración. En la versión cinematográfica la escena de baile protagonizada por Mercedes y Ramón da paso al encadenado de secuencias que escenifican la vida imaginaria de la protagonista con Miguel Ángel y concluyen con la visita de la pareja en la misma sala de fiestas. En la pieza teatral, Mercedes pasa de ser la esposa real de Ramón a asistir con Miguel al salón de baile directamente en la siguiente escena, sin que veamos antes representadas las situaciones de su desenfadada y optimista vida con el artista. De ahí en adelante, la historia en las tablas vuelve a fluir en paralelo con el guión filmado, recreando la fatal cena en el hogar provinciano que desemboca en la muerte de Ramón.

Al prescindir del viaje en tren la historia dramática tampoco puede concluir en la estación, de ahí que el epílogo de la obra suponga otra novedad: vemos a la viuda ya instalada en el piso madrileño, mientras Miguel resulta ser su vecino, pues vive en el mismo edificio. Mercedes, sin querer, provoca su primer encuentro y enseguida reconoce al hombre que — según las profecías de la adivinadora — le está predestinado desde hace tiempo. De este modo, el destino vuelve a cruzar sus caminos y Miguel, al principio algo sorprendido con el exaltado recibimiento de la vecina, termina aceptando la amistad y el amor que le brinda la joven desconocida.

Como hemos podido comprobar hasta ahora, la *nevillesca* fábula sobre parejas cruzadas y destinos equivocados renace en el teatro en su totalidad y sin grandes alteraciones. En lo que se refiere a la historia — aparte de las diferencias secundarias que analizaremos más adelante — , los principales cambios conciernen el marco general de la historia, su inicio y desenlace. No obstante, antes de adentrarnos en la estructura narrativa de la adaptación y examinar todos los aspectos y niveles de la narración, conviene apuntar que dichas modificaciones se sitúan en la superficie misma del relato, sin alterar de manera significativa la trama original, puesto que, aunque la comedia empieza y termina de manera diferente a la obra cinematográfica y no transcurre al son del estrépito de un tren en marcha, la ficción fílmica, salvo la laguna de varias escenas a la que aludimos anteriormente, permanece íntegra en el escenario.

3.2.3 *Enunciación y estructura narrativa*

El azar nos mira profundamente a los ojos.

Wisława Szymborska

Yo veo la vida que pudo haber llevado, mirándola a los ojos.
En el fondo de sus pupilas ha quedado impresionada la vida que estuvo a punto de vivir.

Madame Dupont

La traslación de la pantalla al escenario de una trama tan compleja y enrevesada como la de *La vida en un hilo* supone, sin duda, un reto insólito. Y haberlo logrado sin alterar de manera significativa el argumento, tal y como vimos en el epígrafe anterior, da fe de una gran habilidad e inventiva del adaptador en el manejo de los recursos del medio escénico y toda la carpintería teatral. No sorprende que este proceso se viera paralizado durante tanto tiempo, sobre todo, si tenemos en cuenta que el autor pretendía no sólo recrear en las tablas la historia que fue antes contada a través del cine, sino también reproducir la misma manera de contarla, es decir, la estructura de la narración.

La sofisticada maquinaria narrativa que sustenta la trama filmada — no sin razón descrita como 'un alarde cinematográfico para la época'[64] y considerada 'rigurosamente visual y cinematográfica'[65] — es, sin duda, lo que le causa a Neville más quebraderos de cabeza y aplaza durante años la escritura de la adaptación. Hasta que un día da con la solución, que consiste precisamente en salvar la voz narradora, la misma que en la película guiaba al espectador por la zigzagueante línea del argumento a través del mosaico de los tiempos pretéritos de los *flashbacks*.

3.2.3.1 El narrador

La figura del narrador omnisciente, tan frecuente en el cine de Neville, en *La vida en un hilo* se revela como el verdadero soporte y vehículo del relato.[66] La instancia narrativa sirve aquí para sujetar los dos principales pilares de la diégesis fílmica evocados mediante *flashbacks*, y para ello adopta dos focos de narración: de un lado, Mercedes nos relata su pasado real; del otro, Madame Dupont va contando — a Mercedes y, al mismo tiempo, al espectador — los sucesos del pasado imaginario.[67] Ambas se van alternando en la función narradora, introducen y comentan los respectivos planos narrativos de la historia y las sucesivas escenas que los componen. Lo hacen de las dos maneras: apareciendo en la pantalla en las secuencias del interior del vagón (en total son once los insertos en la película, introducidos siempre en los puntos de transición de un plano temporal al otro, salvo en la escena de la boda, donde el salto del pasado imaginario al real es comentado por la voz en *off*) o bien, a través de la voz en *off*, que se sobrepone a las imágenes comentadas.[68]

---

[64] M. L. Burguera Nadal; A. Ubach Medina; A. Castro, p. 113.

[65] E. Torres-Dulce, *Nickel Odeón* (1999), p. 166.

[66] En la filmografía de Neville la figura del narrador se manifiesta, por ejemplo, en *Duende y el misterio del flamenco* (1952) mediante la voz en *off*; en *La ironía del dinero* (1955) a través del personaje narrador que sale en pantalla; en *Mi calle* (1960), igualmente narrada por una voz en *off*.

[67] Al respecto Flora Lobato, en el citado estudio de la adaptación de Neville, distingue entre narrador homodiegético y heterodiegético En este sentido la instancia narrativa empleada en *La vida en un hilo* presenta todavía más complejidad: no sólo se desdobla en dos narradores, sino que, además, dicha dualidad se debate entre dos diferentes condiciones del narrador: el narrador que forma parte del universo narrado (homodiegético) y otro que le es ajeno (heterodiegético).

[68] El propio director vigila la coherencia de este mecanismo, y prueba de ello la encontramos en la corrección de la distribución de las voces en *off* prevista en el guión en la escena que explica la muerte de Ramón (GUIÓN/LVH, pp. 81-82). Esta secuencia del guión era la única que no cumplía dicho principio, ya que el comentario sobre el pasado real lo pronunciaba Madame Dupont en vez de Mercedes. Finalmente, en la película, la voz de Madame Dupont es sustituida por la de Mercedes, en coherencia con el planteamiento mencionado.

En el teatro, este dúo de voces narradoras queda sustituido por los apartes de la protagonista, que en varias ocasiones se dirige a los espectadores para explicarles la acción representada en el escenario. Las intervenciones de Mercedes asumen el papel de las escenas en el interior del tren — o las voces pronunciadas desde allí — entrelazando los episodios de la trama fílmica.[69] Basta con que avance unos pasos hacia el público para que las escenas resulten bien separadas e identificables. Como la fuente de todos los relatos imaginarios — la voz de la adivinadora — no puede inscribirse en la trama de la obra tan fácilmente como en la banda sonora de la película, su sabiduría opera mediante los comentarios de Mercedes, que sí está en el centro de la acción. Si Neville renuncia a reproducir las voces en *off* en el escenario, no lo hace por los condicionamientos técnicos — ya que la maquinaria de la época permitía introducirlas — sino más bien porque estaba convencido de que su reproducción no resolvería el problema de la adaptación y que la vertiginosa alternancia de grabaciones y parlamentos de los actores resultaría demasiado confusa para el público. De ahí que la decisión de sustituir las voces en *off* con los apartes venía exigida por la misma estructura del relato o, mejor dicho, su adaptación al escenario.

Por lo tanto, en la obra dramática es Mercedes quien toma las riendas de la narración. Sus apartes aúnan las dos voces narradoras escuchadas en la película y al retomar el papel de Madame Dupont, ella misma se convierte en enunciadora de su propio pasado alternativo. Sin embargo, esta nueva condición no la convierte en omnisciente. No sucede así porque, mientras que en la película su vida hipotética era contada por Madame Dupont, aquí Mercedes deja claro que lo que nos está relatando le ha sido revelado por Doña Tomasita.[70] De este modo, como en la película, la protagonista conoce y puede contarnos su pasado, mientras que el plano imaginario no deja de ser revelado por la adivinadora, aunque mediante las palabras de la joven. Este matiz acerca, todavía más, el mecanismo enunciativo de la adaptación a su precedente fílmico: aunque sobre las tablas hay sólo una voz narradora, en cierto modo resuena en ella el eco lejano del coloquio del tren.

La imposibilidad de separar en el teatro la voz de su dueño hace que los comentarios del enunciador queden necesariamente separados de la acción en la que participa. Esta restricción del medio escénico imposibilita la yuxtaposición sonora de voces en *off* que observamos en la película. En el film las voces de las narradoras no siempre suenan en sincronía con las imágenes: acompañan las escenas narradas, pero las escuchamos también cuando la imagen corresponde a otro plano narrativo, distinto al comentado. En varios momentos de la película

---

[69] En total son nueve las escenas del interior de tren en la película y siete los apartes de la protagonista en la pieza dramática (cinco en la primera parte y dos en la segunda). Aunque conviene recordar que en el cine, incluso cuando no vemos en la pantalla a Mercedes y Madame Dupont, sus voces entran en la banda sonora en la mayoría de las secuencias.

[70] Así por ejemplo, empieza uno de sus monólogos diciendo 'Me contó Doña Tomasita . . .'.

las palabras de las narradoras quedan suspendidas en el pasado aunque el encuadre nos instala ya en el presente o, al revés, adelantan los sucesos del tiempo pretérito antes de que éstos sean visualizados en la pantalla.

Dicha falta de sincronización entre la banda sonora y las imágenes en la película produce el efecto de 'solapamiento' de diferentes planos narrativos y/o temporales, explicitando, de este modo, la presencia del narrador. En el teatro, aunque Mercedes aparece ante el espectador como protagonista y narradora de las mismas acciones, sus comentarios no se superponen a los acontecimientos y los consecutivos bloques de la trama quedan perfectamente separados. No obstante, sobre las tablas, también denotaremos cierta ambigüedad en el plano de la enunciación.

Nos advierte de ello la misma Mercedes cuando, desde la perspectiva del presente, nos comenta los hechos de su pasado sin haber cambiado de vestimenta (escena de la floristería) o cuando, precisamente para trasladarnos al otro plano temporal, decide cambiarla delante de nuestros ojos (escena de la boda). O cuando en la escena del Hotel Palace, refiriéndose a su sombrero, dice: '[...] lo *estrenaba* en este momento; es decir, lo *estreno* en este instante' (OBRA TEATRAL/LVH, Parte Segunda, p. 197).[71]

Esta frase, repetida en el pasado y en el presente, da cuenta de su condición de atrapada entre dos tiempos y expresa la misma 'ambigüedad enunciativa' que observamos en el film. Stuart Green, en el análisis de la adaptación desarrollado en su Tesis, hace referencia a este fenómeno — denominándolo *unintended ambiguity* ('ambigüedad no intencionada')[72] — como una concesión a la que el director se ve obligado para poder trasladar al teatro el discurso fílmico en toda su complejidad. Sin entrar en debate con el citado autor, nos permitimos destacar lo paradójico de este aspecto de la adaptación. Si nos damos cuenta, son las mismas limitaciones escénicas — que, en principio, dificultan la recreación de la ficción cinematográfica en el escenario — las que al final, imprimen a la narración dramática la misma cualidad que la caracterizaba en el cine.

En un trabajo de investigación anterior — al que aludimos en la Introducción — en el cual analizamos *La vida en un hilo* en el general contexto de la obra de Edgar Neville[73] vinculamos dicha ambigüedad con el cambio de la condición

---

[71] Para todas las citas procedentes de la obra teatral emplearemos la abreviatura 'OBRA TEATRAL/LVH', que corresponderá a la referencia bibliográfica de la edición de la que nos servimos en nuestro estudio: Edgar Neville, *El baile. La vida en un hilo*, ed. María Luisa Burguera (Madrid: Cátedra, 2003).

[72] S. N. Green, 'From screen to stage: The influence of classical Hollywood cinema on the theatre of the other generation of 1927 in Spain' (tesis doctoral inédita, Universidad de Sheffield, 2006), p. 114.

[73] Nos referimos al proyecto de suficiencia investigadora presentado para la obtención del Diploma de Estudios Avanzados: Joanna Bardzinska, 'El camino inverso: del guión cinematográfico al texto teatral. *La vida en un hilo*, de Edgar Neville' (Universidad Complutense de Madrid, 2004).

18. Mercedes (María del Carmen Díaz de Mendoza) en uno de los apartes, tras vestirse de novia delante del público.

de la protagonista que ocurría en el teatro respecto a su predecesora cinematográfica. Entonces concluimos que en la pantalla Mercedes era espectadora de su pasado imaginario, mientras que en la obra, empezaba a observar y vivirlo a la vez. Sin embargo, al retomar ahora estas reflexiones descubrimos señales de ese peculiar 'desdoblamiento' del personaje también dentro de la ficción fílmica, concretamente, en la segunda visualización de la escena de la floristería. El misterio ocurre cuando Mercedes está esperando el taxi, con Miguel al lado, y escuchamos la voz de Madame Dupont que se dirige a la protagonista, a través de la voz en *off* desde el compartimento del tren, animándola para que acepte la invitación del artista. En ese preciso instante, la que escucha las palabras de la adivinadora parece ser la Mercedes del pasado y no la Mercedes narradora sentada en el tren. Nos damos cuenta de que su respuesta, que suena igualmente en *off*, no pertenece a la protagonista —espectadora de su pasado, sino que verbaliza los pensamientos de la Mercedes que está instalada en él.

Dicha conexión entre varios planos narrativos se establece en el siguiente diálogo entre Madame Dupont y Mercedes, que escuchamos durante la conversación de la protagonista con Miguel:

MERCEDES (*a Miguel*) Voy aquí al lado, voy unas casas más arriba.
VOZ MERCEDES (*a Mercedes*) Cuidado, cuidado con lo que hace, usted debió aceptar.
VOZ MERCEDES (*a Madame Dupont*) Ah, es verdad.
(Exterior en la tienda de flores, GUIÓN/LVH, p. 21)

En este corto intercambio de frases en la pantalla al que hemos aludido, las voces de las dos mujeres atraviesan la frontera virtual entre el presente y el pasado, lo real y lo imaginario. Quizás sea éste el único momento revelador de similar permeabilidad de planos narrativos dentro de la obra cinematográfica, quizás se trate de un desliz del guionista... No obstante, este curioso detalle nos interesa sobre todo como precedente de un mecanismo percibido en la adaptación teatral, donde estas dos perspectivas de la protagonista — espectadora y sujeto de la acción — convergen en una. De este modo descubrimos otro vínculo invisible que, probablemente, sin deber su presencia a una premeditada intención del autor, parece unir las dos versiones de *La vida en un hilo*.

3.2.3.2 La estructura narrativa

El sujeto de la adaptación no es el argumento de la obra, sino la obra misma en su especificidad.

André Bazin

La práctica adaptativa de Neville, evidentemente, se hace eco de la premisa, citada más arriba, que en los años sesenta formula André Bazin. Con esta intención — adaptar la obra 'en su especificidad' — pretende verter en el medio dramático no sólo la historia sobre una vida que se debate entre dos destinos, sino también su compleja osamenta narrativa. Para trasladar al escenario el sofisticado sistema enunciativo de la película, como hemos visto, focaliza la narración a través del personaje de la protagonista. A partir de allí intentará también recrear todo el mosaico de planos narrativos que compone la obra.

En la pantalla Neville va tejiendo la narración con la libertad propia de un escritor, jugando con los puntos de vista y la perspectiva temporal, y esta desenvoltura se traduce en una estructura de varias capas y ramificaciones, donde la acción fluye libremente fuera de un cauce lineal. Este universo, aparentemente caótico, lo sustenta un cuidadosamente elaborado armazón que organiza la acción en dos sentidos: por un lado, la divide en tres bloques (prólogo, epílogo y el relato central; organización que inevitablemente remite a las reglas de la composición de guiones del cine clásico de Hollywood); por otro, enmarca en el presente una cadena de evocaciones del pasado en la que entrelaza lo imaginario y lo real con los insertos de la perspectiva del presente.

Podríamos decir que en la trama de *La vida en un hilo* convergen tres líneas argumentales que, a su vez, se sitúan en dos niveles distintos: la narración principal que transcurre en el presente y dos historias de desarrollo autónomo que se inscriben en ella, vinculadas entre sí a través de un juego de espejos y encrucijadas. Un planteamiento harto complicado, cuya ilustración gráfica podría tener la siguiente forma:

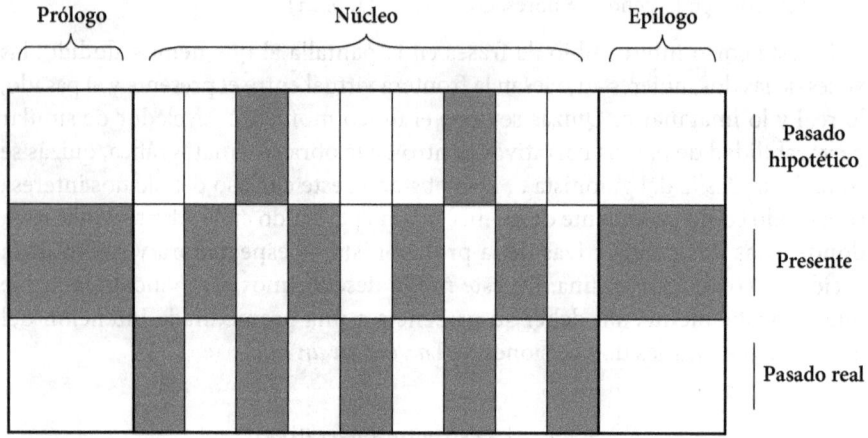

Esquema Nº 3/LVH

El argumento que se desarrolla sobre semejante tablero — en esta partida que el destino juega con una sola reina (Mercedes) y dos reyes (Miguel y Ramón) — va saltando entre el presente y el pasado, experimentando continuos giros y cambios de espacio. El vertiginoso ritmo de estos movimientos espacio — temporales, que en la película resulta posible con la ayuda de las voces narradoras y del montaje, en el escenario queda solucionado a través de las explicaciones de la protagonista en los apartes, además de otro gran 'hallazgo', muestra del ingenio de nuestro dramaturgo.

Se trata de un peculiar juego de telones que Neville idea especialmente para el montaje de *La vida en un hilo*. Aparte del telón habitual que sirve para separar las escenas, el autor introduce otros telones cortos: el telón 'del tedio' (o 'del aburrimiento'), que es utilizado para los episodios de la vida de Mercedes con Ramón y cuya aparición traslada al espectador al plano del pasado real; y el telón 'de la alegría' (o 'de la risa'), que acompaña las escenas que Mercedes comparte con Miguel y que al bajar, sitúa la historia en el plano imaginario. De este modo, el mecanismo teatral que normalmente sirve para abrir y cerrar los actos, aquí se convierte en el indicador de diferentes espacios y/o planos narrativos.

Los telones, convertidos por el dramaturgo en un eficiente recurso dramático, acompañarán la acción para anclarla a los correspondientes niveles de la narración, evitando una posible confusión, y permitirán viajar de un espacio al otro incluso sin cambiar de decorado. Así, los telones operarán a veces como un puro signo escenográfico: recreando por ejemplo la plaza del pueblo Burguillos, sin más *atrezzo* que la tela pintada, o desplegando ante el espectador toda una ciudad, a modo de un plano general con la panorámica de la capital industrial. Servirán también de guía y vehículo en el laberinto del tiempo. Bastará su muda elocuencia para explicar las transiciones, también las que no supongan movimientos en el espacio ni en la cronología. Su empleo en el episodio de la sala de baile, por ejemplo, permitirá marcar la frontera entre la realidad vivida y la soñada para presentar, en el mismo decorado y de forma seguida, las dos versiones de la anécdota. De este modo, el mecanismo teatral de telones, desempeña en la adaptación la misma función que en la película correspondía a las dos voces femeninas, que no sólo comentaban, sino que también servían para indicar los movimientos entre el pasado hipotético y el real.

3.2.4 Las coordenadas espacio-temporales

3.2.4.1 Espacio

El cine no es sólo crónica del pasado,
sino sueño del porvenir y buceo en el espacio.

Edgar Neville

Los apartes de la protagonista y los múltiples telones permiten repetir en el escenario los frecuentes movimientos espacio — temporales de la historia cinematográfica. Sorprendentemente, la pieza teatral ofrece casi la misma variedad de lugares de acción que la película. La cámara traslada la fábula a diecinueve ambientes diferentes;[74] la obra dramática consigue recrear la mayoría de ellos y, además, añade un decorado no utilizado en la pantalla: la casa de Mercedes en Madrid. Entre las localizaciones fílmicas que desaparecen en el escenario se encuentran: la estación de ferrocarril y el interior del vagón de tren, la peletería y las calles de la ciudad que recorre la 'pareja feliz', y la casa de Mariana, donde quedan antes de ir a bailar. El hecho de renunciar a estos espacios no parece derivar de las dificultades que podría suponer su recreación en la escena, aunque algunos de los análisis de la adaptación publicados esgrimen este argumento y explican, por ejemplo, la desaparición de la estación de trenes de la trama dramática diciendo que 'habría sido tarea difícil, a pesar de las convenciones teatrales, traspasar a T2 [la adaptación teatral] la estación del ferrocarril'.[75]

---

[74] Stuart Green hace referencia en su análisis a veinticuatro 'lugares de ficción' ('fictional places') de la película ('From stage to screen', p. 115). Dicha diferencia respecto a nuestro cálculo de localizaciones visualizadas en la pantalla puede explicarse con el hecho de que los diferentes espacios que componen la casa de Ramón o el hotel Palace los tratamos como uno solo, para facilitar la confrontación de espacios cinematográficos con los de la versión teatral. En cuanto al número de espacios representados en la obra dramática, no notamos discrepancias: el investigador igualmente indica catorce espacios en los que transcurre la historia representada en la escena.

[75] F. Lobato, p. 247.

En nuestra opinión ese argumento tiene poca validez, ya que tanto la estación como el mismo tren podrían haber sido representados en el escenario del mismo modo que lo es el automóvil u otros lugares de la acción. Basta ver las fotos del primer montaje de la obra, reproducidas en este libro, para observar hasta qué punto dichos decorados se apoyaban en la convención, sin demostrar ninguna aspiración realista. Las reducciones espaciales en la obra teatral encuentran su justificación más bien en las modificaciones de la trama misma (con las situaciones suprimidas desaparecen los espacios en los que se desarrollaban) y responden a la transformación del marco narrativo de la historia (que afecta a los espacios relacionados con el viaje que enmarcaba el relato cinematográfico). Nos reafirma en esta convicción la reconstrucción sobre las tablas de otro espacio, no menos complicado: la sala de baile; y, todavía más, la introducción del automóvil.[76]

Sin embargo, hay otras supresiones de localizaciones fílmicas en la comedia que, en efecto, obedecen al principio de simplificación espacial característico del medio escénico. Así, por ejemplo, los diferentes 'compartimentos' de lugares en los que transcurre la acción en la pantalla, en el teatro son representados por un sólo decorado; es decir, en lugar de varias partes del apartamento de los Vallejo, del hotel o de la casa del pueblo, se nos muestra una única habitación. Del mismo modo, resulta natural la ausencia en la comedia de las llamadas 'escenas de transición' a las que corresponden los recorridos del taxi por la carretera, salidas y entradas a las casas, los segundos en los portales y ante las puertas. Su supresión permite, evidentemente, prescindir de filas de extras que habitaban la ficción fílmica y supone, asimismo, menor cantidad de decorados en el escenario.

No obstante, aunque en el escenario advirtamos dicha reducción de espacios respecto los registrados por la cámara, resulta asombroso pensar que a lo largo de los dos actos de la obra el telón sube y baja más de veinte veces. Tampoco debemos olvidar la ingeniosa idea de mostrar espacios paralelos, empleada para las escenas de la casa del Norte, que permite, al igual que en la película, presenciar los sucesos que ocurren tanto en el salón como en el dormitorio o en el cuarto de baño de Mercedes y Ramón.[77]

En realidad, en el caso de *La vida en un hilo*, el vertiginoso ritmo con el que se van sucediendo los lugares de la acción y la velocidad con la que los personajes

---

[76] En la versión teatral de *La vida en un hilo* Neville propone construir en el espacio escénico un taxi en el que viajará Mercedes, una vez con Ramón y otra con Miguel. Curiosamente, este artilugio dramático recuerda el automóvil que el autor dice haber visto en la representación de *Rebeca* de Rambal, en 1944, y que describiría en una reseña de este espectáculo como 'una especie de puesto de castañas con un par de linternas'. Véase Edgar Neville, 'Teatro', *La Codorniz*, 152, 2 de julio de 1944, p. 16.

[77] La representación de espacios paralelos en el escenario no era una práctica popular por aquel entonces, debido a las limitaciones técnicas que condicionaban la escena española en los años cincuenta.

19. Espacios paralelos sobre el escenario: alcoba de la casa del Norte con el cuarto de baño.

del drama pasan de un decorado al otro, apenas dejan notar la falta de elementos ambientales o el encogimiento de los lugares en los que se desarrolla la acción. Esta ilusión, sin duda, da fe del espíritu cinematográfico que Neville lleva al escenario junto con la historia, precisamente como parte de la especificidad primigenia de su obra.

3.2.4.2 Tiempo

Cruzo en todas direcciones las olas de la vida, la tempestad de la acción.

Goethe

Edgar Neville es un cineasta y escritor verdaderamente 'amaestrado en el oficio del tiempo', como el propio personaje de Goethe. El tema del paso del tiempo constituye el eje dramático de varios títulos de su obra, y entre ellos se sitúa, indudablemente, *La vida en hilo*. Jesús Alonso López[78] ve en la fábula *nevillesca* 'una búsqueda del tiempo perdido sin magdalena', mientras que Eduardo Torres-Dulce la describe como 'una máquina sentimental del tiempo'.[79] Como veremos, estas definiciones encuentran su justificación tanto en la película como en la pieza dramática, ya que el autor es capaz de jugar con el tiempo con la misma audacia en cada uno de los dos universos.

En la adaptación escénica de *La vida en un hilo* no sólo quedan conservados los tres planos temporales que construyen la trama fílmica (el presente, el pasado real y el imaginario)[80] sino también los giros que sorprendían a los espectadores en el cine. Tanto la historia fílmica como la teatral empiezan en un tiempo real, para pronto evocar el pasado despertando los recuerdos de la protagonista y luego, en el mismo momento de la trama, pasar al plano imaginario. Del pasado imaginario la historia tuerce otra vez hacia lo sucedido en la realidad y sólo cuando, más adelante, vuelve a referirse a la hipotética convivencia de Mercedes con Miguel, entonces empiezan las divergencias entre la versión cinematográfica y la teatral. En la película, las dos versiones de la escena de baile (real e imaginaria) quedan separadas por otras cinco situaciones que pertenecen al plano ilusorio, mientras que en la obra, los acontecimientos de la sala de fiestas protagonizados por la pareja real y la hipotética son presentados en el marco de una sola escena,[81]

---

[78] J. Alonso López, *Cine de papel. Los ilustradores valencianos dibujan al cine español* (Valencia: Generalitat Valenciana, 2000), p. 98.

[79] *Nickel Odeón*, 17 (1999), p. 170.

[80] En nuestro estudio nos referimos a la dialéctica temporal de las dos historias reflejadas mediante los *flashbacks* como 'pasado real/vivido' y 'pasado imaginario/hipotético/ilusorio/alternativo/posible'. Sin embargo, conviene señalar la diversidad de denominaciones que emplean los diferentes investigadores para distinguir los dos planos del pasado. Entre los conceptos utilizados podríamos destacar: 'pasado efectivo/pasado futurible' (M. Ángeles Rodríguez Sánchez; Gregorio Torres Nebrera) o 'pasado real/irreal o virtual' (F. Lobato).

[81] En realidad, dicha escena queda dividida en dos, pero las dos partes se suceden de manera

prescindiendo de las peripecias de en medio. Más adelante, la película y la comedia vuelven a encontrarse: al final, la escena del baile nos conduce igualmente al plano del pasado real (la elipsis y la muerte de Ramón) y, al terminar, la historia es llevada al presente. De modo que, aunque difieran los episodios dedicados a cada uno de los planos en cantidad y contenido, en realidad, la sinusoide del tiempo que representa *La vida en un hilo* en el cine y en el teatro, resulta ser la misma.

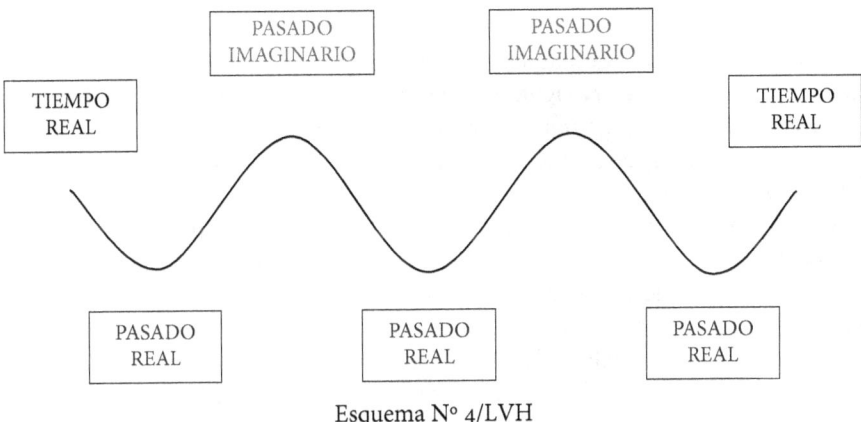

Esquema Nº 4/LVH

El mérito del autor estriba, por supuesto, en el hecho de hacerlo posible. Para lograrlo en el teatro, Neville se ve obligado a buscar diferentes maneras de resolver cada uno de los movimientos temporales que no coinciden con el final del acto,[82] y encuentra soluciones extraordinarias. La mencionada 'coreografía' de telones y los apartes de Mercedes sirven para indicar los giros entre los dos tiempos reales y el imaginario; no obstante, para hacer avanzar el tiempo e introducir elipsis dentro de cada plano de la historia, el autor utilizará también otros recursos.

Entre dichas soluciones, que consiguen que la acción dramática evolucione con la misma fluidez y dinámica que en el cine, encontramos: las apariciones de la doncella con el traje de boda que Mercedes se pone a la vista de los espectadores para poder en seguida representar su enlace matrimonial; el apagón de luz con el que, de repente, termina la escena de la visita de los Vallejo en casa de Ramón y que permite pasar a otra, ubicada en el mismo espacio, pero alejada en el tiempo;

---

directa, separadas tan sólo por la bajada del telón. Más adelante explicaremos de forma más detallada cómo queda resuelta.

[82] Como apunta Nicolás González Ruíz respecto al primer montaje de la obra, el único intervalo de la función correspondía al final de la primera parte, ya que el Epílogo enlazaba directamente con la segunda. Véase *Teatro Español. 1958-1959*, ed. Federico Carlos Sainz de Robles (Madrid: Aguilar, 1960), p. 348.

los anuncios de la radio que sirven para abrir y cerrar la escena del dormitorio y posibilitan las transiciones entre distintas situaciones de la vida cotidiana en el hogar provinciano. De este modo, la cadena de causalidad que en el teatro sirve para relacionar las sucesivas situaciones y coordinar las salidas y entradas de los personajes,[83] en la comedia de Neville implica también avances en el tiempo: con la facilidad del montaje cinematográfico, permite cortar y encadenar las escenas, incluso, literalmente, 'fundirlas a negro'.

La inventiva del autor no se agota en esa diversidad de mecanismos que engarzan los diversos episodios dentro del relato; en su dramaturgia, el papel del vehículo del tiempo lo desempeña también la música. La música prevista en las acotaciones de la obra sirve igualmente para trasladar al espectador en el espacio y en el tiempo, acompañando y anunciando las escenas. Así, una canción desafinada por Luisita introduce la escena del salón de los Vallejo; la marcha de Mendelssohn precede la de la boda; el pasodoble que ubica la acción en Burguillos pasa a la charanga para introducir la siguiente escena que transcurrirá en la casa del pueblo de los señores de Sánchez; la música de baile nos introduce a la sala de fiestas. No podemos negar, por supuesto, que la introducción de dichos elementos sonoros corresponda a las exigencias del medio teatral y sirva para que los actores puedan cambiar de vestuario o los técnicos preparar los sucesivos decorados; sin embargo, al margen de esta funcionalidad pragmática, las melodías que envuelven las escenas y las canciones que escuchamos hacen avanzar la acción o nos trasladan a nuevos ambientes, ocultando las 'costuras' que unen el pasado con el sueño y con el presente.

Al comparar la estructura temporal de la obra cinematográfica y de la teatral, aparte de comprobar que muestran la misma vertebración temporal, conviene que nos refiramos también al tiempo interno del relato, distinguiendo el tiempo de la narración y el tiempo de lo narrado. El primero corresponde a la duración de la película o representación teatral, es decir, los noventa y dos minutos que dura la proyección y alrededor de dos horas que duraría, por regla general, la función teatral. El segundo, resulta mucho más complejo y más difícil de medir: de un lado, comprende la trama principal planteada desde la perspectiva del presente; del otro, la historia — en sus dos vertientes, real e imaginaria — que es revelada en los sucesivos *flashbacks*.

---

[83] En el presente párrafo nos centramos en los recursos a los que acude el autor para pasar de una escena a otra cuando éstas están separadas en el tiempo, aunque, por supuesto, la adaptación teatral de Neville exige también la mencionada 'cadena de causalidad' que permite unir las escenas que simplemente se suceden. Por eso, las tías de Ramón, al colocar los muebles que ha quitado Mercedes en la obra teatral, añaden que tienen prisa debido a la próxima visita de Dª Encarnación: porque ella aparecerá en la siguiente escena. Del mismo modo, los Vallejo vienen a casa de Mercedes introducidos por Ramón, que explica que se los ha encontrado en la escalera: así pueden entrar en el escenario de la manera más natural, dejando que continúe la misma escena.

En cuanto al tiempo de la historia principal, que empieza nada más iluminar la pantalla o subir el telón, resulta más comprimido en la pantalla. En la película, el tiempo del relato en el que encajan todas las historias de *La vida en un hilo*, corresponde a una noche y dura tanto como un viaje desde la provincia del Norte a Madrid, incluyendo la espera en el andén y el principio del camino de Mercedes desde la estación a su casa. En el escenario, este tiempo se alarga retrocediendo más en el pasado y trasladándonos a un futuro más avanzado, puesto que la historia que abarca la pieza comienza con Mercedes viviendo todavía en casa de las tías de Ramón y concluye cuando la viuda ya está instalada en Madrid. Podemos suponer que el viaje con el que empezaba el film, en el teatro tiene lugar el mismo día que la inicial visita de Doña Tomasita — ya que las tías están preparando la maleta de Mercedes — , pero resulta imposible estimar en qué momento concluye la historia representada en el escenario, puesto que no existe ninguna indicación temporal respecto a la elipsis que separa la segunda parte de la obra y el epílogo.

La otra historia narrada, inscrita en la trama principal, corresponde a las escenas que surgen mientras Madame Dupont va despertando los recuerdos y la imaginación de Mercedes. Esta 'subtrama' la conforman dos cadenas paralelas de *flashbacks*, que no siguen ningún orden cronológico y cuyo discurrir, además, se rompe con sucesivas vueltas al presente. Las dos líneas argumentales de dicha 'subtrama' comparten el mismo punto de partida: la tarde lluviosa en la que se cruzan los caminos de los tres protagonistas. Sin embargo, la duración del periodo de tiempo que abarcan difiere y resulta difícil de comparar: en el caso del pasado real, la historia concluye con la muerte de Ramón, mientras que en el plano imaginario, se nos cuenta la vida de Mercedes hasta su aniversario de boda con Miguel. No obstante, una indicación temporal de la obra nos permite deducir que el tiempo transcurrido desde la muerte del marido ingeniero — donde acaba la visualización del pasado real — corresponde a tres años, por lo cual es posible establecer el tiempo global de la historia protagonizada por Mercedes en el plano real, que abarcaría: el periodo desde el primer encuentro con Ramón en la floristería hasta su entierro, seguido de los tres años de luto, enlazando con la escena de la estación que abre la narración principal del film y llevándonos con la protagonista hasta Madrid y su reencuentro con Miguel.

La propia naturaleza del cine, su poder de 'esculpir en el tiempo', y la maestría del director, capaz de confeccionar una estructura como un mecanismo de relojería, permiten desplegar este particular *puzzle* de tiempos en la pantalla. Neville consigue además que este mismo mosaico temporal se haga realidad en el escenario. En el teatro el tiempo igualmente avanza y retrocede, incluso hay momentos en los que permanece congelado; todo esto sin recurrir a la mesa del montador, contando tan sólo con los recursos del arte dramático y su imaginación.

Centrándonos sin embargo en las diferencias — naturalmente, inevitables — entre el tiempo de la ficción fílmica y la teatral, debemos referirnos al ritmo del relato en sus dos versiones, puesto que, aunque todas las líneas del argumento en el cine y en el teatro sigan las mismas coordenadas temporales, basta recordar el desfase que observamos entre el tiempo de la narración y las diferencias en el número de espacios representados, o la condensación de la parte del pasado imaginario en la pieza teatral — tratados en los epígrafes anteriores — para llegar a la conclusión de que la acción en la obra dramática transcurre más lentamente.[84]

Las diferencias en el ritmo interno de la narración están relacionadas también con la distribución de los puntos que focalizan la tensión dramática. En este aspecto, el nudo y el desenlace de la historia no sufren permutación en el proceso de adaptación.[85] Pero este 'paralelismo' en la puntuación dramática se rompe en la parte central del relato. En la película, el punto clave del núcleo de la narración lo constituye la escena de la boda, en la que convergen los dos 'hilos de vida' de Mercedes y que supone la expresión más explícita de ese desdoblamiento del destino del que surge toda la diégesis fílmica.[86] Mientras que en el teatro, el final de la primera parte de la pieza no se corresponde con esta puntuación dramática, puesto que el telón baja más tarde, tras la escena de la noche de bodas. En la obra teatral el foco de la tensión dramática se desliza hacia un punto más avanzado del relato, y a continuación, dentro de la ficción escénica, surge otro momento en el que volverán a confluir las dos opciones vitales de la protagonista. Nos referimos a la escena de la sala de fiestas, a la que aludimos anteriormente, y que tras su reorganización en el escenario supone un punto fronterizo entre los dos planos, real e imaginario. Neville, en vez de mostrar el cambio de la configuración de los personajes dentro de la misma escena repitiendo la misma situación dos veces, tal y como lo hace en la película, en la escena la divide en dos partes, separadas por el monólogo de Mercedes y la bajada del telón. De este modo, la versión teatral de la secuencia guarda el significado de su doble presencia en la pantalla y, al mismo tiempo, se convierte en un punto crucial para las dos historias.

Al margen de las mencionadas diferencias en el ritmo y puntuación dramática entre la narración fílmica y la escénica, el tiempo con el que Neville juega tanto en la pantalla como en el escenario, y cuyo itinerario y ritmo cinematográfico en gran parte logra imprimir a la obra escénica, difiere en los dos medios de manera considerable en un aspecto todavía no mencionado. Nos referimos a la dimensión temporal que presenta la historia de Neville en el cine y en el teatro. En contra de

---

[84] Stuart N. Green presenta esta misma conclusión en términos cuantitativos: basándose en el número de lugares y secuencias/escenas de las dos versiones de la obra, calcula que el tiempo medio en el que una localización permanece en la pantalla dura cuatro veces menos que en el escenario. Véase 'From screen to stage', p. 115.

[85] Nos referimos a la trascendental encrucijada de los tres destinos en la escena de la floristería (el nudo) y el reencuentro de Mercedes con Miguel (el desenlace).

[86] Recordemos que en dicha escena, mientras Mercedes avanza hacia el altar cogida del brazo de Miguel, aparece Ramón para sustituirlo y ocupar el lugar del novio.

lo que suelen resaltar los análisis publicados sobre *La vida en un hilo* hasta la fecha, no nos interesa tanto el hecho de cronometrar el tiempo vivido por los protagonistas dentro de la ficción fílmica y teatral como la posibilidad de ubicar ese tiempo en algún marco cronológico de referencia. De ahí que, de acuerdo con nuestro criterio, los aspectos temporales (que según Flora Lobato no difieren entre las dos versiones)[87] y las alusiones cronológicas (cuya ausencia en la comedia constata María Burguera)[88] constituyan elementos diferenciadores entre la película y su adaptación teatral.

Desde la perspectiva que nos interesa, 'la indeterminación' y 'la imprecisión temporal' a las que aluden las autoras citadas en sus respectivos análisis, caracterizan tan sólo la historia filmada. En el teatro, en cambio, el tiempo resulta más definido y concreto que en el cine. Los diálogos del texto teatral introducen referencias que sirven para ubicarnos en un tiempo determinado, expresiones que suponen 'una pista precisa del tiempo'.[89] Escuchamos nombres o datos que nos remiten a una realidad concreta y, de este modo, determinan la época en la que podría transcurrir la acción. Así funcionan los nombres de empresas ('Navieras', 'Hidroeléctricas') que mencionan las tías Ramona y Escolástica refiriéndose a los bienes de la viuda; la referencia a la institución caritativa de Roperos, que hace Ramón hablando de la generosidad de sus amigos; el nombre del local 'Las Coruñesas', que en un momento dado pronuncia Mercedes. Otras referencias muy claras las encontramos en la conversación entre los invitados en la casa de Ramón, cuando surge el tema del cine. En la versión teatral se mencionan entonces dos títulos, *El puente sobre el río Kwai* (David Lean, 1957) y *Mogambo* (John Ford, 1953); es decir, películas contemporáneas al estreno de la obra y bien conocidas por el público.[90]

---

[87] La investigadora dice respecto al tiempo fílmico que 'la indeterminación es la nota más sobresaliente del tiempo diegético", para resaltar a continuación que 'el tratamiento temporal aplicado al texto dramático no presta ninguna modificación reseñable'. Véase F. Lobato, pp. 266–72.
[88] En la edición de *La vida en un hilo* preparada por esta autora leemos que en la obra 'no existe ni tiempo de la obra ni alusiones cronológicas'. Véase *El baile. La vida en un hilo*, ed. M. L. Burguera, p. 67.
[89] Empleamos la expresión utilizada por Flora Lobato en su estudio para confrontar las observaciones de dicha autora con nuestro punto de vista, puesto que mientras la autora subraya la falta de 'una pista precisa del tiempo' en la versión escénica de *La vida en un hilo*, nosotros pretendemos en el presente apartado justificar lo contrario.
[90] María Luisa Burguera señala además otras referencias — englobables por la autora bajo el concepto de 'signos sociales/indexicales' — como la alusión al fútbol y el carnet de socio de Real Madrid, las canciones regionales, figuras históricas o topónimos. Todos estos elementos, sin duda, sirven para concretar el tiempo de la diégesis e inscribirla en una realidad determinada, pero resultan demasiado generales y universales para anclarla a un periodo histórico concreto. Véase *El baile. La vida en un hilo*, ed. M.L. Burguera, pp. 67–68.

El anclaje temporal que acabamos de observar caracteriza *La vida en un hilo* tan sólo en el escenario. Resulta difícil estimar hasta qué punto este nuevo enfoque histórico de la fábula se debe al mismo hecho de llevarla al teatro, o si lo condiciona el distanciamiento respecto al asfixiante clima político de casi dos décadas atrás. Tal vez se trate simplemente de una nueva mirada del autor, que esta vez está dispuesto a encajar la crítica de su propio protagonista, Miguel, que en la película reprochaba a las mujeres que 'todo lo enmarcan, todo lo concretan'.[91] Paradójicamente, es precisamente lo que Neville decide hacer con el tiempo en la versión teatral de su obra.

Aunque podríamos decir que, de alguna manera, esta actitud hacia el tiempo la transmiten los propios personajes. Ya en el epílogo de la pieza teatral, cuando Mercedes decide tirar el estrambótico reloj heredado de Ramón y lo arroja por la ventana de su apartamento, Miguel le dice al final: 'el tiempo no existe al quedarse sin reloj'. Más allá de lo brillante y absurdo de esta frase, nos damos cuenta de que, en realidad, habla de lo que ocurre en la obra. En la película la protagonista se desprende del recuerdo de su marido nada más empezar la historia, y el relato que sigue parece flotar fuera de cualquier tiempo definido; en el escenario, aguarda para destruir el reloj hasta el epílogo y los sucesos de su vida real e imaginaria que vemos representados a lo largo de la obra, nos remiten sutilmente a una época concreta.

3.2.5 *Transformaciones*

Como hemos podido observar, la versión teatral de *La vida en un hilo* se muestra fiel respecto a su matriz cinematográfica tanto en la traslación de la trama como del discurso, conservando en gran medida su estructura narrativa y espacial, el fluir del tiempo y su ritmo. Por supuesto resultan inevitables ciertos cambios. Hasta ahora hemos demostrado, primero su existencia en el nivel de la propia historia, y luego nos hemos centrado en los diferentes aspectos que conciernen a la traslación del discurso. Para poder apreciar el proceso adaptativo en su plena dimensión, proponemos volver a las principales modificaciones de la trama con el objetivo de descubrir los motivos de su introducción y darnos cuenta de su proyección sobre el resultado final de la adaptación.

3.2.5.1 Soluciones nuevas. Añadidos

Según hemos apuntado al principio de nuestro análisis, los principales cambios entre las dos versiones se refieren a la manera en la que el autor anuda y resuelve la misma historia en el cine y en el teatro. La película abre con la despedida en la

---

[91] GUIÓN/LVH, p. 22. Conversación entre Mercedes y Miguel en el interior del taxi.

estación de una provincia del Norte y termina con el encuentro fortuito a la llegada del tren a Madrid; la obra empieza con los preparativos de viaje en la casa familiar y concluye con la escena en el piso nuevo en la capital. Ambas modificaciones, como hemos advertido en los epígrafes anteriores, no parecen surgir a raíz de las limitaciones impuestas por los recursos escénicos, sino que obedecen a un nuevo planteamiento argumental: representan soluciones que el autor encuentra para contar la historia protagonizada por Mercedes prescindiendo de su viaje en tren. Y dicha renuncia al molde original de la narración, a su vez, surge como consecuencia de la transposición de la estructura narrativa del filme al medio dramático. De este modo, las alteraciones de la trama en realidad derivan del intento de reproducir en el teatro, de la manera más fiel posible, la obra cinematográfica.

No obstante, para caracterizar estas transformaciones no basta con darnos cuenta de su justificación general en la totalidad del proceso adaptativo. Conviene considerar, además, su transcendencia en el resultado de la adaptación; es decir, observar cómo dichas modificaciones alteran el relato y, para ello, debemos fijarnos en qué medida suponen equivalencias, añadidos o supresiones de los elementos presentes en la película. Al adaptar este prisma habitual de los análisis comparativos,[92] las dos alteraciones comentadas arriba (las nuevas soluciones del inicio y del final de la obra dramática) se nos revelarían, en principio, como *añadidos*: ambas corresponden a episodios no representados en la pantalla y amplían la historia original en el marco temporal y/o espacial (tal y como demostramos en los epígrafes anteriores, en el marco temporal, las nuevas soluciones correspondientes al principio y al final de la adaptación alargan el tiempo de la historia principal, al hacerlo retroceder más en el pasado y trasladándonos, al final de la comedia, a un futuro más avanzado; mientras que en el marco espacial la localización de la última escena de la adaptación teatral (la casa de Mercedes en Madrid) supone un decorado nuevo, no utilizado antes en la pantalla).

Al mismo tiempo, no podemos negar que las escenas que abren y cierran la comedia, inexistentes en la película y creadas específicamente para su versión teatral, nos resultan familiares y no muy ajenas al relato original. Esta impresión se debe, por un lado, al hecho de que ambas *soluciones nuevas* han sido empleadas para conservar la línea narrativa del filme y, por lo tanto, mantienen las mismas funciones dentro del desarrollo argumental: respectivamente, la presentación de los personajes y de la situación de la protagonista al principio, y el triunfo de la

---

[92] La habitual práctica comparatista se centra en el plano de la historia: así por ejemplo, equiparando los textos fílmicos y teatrales Seymour Chatman distingue 'supresiones' y 'añadidos' (*Historia y discurso: la estructura narrativa en la novela y en el cine*, Madrid: Taurus, 1990), o, como propone Sánchez Noriega, 'supresiones', 'traslaciones', 'añadidos' y 'desarrollos' (*De la literatura al cine*, Barcelona: Paidós, 2000)

felicidad y del azar al final. Por otro lado, descubrimos en ellas elementos procedentes de la materia fílmica.

En la primera escena teatral los diálogos entre Mercedes y las tías recuerdan su despedida en la estación, mientras que la aparición de Doña Tomasita recrea el encuentro con Madame Dupont y, además, incorpora gran parte de la información de las conversaciones entre las dos mujeres en el tren.[93] De igual modo, el epílogo de la comedia — aunque aparentemente supone una diferencia más radical entre ambas versiones — no sólo persigue el mismo resultado que el final fílmico, sino que lo consigue orquestando los mismos componentes. Como en el escenario Miguel no puede cruzarse con Mercedes en la estación, su estudio se encuentra justo debajo del nuevo apartamento de la viuda y el reencuentro de la pareja se produce de una manera prodigiosa, al igual que en el cine; además, con la ayuda de un objeto ya utilizado en película: el reloj de Ramón. En el teatro Mercedes tira el estrambótico artilugio por la ventana de su casa haciendo añicos la claraboya del vecino de abajo y, de este modo, inconscientemente, invoca al hombre del sueño incumplido: consigue que Miguel Ángel aparezca en el escenario. Esta escena tiene su equivalente en el filme, en la secuencia del principio en la que Madame Dupont le ayuda a Mercedes a deshacerse del espantoso reloj tirándolo desde la ventanilla del tren. En las dos versiones el reloj sale a relucir simbolizando el mal gusto del marido y toda la sociedad anticuada de provincias, mientras que su destrucción, tanto en el cine como en el teatro, expresa la ruptura definitiva de la protagonista con el pasado. Pero en el escenario ese mismo artilugio, al aparecer en otro momento, asumirá una nueva función: la del 'instrumento del destino', permitiendo que los caminos de Mercedes y Miguel vuelvan a cruzarse.

Las nuevas circunstancias del reencuentro con el feliz destino exigen también un recurso nuevo para que la protagonista pueda darse cuenta del milagro: en la película Mercedes reconocía a Miguel al ver la flauta que se le caía cuando bajaba del taxi; en la versión teatral, la clave es la palabra 'Pomona'.[94] Éste es el nombre de la escultura que se rompe por culpa de Mercedes y que, al ser pronunciada por el artista, le revela su identidad. De este modo, aunque cambie el recurso empleado, su mecanismo narrativo cumple el mismo objetivo: la mención de un detalle conocido a través de la exploración profética del pasado imaginario sirve para que la protagonista reconozca en el artista al hombre de su vida.

---

[93] En general, los diálogos de la conversación entre Mercedes y Madame Dupont en el compartimento del tren quedan trasladados a los apartes de la protagonista y al diálogo entre la joven viuda y Doña Tomasita al final de la primera escena.
[94] Curiosamente, esta nueva solución supone la vuelta a la idea del guión, donde en vez del cuadro de El Greco figuraba una antigua escultura griega. Véase el Esquema Nº 1/LVH (GUIÓN/LVH, pp. 27-29).

En la versión escénica Mercedes reafirma, además, su descubrimiento con la ayuda de otra situación deudora del original: la visita de los Sres. de Sánchez. Esta escena es repetida en el escenario dos veces: la primera, en paralelo a la de la película, y la segunda, precisamente en el epílogo, cuando aparece como una especie de *déjà vu* de Mercedes y permite demostrar sus conocimientos sobre el futuro, asombrando a Miguel en complicidad con los espectadores. Al igual que en el caso del episodio con el reloj, la escena de la familia de Burguillos demuestra cómo una situación conocida de la película pero colocada en otro momento de la historia, en el escenario adquiere una dimensión nueva.

María Ángeles Rodríguez constata a propósito que 'Neville mueve el hilo del destino con premeditación y alevosía y lo acomoda a su conveniencia y economía de medios en las dos propuestas'.[95] Sin embargo, la práctica que acabamos de observar delata más bien una férrea lealtad a la idea original y capacidad de desplegar los mismos ingredientes en dos medios diferentes, recomponiéndolos en busca del mismo efecto. En consecuencia, las soluciones nuevas revelan equivalencias de significados y funciones narrativas entre las dos versiones, y más que simples añadidos a la adaptación, suponen recreaciones del conjunto de las piezas del original.

3.2.5.2 Supresiones

En las antípodas de las modificaciones (que en el proceso de trasvase del cine al teatro introducen soluciones nuevas, transformando o sustituyendo las originales), se encuentran las *supresiones*. Este tipo de transformaciones — que corresponden a las omisiones de los elementos del original adaptado, como, por ejemplo, personajes, espacios, situaciones o subtramas del argumento — resultan más fáciles de detectar y menos ambiguas de clasificar. A diferencia de los anteriormente tratados *añadidos*, que se debaten entre la introducción de elementos nuevos y la reelaboración de los ya existentes y cuya definición, por lo tanto, resulta menos transparente (como hemos podido observar, en el caso de *La vida en un hilo*, los supuestos añadidos pueden suponer igualmente traslaciones de las funciones y de los significados del original, o las recreaciones de situaciones y las equivalencias entre las dos versiones).

En el caso de la adaptación que nos interesa, el cotejo de las dos versiones revela en seguida una laguna en la traslación del argumento fílmico a la escena. Dicha omisión ocurre en el tramo final de la historia escenificada sobre las tablas y corresponde al encadenado de secuencias que en la pantalla representaban la imaginaria vida matrimonial de Mercedes con el artista. Para María Ángeles Rodríguez Sánchez y Gregorio Torres Nebrera estos trece minutos de proyección

---

[95] M. A. Rodríguez Sánchez, p. 340.

que no se transfirieron al teatro constituyen la diferencia más acentuada entre los dos formatos de *La vida en un hilo*. En este apartado, para concluir nuestras reflexiones sobre la práctica adaptativa de Neville, nos interesan sobre todo los motivos de esta decisión y su repercusión en el resultado final.[96]

A estas alturas de nuestro análisis sabemos que el autor, en la adaptación de su obra, no se ve condicionado ni por la necesidad de frenar la alternancia de los decorados (porque dispone de un mecanismo que lo hace posible), ni por la obligación de sintetizar la acción (puesto que en el escenario incluso tiende a ampliar algunas secuencias del film).[97] La omisión argumental a la que nos referimos tampoco la justifica el nuevo transcurso de la historia. ¿Por qué entonces Neville, por otro lado tan fiel en la comedia a lo que había proyectado en la película, decide obviar en el teatro todo un bloque de episodios que ilustraban la vida bohemia de la pareja imaginaria?

La respuesta más convincente la encontramos en el estudio de Stuart Green, quien vincula los cortes realizados por el dramaturgo con las exigencias de las compañías teatrales de la época.[98] Es una observación del todo original, puesto que ninguno de los estudiosos de la adaptación repara en dicha justificación. Como sugiere el citado investigador, resulta muy probable que la propia estructura y las leyes según las cuales funcionaba la compañía del María Guerrero empujaran a Neville a renunciar en el escenario a la simetría de las dos historias matrimoniales de Mercedes, puesto que el triángulo de personajes principales que podía funcionar en la pantalla, en el teatro pondría en entredicho la jerarquía basada en la pareja de los primeros actores. De ahí que uno de los coprotagonistas masculinos tuviera que pasar a un segundo plano. Por motivos que nos parecen ya más difíciles de adivinar, el autor decide reducir los episodios que representan la vida de casados de Mercedes y Miguel. Como resultado, automáticamente queda más acentuada la acción protagonizada por

---

[96] Advertimos la desaparición de dichas secuencias al referirnos a la escena de la sala de baile que en la película cuenta con dos apariciones y en el teatro queda reducida a una. La omisión referida corresponde precisamente a las situaciones que separaban las dos escenas de la *boîte* de baile visualizadas en la pantalla. Se trata de cinco secuencias que, como podemos apreciar en el Esquema Nº 2/LVH, corresponden a los siguientes espacios y situaciones: 1) Estudio de Miguel. Visita de Marchante con Cotapos. 2) En la calle. Mercedes y Miguel hablando. 3) En la peletería. Probándose el abrigo. 4) En casa de Mariana. Encuentro con Isabel. 5) Estudio de Miguel. El regalo para Mercedes.

[97] Esta práctica la observaremos más detenidamente en el párrafo dedicado a las transformaciones en escenas paralelas de las dos versiones de *La vida en un hilo*, concretamente a propósito de las traslaciones al teatro de las visitas en casa de Ramón.

[98] Asimismo, aparte de referirse a la jerarquía de la compañía teatral como justificación de las omisiones de escenas de la trama, el autor sugiere que la reducción de personajes que deriva de dichas supresiones de escenas también podía verse justificada con las limitaciones del elenco de actores.

Ramón que, de este modo, se convierte en el protagonista indiscutible de la comedia.[99]

Nos podríamos preguntar de qué manera la ruptura de este equilibrio entre las escenificaciones de las dos opciones vitales de la protagonista cambia la percepción de la historia en el teatro (la medida de este desequilibrio nos da la proporción entre las 6 escenas protagonizadas por Miguel frente a las 11 que corresponden a Ramón). Sin duda tiene razón Flora Lobato al sostener que, a pesar de dichas supresiones, la 'estructura semántica' de la adaptación sigue siendo análoga a la de la película;[100] desde luego, no pierden fuerza ni el contraste entre los dos mundos opuestos ni el antagonismo entre los personajes masculinos del que brotaba la idea argumental de Neville. Al mismo tiempo, parecen inevitables algunas diferencias en la lectura de la obra escénica.

Por un lado, la ampliación del perfil de Ramón contribuye a enfatizar todavía más la sátira contra la vida burguesa; por otro, el personaje de Miguel se ve despojado de la riqueza de matices que desplegaba en la pantalla, y con él, se desdibuja el retrato de la vida bohemia que representa. Aparte de que el público teatral no pueda ser testigo de los sacrificios del artista ni conocer la dura realidad de su profesión, la ausencia más trascendental la supone la desaparición de un personaje del círculo de amistades de la pareja. Se trata de Isabel, la muchacha *écuyère* a la que Mercedes primero defiende ante sus familiares pequeñoburgueses y que luego le ocasiona una gran decepción. En el teatro la presencia de la amiga queda reducida a una alusión en el diálogo[101] y de este modo, se pierde la doble perspectiva que el personaje de la protagonista adquiriría a través de dicho conflicto, puesto que en el filme la amistad con Isabel supone otro foco de confrontación de dos posibles destinos de Mercedes: primero la vemos defender a la compañera de colegio rechazada por la 'buena sociedad'; y luego, en la realidad virtual, una vez invertido el estatus social entre las dos, vemos cómo sufre al ser ella misma juzgada y abandonada por su amiga. Esta última experiencia le permite a la Mercedes de la vida soñada proyectar en Isabel su pasado auténtico, mirarse en ella como en un espejo y ver a la 'otra' que pudo haber sido.[102]

---

[99] Creemos que dicha decisión se debe más bien a la arbitrariedad y el criterio creativo del dramaturgo; sin embargo, puede servir de argumento la opinión en la que coinciden algunos autores destacando la comicidad del personaje de Ramón como la más lograda de la creación de Neville: 'la figura más estigmatizada por la comicidad es la de Ramón' (F. Lobato, p. 287); 'Ramón es el personaje más cómico de la obra' (M.L. Burguera, p. 73).

[100] Al emplear el término utilizado por la citada autora nos referimos a la construcción y significado general de la narración. Véase F. Lobato, p. 250.

[101] Este cambio supone la vuelta a la idea original del guion, puesto que el personaje de Isabel quedaba introducido en la película después de presentar la primera versión del guion. En el cuadro artístico definitivo autorizado por la Delegación Nacional el 15 de enero de 1945, el personaje de Isabel queda marcado como 'creado después del guion'.

[102] Cabe señalar, como curiosidad, que Miguel Mihura se sirve de un mecanismo muy parecido en *Una mujer cualquiera* (Rafael Gil, 1949), donde la relación entre la protagonista Nieves y

Las observaciones de las líneas anteriores no cuestionan la tesis citada al principio del presente apartado. Es cierto que ninguna de las supresiones mencionadas llega a desvirtuar la homología de significaciones y contenidos que detectamos entre las dos versiones de *La vida en un hilo*, y como todos los episodios destacados forman un bloque, inscrito a su vez en un plano narrativo autónomo, su desaparición no llega a desviar el transcurso de la principal línea argumental. Pero queda desechado un tramo y, tanto las situaciones como los personajes que lo conformaban, al no encontrar sus equivalentes en el escenario,[103] permanecen reservados únicamente para el celuloide. Como el personaje de Isabel, con quien desaparece de la comedia una de las pequeñas historias que aportaban un enfoque más a la trama fílmica y un interesante juego de espejos del caleidoscopio *nevillesco*. Estas diferencias secundarias que advertimos entre las versiones fílmica y teatral en relación con las escenas omitidas en la comedia, nos hacen conscientes de que, aunque el hecho de suprimir los elementos mencionados no reste fidelidad a la adaptación ni impida verter en ella lo esencial de la obra primera, inevitablemente deja en el tintero del dramaturgo matices detectables tan sólo en la pantalla.

3.2.5.3 Otras modificaciones

Entre las modificaciones introducidas en la adaptación, aparte de las escenas que llaman nuestra atención por la novedad que suponen respecto a la obra original y las que no toman cuerpo en el escenario, podríamos citar además las escenas análogas que sin embargo muestran ciertas diferencias de contenido o de colocación. En el caso de este tipo de traslaciones conviene interrogarse sobre los motivos por los que se alejan del material fílmico y las consecuencias que este tratamiento puede suponer para la adaptación.

En este aspecto, se impone volver a referirnos a la escena del baile a la que aludimos en el presente análisis. Tal y como se desprende de los epígrafes anteriores, la diferencia más destacable que notamos en la reelaboración escénica de dicha escena — que en la pantalla vemos representada dos veces — consiste en reducirla a una sola aparición. Si nos fijamos en el hecho de que las dos secuencias fílmicas del baile enmarcan la cadena de episodios descartada en la adaptación teatral, entenderemos que lo que ocurre es que, al suprimir dichos episodios, las dos escenas presentes en la pantalla quedan fundidas en una en el

---

su amiga Rosa sirve, del mismo modo que en la ficción de Neville, para confrontar dos periodos de la vida del personaje principal y dos ambientes sociales. Aunque en el caso de la adaptación de Mihura la dialéctica que sostiene esta confrontación, cambia en el paso del cine al teatro. Véase el apartado 2.1.2 Adaptación inversa en la obra de Edgar Neville y Miguel Mihura.

[103] A diferencia de un personaje como Doña Purificación que desaparece de la adaptación pero cuya función queda conservada a través de Doña Encarnación.

teatro. De ahí que la razón del nuevo planteamiento de la secuencia resida, en realidad, en la omisión de otros elementos de la trama.[104] Dichas supresiones, sin embargo, no inciden en su contenido. Finalmente, tanto en el film como en la comedia se respetan los dos momentos sucesivos de la sala de fiestas y, aunque cambien algunos detalles de la acción, la concepción y la significación de la escena permanecen inalteradas.

Entre los elementos argumentales que permanecen a los dos lados del proceso de adaptación presentando ciertas variaciones se encuentran también las escenificaciones de las 'visitas', todo un símbolo de lucha contra los tópicos. En la película la vida social de los pequeñoburgueses queda resumida en tres escenas de este tipo, con configuraciones de invitados diferentes; en el teatro, hay sólo dos 'visitas' y son menos los personajes que intervienen. Por lo tanto, la recreación en el escenario de estos episodios tan emblemáticos, aunque aparentemente análoga, conlleva ciertas modificaciones.

Así, por ejemplo, aunque Mercedes y Ramón van a casa de los Sres. Vallejo tanto en la pantalla como en el escenario, sus visitas transcurren de modo diferente: en el primer caso, escuchamos una conversación en la mesa y luego observamos cómo los invitados toman sitio en el salón; en el segundo, presenciamos un recital de canciones extranjeras (Luisita) y regionales (Ramón y la Sra. Vallejo), y además nos encontramos allí también con Doña Encarnación. La película nos presenta dos reuniones más en casa de Ramón: los cotilleos a la hora de café con Doña Encarnación y Doña Purificación y la visita de los señores Arrigurrita con los niños. En la versión teatral, veremos sólo una recepción de este estilo, pero coincidirán en ella Doña Encarnación — esta vez sin su compañera — y los señores de Vallejo, que vendrán en lugar de la otra familia de conocidos. La escena repetirá el diálogo de las invitadas *codornicescas* e incorporará también todos los elementos que aparecen en la visita de los Arrigurrita: los cuentos de Ramón, el tema del cine, el impacto que causa Mercedes fumando. Además, al final sonarán, aunque diferentes, las canciones de los niños (en la película) y de Luisita (en la pieza teatral).

Este último paralelismo entre las escenas fílmicas y la teatral constituye un claro ejemplo de síntesis dramática: en realidad, en la versión teatral dos escenas quedan aunadas en una, con lo cual se reducen los espacios y los personajes, pero quedan conservados la mayoría de los elementos y las significaciones de las situaciones originales. Sin embargo, al observar las diferencias de distribución de los mismos elementos argumentales en las dos versiones de la obra, denotamos también ampliaciones que parecen negar la habitual necesidad de condensar la trama en el medio escénico. Éste es el caso de la primera analogía citada respecto

---

[104] Este procedimiento podría deberse a una simple intención reduccionista, acorde con las restricciones del medio dramático; no obstante, las conclusiones del apartado anterior — en el que tratamos el motivo de las omisiones en cuestión — nos hacen descartar esta hipótesis.

a las 'visitas' (la reunión en la casa de los Vallejo), donde la misma escena queda alargada precisamente en el escenario. Y si recordamos la reaparición de los señores de Sánchez en el epílogo de la comedia — a la que aludimos en otro apartado anterior — , descubrimos en dicha repetición otro ejemplo de ampliación de un episodio fílmico en el teatro.

Las repetidas reuniones con la familia Vallejo y las duplicadas escenificaciones de la visita de los Sres. de Sánchez, a primera vista pueden resultar redundantes y explicarse simplemente por la necesidad de rellenar el metraje de la pieza dramática. No obstante, para contemplar su efecto y justificación en el marco de la adaptación, proponemos ampliar la perspectiva. Si, tras considerar algunas variaciones en la disposición de los elementos de la trama entre las dos versiones, las observamos en su conjunto, comprendemos que el nuevo ensamblaje de las mismas piezas, con ligeros retoques y cambios, no hace sino permitir que el universo ficticio de la pantalla renazca en el escenario.

Estas traslaciones que parecen trastocar el paralelismo absoluto entre la trama fílmica y teatral, en realidad no sólo hacen posible que la misma sustancia temática circule entre dos sistemas de expresión artística diferentes. Las propias 'ampliaciones' mencionadas arriba, más que alargar forzosamente la narración en el teatro, parecen recompensar las lagunas originadas por las supresiones, recreando los mismos elementos estructurales del relato fílmico y contribuyendo a reflejar lo que podría parecer irreproducible en la escena: el propio estilo y el lenguaje cinematográfico empleado por el cineasta (entre los elementos estructurales propios del original incluiríamos, por ejemplo, el recurso de la repetición, sobre el cual se construye, entre otras, la reiterada escena teatral de la visita de los Sánchez). De este modo, a través del último ejemplo de modificaciones de la trama en su trasvase al teatro, llevamos nuestra comparación otra vez del nivel de la historia a la estructura del relato y su enunciación. Nos detendremos en este plano para explorar, en el siguiente epígrafe, los aspectos formales de las dos versiones de la obra y observar las (inter)relaciones entre las diferentes técnicas y recursos expresivos que se producen en el proceso de adaptación.

3.2.6 *Los trucos fílmicos y la tramoya teatral*

Aunque la pieza teatral se levante sobre los mismos elementos narrativos que la obra cinematográfica y nos cuente la misma historia, es evidente que el autor tiene a su disposición, en cada momento, un modo de expresión diferente. Por lo tanto depende del dominio de los recursos de cada medio, así como de su propio criterio artístico, hasta qué punto aprovechará las posibilidades de cada arte y cómo empleará sus técnicas en la construcción de un universo de ficción, ya sea en la pantalla o en el escenario.

En el caso de *La vida en un hilo* no es difícil advertir el empleo de las técnicas cinematográficas en la película, ni darnos cuenta de la presencia de la maquinaria escénica en la versión teatral. En la pantalla las imágenes se funden en otras o se apagan y abren separadas por un parpadeo en negro: nos llevan de un lugar al otro con una naturalidad admirable y sin ocultar el vehículo al que debemos este viaje. El montaje otorga a la historia un ritmo puramente cinematográfico, puntuado con los fundidos encadenados, los fundidos a negro y las cortinillas, que a su vez parecen participar en el propio relato. El trabajo de la cámara lo percibimos en las panorámicas que recorren el decorado, los *travellings* que acompañan a los personajes, la variedad de planos, las tomas de diferentes ángulos y perspectivas, los primeros planos que iluminan la pantalla con los rostros (la mayoría de ellos dedicados, naturalmente, a subrayar la belleza de la protagonista femenina) o los planos detalle, capaces de resaltar la importancia de los objetos y la comicidad de la situación. Aunque José Luis Borau asegura que a Neville 'le gustaba el cine, pero no rodar',[105] el mérito de toda la labor cinematográfica del director — tanto a nivel de la puesta en cuadro (construcción del plano) como en la puesta en serie (el montaje) — no deja lugar a dudas. Más aún si reparamos en el reconocimiento que Neville obtiene como aventajado alumno de Lubitsch, puesto que es sobre todo en esta esfera de técnicas de filmación y en la misma planificación donde la huella del maestro se muestra palpable.[106]

En el escenario, en cambio, vemos verdaderas maniobras con los telones y un extraordinario aprovechamiento de todo el espacio escénico, con los decorados que se sobreponen y los intérpretes que actúan a los dos lados del telón. El universo que emerge sobre las tablas se construye sobre el pacto de convencionalidad inherente al arte dramático. Este acuerdo de complicidad con el espectador permite, por ejemplo, aceptar una construcción de cartón — que el mismo dramaturgo llamaría 'una especie de puesto de castañas con un par de linternas' — como un taxi.[107] Desde luego, el despliegue de los artilugios teatrales que el autor pone a su servicio en la adaptación nos impide compartir la muchas veces repetida opinión sobre la poca importancia que el director concedía a los aspectos técnicos del espectáculo.[108]

---

[105] J.L. Borau en la entrevista con Susana Gaviña, *Cultura*, ABC, 2 de marzo de 2000.

[106] La influencia de Lubitsch en la película va más allá de las técnicas cinematográficas, la confirman también otros elementos de la película, como su impecable ritmo narrativo y la esmerada dirección de actores, la mordacidad e ingenio de los diálogos, o la utilización de las elipsis narrativas. Este aspecto lo tratan varios de los estudiosos de la obra de Neville citado en nuestro estudio. Véase Sala Noguer, en Julio Pérez Perucha. (1997), p. 189; Eduardo Torres-Dulce, *Nickel Odeón*, 17 (1999), p. 169; Flora Lobato, p. 294; María Ángeles Rodríguez Sánchez, p. 331, Santiago Aguilar (2002), p. 129; Stuart N. Green, pp. 178-85. El último de los autores citados ubica la conexión artística entre Neville y Lubitsch en el contexto de la influencia del estilo clásico *hollywodiense* en la producción cinematográfica en España de la época.

[107] Aludimos a este elemento de escenografía teatral y su vinculación con el teatro de Rambal en el apartado dedicado a las coordenadas espacio — temporales. Véase el epígrafe 3.2.4.1. de este Capítulo.

[108] Véase J. A. Ríos Carratalá, *Dramaturgos en el cine español (1939-1975)* (Alicante: Universidad de Alicante, 2003), pp. 56-71.

Por lo tanto, sería injusto decir que Neville ignora la especificidad de cada uno de los medios, prefiriendo siempre lo común sobre lo característico. Al contrario, las dos versiones de *La vida en un hilo* nos demuestran que el autor sabe muy bien reconocer las posibilidades que le ofrece cada arte: abandona la vocación realista de la imagen fílmica para entrar en el juego de la convención en el teatro; escruta los rostros con la cámara y hace que el personaje se dirija al espectador desde el escenario; deja que la voz en *off* acompañe la acción en la pantalla e introduce los apartes dramáticos.

No cabe duda de que Neville domina plenamente los medios puestos a su disposición en cada universo expresivo, aunque este dominio de los recursos fílmicos y teatrales no determina una actitud completamente maniquea en su manejo. Nada más lejano a la práctica de nuestro autor. En realidad, en el universo *nevillesco* los códigos de ambas artes resultan permeables y tanto los elementos fílmicos como los dramáticos circulan a los dos lados del proceso de adaptación. El origen de esta heterogeneidad formal está en la práctica adaptativa del director, que no se limita a la búsqueda de equivalencias entre las fórmulas expresivas de cada medio.

Al adaptar su obra al lenguaje escénico, el dramaturgo pretende, además, recrear algunos procedimientos cinematográficos mediante otros recursos específicos, persiguiendo el mismo efecto. De este modo, paradójicamente, la vertiente cinematográfica le lleva a desplegar todo un abanico de técnicas escénicas; mientras que en la pieza teatral el juego de telones sirve para recrear en el escenario el dinamismo y la agilidad del montaje, y la división del espacio escénico y el empleo de la luz consiguen reproducir el efecto de la simultaneidad de la acción que ofrecía la imagen cinematográfica. Esta última estrategia teatral permite, por ejemplo, desarrollar las escenas en diferentes partes del apartamento de Ramón a la vez y trasladar la acción al interior de un taxi.

De este modo, Neville demuestra cómo los procedimientos naturales para el cine encuentran su solución en el escenario. Además, las operaciones que observamos trascienden la consabida correspondencia entre la puesta en escena fílmica y la dramática.[109] El juego entre los diferentes códigos de expresión artística nos lleva a observar trasvases de medios equiparando la escenificación teatral no sólo con la *mise en scène* en el plató sino también con la propia película,

---

[109] Dicha correspondencia se basa en el hecho de que tanto una obra de teatro como una película reclaman una puesta en escena. Y es precisamente en este aspecto donde los procedimientos fílmicos pueden resultar cercanos a los procedimientos teatrales, debido a que en la construcción de la puesta en escena participan los elementos compartidos por las dos manifestaciones: iluminación, decorados, vestuario, maquillaje, reparto, dirección, movimiento de los actores. Aunque en el teatro, obviamente, la *mise en scène* significa el último y a la vez el único paso de la realización artística, mientras que en el cine, a este proceso se sobrepone la 'puesta en cuadro' (la construcción del plano) y la 'puesta en serie' (el montaje). Véase Virginia Guarinos (1997). pp. 80-90.

entendiéndola como una análoga 'puesta en film'.[110] De ahí que en la práctica adaptativa de *La vida en un hilo* veamos implicados los elementos no compartidos por las dos manifestaciones artísticas. En cierto modo, incluso los efectos fílmicos debidos a los movimientos de la cámara y la especificidad de los planos pueden resurgir sobre el tablado escénico.

Así por ejemplo, la tendencia animista propia del cine no se pierde en el escenario, aunque desaparezca su principal demiurgo: el ojo de la cámara capaz de elevar la naturaleza muerta a la categoría de personajes del drama. En la obra cinematográfica Neville consigue que los objetos como el reloj de Ramón, el cuadro del Brigadier o los muebles de la casa del Norte, se apoderen de la pantalla y 'actúen' solos. Al trasladar la historia al teatro, conserva el protagonismo de las cosas confirmando su papel en el relato mediante el diálogo. Así, un recurso profundamente teatral, la palabra, permite conservar en el escenario una dimensión puramente fílmica, insuflando vida en los objetos.

La palabra y la propia escenificación de una situación en el teatro pueden salvar — al margen del irreproducible impacto visual — la función de un primer plano. Lo descubrimos, por ejemplo, en la escena en la que Mercedes y Ramón se están preparando para salir a bailar. La modificación de la escena teatral respecto a la secuencia fílmica consiste en que el matrimonio primero ensaya unos pasos en la habitación del hotel. Esta pequeña variación permite resaltar el detalle captado por la cámara, que en la película se acerca a la pareja en la pista de baile. Gracias a la actuación de los personajes y al diálogo — que en la escena sustituyen la elocuencia de la imagen cinematográfica — el espectador teatral, al igual que el de la sala de cine, puede darse cuenta de la peculiar manera de bailar de Ramón.

En el marco de esta misma práctica adaptativa que traspone el lenguaje cinematográfico a formas teatrales — sustituyendo y también recreando o conservando lo propio del séptimo arte — , podemos observar que los mecanismos escénicos y fílmicos se conjugan no sólo en el universo de llegada, sino también en el de partida. En este sentido, como ya hemos constatado, al igual que lo cinematográfico habita los espacios de ambas expresiones artísticas, lo teatral se inscribe en los dos extremos de la adaptación. En efecto, podemos descubrirlo al margen del montaje escénico, volviendo la mirada hacia la pantalla.

Las referencias estéticas y discursivas al arte escénico afloran en la película suscitadas incluso por los efectos puramente fílmicos, entre ellos, por ejemplo, la cortinilla. Esta técnica tradicional, utilizada en el montaje como recurso de transición entre secuencias, en *La vida en un hilo* marca también la dramaturgia de la obra cinematográfica. Al fijarnos bien, nos damos cuenta de que la cortinilla horizontal corre sobre la pantalla, desde la izquierda hacia la derecha, siempre con la intención de separar las secuencias de diferentes planos temporales,

---

[110] Aludimos a la equiparación que plantea en su trabajo el teórico sueco Egil Tarnövist, *Transposing drama* (London: Macmillan, 1991), pp. 7–8.

mientras que la cortinilla vertical es empleada sólo una vez. Esto sucede justo después de la escena de la boda, cuando la vida imaginaria de Mercedes cede paso al pasado real. De esta manera, el truco fílmico acentúa el punto crucial de la historia, convirtiéndose en el recurso de la puntuación dramática del filme. Las connotaciones escénicas resultan inevitables: la cortinilla en el cine se convierte en un auténtico telón de teatro dividiendo la historia en dos actos.[111]

Otro artificio teatral parece entrar en la órbita cinematográfica de *La vida en un hilo* a través de un vehículo puramente fílmico: la planificación y los movimientos de la cámara, puesto que el afán del cineasta por reflejar ambientes le lleva a emplear el objetivo cinematográfico también para subrayar el papel del decorado. A través de panorámicas y planos generales capaces de elevar un objeto a la condición de protagonista del encuadre, el elemento escenográfico funciona en la pantalla como transposición visual de los planos narrativos contrapuestos y refleja los estados anímicos de los personajes, convirtiéndose en un elemento significativo para la historia.

Nos referimos a la clara diferenciación entre los espacios en los que se desarrolla la acción de cada plano narrativo: la vida de Mercedes con Ramón en espacios oscuros, feos, abigarrados de ornamentos; y la vida con Miguel, en espacios luminosos, estéticamente más agradables, armónicos. En la pieza dramática la caracterización de los espacios resulta menos explícita. En este aspecto, conviene recordar la interesante hipótesis que esgrime Guarinos respecto al realismo y el decorado en el cine: 'el realismo no procede del decorado sino de cómo lo recogemos'.[112] Así que si un decorado nos parece teatral o no, depende de la funcionalidad y el dominio del espacio que sobre él tiene la cámara. Resuenan en esta frase las palabras de Bazin quien aseguraba que 'el problema no es el decorado en sí mismo sino su naturaleza y su función'. En este contexto, en la adaptación de Neville la labor cinematográfica, paradójicamente, concede a los decorados una dimensión simbólica y, por lo tanto, teatral. De este modo, paradójicamente, el concepto de escenografía propio del arte dramático encuentra su confirmación en la matriz cinematográfica de la adaptación.

Sírvanos para cerrar el presente epígrafe, dedicado a los recursos y técnicas propios de las expresiones artísticas implicadas en la adaptación, un elemento de la tramoya teatral: otro telón — o, mejor dicho, un juego de telones — que inaugura la parte segunda de la obra dramática, justo después de la escena de la boda entre Mercedes y Ramón:

---

[111] Dicha puntuación dramática mediante el recurso de la cortinilla ha sido mencionada en el presente trabajo en relación con el tiempo y ritmo del relato fílmico en el apartado 3.2.4.2. Tiempo.
[112] V. Guarinos (1997), p. 66.

PARTE SEGUNDA

Al levantarse el telón de la sala, aparece otro telón que representa, muy estilizada, una ciudad rica de una provincia industrial. En el centro, y subrayada por un trazo mayor del pincel, una horrorosa casa muy pretenciosa. Junto a ella debe pasar un río o un barranco, porque hay un puente igual de feo que todo lo demás. La casa marcada es la que habita el matrimonio.

Se levanta el telón y aparece la habitación de dormir de RAMÓN *y* MERCEDES [. . .]

(OBRA TEATRAL/LVH, Parte Segunda, p. 185)

El primero de los telones nos ubica en la antesala de un mundo de ficción; el segundo nos sitúa en 'una ciudad industrial', antes de dar paso a la acción que transcurrirá dentro de una casa de la provincia dibujada sobre la tela. Y en este cambio de telones, la butaca teatral, por un instante, nos traslada a una sala de cine: parece que estamos viendo una película, se ilumina la pantalla, un plano general de situación, fundido encadenado, otro plano... En este preciso instante la misma maquinaria teatral parece evocar el germen cinematográfico de la adaptación de una obra que, en realidad, lo mismo sobre el escenario que bajo las luces del plató y ante la pupila inexorable de la cámara, parece fluir entre lo cinematográfico y lo teatral.

Esta riqueza y variedad de recursos nos revela a un autor consciente de la especificidad de cada medio, buen conocedor de los trucos de rodaje y experto en la carpintería escénica. Un autor que, además, no ciñe sus conocimientos a ningún patrón establecido, sino que hace alarde de su libertad creativa, acentuando lo que él mismo considera importante. Probablemente este personal sistema de trabajo sea el motivo de las mencionadas críticas por su dejadez y desidia para cuidar los aspectos formales.[113] En realidad, Neville no descuida ni desprecia la forma, sino que la moldea de acuerdo con las necesidades artísticas y su propia visión. El mismo autor confesaba a Fernández Barreira en una entrevista[114] que la técnica es algo que está al servicio del artista y que 'su uso no puede ser otra cosa que un reflejo de su personalidad, de su forma de expresión'. Sin duda, a través de este peculiar juego *nevillesco* con las fórmulas expresivas entre el cine y el teatro, se hacen realidad las palabras de José Luis Borau, quien dice que la obra del artista: es como él mismo, tiene su estilo.

---

[113] Esta es por ejemplo la opinión proclamada por J.A. Ríos Carratalá quien dice del autor de *La vida en un hilo* que 'apenas se plantea lo específico de unos medios que dominaba a la perfección'. Véase J.A. Ríos Carratala (2003), pp. 66–67.
[114] VV.AA., *Edgar Neville en el cine* (Madrid: Filmoteca Nacional de España, 1977), p. 28.

3.2.7 Diálogo

Los diálogos escritos por Neville — siempre pulidos y chispeantes, llenos de ingenio y cargados de humor — constituyen otro signo representativo de su universo de ficción. Al autor de *La vida en un hilo* nadie le niega el talento y la habilidad como dialoguista, de ahí que 'este secreto mágico que se tiene o no se tiene, pero que no se aprende' — según lo suele definir él mismo — se establezca como su verdadera seña de identidad artística y elemento distintivo de su obra.

Esta destreza destaca igualmente en las dos versiones de *La vida en un hilo*: el diálogo contiene el nervio de la película y en él reside el mayor aliciente de la pieza teatral. No sorprende que la maestría en el dominio del arte de escribir diálogos se manifieste en ambos universos expresivos; sin embargo, llama la atención que en los dos formatos cobre la misma importancia. A pesar de todo, conviene recordar que, para Neville, el diálogo es lo fundamental; sin ello, como dice, 'se estrellan todas las técnicas y todos los artistas'.[115] De acuerdo con esta convicción del autor, la textura verbal resulta esencial no sólo en la obra teatral — dentro del medio cuya naturaleza radica en el poder expresivo de la palabra — , sino también en el universo visual de la película, donde, como apunta Ríos Carratalá, 'el dominio de los diálogos prevalece sobre las situaciones dramáticas'.[116]

La palabra comprendida como elemento común y no antagónico para las dos artes parece pasar de la pantalla al género dramático con innegable facilidad. Neville no reescribe los diálogos para la pieza, sino que incorpora a la fórmula teatral los ya existentes. Por supuesto, en los parlamentos escénicos notaremos ciertas modificaciones respecto a los textos del original cinematográfico. Así, por ejemplo, serán inevitables las transformaciones derivadas de los cambios en el transcurso de la historia, como la supresión de los diálogos de las escenas omitidas o la introducción de otros nuevos, exigida por alguna mutación de la trama fílmica. En la pieza dramática descubriremos, además, algunos hallazgos verbales nuevos — fruto del segundo acercamiento del autor al mismo texto — y ampliaciones de las conversaciones de la película producidas en el trasvase al medio teatral, bien para contar lo mostrado en la pantalla,[117] bien para adaptar las situaciones al planteamiento escénico.[118]

---

[115] VV.AA., *Edgar Neville en el cine*, p. 28.
[116] J.A. Ríos Carratalá (2003), p. 59.
[117] En este aspecto nos referimos no tan sólo a la estrategia adaptativa de contar los episodios de la acción no representados en la escena, sino también a la práctica de emplear la palabra para recrear el énfasis en los objetos y las situaciones que en la pantalla se conseguía con la ayuda de la cámara.
[118] Como mencionamos antes, por un lado la adaptación de la película al género dramático supone convertir los 90 minutos registrados en el celuloide a una representación de una duración de más de dos horas; por otro, a pesar de la infrecuente agilidad del transcurrir de la trama escénica y la destacada versatilidad de decorados, el medio dramático obliga al dramaturgo a renunciar a la brevedad de muchas escenas fílmicas, que en el escenario, debido a los cambios de decorado, tienen que durar más.

En general, como resultado de la adaptación, gran parte de los diálogos de la película llega a conformar la sustancia verbal de la comedia. Su transposición al género dramático no presenta relevantes alteraciones en el contenido, pero las intervenciones de los personajes resultan casi siempre más extensas en la obra teatral que en las escenas fílmicas equivalentes.[119] Por lo tanto, los diálogos recitados en el escenario se sirven en gran medida de la materia original, aunque la incorporen de diferentes modos y a distintos niveles del texto.

En la obra escuchamos, por ejemplo, diálogos que repiten con casi absoluta fidelidad los de la película, añadiendo a lo mejor alguna frase: es lo que sucede con las intervenciones de Miguel y Ramón en la tienda de flores o con la conversación con los Sres. de Sánchez en el estudio del escultor. Lo muestra también el diálogo entre Mercedes y Ramón en el dormitorio, trasladado a la escena prácticamente sin modificaciones, así como la reacción de las tías a las desapariciones de los ornamentos del salón, que varía solamente en las líneas finales.

Encontramos también diálogos que el dramaturgo escribe sobre la base del texto original, quitando algunos fragmentos e introduciendo otros, y consiguiendo finalmente, en la mayoría de los casos, textos más extensos que sus correspondientes fílmicos. Esta práctica concierne a las dos conversaciones de Mercedes en el taxi. La primera, con el ingeniero, queda ampliada con la introducción del discurso de Ramón sobre lo malo que es 'ir de prisa' y la descripción más detallada de la familia Vallejo; en la otra, con el artista, se omiten las referencias a la música y a la poesía, se insiste más en la faceta de escultor y, además, se alargan los comentarios sobre los señores de Vallejo y la mutua presentación de la pareja, y en un momento quedan reemplazados los papeles de los interlocutores (en la obra teatral es Mercedes quien se presenta como 'latifundista de tiestos' y 'amante de naturaleza', mientras que en la película es Miguel quien se describe a sí mismo con estas palabras). Del mismo modo se modifica ligeramente la charla con Dª Encarnación[120] y la discusión entre Mercedes y Ramón.[121]

Las transformaciones de la textura verbal a un nivel más profundo conciernen a los diálogos que en el proceso de adaptación presentan cambios de colocación y función dentro de la trama. No obstante, incluso en estos casos, podemos

---

[119] Aparte de las ampliaciones de texto, conviene tener en cuenta que la misma especificidad del medio dramático contribuye a que la duración de los diálogos en la escena resulte más larga: nos referimos a diferentes modos de reproducción sonora de las palabras en el cine (los micrófonos en el plató y el montaje de sonido) y en el teatro (la acústica de la sala) y a las diferencias en la interpretación de los actores y la proyección de su voz en los dos medios.

[120] Curiosamente, los cambios introducidos en dicha charla tienen que ver con la parte culinaria de la conversación y suponen una vuelta a las ideas del guión.

[121] En el teatro, la discusión de la pareja que precede el viaje a Madrid toma otro curso y resulta más concisa. Entre las modificaciones más sustanciales cabe mencionar la omisión de la referencia a la amiga Isabel (uno de los personajes suprimidos en la trama escénica).

advertir los precedentes fílmicos: así, por ejemplo, la conversación entre Mercedes y las tías en la primera escena de la comedia recuerda el diálogo de la estación de trenes que abría la película; mientras que el encuentro de la joven con la prendera Doña Tomasita en el escenario parece reproducir el principio y el final de la charla entre Mercedes y la adivinadora registrada antes en la pantalla.

Como ya hemos mencionado, algunos fragmentos del texto fílmico desaparecen junto con las escenas omitidas; así sucede, por ejemplo, con el diálogo en la peletería y las conversaciones en la casa de Mariana. Sin embargo, estas conversaciones suprimidas a veces reaparecen en el escenario, en otros momentos del relato, como referencias insertas en los diálogos. Así ocurre cuando Mercedes hace referencia al comentario que antes escuchamos en la pantalla pronunciado por su amiga Isabel. El personaje de la amiga no aparece en la comedia, pero sus frases se inscriben en lo que dice la protagonista esperando la visita de los Sres. de Sánchez:

> MERCEDES A lo mejor se creen que soy la modelo de la Agricultura, y no les gusta nada.
>
> (OBRA TEATRAL/LVH, Parte Primera, p. 176)

En otros momentos las palabras no sólo se hacen eco de las frases pronunciadas por los personajes de la película que no entran en el reparto de la versión teatral, sino que los invocan explícitamente. Lo observamos cuando Ramón, en su noche de bodas, se acuerda de los amigos Aguirreche, en una especie de guiño a los Aguirrita de la versión fílmica, a los que tampoco llegamos a conocer en el escenario. De este modo, la adaptación teatral de *La vida en un hilo* nos demuestra que aunque en la obra aparezcan situaciones nuevas o cambie el transcurrir de la historia respecto a la película, el autor dramático puede seguir sirviéndose de los textos originales. En la pieza teatral Neville abrevia los diálogos, los enlaza de otra manera, cambia el orden de las intervenciones o la dosificación de la información, y aun así la mayoría de las frases pronunciadas en el escenario resultan reconocibles.

Esta peculiar analogía entre la película y la obra teatral se establece porque los personajes en muchas situaciones dicen lo mismo, y también porque conservan la misma manera de expresarse. En contra del principio proclamado por uno de los mejores expertos en el tema, Rafael Azcona,[122] Neville no parece adaptar la forma de los diálogos a las naturalezas de las dos artes respectivas. Es cierto que en los parlamentos de la pieza dramática tiende a utilizar frases más largas o que las réplicas entre personajes resultan más breves e inmediatas en la película, pero la adaptación no le lleva a diferenciar ni el lenguaje de los personajes, ni el

---

[122] Como asegura el guionista español, 'los diálogos literarios suenan falsos, conviene hacerlos menos académicos, más a ras de tierra'. Rafael Azcona en VV.AA. *Literatura y Cine* (Fundación Caballero Bonald, 2003) p. 111.

trasfondo literario de los diálogos. En este sentido destaca que, aunque los discursos de diferentes personajes nos sumerjan en estratos sociales distintos, en realidad los diálogos no exploran los idiolectos de los personajes ni sus modos de hablar, sino los caracterizan a través de lo que dicen.[123]

Las ampliaciones que destacamos como la principal estrategia en la transposición de los diálogos a la escena, en realidad no suponen cambios relevantes ni en su significación ni en la expresividad y caracterización de los interlocutores que intervienen en el coloquio. Lo podemos observar confrontando el diálogo de la primera escena de la película con su recreación en la obra, fijándonos en el tratamiento verbal de los contenidos correspondientes (al margen del cambio de localización y situación en la trama). Con este fin, en una de las tablas que incluimos, transcribimos el diálogo de una secuencia de la película equiparándolo con el diálogo escuchado en la escena teatral equivalente (Véase Esquema Nº 5/LVH).

El mencionado esquema, al confrontar los textos de las conversaciones análogas de las versiones cinematográfica y teatral, no llega a contraponer un lenguaje abstracto y desmedido enfatizado con otro más natural y menos significativo. La escena dramática reproduce el mismo diálogo, alargándolo evidentemente, pero repitiendo, en efecto, las mismas coordenadas de significado, estilo y función. La palabra, que recupera su razón de ser sobre las tablas en la versión escénica de *La vida en un hilo*, sigue las pautas marcadas por la pista sonora del celuloide. De esto nos convencen todos los insertos de frases y expresiones que antes definimos como 'hallazgos nuevos' y que se inscriben en las mismas líneas estilísticas del texto fílmico, aumentando — que no introduciendo — por ejemplo las dosis de humor absurdo.

Éste es el objetivo de un nuevo comentario de Miguel que escuchamos cuando introduce a los Sres. de Sánchez en su estudio sobre el escenario, con el telón de la alegría al fondo:

> MIGUEL Este es un estudio de un escultor serio. Cuando hago la figura de una señorita, siempre pongo a su lado la figura de su madre.
> (OBRA TEATRAL/LVH, Parte Primera, p. 176)

Las frases añadidas pronunciadas en la obra por Mercedes parecen tener la misma finalidad. Estas nuevas chispas de humor saltan cuando la protagonista se refiere a la fatigosa labor de quitarle las botas a su marido en la noche de bodas:

> MERCEDES Siempre se ha dicho que... se azora uno mucho en las noches de boda.
> (OBRA TEATRAL/LVH, Parte Primera, p. 183)

---

[123] Respecto dicha falta de diferenciación de la materia verbal en el marco de cada una de las versiones, véase F. Lobato, p. 284.

o cuando escuchamos sus afiladas intervenciones en la conversación con la familia del pueblo:

> SRA. DE SÁNCHEZ [...] mi padre, quedó en el pueblo, y con perseverancia, con trabajo, madrugando; consiguió hacer una fortuna; le tocó la lotería.
> MERCEDES ¿Compró el décimo temprano?
> (OBRA TEATRAL/LVH, Parte Primera, p. 177)

De la misma manera, los añadidos en los diálogos de Miguel aumentan la dosis de absurdo, tal y como sucede en esta conversación con la vendedora en la tienda de flores, donde venden los peces de colores:

> MIGUEL Ya ve Usted qué tontería, yo creía que los peces eran como los cangrejos, que se volvían colorados solamente al cocerlos.
> VENDEDORA Pues no, éstos son colorados antes.
> MIGUEL Y al cocerse, ¿cómo se ponen?
> VENDEDORA Furiosos.
> (OBRA TEATRAL/LVH, Parte Primera, p. 163)

Así que todas las modificaciones en la textura de los diálogos no tratan de cambiar ni su carácter — que rebosa frescura e ingenio — ni su importancia, ya que sigue siendo un elemento primordial tanto para la obra cinematográfica como para la teatral. Incluso si en los diferentes estilos exigidos por los dos medios nos referimos a su funcionalidad y no a la forma — como proponía Bazin — observamos que el papel que la palabra asume en la película y el que adquiere en la pieza teatral tampoco distan mucho.

En este aspecto, el caso de *La vida en un hilo* no se atiene a las principales pautas de diferenciación de la función del verbo según cada medio de expresión. Al margen de los citados ejemplos que resaltan la función humorística de la palabra como elemento común para ambas creaciones, los diálogos son empleados a ambos lados de la adaptación tanto para caracterizar a los personajes y definir sus acciones, como para informar de los pensamientos, sentimientos e intenciones.[124] Neville demuestra verdadera maestría en la utilización de diálogos para trazar perfiles de los personajes: le bastan unas líneas sólo, pronunciadas por cada uno de los dos protagonistas masculinos en una situación semejante (lo apreciamos contrastando las réplicas de Ramón y Miguel Ángel en la floristería; las reacciones de cada uno ante la falta de puntualidad de Mercedes; o en los diálogos que surgen de la misma situación en la escena del baile). En el teatro, los diálogos no sólo permiten construir realidades y mover la trama, también crean ambientes y producen vínculos con la realidad; en el cine no siempre

---

[124] La sistematización de las diferentes funciones de los diálogos a las que aludimos corresponde a la división entre los 'diálogos de comportamientos' y los 'diálogos de escena' en Jesús García Jiménez, *Narrativa audiovisual* (Madrid: Cátedra, 1993), p. 217.

tienden a la 'no significancia', también compiten con la imagen y llegan a 'significar' en el sentido teatral de la palabra. El carácter y el lugar del diálogo en la obra de Neville, más que la jerarquía de los recursos propia de cada arte, refleja su propia jerarquía artística.

Conviene solamente mencionar un sutil matiz diferenciador que aportan algunas de las frases añadidas en la obra teatral. Debido, tal vez, al tiempo histórico que le separa de la realización en cine, el texto dramático presenta mayor atrevimiento y despreocupación. Un atrevimiento que notamos en las intervenciones de los personajes y una despreocupación que ignora las indicaciones de la censura de 1945. En el escenario se critica libremente a los 'pelmazos' que, según admite Mercedes, 'hacen más daño con su aburrimiento que un asesino'. Del mismo modo, vuelven las expresiones, antes evitadas, referentes al destino y a la importancia del azar. Doña Tomasita ya puede decir que 'la vida de las personas, como el alma está en un hilo, casi siempre se puede decir que depende del azar' (GUIÓN/LVH, p. 160); y Mercedes secundarla advirtiendo a Miguel: 'No puedes torcer el curso del Destino. Sólo se retrasa a veces, pero inexorablemente hace aquello para lo que estás destinado' (GUIÓN/LVH, p. 210).

En general, y no solamente por la incorporación de estas frases, parece que el drama acentúa más lo filosófico y trascendental. Como ejemplo podríamos citar el diálogo final en el que Mercedes le dice a Miguel: 'admites que hay realidades que no comprendes. Pues lo mío es una de ellas' y él, dubitativo, responde: 'generalmente uno es feliz a costa de otro', y donde, además, se hace referencia al teatro inglés, explicando que de allí viene este 'vivir lo que van a volver a vivir' (OBRA TEATRAL/LVH, pp. 214-15). Este apunte nos remite al contenido humano y filosófico entendido como especificidad y principal condición del arte dramático. Aunque sería difícil decidir si esta nueva dimensión que surge al introducir en la pieza algunas expresiones no presentes en la pantalla viene provocada por el espíritu teatral al que pretende acercarse la versión escénica o se debe simplemente a la nueva mirada de Neville, más meditativa y profunda.

3.2.8 *Personajes*

Como ya hemos señalado, el reparto de la versión teatral de *La vida en un hilo* comprende menos personajes que el de la película. De la trama teatral desaparecen los siguientes personajes: profesor Cotapos, amigo y agente del escultor; Merchante, el comprador de cuadros; Mariana, amiga de Mercedes y Ramón; la familia Arrigurrita y su compañero Don Horacio; Cirilo, amigo de Ramón; Doña Purificación; Don Anselmo y una criada de las tías; el taxista; la solterona que acompaña a los señores de Sánchez; también todo el personal de la peletería; un niño de los que cantan durante la visita; e Isabel, la amiga de Mercedes, que en el teatro está presente solamente en los comentarios de los demás. Desaparecen igualmente todos los extras captados por la cámara en los exteriores. Algunos desaparecen de la trama totalmente, otros siguen presentes a través de los comentarios de los demás, o se convierten en seres imaginarios (como el taxista).[125]

Cabe señalar también que, aunque la comedia suponga estas lógicas reducciones en el reparto, nos encontramos en el teatro con dos personajes nuevos: la vieja criada Dolores, que sustituye en el escenario a las criadas María y Tomasa, y la doncella de Mercedes, un personaje sin diálogo, que le ayuda a poner el traje de novia. Los que forman parte del reparto en las dos versiones de la obra pasan del espacio cinematográfico al teatral conservando sus respectivos papeles en el relato[126] — y, por supuesto, sin envejecer — , aunque el tiempo que tienen que esperar para iniciar su vida en el escenario parece influir en algunos.

Tan sólo con recordar los comentarios de Mercedes citados en el apartado anterior notaremos a la joven viuda más irónica y atrevida en el teatro que en la película. Sobre todo, en la obra teatral sus intervenciones se hacen más frecuentes, siempre ingeniosas y, muchas veces, ácidas y tajantes. En los diálogos con Miguel llama la atención la agilidad y desenvoltura de sus réplicas al artista; en el otro plano del pasado real, se acentúa más el criticismo con el que trata a Ramón y a sus amigos. En la escena, Mercedes es capaz de interrumpir el poema recitado por Luisita con un comentario despiadado como: 'Niña, que te vas a atragantar' (OBRA TEATRAL/LVH, p. 168); a su propio marido se dirige con desprecio diciendo: 'sí, Ramón, tú eres un bohemio de obras públicas' (OBRA TEATRAL/LVH, p. 195); y cuando éste le presenta a uno de sus 'graciosos' amigos, lo define secamente: 'Es de morirse de risa'. Con la misma frialdad frena el entusiasmo de Ramón al descubrir que la habitación del hotel donde pasaron su noche de bodas no ha cambiado nada, ante lo que Mercedes comenta: 'No lo iban a quemar cuando nos fuimos' (OBRA TEATRAL/LVH, p. 196). Todas estas réplicas de la protagonista contribuyen a que en el teatro nos encontremos con una Mercedes más desenvuelta y crítica con su entorno e, indudablemente, con más iniciativa.

---

[125] En el taxi representado sobre las tablas se sientan Mercedes y, sucesivamente, Ramón o Miguel, pero el personaje de taxista queda trasladado al plano imaginario, al igual que los otros taxis que Mercedes disimula ver pasar. El dramaturgo subraya esta condición teatral en las acotaciones de la comedia, especificando cuándo el actor debe dirigirse 'A un imaginario chófer'. Véase OBRA TEATRAL/LVH, p. 166.

[126] Stuart N. Green analiza este aspecto de la adaptación sirviéndose de modelo de A.J. Greimas ('actancial model') para determinar el papel que corresponde en el relato a cada uno de los personajes en las dos versiones. En función de dicha clasificación distingue el personaje sujeto de la historia (Mercedes), los oponentes y los ayudantes, describiendo sus respectivas funciones. Este análisis permite observar el relevo de papeles que tiene lugar entre ciertos personajes en el proceso de la adaptación: Doña Tomasita asume el papel de Madame Dupont, Doña Encarnación el de Doña Purificación, Dolores — la criada introducida en la pieza teatral — el que desempeñaban Tomasa y María en la película. Véase S. N. Green, pp. 122-26 y p. 302.

Al final es ella nuestra guía en la historia y la que la cierra a su voluntad, aprovechando una segunda oportunidad y abriéndole la puerta al destino.

La entrada al escenario teatral repercute también en sus dos compañeros de vida 'alternativos'. Miguel, igualmente ingenioso e imaginativo, en el teatro se muestra un poco más incrédulo y prevenido por desconfiar tanto de la euforia de Mercedes en la escena final; Ramón, por el contrario, puede parecer más ingenuo y también algo tacaño, ya que esta vez insiste en responder las tarjetas de boda para ahorrar, no para satisfacer su naturaleza escrupulosa. Sin embargo ambos siguen personificando dos polos vivenciales entre los que se debate el destino de Mercedes y cuyo enfrentamiento constituye uno de los temas principales de la fábula *nevillesca*. En el trasvase del cine al teatro se mantiene la misma disyuntiva entre sus caracteres y modos de vivir.

De un lado, en palabras del propio Neville — en la presentación de sus personajes que incluye en el Prólogo de la obra teatral — tenemos a Miguel, 'un artista, un bohemio, que representa a la alegría, la naturalidad, la falta de preocupación por la etiqueta, un frescor a la libertad y a juventud'; y del otro, a Ramón, 'buenísimo, honestísimo, muy de derechas, trabajador, rico... pero un horrible pelmazo'. Cada uno de ellos representa, como explica el propio autor en el guión, 'un sector muy extenso de la sociedad' (en palabras de Madame Dupont: 'el círculo artístico' frente a 'la clase media, capitalista e industrial'); pero, sobre todo, los dos encarnan dos especies humanas distintas, dos tipos caracterológicos, dos maneras de vivir y de percibir el mundo. Cortázar diría *cronopios* y *famas*; en palabras de Neville, 'personas con sentido del humor y personas que no lo tienen'.[127]

La misma condición de paradigma de una clase social y de una 'casta humana' la asumen los personajes secundarios del entorno de cada uno de los hombres protagonistas. Ya hemos apuntado el desequilibrio que origina en la trama escénica la supresión de los episodios de la vida bohemia de Miguel. Como resultado, en la obra teatral ganan más peso los ambientes de la pequeña burguesía representados en primer lugar por las tías Ramona y Escolástica y sus amistades. En este caso, tampoco cambia su función de ejemplificar la vulgar y rutinaria vida 'pequeñoburguesa' en una capital de provincias, aunque, al mismo tiempo, podríamos apuntar al respecto ciertos matices de comportamientos nuevos. Lo cual no contradice la hipótesis defendida por Flora Lobato en su análisis, según la cual 'no se aprecian grandes divergencias entre los personajes de la cadena fílmica y los de la obra dramática'. En realidad, los nuevos matices que destacamos no suponen ningún giro relevante en la construcción del personaje; más bien acentúan los rasgos perfilados ya en la película. En este contexto la modificación más destacable, sin duda, es la que experimenta la protagonista.[128]

---

[127] Edgar Neville, 'Sobre el humorismo', en *Obras selectas*, p. 743.
[128] Véase F. Lobato, p. 272 y p. 275.

En el teatro observaremos, por ejemplo, más hostilidad en las tías de Ramón hacia su invitada Doña Encarnación — a la que en la escena llaman directamente 'lagartona' — ; y en ella misma todavía un espíritu más *codornicesco* por insistir tanto en las recetas culinarias y comer el *sándwich* más grande, asegurando que está a régimen.[129] Además, la manera de presentar en la escena a los Sres. de Sánchez — con quienes el retrato irónico de cursilería provinciana se complementa con la figura del cacique del pueblo — tanto a través de los diálogos como de las acotaciones, subraya más el carácter dominante de la esposa y la sumisión del marido. Además, la pieza enfatiza también el perfil de la única niña sobre el escenario, Luisita. La chica adquiere más presencia en la obra no sólo porque intervenga más veces cantando, sino por mostrarse más espabilada y revoltosa. Este innegable cambio de carácter lo tiene que pagar: ¡a lo largo de la comedia recibe hasta cuatro bofetadas!

3.2.9 *Otras transformaciones*

3.2.9.1 Los nombres

Algunos personajes de *La vida en un hilo* al pasar de la pantalla al escenario cambian de nombre: Madame Dupont se llama Doña Tomasita (lo cual explica la conversión de la artista de circo en una prendera, exigido por el nuevo planteamiento de la trama, aunque no cabe duda de que sirve también para sustituir los patos por las alhajas, mucho más fáciles de presentar en escena); además, las criadas de las tías de Ramón, Tomasa y María, son sustituidas por una sola, Dolores; la niña Luisita ocupa el lugar a dos niños sin nombre; la nueva esposa de Ramón en vez de Teresa se llama Angustias; Mariano Puerto pasa a ser Julio Puerto; Don Horacio que acompañaba en la película a la familia de los Arrigurrita, es el nombre del Sr. Vallejo. Cambian también los apellidos de los protagonistas: Mercedes en vez de Martínez se apellida Rivera (como Miguel en la película), mientras que Miguel en el teatro se presenta como Miguel Rico.

---

[129] Doña Encarnación y Doña Purificación son personajes que Neville, antes de llevarlos a la pantalla, populariza a través de sus artículos del ciclo 'Dª Encarnación y Dª Purificación' en la revista La *Codorniz*. Encarnadas en María Brú y Eloísa Muro, resultan igualmente ridículas y peligrosas, representan un mundo 'sentimentaloide y sin sentimiento', de una caridad retórica y de una efectiva y escalofriante falta de amor y piedad. Para observar su incorporación a la trama cinematográfica tienen mucho interés los siguientes artículos publicados en los respectivos números de La *Codorniz*: 'La adivinadora' (nº 135); 'Gente distinguida' (nº 138); 'Conversación' (nº 145); 'Los amigos de Don Eusebio' (nº 146); '¿Cómo adelgazar comiendo?' (nº 175).

3.2.9.2 Algunos elementos del relato

Observamos también cambios en el decorado del estudio de Miguel, que van más allá del aspecto escenográfico y encuentran su reflejo en la propia trama. Así, la figura de 'Mujer desnuda, cubierta por una manta', en el escenario es sustituida por un boceto pintado en la pared y, en lugar del cuadro de El Greco, que tanto protagonismo tiene en la película, en la escena aparece una escultura griega de Pomona. Además, en la maqueta universal que Miguel ha ingeniado para los encargos de los monumentos, en vez del perro que Mercedes confunde con una cabra vemos un becerro (modificación que al mismo tiempo supone la vuelta a la idea del guion). Otros cambios los observamos en las canciones introducidas en la trama fílmica y teatral: en la película los niños cantan solamente una vez, una canción que empieza *Muñequita mía, reina de mi hogar...*; en el escenario Luisita canta primero una melodía canadiense, seguida por *¡El de la gorra...!* que entona Ramón, y luego empieza a cantar *¡A la boticaria!*, interrumpida por la bofetada de la Sra. Vallejo; y, finalmente, el Sr. Vallejo se pone a cantar *La del pañuelo rojo...* En su segunda aparición, escuchamos a Luisita cantar *¡O sole mío...!*, que es lo que estaba previsto en el guion.

3.2.9.3 Otros datos

En la versión escénica advertimos otras modificaciones que se manifiestan en pequeños cambios en los diálogos o en la puesta en escena; detalles en principio arbitrarios e insignificantes que, sin embargo, no pasan desapercibidos a la hora de realizar la comparación e inevitablemente enriquecen los nuevos matices de la historia en la escena teatral. Así, por ejemplo, cambia la información que nos ofrecen en su primer diálogo la protagonista y Miguel en el taxi: ahora es Mercedes — y no su interlocutor — la 'latifundista de tiestos' y 'amante de naturaleza'. En otra escena, cuando Mercedes le dice a Ramón que adivine qué hay de nuevo en su vestuario, en la película escuchamos 'el vestido'; mientras que en el teatro el marido apuesta por 'las medias'. En la sala de fiestas Ramón, en la primera versión de la obra, pide un *whisky*; en la adaptación escénica, el *whisky* lo bebe Mercedes, mientras él pide sidra. La anónima mujer del baile que atrae tanto a Ramón, provocando celos de Mercedes, en el escenario se convierte en la esposa de Arribachu.

3.3 Conclusiones del Capítulo 3

Recorriendo el camino inverso de *La vida en un hilo* nos hemos ido fijando en cómo el autor maneja y alterna dos códigos expresivos diferentes, en qué medida se ajusta a las demandas del cambio del medio y cómo adapta los diferentes códigos a sus exigencias, intentando encaminar nuestras reflexiones hacia las interrogantes que se vislumbraban al final de este singular trayecto: ¿en cuál de los dos lenguajes el autor se desenvuelve con más soltura? ¿Cuál de los universos le es más propio?

Aunque no todas estas preguntas hayan encontrado respuestas definitivas, el análisis al que sometimos las dos versiones de *La vida en un hilo* y el proceso de transformación empleado por su autor ha cumplido su objetivo. Lo definen las reflexiones con las que cerraremos el presente capítulo a modo de conclusión:

1. En el caso del director madrileño la integración entre la obra dramática y el cine que conforma su corpus creativo es tan intensa que parece imposible delimitar sus principales facetas artísticas y plantearse una clara jerarquía entre las distintas vías de expresión que practica. El mismo Neville no establece diferencias entre los dos oficios: como explica en una de sus declaraciones, en su opinión el director y el autor de teatro comparten los mismos conocimientos y capacidades. Por lo tanto, el mismo espíritu creativo opera cuando concibe un guión o una obra de teatro.

Sin embargo, en el caso de Neville, el hecho de que la película y la obra teatral participen del mismo proceso de creación no significa nivelar la especificidad de diferentes manifestaciones artísticas, sino insuflar en cada una de ellas la misma dimensión polifacética inherente de su autor. La 'versatilidad inmutable' de la creación del autor, que conlleva la permeabilidad de fronteras entre las diferentes artes y la convivencia de distintos códigos expresivos, constituye la clave para comprender cualquier fenómeno de adaptación acontecido en el seno de su producción artística. Neville no domina dos idiomas (cinematográfico y teatral) como un traductor que los emplea siempre en una de las dos direcciones, sino que es un autor dotado de un particular *bilingüismo creativo* que, antes de llamarse director de cine o dramaturgo, se considera, ante todo, un artista y ve en cada medio una forma de expresión que simplemente está a su servicio.

2. Al considerar el cine como 'un modo diferente del teatro y de la novela' Neville parece repetir las ingenuas declaraciones de los escritores en los albores del séptimo arte.[130] Pero en realidad su concepción de este asunto apunta a la importancia que el autor concede en el proceso creativo a la propia idea. Según

---

[130] Esta idea nos remite, por ejemplo, a la definición del cine de Pérez de Ayala quien en su famoso ensayo de 1915 lo describe como 'una forma genuina y real de arte teatral popular', o a las palabras de Jean Mitry quien sostenía que tenían razón los autores dramáticos que desde el primer momento vieron en el film otra forma de teatro. Véase Edgar Neville.', *Primer Plano*, 150, 29 de agosto de 1943, pp. 9–11.

él, el arte, cualquier arte, debe servir para 'presentar una idea dramática'. De ahí que no sorprenda que el argumento de *La vida en un hilo* — considerado por él mismo 'una idea golosa' — movilice al dramaturgo para poner en marcha toda la maquinaria escénica sin otra ambición que contar lo que estaba ya contado desde la pantalla. Como confiesa Neville a propósito de la versatilidad de su obra: 'la idea es la misma y es lo que cuenta'.[131]

Por supuesto, tal planteamiento de la labor cinematográfica la acerca a la de escritor, vocación que Neville, en efecto, comparte con sus otras facetas artísticas. Como asegura Burguera Nadal, el director cree que 'el cine es una forma de expresión de la literatura porque viene de un mismo manantial de inteligencia, gusto y arte'.[132] En contra de la incompatibilidad que proclama Peter Greenaway[133] diciendo que si alguien quiere contar historias, debería ser escritor, Neville parece extender su afán de contar a otros medios. En este sentido, resulta curiosa la observación de Antonio Castro quien nos hace ver que 'el cine fue en cierto modo una manera de ampliar el número de sus lectores, una posibilidad de llegar con ese nuevo medio al público que no podría alcanzar de otra forma'.[134] Desde luego, la versión teatral de *La vida en un hilo*, al llevar a cabo la reescritura de una fábula cinematográfica, ofrece también la posibilidad de llegar a un público nuevo, diferente del que vio nacer la historia en el cine. De todas formas la adaptación, aparte de tender un puente entre dos universos artísticos distintos, en realidad nos presenta la misma historia *nevillesca*, aunque contada de dos maneras diferentes.

3. A lo largo de nuestro análisis hemos podido observar cómo el autor se empeña en reproducir en el escenario no sólo la historia registrada antes con la cámara, sino también la manera de contarla. Neville subraya siempre la primacía de la idea del argumento y nunca admitiría como Hitchcock que la historia contada en la película va dirigida al público de masas, mientras que él se expresa a través del estilo al contarla; pero, al mismo tiempo, no deja de imprimir su huella personal en la propia forma del discurso fílmico. En el proceso de adaptación intenta también trasladar su propio estilo a otro sistema de expresión artística.

En el caso de *La vida en un hilo* éste es, en realidad, el principal obstáculo de cara a la adaptación de la obra cinematográfica a la fórmula teatral. La insistencia del dramaturgo en encontrar soluciones para trasladar a escena la singular estructura de la narración fílmica demuestra hasta qué punto el plano del discurso supone para él un aspecto inherente a la historia. Como dice: 'la técnica es cosa que está al servicio del artista, y su uso no puede ser otra cosa que un reflejo de

---

[131] *Cámara*, 135, 15 de agosto de 1948. En este mismo artículo Neville se refiere a la propia historia y la idea del argumento como 'la que ha de gustar, y todo lo demás, director, intérpretes, decorados, etc., etc., pasamos a segundo término'.
[132] Véase M. L. Burguera Nadal (1999), p. 244.
[133] Peter Greenaway, en *Film*, nº3 (Polonia, marzo de 2000), p. 101.
[134] Véase M. L. Burguera Nadal; A. Ubach Medina; A. Castro, p. 97.

su personalidad, de su forma de expresión'.[135] Al final, en manos de Neville cada uno de los medios implicados en la adaptación se revela como 'la cosa que está puesta al servicio' no sólo de la historia, como él mismo asegura, sino también al servicio de su propio estilo, auténticamente personal e inconfundible.

De ahí que todo lo que la prensa de la época alabó tanto en esta peculiar película de Neville, y que García Viñolas define como 'la sugestiva forma de contar', 'el punto de vista', el 'enfoque' y la 'visión' especial de unos hechos,[136] renazca a la luz de las candilejas. No se pierden en el escenario aspectos presentes en la obra 'tanto por el asunto como por su tratamiento',[137] ni la particular manera de ser de Edgar Neville, que según José Luis Borau encuentra su transposición en la obra del polifacético artista, porque la obra de Neville 'es como él mismo, tiene su estilo'.

El autor lo hace posible trasladando al teatro los elementos de estilo que moldean tanto la narración como el discurso de la obra fílmica. Desde los juegos con el tiempo hasta los juegos verbales, desde el alma hasta el planteamiento del relato, el ritmo y los énfasis narrativos, la vocación pictórica del escenógrafo y el *voyeurismo* de la cámara, hasta la huella imborrable de Lubitsch, que al impregnar la materia fílmica, con ella pasa al escenario. En general, el reto de la adaptación de una obra tan peculiar y personal como *La vida en un hilo*, de un estilo tan imposible de encasillar como el de Neville, consiste en preservar, aparte de la historia misma, lo que para algunos constituye la verdadera esencia del universo *nevillesco*: 'el encanto de su narración'.

4. *La vida en un hilo*, película y pieza dramática, revelan a un autor experto en las técnicas cinematográficas y conocedor de los secretos de la escena teatral, desmintiendo la proverbial dejadez formal del artista. Cabe señalar que en el territorio híbrido de la adaptación, el autor no apuesta por soluciones neutrales y cómodas, sino que explora con seguridad y soltura la especificidad de cada medio y sabe acudir a lo esencial, tanto trabajando con las imágenes en movimiento como reinventando la carpintería teatral. La prueba de esta versatilidad está en el hecho de que la película pueda ser reconocida como 'intrínsecamente cinematográfica'[138] y su adaptación vista como obra dramática con un gran sentido teatral. De ahí que resulte imposible establecer una jerarquía en cuanto a los conocimientos del autor o destacar uno de los dos universos como más afín a su temperamento y capacidades de artista.[139]

---

[135] VV. AA., *Edgar Neville en el cine*, p. 28.
[136] M.A. García Viñolas, 'Lecciones de buen humor', en *Primer Plano*, 246, 1 de julio de 1945.
[137] Sala Noguer, en J. Pérez Perucha (1997), p. 189.
[138] E. Dulce-Torres, *Nickel Odeón*, 17, p. 166.
[139] En este aspecto, su personalidad dinámica y capacidad de improvisación nos pueden sugerir que el medio más adecuado para Edgar Neville es el cine, aunque hay quienes discreparían de manera decisiva, como por ejemplo Antonio Castro, quien confiesa: 'No estoy seguro de que el cine fuera aquel oficio que mejor se adecuara al desarrollo de sus cualidades'. Véase A. Castro, 'El cine de Edgar Neville', en *La luz en la mirada*, p. 97.

Podríamos tan sólo señalar sus preferencias dentro del abanico de los recursos cinematográficos y teatrales que encuentra en los dos extremos de la adaptación. De un lado, en el cine — del que él mismo dice 'que no es sólo crónica del pasado, sino sueño del porvenir y buceo en el espacio'[140] — , una verdadera pasión por la máquina del tiempo cinematográfica y el poder escrutador de la cámara; del otro, en el teatro, la confianza en el simbolismo del espacio dramático y las posibilidades de la maquinaria escénica. Además, en cada una de las artes destacan la exploración de su convención correspondiente y la explicitación de los mecanismos narrativos, es decir, dos aspectos reveladores del autor realizados de acuerdo con la especificidad de cada medio, al servicio de la transparencia en la construcción de mundos de ficción y del juego consciente con el espectador.

El dominio de estos recursos exclusivos de cada arte demuestra la compenetración del autor con cada uno de los lenguajes artísticos y, aunque parezca contradictorio, su presencia contribuye a la fidelidad de la adaptación teatral respecto a su matriz fílmica. En realidad, Neville parece obedecer la máxima de Bazin quien susurra al adaptador: 'cuanto más se proponga ser fiel [...], más tendrá que profundizar en su propio lenguaje'. Como resultado, en *La vida en un hilo* encontramos la confirmación de otra regla universal del teórico francés: 'La mejor traducción es la que pone de manifiesto la más profunda intimidad con el genio de las dos lenguas y un mayor dominio de ambas'.[141]

5. Nuestro acercamiento a la adaptación inversa de Neville ha demostrado que la transformación de su película en obra escénica no se limita a la sustitución de lo fílmico por lo teatral. Ante todo, en el proceso adaptativo de *La vida en un hilo* no se trata simplemente de buscar equivalencias entre las fórmulas expresivas de cada medio para contraponer soluciones puramente teatrales a las cinematográficas. La intención del dramaturgo consiste, más bien, en recrear lo que ya está presente en la pantalla, acudiendo, obviamente, a los medios que ofrece el arte escénico.

En el trasvase de la cinta al teatro algunos elementos de la película quedan reemplazados por otros propios del arte dramático, transformando lo cinematográfico en la esencia teatral (lo que observamos, por ejemplo, en el plano de la enunciación). Otros, al ser recreados sobre las tablas, imprimen a la obra un aire cinematográfico (respirable en el ritmo de su desarrollo, el tratamiento del tiempo o la distribución escénica).[142] De este modo, la materia fílmica da lugar

---

[140] Edgar Neville, 'Defensa de mi cine', en J. Pérez Perucha (1982), p. 127.
[141] André Bazin, *¿Qué es el cine?* (Madrid: Rialp, 2001), p. 195.
[142] El carácter cinematográfico de la pieza dramática homóloga lo constatan tanto los espectadores de la época como los estudiosos contemporáneos. Así, por ejemplo, María Luisa Burguera Nadal habla del 'ritmo cinematográfico' de la obra, mientras que en la prensa de la época leemos: 'la versión teatral de la película conserva en su distribución escénica un aroma de teatro cinematográfico, consecuencia de su origen'. Véase José María Torrijos, 'Inmensa humanidad', en *Nickel Odeón*, 17 (1999), p. 16.

a cierta 'dualidad artística' de la adaptación, que llega a manifestar, en el marco de una misma obra, 'mestizaje y una fructífera lejanía'[143] entre los dos códigos expresivos, fílmico y teatral. La misma dualidad de recursos y planteamientos la descubrimos al otro lado de la adaptación: en la obra de partida, puesto que la propia película revela rasgos teatrales[144] a diferentes niveles del relato, sobre todo a través del diálogo, la construcción de 'situaciones',[145] la dimensión simbólica y el animismo de los objetos, o haciendo de los personajes portavoces de ideas y paradigmas de comportamientos sociales. Estos elementos, que no identificaríamos con la esencia del séptimo arte, pueden ser incorporados al universo dramático sin ser objeto de transformación, y aunque partan directamente de la película, consolidan la dimensión teatral de la pieza.

De este modo, el fenómeno de la adaptación inversa se nos revela en toda su complejidad: convierte lo cinematográfico en lo teatral, o lo asimila a la escena, o bien devuelve a su patria los rasgos teatrales que impregnaban la historia fílmica. La pieza dramática, inevitablemente, vuelve la mirada hacia la pantalla, pero, del mismo modo, los personajes y los objetos impresos en el celuloide parecen añorar la escena todavía en su origen. En realidad, la coexistencia y el mestizaje entre los elementos fílmicos y teatrales no se produce tan sólo en el propio trasvase de la película a escena, sino que determina cada creación en sí.

Por lo tanto, el debate entre los dos universos expresivos no se decide en el 'camino inverso' de *La vida en un hilo*, sino que depende del concepto que Neville como autor tiene de su obra, tanto en el cine como en el teatro. Esta dualidad que entrelaza la naturaleza de las dos artes en realidad no separa sino que acerca las dos versiones, constituyendo su verdadero denominador común, ya que detrás de cada una, como ya hemos señalado, se encuentran inseparables, dramaturgo y cineasta al mismo tiempo.

Neville, 'cineasta integral' como lo llama Eduardo Torres-Dulce,[146] 'amante de la heterogeneidad' en palabras de Juan Antonio Ríos Carratalá,[147] 'capaz de

---

[143] E. Rodríguez Merchán en *Teatro y cine: la búsqueda de nuevos lenguajes expresivos*, Anales de la Literatura Española Contemporánea, ed. Vilches de Frutos, María Francisca, vol. 27. (Madrid: CSIC, 2002), p. 111.

[144] Identificados por la prensa de la época como 'resabios teatrales de Edgar Neville', o bien vistos como elemento enriquecedor, tal y como señala Torres-Dulce para quien *La vida en un hilo* revela a 'un cineasta integral que aprovecha su conocimiento teatral para enriquecer una estructura cinematográfica'. Véase *Nickel Odeón*, p. 166.

[145] Nos referimos a la costumbre *nevillesca* — admirable en su cine — de crear 'situaciones', que no necesariamente hacen avanzar la acción, pero permiten el lucimiento de los personajes, dan lugar a más diálogos ingeniosos y, sobre todo, sirven para recrear ambientes. El mismo Neville reconoce que a los actores hay que ponerles 'en situación', porque así resplandece mejor su talento. Este recurso narrativo resulta más propio del arte dramático, aunque el autor, como observamos, lo emplea igualmente en los dos medios. Véase 'Los novelistas españoles en el cine nacional', en *Cámara*, nº 135, 15 de agosto de 1948.

[146] E. Torres-Dulce, *Nickel Odeón*, 17 (1999), p. 166.

[147] J. A. Ríos Carratalá (2003), pp. 67-70.

mezclar elementos dispares bajo la capa de su inteligente y humanista sentido del humor', no respeta fronteras ni se ciñe a modelos establecidos en el manejo de los dos medios. Construye a partir de lo heterogéneo, aunque sin perder nunca la coherencia, mientras que la historia parece estar por encima de cualquier dicotomía de procedimientos expresivos y se revela — sea en la pantalla, sea en el escenario — sobre todo fiel a sí misma. Como bien señala Ramón Rozas Domínguez, Neville 'consigue implicar al cine y al teatro en una misma dirección'.[148] Sin duda, éste es el mérito y el arte de su adaptación inversa.

6. *La vida en un hilo* nos abre las puertas al universo *nevillesco*, tanto si entramos a la sala de cine como si nos sentamos frente al escenario. La propia historia parece resumir las constantes temáticas e ideológicas que definen toda la obra de Edgar Neville, como el tema del azar y la reflexión sobre el paso del tiempo, la destrucción de los tópicos y lugares comunes, la mirada irónica sobre la burguesía provinciana, la crítica de su mezquina vulgaridad y cursilería, la defensa de la libertad y la admiración por la extravagancia. La trama nos seduce con una visión amable, irónica y comprensiva de la vida, de la que el autor siempre ha sido partidario y, más allá de la historia misma, despliega las mejores armas del creador: el humor, ácido y poético, desmitificador y surrealista, sainetesco y *chapliniano*; los ambientes populares y paisajes humanos reflejados en sus cuadros costumbristas; los diálogos, ingeniosos y desenfadados; y los personajes, los entrañables e irrepetibles tipos *nevillescos* que representan una de las características más significativas de su producción.

En el caso de *La vida en un hilo*, aparte del característico despliegue de personajes secundarios que enriquecen la trama[149] conviene subrayar que los protagonistas igualmente entran en las habituales coordenadas de la obra de Neville. Ramón y Miguel encarnan las dos opciones vitales que al autor siempre le gusta enfrentar: la alegría de vivir, la desenvoltura y la aburrida rutina de lo tópico y lo cursi. Este dúo de *cronopio* y *fama* en versión *nevillesca*, junto con la protagonista Mercedes, forman un trío que, sin duda, es la figura sentimental favorita del artista.[150]

En realidad, todos los ingredientes imprescindibles que definen e identifican la obra y el espíritu creativo del autor parecen confluir en *La vida en un hilo*. Eduardo Rodríguez Merchán, aparte de destacar la creación de personajes, cita también como definitorios del cine de Neville 'los ágiles diálogos, una reivindicación del tipismo popular desde el punto de vista de la culta aristocracia

---

[148] R. Rozas Domínguez, 'Literatura y filmicidad en la obra de Neville: un caso inusual', en *Nickel Odeón*, 17 (1999), pp. 194–200.
[149] Conchita Montes, 'Edgar Neville: una semblanza', en J. Pérez Perucha (1982), p. 17.
[150] Los protagonistas de las obras teatrales de Neville a menudo forman tríos: en *El baile* tenemos a Adela, Pedro y Julián; en *Prohibido en otoño*, a La Codos, Antonio y Alfredo; en *La extraña noche de bodas*, a Isabel, Rafael y Ramiro.

y un humor poético que podría definirse como un cóctel de sainete costumbrista y poesía *chaplinesca*.'[151] Todos estos elementos coinciden con los que hemos señalado; además, como hemos podido observar, en el caso de la adaptación trascienden el terreno fílmico y quedan reflejados igualmente en el ámbito teatral.

La indagación del espíritu *nevillesco* a través de la adaptación en la que centramos nuestro estudio nos lleva a destacar, además, la calidad literaria de su obra. El caso de *La vida en un hilo* hace alarde de este elemento esencial de la creación de Neville y confirma su presencia incondicional en ambos medios, puesto que el enfoque literario de la adaptación no consiste tan sólo en el peso y el carácter del diálogo o la omnipresente afición por contar historias; el Neville escritor se hace presente también en las acotaciones de la obra y en las notas técnicas del guión. La lectura de las acotaciones con las descripciones del decorado y las instrucciones para los actores, nos convence de que el autor construye frases y mundos de ficción pensando siempre en un supuesto lector.[152] Su vocación de escritor se inscribe, de este modo, tanto en la labor de dramaturgo como en la de cineasta y constituye otro denominador común para las dos versiones de *La vida en un hilo*, al igual que para toda su obra.

Las observaciones respecto al carácter literario de las creaciones de Neville nos convencen de que todos los elementos que hemos destacado al analizar el proceso de adaptación observando el acierto del autor respecto de cada modo de expresión, en realidad, sirven para dejarnos descubrir, sobre todo, la singularidad del universo *nevillesco*. No permiten juzgar cuál de los lenguajes es el más propio del realizador, pero revelan un mundo que abarca estos dos códigos de expresión y una personalidad que, más que la naturaleza de cualquier medio, consolida la obra.

Por lo tanto, en las dos versiones de *La vida en un hilo* no vamos a descubrir ni dos copias de una obra preparadas para distintos soportes, ni dos obras concebidas en el marco de distintos procesos de creación artística. La película y la pieza teatral — el principio y el fin de este 'camino inverso' que emprende Neville — son como un concierto repetido bajo la batuta del mismo director, pero con otra orquesta y ante una audiencia diferente.

---

[151] E. Rodríguez Merchán, en *Nickel Odeón*, 17 (1999), p. 95.

[152] En las acotaciones de la obra teatral leemos, por ejemplo, que Mercedes al contemplar el horrendo reloj de Ramón ha de poner la cara 'como si hubiera visto un pulpo vivo'; o que las fotografías de parientes en la escenografía de la casa del Norte 'no se sabe si están ahí para recordar que vivieron o para alegrarse de que ya pasaron a mejor vida'. No cabe duda de que la gracia de estas frases, como la de la otra acotación que dice 'Miguel y su pecera entran también y se sientan', queda reservada tan sólo al lector de la pieza. Todavía más sorprendentes son otros ejemplos parecidos encontrados en las notas al guión, puesto que difícilmente podríamos admitir que el autor escriba el texto fílmico pensando no sólo en el espectador, sino también en un supuesto lector. Sin embargo allí, en la descripción de la maqueta del monumento de Miguel, leemos: '[. . .] Guerreros y soldados y mujeres con niños en brazos suben hacia el tribuno. El tribuno no los ve venir, porque le falta la cabeza [. . .]' Esta manera de enfocar las descripciones técnicas subraya todavía más el carácter literario presente en la obra de Neville, independientemente del medio al que está destinada.

CAPÍTULO 4

~

Mi adorado Juan, de Miguel Mihura: del guión cinematográfico al texto teatral

> *Quizá sea ése uno de sus mejores y mayores méritos: el de que en torno a la trama y a los personajes tiernos, entrañables, humanos de ´Mi adorado Juan´, hay, además de su valor y de su gracia fina e innegable, la impronta de un auténtico escritor, culto, original, sensible.*
>
> Alfredo Marquerie

4.1 Una historia entre pantalla y escenario

Las dos versiones de *Mi adorado Juan* se sitúan, al igual que en el caso de la estudiada adaptación inversa de Neville, a los lados opuestos de una hipotética frontera que podríamos dibujar entre las facetas más importantes cultivadas por su autor. En el vaivén de cauces de expresión artística que Mihura va encontrando a lo largo de su carrera, *Mi adorado Juan*, la película, se inscribe en la época más intensa y fructífera de su labor como escritor volcado en el universo cinematográfico, mientras que su correspondiente y homónima obra teatral representa ya su asentamiento en el terreno del arte dramático.

4.1.1 *Proyecto cinematográfico*

La gestación de este proyecto cinematográfico tiene lugar en 1949 y corresponde al periodo en el que el escritor se instala temporalmente fuera de Madrid. Primero viaja a Argentina con motivo de los preparativos de *Yo no soy la Mata-Hari* (Benito Perojo, 1950), y luego se traslada a Barcelona donde trabajará junto con su hermano para Emisora Films.[1] Hasta este momento Miguel y Jerónimo han

---

[1] Productora fundada en 1943 por Ignacio F. Iquino y su cuñado F. Ariza (fabricante de neveras), con la participación en el negocio de Pedro Bistagne, representante para España de la Fox. Tras la ruptura entre Iquino y Ariza, este último se hace cargo de la empresa. Jerónimo

figurado juntos, como director y guionista respectivamente, en los créditos de tres películas (*Confidencia*, 1947; *Vidas confusas*, 1947; *Siempre vuelven de madrugada*, 1948) y ahora, gracias a la colaboración del realizador con la nueva productora,[2] se les ofrece la posibilidad de repetir la experiencia en una producción barcelonesa. No cabe duda de que ésta es la configuración profesional en la que nuestro autor se siente más cómodo. Al resumir su carrera cinematográfica él mismo reconoce que su hermano es 'el único director de cine con el que podía trabajar a gusto',[3] de ahí que este fraterno tándem creativo suponga para el dramaturgo lo que entiende como una colaboración perfecta, en la que 'el director admite que pueda existir en el mundo un escritor que también entienda de cine, y crea en él, y respete los personajes, los matices, los caracteres, el clima que ha creado el guionista'.[4]

La primera muestra de esta 'sintonía artística' la podemos apreciar en *Don Viudo de Rodríguez* (1936), donde — en palabras del biógrafo Julián Moreiro — 'Miguel, contando con la aquiescencia de Jerónimo no puso coto alguno a su fantasía'.[5] Ahora, después de trece años, vuelve a embarcarse en un proyecto cinematográfico con su hermano, ya con mucha más experiencia y con la esperanza de disfrutar de la misma libertad. Tras desarrollar argumentos ajenos o seguir, en los primeros guiones para Jerónimo, las líneas de cine en boga, o bien escribir argumentos pensados para el lucimiento de estrellas como María Félix, le apetece hacer realidad una historia más suya, 'una comedia risueña, de humor sin exceso; es decir, de buen humor, con su moraleja y, en lo posible, original'.[6] Con esta idea se sienta a escribir el guión, confiando en que luego pueda ser plasmado a su manera: la colaboración con Jerónimo le permite no sólo poner su oficio de escritor al servicio del medio, sino contar con que, esta vez, el medio estará al servicio de sus ideas.

Al llamar a Neville 'autor' de *La vida en un hilo* nos hemos referido a su labor de director y guionista, sin tener que considerar estas dos funciones por separado; en el caso de Mihura estamos obligados a matizar más su papel, sobre todo en lo referente a la realización de la película. Tal y como hemos apuntado a propósito

---

empieza a trabajar para la productora en 1948 y rodará allí en total cinco películas. En 1949 Miguel es contratado como guionista. En 1950 el dramaturgo incluso llega a firmar un contrato fijo, en virtud del cual se comprometía a escribir tres guiones y la productora a pagarle cada mes 15.000 pts. Al final el contrato no se cumple. Véase Julián Moreiro, *Humor y melancolía* (Madreid: Algaba, 2004), p. 270.

[2] En aquel momento Jerónimo cuenta ya con nueve películas en su filmografía, dos de ellas realizadas para Emisora Films: *En un rincón de España* (1948) y *Despertó su corazón* (1949).

[3] Véase *El Español*, 10 de abril de 1955.

[4] M. Mihura, '¿Quién es el verdadero autor de una película?', en *Índice de Artes y Letras*, 50. 15 de abril de 1952.

[5] J. Moreiro, p. 172.

[6] Declaraciones de Miguel Mihura en Visor, 'Al margen del plató. Miguel Mihura, guionista', *Cámara*, 159, 15 de agosto de 1949, p. 44.

de su trayectoria fílmica, la implicación del dramaturgo en algunos proyectos cinematográficos va más allá de la propia escritura de guión. Lara y Rodríguez subrayan que precisamente en *Mi adorado Juan*, por primera y única vez en toda su carrera profesional, Miguel asume también el papel de director artístico.[7] Efectivamente, en los títulos de crédito figura como 'asesor artístico', y esta nueva calidad profesional queda corroborada por el desglose del presupuesto de la película: de las 2.310.929 pts, Miguel Mihura recibe 50.000 pts en concepto de guionista y 60.000 pts como director artístico, mientras que Jerónimo, como director, cobra 120.000 pts. Sin duda, esta proporción en las retribuciones refleja el alcance de las responsabilidades que le corresponderán en el proyecto. Sin embargo, el biógrafo del dramaturgo nos hace observar que este mismo esquema de distribución presupuestaria se establece en la anterior colaboración de los hermanos, *Siempre vuelven de madrugada* (1948), donde se especifica que Miguel cobra por un lado por el guión y por el otro por el trabajo de dirección de actores en los diálogos.[8] Y si nos fijamos bien, entre el material gráfico que Javier López Izquierdo incluye en el capítulo de su Tesis dedicado a la película *Vidas confusas* (1947), encontramos fotos en las que aparece Miguel Mihura en una escena del rodaje, dirigiendo a Sarita Montiel y Enrique Guitart.[9] Por lo tanto, cabe suponer que la práctica de la que da fe el montador de *Mi adorado Juan* diciendo: '[...] El que firmaba la película y colocaba la cámara era Jerónimo, pero el que dirigía a los actores era Miguel',[10] en realidad, era una de las bases de la colaboración profesional de los dos hermanos. Podemos preguntarnos, sin embargo, qué más puede comprender la 'asesoría de Miguel' de la que el reportero de *Cámara* dice que 'no le ha faltado al director ni en el plató, cuando la ha requerido, ni más allá del plató, si ha hecho falta'.[11]

La documentación manejada por López Izquierdo permite conocer el sistema de trabajo que empleaban los hermanos antes de entrar al plató: Miguel escribía el guión literario y Jerónimo se encargaba de confeccionar a partir de él el guión técnico, desglosándolo en planos numerados y dejándolo listo para el rodaje. Aunque dispongamos tan sólo del guión técnico de *Mi adorado Juan*, hay que tener en cuenta la conclusión a la que llega el citado investigador tras estudiar el amplio material documental al que tiene acceso: un guión literario de Miguel podía contener también las indicaciones respecto a la planificación (posición de la cámara, composición del plano y encuadre).[12] Y conociendo la afición del

---

[7] F. Lara, E. Rodríguez (1990), p. 191.
[8] J. Moreiro, p. 263. En el caso de *Siempre vuelven de madrugada*, Mihura obtuvo 60.000 pts por su trabajo, 10.000 de las cuales, en concepto de director de actores en diálogos.
[9] J. López Izquierdo, p. 209.
[10] A. Isasi-Isasmendi, citado en Augusto M. Torres, *Cineastas insólitos: conversaciones con directores, productores y guionistas españoles* (Madrid: Nuer Ediciones, 2000), p. 142.
[11] Véase 'En el plano número 377 de *Mi adorado Juan*', *Cámara*, 159, 15 de agosto de 1949.
[12] Véase J. López Izquierdo, p. 26.

dramaturgo a la escenografía y la importancia que da a su descripción en las acotaciones teatrales, podemos suponer que los escenarios de la acción fílmica, en esta ocasión, también fueron construidos primero en su imaginación.

Pero 'fuera del plató' supone también todo el proceso de posproducción y montaje. Y efectivamente, existen testimonios que confirman la participación de Miguel Mihura en las revisiones del material rodado y la selección de tomas en *Confidencia* (1947) o *Siempre vuelven de madrugada* (1948), mientras que en el caso de *Me quiero casar contigo* (1950) sabemos incluso de su implicación en los casting, la búsqueda de las localizaciones y en el montaje de sonido. Además, los conocimientos fílmicos de Miguel se deducen p.ej. de su carta a Jerónimo de 10 de noviembre de 1950 en la que critica los métodos de trabajo de Emisora: '¡Cuánto travelling y cuánta panorámica, que retrasa la acción! ¡Qué lento queda todo! ¡Qué manera de unir los planos, para hacer 4 en 1 y así trabajar más deprisa! De verdad, te digo que está saliendo allí un cine de oficina, anquilosado y triste'.[13]

Respecto a *Mi adorado Juan*, Isasi-Isasmendi asegura que Miguel estaba todo el día al lado de su hermano, y si no estaba, como dice, 'la película era flojísima'. Sabemos, por otro lado, que Jerónimo — conocido más bien como director prudente y buen realizador, pero falto de ideas propias — solía consultar con su hermano cada detalle y que dependía de su opinión e iniciativa. Por lo tanto, en una producción como la que nos ocupa, presentada en el mencionado reportaje de *Cámara* como ejemplo de 'una simbiosis perfecta entre realizador y creador', tenemos que ser conscientes de todos los aspectos englobables bajo el concepto de la autoría del dramaturgo.

De ahí que, al constatar su papel de guionista y responsable de la interpretación de actores, vislumbrando — aún sin poder delimitar exactamente — otras funciones propias de la dirección que ha desempeñado en la realización de la película, pretendamos ver el resultado final como exponente de sus ideas y su imaginario de cineasta. Debajo del fotograma de *Mi adorado Juan* publicado en el citado número de *Cámara* leemos que se trata de un 'film de los hermanos Mihura'.[14] En el presente trabajo subrayamos sin miedo ese concepto de 'coautoría' legitimando, asimismo, el postulado de considerar de ahora en adelante tanto el guión como la película de *Mi adorado Juan* como expresiones de la faceta cinematográfica de Miguel Mihura.

---

[13] La implicación en el montaje de sonido de *Me quiero casar contigo* (1950) se deduce de la carta de Miguel a Jerónimo del mes de marzo de 1951 en la cual Miguel lamentaba no haber podido venir a Madrid desde Barcelona para poder tomar el ambiente sonoro de la cafetería madrileña para una escena de la película. Además, de las notas del guionista se desprende igualmente su iniciativa respecto el propio montaje fílmico. Véase J. López Izquierdo, p. 27 y p. 308.

[14] *Cámara*, 159, 15 de agosto de 1949.

Sin duda, donde nuestro autor mejor desenvuelve su talento cinematográfico es en las realizaciones dirigidas por Jerónimo, y en esta primera película realizada en común para Emisora, según aseguran los testigos de la época y los historiadores de hoy, los hermanos alcanzan su máximo grado de colaboración. En el seno de esta compenetración creativa se fragua el proyecto más personal de la carrera fílmica de Miguel y, al igual que en el caso de Edgar Neville en *La vida en un hilo*, aquí también podemos hablar de plena identificación del autor con la obra.

4.1.2 *Una historia cien por cien* mihuresca *con un toque Lubitsch y el espíritu de Capra*

Lo que piensa Juan, lo pienso yo.
Miguel Mihura

Una señorita de alta sociedad, seria y elegante, recorre la ciudad en un descapotable llevando a cabo, a plena luz del día, una serie de robos perfectos. Armada únicamente con unas tijeras, con la ayuda de su perrita y la discreta complicidad de su chófer, va coleccionando su botín. El coche se detiene delante de unos grandes almacenes. La joven espera hasta que una señora con un perro entre en la tienda para seguirla, junto con la perrita, y poder cumplir su misión. Con estudiada profesionalidad y la agilidad de un carterista, corta la correa del animal sin que la dueña se dé cuenta, y al instante sube con los dos perros al coche. El vehículo arranca enseguida y desaparece entre las calles de la ciudad.

En el barrio del puerto ya son varios los vecinos cuyas mascotas han desaparecido de esta manera. El reciente robo del perro de Rosa les moviliza a actuar. Deciden recurrir a Juan, un filántropo y bohemio por antonomasia, que ha abandonado la carrera de médico, las comodidades y las ambiciones profesionales, para llevar una vida modesta pero libre de imposiciones sociales y compromisos, y para disfrutar de los pequeños placeres de cada día, cultivar amistades y trabajar lo menos posible. Juan es un hombre querido y apreciado por su bondad y simpatía, lo conocen todos y siempre está dispuesto a ayudar a los demás. Rosa, Antonio y Sebastián se presentan en su oficina, que es donde suele atender a los necesitados, para contarle las misteriosas desapariciones de los perros. Juan enseguida empieza a desentrañar la intriga y con una sola llamada a un amigo carnicero, localiza a los culpables. Resulta que la autora de los robos se llama Eloísa y es hija de un famoso fisiólogo, el doctor Palacios, que utiliza a los animales en sus experimentos. Ante los ruegos de los vecinos, Juan decide visitar al científico y exigir que les devuelva a sus perros.

El joven se presenta en el lujoso chalet del Doctor Palacios como dueño de la Pajarería Moderna y pronto convence al portero para que le deje entrar. En la mansión se está celebrando una fiesta y el discurso que Juan escucha desde el pasillo le revela el motivo de los experimentos: se trata de una nueva medicina que va a evitar que los hombres tengan que dormir. Cuando al final es recibido por la hija del Doctor, le comenta lo absurdo que le parece el nuevo invento de su padre. Eloísa, contrariada por su opinión y la efusiva bienvenida que le propicia al desconocido el camarero Paulino — también amigo de Juan — , lo atiende con frialdad y devuelve los perros de sus protegidos. Al día siguiente los dos vuelven a encontrarse por casualidad en el edificio de la Dirección General de los Laboratorios. Gracias a la ayuda de Juan que, naturalmente, es amigo del conserje y también del director, Eloísa es atendida sin esperar y su caso resuelto satisfactoriamente. Al salir, los dos pasean juntos por el parque y aunque ella, aparentemente, mantiene la misma distancia que en su primer enfrentamiento, no podrá resistirse mucho tiempo a la fascinación que siente por el joven extravagante. Pronto Eloísa y Juan serán pareja.

Sin embargo, su noviazgo tendrá muchos detractores. Tanto el científico, reacio a la actitud despreocupada y bohemia que representa Juan, como su ayudante Manríquez, que siente celos por estar también enamorado de la muchacha, están en contra de la relación de Eloísa. Ella, a su vez, ha cambiado totalmente su manera de ser e insiste en casarse con su novio. Al final, el Doctor Palacios decide hablar del asunto con Juan y va a buscarlo a su oficina. Al conocerlo, el científico en seguida olvida sus prejuicios y se suma al grupo de los amigos del joven. Entre sus compañeros de tertulia conoce a otros personajes curiosos, muchos de ellos intelectuales que han dejado sus trabajos para vivir sin obligaciones y disfrutar de la libertad. Pronto entabla amistad con el ingeniero Sebastián y un bioquímico eminente, el profesor Vidal. En el bar, Juan le confiesa al Doctor que también era médico, pero abandonó la medicina al sufrir un gran desengaño. Además, resulta que no tiene intención de casarse, lo cual supone un alivio para Palacios. La velada termina en el Palacio del Boogie-Boogie, donde vienen a buscarles Eloísa y Manríquez. Juan comprende que sus principios no coinciden con las aspiraciones de su novia y decide romper la relación.

El doctor Palacios, al ver a su hija desolada y deprimida, decide remediar la situación y empuja a los jóvenes hacia el compromiso. Eloísa decide mudarse al modesto piso que alquila Juan, aceptando no alterar sus costumbres de soltero y, finalmente, se celebra la boda. Aunque no resultará fácil hacer realidad ese compromiso y la pareja no evitará pasar una crisis.

Un día Palacios enferma y, ante la confusión del médico, Juan acierta con el diagnóstico curando al doctor. Eloísa, al volver a su casa natal para atender a su padre, por un momento empieza a añorar su existencia de antes. Manríquez se ocupa de la publicación de la memoria del antídoto contra el sueño — que después de ser leída en el país va a divulgarse en América — , y traiciona a su maestro apropiándose de la patente del invento. Palacios, compungido, decide abandonar su labor y empezar una nueva vida en el barrio del puerto, al lado de su hija, Juan y el niño que han adoptado.

El ayudante, decidido a viajar a Filadelfia y consagrarse como principal descubridor de la revolucionaria droga, intenta aprovechar la confusión de Eloísa y apartarla de la vida que ha elegido. Paulino, el camarero, advierte a Juan de las intenciones de Manríquez, pero él decide no intervenir. Desde su barca, preparándose con Palacios para pescar, observa el transatlántico que va a llevar a la fama al astuto Manríquez, sin saber si su mujer está también a bordo. Pero al final Eloísa aparece. Además, trae las fórmulas del invento que ha robado al ayudante de su padre para destruirlas. Juan promete ceder en sus condicionamientos, trabajar algo más e incluso tomar una criada. La pareja se abraza mientras la embarcación va perdiéndose en el horizonte.[15]

Primero, como bien señalan en el correspondiente capítulo de su libro Lara y Rodríguez[16] — y como comprobaremos más adelante —, *Mi adorado Juan* encierra prácticamente todas de las líneas temáticas más importantes de la obra de Miguel Mihura. Evidentemente, la historia de un bohemio individualista que realiza su sueño de vida tranquila y placentera viviendo a su manera, sin compromisos laborales ni personales, rodeado de amigos y disfrutando de las pequeñas cosas de cada día, representa una plataforma desde la que el autor expone la problemática y el espíritu que definen el conjunto de su labor creativa. Pero al margen de encontrarnos ante una obra emblema que condensa la esencia y las características claves de sus creaciones, podríamos permitirnos el juego, como en el caso de *La vida en un hilo*, de buscar elementos puramente autobiográficos y referencias a las experiencias reales del escritor.

En este terreno, el biógrafo Moreiro rescata una confesión del dramaturgo sobre la segunda ocasión que tuvo de casarse con una señora muy importante, que tenía cierto prestigio en la sociedad y a la que, de cara a matrimonio, propuso condiciones similares a las de Juan, intentando que el cambio de estado civil no alterara demasiado su vida de soltero: 'Yo le dije que me parecía muy bien, pero siempre que ella viviese en su casa y yo en la mía. Y que nos llamásemos de cuando en cuando para salir a comer o cenar o al cine'.[17] La prometida de Mihura, naturalmente, se negó, y tal vez el eco de ese incidente resuene en la fábula sobre el bohemio del barrio del puerto. De todas formas, los vínculos entre la ficción y la vida del autor que aparecen bajo el título de *Mi adorado Juan* van mucho más allá de un apunte biográfico, o de las características esenciales de su trayectoria.

Mihura, quien asegura que 'el buen teatro es el autobiográfico' y que el dramaturgo tiene que 'escribir de lo que ha vivido, de lo que ha digerido, de lo

---

[15] El resumen presentado arriba refleja la historia plasmada en la pantalla. Las sinopsis detalladas las encontramos también en el estudio de Lara y Rodríguez, pp. 152–53; y en la Tesis inédita de López Izquierdo, pp. 256-63, con la diferencia de que la primera está elaborada a partir del guión — por lo tanto no incluye las modificaciones introducidas en el rodaje — y la segunda describe la trama de la película dando prioridad a los aspectos de realización cinematográfica.
[16] F. Lara, E. Rodríguez, pp. 151–59.
[17] J. Moreiro, p. 271.

que ha sentido y ha quedado dentro de su alma',[18] en esta película, como guionista expone además — y a máxima potencia — su personalidad y filosofía vital, su manera de percibir el mundo. La identificación es más profunda en tanto que el autor no sólo convierte a Juan en su espejo, sino que hace de él su *alter ego*, verdadero reflejo de sus anhelos y convicciones, representación no sólo de lo que es, sino de lo que a él le gustaría ser. Como confiesa Mihura a este propósito:

> Yo me considero un poco como Juan, al que le gustaba hacer una vida sencilla, tranquila, que no le metan a uno en jaleos y tener esas amistades, no de intelectuales sino de gente sencilla. Es una obra autobiográfica cien por cien. Lo que piensa Juan, lo pienso yo.[19]

Mi adorado Juan, aparte de representar una extrapolación del universo del propio autor y un verdadero compendio del universo *mihuresco*,[20] nos permitirá, en el transcurso de nuestro análisis, apreciar ciertas afinidades con el imaginario y espíritu del otro autor estudiado en la presente Tesis, Edgar Neville. Pero si *La vida en un hilo*, como señalamos en el capítulo anterior, llegó a provocar plagios y sospechosas coincidencias en el mismo círculo de la producción nacional del momento, *Mi adorado Juan*, no parece contagiar ni inspirar a otros cineastas españoles contemporáneos de su autor. Al recordar que el mismo año del estreno de la película, los directores con los que Mihura había trabajado anteriormente amplían sus respectivas filmografías con títulos como *El amor brujo* (Antonio Román, 1949), *Mariquilla Terremoto* (Benito Perojo, 1949), *El río Tajo* (Eduardo García Maroto, 1949) o *Aventuras de Juan Lucas* (Rafael Gil, 1949), la cinta de los hermanos Mihura nos hace buscar influencias y relaciones con otros cineastas fijando la mirada más bien fuera del horizonte de la cinematografía nacional.

En efecto, entre las referencias más citadas a propósito de la influencia de otros cineastas en las películas de los Mihura encontraremos, en primer lugar, a Lubitsch y Frank Capra. Con estas referencias nos encontramos en las publicaciones donde se comenta la obra cinematográfica de Mihura. Respecto al caso concreto de *Mi adorado Juan*, los estudiosos de la obra citados en nuestro libro la relacionan en primer lugar con el cine de Frank Capra.[21] No obstante,

---

[18] M. Mihura, 'Del teatro, lo mejor es no hablar', en *Prosa y obra gráfica* (Madrid: Cátedra, 2004), p. 1320.

[19] Miguel Mihura citado en J. Moreiro, p. 271.

[20] En este caso y en todos los demás del presente estudio empleamos el término *mihuresco* exclusivamente como referente a Miguel Mihura.

[21] Véanse F. Lara, E. Rodríguez, p. 153; J. López Izquierdo, p. 162. Esta asociación la comparte Fernando Valls, en 'De ratones y robaperros. Sobre cine, teatro y literatura en *Mi adorado Juan*, de Miguel Mihura', en *Miguel Mihura cumple un siglo. Actas de las Jornadas en homenaje al humorista y dramaturgo*, ed. R. Pérez Sierra, F. B. Pedraza Jiménez, M. Rodríguez Cáceres (Madrid: La Suma de Todos, Comunidad de Madrid, 2005), p. 121.

según Jerónimo Mihura, el director de cine que más les gustaba entonces a ambos era Ernst Lubitsch.[22]

El hecho de relacionar la obra de Miguel Mihura con los grandes maestros del clasicismo cinematográfico corrobora su deuda con el modo de representación imperante en la época dorada del cine de Hollywood.[23] En la propia sinopsis, esbozada arriba, quedan reflejados los principios de la narración clásica: la historia de *Mi adorado Juan* sigue las pautas de una narración canónica, partiendo de la introducción del desorden en un universo ordenado y articulándose en tres fases: presentación de un estado de la cuestión, su alteración y el posterior restablecimiento. Primero, Eloísa y Juan llevan una existencia inscrita y determinada por sus propios ambientes; el encuentro entre los dos hace tambalear los fundamentos de sus universos respectivos. Con su reconciliación y compromiso final, el orden — aunque sin volver al punto de partida — queda restablecido. Asimismo, el análisis que ofreceremos a continuación revelará otros aspectos de la película que nos remitirán a las premisas de aquel cine americano, erguido sobre los principios de la transparencia, continuidad e invisibilidad narrativas.

Más allá de estos preceptos generales del cine clásico, *Mi adorado Juan*, lleva impresas las huellas inconfundibles de los autores citados. Quizá la más notable — como en el caso de la tratada adaptación de Edgar Neville — corresponda al mismo rey incontestado de la comedia americana, Ernst Lubitsch, puesto que las reminiscencias del director de *La viuda alegre* (1934) se manifiestan en diferentes planos de la obra de Mihura, desde las preocupaciones temáticas y los enfoques de su tratamiento hasta las peculiaridades del estilo. En el mapa de los puntos de encuentro entre los dos creadores figura tanto la concepción de la secuencia inicial y final[24] como la estructura argumental de la trama, y el modo de plasmarla con la cámara. Todas las secuencias iniciales de las películas de Lubitsch están ideadas para estimular la curiosidad del espectador y el deseo de saber más; los principios de la mayoría de los filmes de Mihura obedecen la misma estrategia *lubitschiana* de desconcierto inicial que sirve para atrapar la atención (y entre ellos luce, sin duda, el de *Mi adorado Juan*). En cuanto a los finales *mihurescos*, en general menos creativos y más previsibles, el de *Mi adorado Juan* también parece inscribirse en el patrón *lubitschiano*, en cuyo cine, como observa Binh y Viviani,[25] casi todas las historias terminan con el encuadre de dos personajes

---

[22] Véase J. Herrera, 'Lubitsch. Su repercusión en España', *Nickel Odeón*, 18, (2000), pp. 64–72.
[23] Nos referimos al modelo de relato clásico que predomina en el cine *hollywoodiense* entre, aproximadamente, 1917 y 1960, y cuyas pautas principales consisten en la transparencia y la continuidad narrativa; la acción sujeta a la cadena de causa — efecto; y el espacio y el tiempo a la narración.
[24] Véase *Cámara*, 159, 15 de agosto de 1949.
[25] N.T. Binh, N.T., Christian Viviani, Lubitsch (Madrid: T&B Editores, 2005), p. 36

juntos, en plano medio: así, desde luego, se despiden de nosotros Eloísa y Juan en la película de Mihura.

No resulta difícil observar que la obra de cada uno es pródiga en retratos de mujeres; si nos damos cuenta, una tercera parte de sus obras, tanto de Lubitsch como de Mihura, lleva en el título un nombre de mujer. Además, los dos convierten lo femenino y la figura del triángulo amoroso en los motivos preferidos de sus ficciones: el dramaturgo español admite abiertamente: 'Las mujeres, sí, son tema predilecto en mí'.[26]

Cabe también destacar algunos elementos característicos del estilo *lubitschiano* en los que inmediatamente reconocemos al autor de *Mi adorado Juan*. Nos referimos a la sencillez y precisión de la construcción dramática, la sofisticación de la puesta en escena, la capacidad de transmitir al público su concepto del mundo, en la experiencia escénica y en una 'complementariedad' de planteamientos artísticos, que lleva a abarcar en el marco de una creación tanto lo teatral y lo cinematográfico como lo popular y lo sofisticado. No podemos referirnos todavía a las observaciones que surgirán en el proceso del siguiente análisis y que nos permitirán advertir el 'toque Lubitsch' en otros aspectos de la creación de Mihura, no obstante, como corpus de referencia, proponemos señalar lo característico en los aspectos que podremos apreciar en el análisis desarrollado a continuación:

1) Espacio: predilección por espacios compartimentados, decorados y accesorios que consolidan el relato, la práctica de presentar el decorado antes que los personajes, focalización de detalles e importancia de objetos en la puesta en escena, utilización del fuera de campo y del espacio en *off*;
2) Diálogos: inimitables e ingeniosas réplicas de los personajes, los ganchos de diálogo (*dialogue hooks*), juegos con aliteraciones y repeticiones, y el ritmo poético de las frases;
3) Mecanismos narrativos: basados en ecos y simetrías, los llamados 'ripios narrativos', ingeniosas elipsis, junto con elementos del suspense *hitchcockiano* y la complicidad prevenida del público.

Éste es, a grandes rasgos, el legado del director *hollywoodense* apreciable en el universo *mihuresco*. Pero el estilo de Lubitsch que, en palabras de Binh y Viviani, 'se complace en jugar — para burlarse mejor de ellas — con las convenciones más aferradas de la época',[27] para un autor como Mihura, que hace de la lucha contra

---

[26] Véase la entrevista realizada por Emilio de Miguel Martínez y reproducida en Miguel Mihura, *Prosa y Obra gráfica*, ed. Arturo Ramoneda (Madrid, Cátedra, 2004), p. 1500. Sobre dicha constatación del artista y su práctica reflexiona Virtudes Serrano en 'Tres perfiles de mujer en el teatro de Mihura', en *Miguel Mihura (1905-2005) ... sino todo lo contrario*, ed. Emilio de Miguel Martínez (Madrid: Centro de Documentación Teatral, Madrid, 2005).
[27] N.T. Binh; Ch. Viviani (2005), p. 17.

los tópicos y la burla de las convenciones la clave de su obra, supone más que una fuente de influencia. Indudablemente, revela también una profunda afinidad y comunión entre los universos de los dos artistas: el más europeo de los cineastas *hollywoodenses* que ha revolucionado el cine americano en el umbral del sonoro, y el más dramaturgo de los cineastas de la 'otra generación del 27' que ha hecho lo propio con el humorismo español.

Esta misma cercanía entre los dos creadores, sin duda, llega a manifestarse en la obra protagonizada por el ingenuo y risueño Juan. Basta referirnos al aspecto quimérico de los mundos creados por el director alemán en la pantalla, los reinos imaginarios y unas irreprimibles ganas de vivir de los héroes *lubitschianos*. Aunque, en este aspecto, conviene resaltar otra de las referencias citadas, la de Frank Capra, cuyo cine optimista y bienintencionado, en opinión de Lara y Rodríguez, es imitado por Mihura precisamente en *Mi adorado Juan*.[28]

Desde luego, sería difícil no percibir la huella del 'maestro del cine humano' en el amable e ingenuo aroma de cordialidad que, como dice Moreiro, desprende la historia *mihuresca*, en esa sencillez que roza la ingenuidad, o en la tesis sobre la felicidad que defiende. No sin razón la prensa del momento establece paralelismos entre el protagonista y los personajes masculinos de películas como ¡*Qué bello es vivir!*, o insiste en que *Mi adorado Juan*, hubiera sido un film estupendo en manos de Frank Capra, pregonando que el de Juan es un papel ideal para James Stewart.[29] La comparación del protagonista creado por Mihura con ese George Bailey que dedica su vida a hacer feliz a los demás (aunque nuestro adorado Juan irradie más optimismo y buen humor) parece inevitable y, desde luego, su pertenencia al más delicioso y fantástico planeta de los personajes de Capra resulta incuestionable. Juan González es un Juan nadie español, verdadero caballero sin espada, convencido de lo bello que es vivir . . .

---

[28] F. Lara, E. Rodríguez, p. 153.
[29] Véanse *Siete Fechas. El Periódico de toda la semana*, 14 de febrero de 1950; o *Cámara*, 15 de septiembre de 949

20. Juan en su oficina, recibe un nuevo 'encargo'.

21. Juan conoce a Eloísa y recupera los perros.

22. Eloísa, enamorada, defiende a Juan ante su padre.

23. Juan enseña su casa y accede a casarse.

24. Juan aparece en casa con un niño.

25. Reconciliación tras crisis matrimonial.

4.1.3 Mi adorado Juan *en el cine*

4.1.3.1 Guión y la censura

Miguel Mihura, responsable del argumento, los diálogos y el guión, verdadero dueño y creador de la ficción elevada a la pantalla, tenía que sentirse orgulloso de su labor. El guión — con 'una estructura excelente y sugerente para su traducción visual'[30] — llega a entusiasmar incluso a algunos miembros de la Junta Superior de Orientación Cinematográfica: en la censura previa lo califican de 'excepcional' (Francisco Fernández y González), y una vez acabada la película, constatan que es 'el mejor que hasta el presente se ha escrito en España' (Guillermo de Reyna). Aunque no falten opiniones contrarias, como la de Luis Fernández de Igoa, quien ve la historia de Mihura 'gris y sin el relieve que necesita una buena idea para lograrse cinematográficamente'.

En general, las opiniones de los censores resultan bastante dispares:[31] algunos encuentran en la película 'un espíritu auténticamente evangélico' y la consideran 'no solamente aceptable sino encomiable" (José Luis García Velasco); otros la ven demasiado decadente y critican la postura de los personajes que 'impugna el trabajo, la lucha, la ambición' (Francisco Fernández y González). Las principales objeciones se refieren a los atisbos de erotismo que puedan suponer 'las escenas con efusiones amorosas' (Fermín del Amo) y que, obviamente, deberían suprimirse, y a esa actitud antisocial y antilaboral de Juan y sus compañeros, que conviene 'atenuarse de algún modo, haciéndose una exaltación del trabajo y de la ambición' (Francisco Fernández y González).

Todas estas observaciones son comentadas verbalmente al productor, pero el guión queda aceptado en su integridad. Sucede así probablemente porque el contenido de la película no parece demasiado 'peligroso'. Lo corrobora el informe de Fermín del Amo, quien advierte que 'si todo el mundo fuese como Juan sería una catástrofe', admitiendo, al mismo tiempo, que 'no existe el menor peligro de que el film cree prosélitos'. Resulta curioso como este beneplácito pervertido — como era el caso de muchas sentencias de la temida Junta — más que describir la película deja al descubierto al censor: el intento de ironizar no hace más que dar fe de su decepcionante catadura moral y de la triste realidad que le rodea.

Piedras contra el propio tejado las tira también Francisco Ariza, consejero delegado de Emisora Films. En una carta[32] de 13 de junio de 1949, redactada para

---

[30] Véase F. Lara, E. Rodríguez, p. 153. Según los autores *Mi adorado Juan* es al mismo tiempo la película que mejor define al Mihura guionista de cine.

[31] Los informes de censura de *Mi adorado Juan* se encuentran en el Archivo General de Administración (Caja/Leg. 36/03369 y 36/4712). Los informes a los que hacemos referencia pertenecen a los lectores: José Luis García Velasco, Francisco Fernández y González, Fermín del Amo; y los censores: Guillermo de Reyna y Luis Fernández de Igoa.

[32] F. Ariza, 'Observaciones sobre el guión de *Mi adorado Juan* hechas por el señor Ariza', 13 de junio de 1949. De aquí en adelante, citaremos dicha fuente como '*Informe Ariza*, 1949'. La

el Consejo de Administración de la compañía justo antes de empezar el rodaje, indica hasta veinticinco cambios que deben ser introducidos en el guión, superando incluso en su visión crítica las indicaciones de la censura. Dichas propuestas de modificaciones — que a continuación confrontaremos con el guión definitivo — afectan a un total de cuarenta y nueve planos de la película y obedecen el propósito, fijado por su autor, de convertir 'lo intrascendente en educativo' y 'lo despreocupado en moral'.

Los retoques necesarios expresados por Ariza quedan explicados según los personajes: Juan, sobre todo, debe insistir menos en su particular filosofía vital y dejar más claros los motivos de su desengaño profesional, abriendo asimismo la posibilidad de su 'regeneración'; debe prescindir también de algunos *gags* 'ofensivos' y 'ridículos' y no hacer alusiones a su condición económica ni a obsequios de los vecinos; Eloísa debe parecer más intransigente ante el seductor Manríquez, aceptar la misión de devolver a su marido al mundo de la medicina y aparte de la atracción personal dejar explícito el enamoramiento 'moral'; los compañeros de Juan, tachados por Ariza de miembros de 'una secta de fracasados de la vida', deben presentar una actitud menos frustrada, desmintiendo haber vivido posibles desengaños, y compaginar los paseos por el puerto y las charlas en los cafés con sus respectivas profesiones, es decir: el profesor, debe seguir escribiendo libros; Sebastián, seguir siendo ingeniero; y todos actuar como cómplices de la 'regeneración' de Juan. El doctor Palacios, aparte de no abandonar su actividad científica, debe ser más asertivo y menos benévolo con su ayudante traidor. El único que se salva de la inquina censora de Francisco Ariza resulta ser el doctor Manríquez, el malo (que, como explicaba Mihura en el guión, 'no era exactamente el malo de las películas, pero iba camino de serlo') y desde luego, el más maniqueo entre todos los personajes. Precisamente por eso no desentonaba con las pautas convencionales de ese juez usurpador en persona del productor. Como extrema muestra de su sintonía con los gustos oficiales, el consejero de Emisora propone además compensar el fracaso profesional que ha sufrido Juan como médico por no poder salvar a un niño, sugiriendo que en alguna ocasión cure al niño adoptado. De este modo, pretende dar un giro al argumento y conseguir una historia más redonda, con moraleja, basada en la previsible tesis de regeneración de 'una oveja descarriada'. El propio interesado resume sus intenciones de la siguiente manera:

> [...] En una palabra: conservando los mismos valores que el guión tiene, hacer que los tipos estén más en consonancia con la realidad. Que no sean unos vagos ni unos apáticos ni que dejen la posibilidad de parecerlo. Y que dentro de esa 'humorística teoría social' quede flotando la moraleja del

---

carta podría influir en las relaciones de Ariza con Miguel Mihura, ya que el conflicto entre ambos se hace evidente en las siguientes producciones; lo demuestran la correspondencia entre los hermanos, los testimonios del dramaturgo y el hecho de que la productora no le permita participar en el rodaje de *Me quiero casar contigo* (1950).

hombre que ha vuelto a encontrar el camino que un revés de la vida le hizo perder gracias al cariño y a la comprensión de una mujer. (Francisco Ariza, 13 de junio de 1949)

La mayoría de sus objeciones no son tomadas en cuenta a la hora de rodar y, como sugieren Lara y Rodríguez, lo más probable es que dicho informe fuera redactado con el objetivo de servir de coartada ante los posibles ataques de la censura. Lo corrobora el especial cuidado que demuestra Ariza vigilando el 'carácter español' y la evidente intención de cuidar al máximo lo políticamente correcto. La prueba más explícita la encontramos en el comentario de Ariza referente a la frase con la que Manríquez resume el impacto del invento del doctor Palacios: 'mientras no se conozca el invento en el extranjero no se tomará en serio en España'. El productor advierte al respecto: 'puede ser cierta, pero no la pasará la censura, y con razón. Aunque la pase debería quitarse. No debamos ser los propios españoles los que, en una película que se difunde por todo el mundo, nos echemos tierra descubriendo a quién no los sé nuestros propios defectos'. Asimismo, mediante éste y otros comentarios en los que detecta un tono ofensivo en frases intrascendentes — sea respecto el gremio de peluqueros o periodistas —, Ariza pone de manifiesto su postura extremadamente preventiva. No deja de sorprender, sin embargo, que el propio productor en vez de apoyar el proyecto demostrase tal nivel de ensañamiento y desconfianza. Independientemente de su postura, la película es calificada como 'autorizada para todos los públicos', obtiene la clasificación de Categoría 1ª y dos permisos de doblaje.

4.1.3.2 Rodaje

Los investigadores que descubren la existencia del citado informe de Ariza y lo mencionan por primera vez,[33] añaden que fue firmado a una semana de iniciarse el rodaje, lo que nos hace suponer que el mismo empieza el 20 de junio de 1949. Por otro lado, el reportaje de Visor publicado en *Cámara* nos ubica en el plano número 377, que es rodado el 15 de agosto, 'más que promediada la película', y concluye refiriéndose al último golpe de la claqueta que 'será dado dentro de los cincuenta y cinco días previstos para el rodaje', es decir, a mediados de octubre. Sin embargo, el artículo de *Dígame* del 20 de septiembre, citado por López Izquierdo[34] hace referencia al último día de rodaje, por lo cual por estas fechas éste debía haber terminado. El expediente de rodaje conservado en el Archivo General de Administración indica las fechas 20 de junio y 20 de noviembre como 'las fechas de producción'.[35] Suponemos, por lo tanto, que el rodaje de *Mi adorado*

---

[33] F. Lara, E. Rodríguez, p. 157.
[34] J. López Izquierdo, p. 256.
[35] Las 'fechas de producción' citadas figuran en la carta dirigida a la Junta Superior de Orientación Cinematográfica, emitida por el mismo Francisco Ariza en su calidad de Consejero Delegado de la productora Emisora Films, S.A. el día 28 de noviembre de 1949 (AGA, Caja/legajo 36/3369).

Juan transcurre en un plazo aproximado de más de dos meses, que corresponden sobre todo a los de verano, con el 'calor de Senegal' y 'la calígine húmeda' de fondo, como advierten los testimonios de la prensa de aquellos días.[36] La mayor parte del rodaje se lleva a cabo en los estudios Trilla-Emisora de Barcelona y los diez días previstos para exteriores, en los escenarios naturales, urbanos y portuarios de la Barceloneta.

En el plató, entre el equipo técnico encontramos a Julio Salvador y a Jesús Castro Blanco, que intervienen como ayudantes de dirección y que unos años antes desempeñaron la misma función al lado de Ignacio F. Iquino en *Ni pobre ni rico, sino todo lo contrario* (1945), así que, en cierto modo, vuelven al universo *mihuresco*, esta vez de la mano de su propio creador. Asimismo, el decorador Juan Alberto Soler, que también trabajó en la adaptación de la comedia de Mihura y Tono, se encontrará sometido a la supervisión del autor en la labor de recrear su imaginario. En cualquier caso no le faltarán para ello medios materiales ni podrá quejarse de penuria, y los treinta decorados previstos contentarán al dúo director y serán apreciados como uno de los elementos 'dignos de encomio' dentro de la producción.[37] Miguel Grau es el jefe de producción. Aquí trabaja con los Mihura por primera vez, pero en adelante asumirá esta misma responsabilidad en todos los siguientes proyectos de los hermanos Mihura para la Emisora, al igual que el montador Antonio Isasi-Isasmendi. La fotografía está a cargo de Jules Kruger, un operador nacido en Estrasburgo que lleva casi veinte años trabajando para el cine español y en cuya trayectoria brillan títulos como *Napoleón* (Abel Gance, 1934) o *Violetas imperiales* (Henry Roussel, 1923). Este profesional, que resumía su plena dedicación al oficio diciendo que 'hay que estar casado con la película y con el director desde el primer día hasta el último',[38] era también tertuliano de Chicote y muy buen amigo de los hermanos Mihura. Jerónimo había contado con él anteriormente en *Siempre vuelven de madrugada* (1948) y *Despertó su corazón* (1949).

La música, compuesta por Ramón Ferrés, según algunos constituye uno de los aciertos de la película y merece el calificativo de 'discreta',[39] aunque López Izquierdo en su análisis arremete contra este criterio asegurando que la partitura de Ramón Ferrés puede calificarse de poco inspirada, pero 'su concepción de la música narrativa merece los adjetivos de pertinaz, redundante, enfática, entrometida, todo menos discreta'.[40] Nosotros dejaremos al juicio del espectador

---

[36] 'En el plano número 377 de *Mi adorado Juan*. Comedia de fino humor, que rueda en Trilla Jerónimo Mihura', *Cámara*, 159, 15 de agosto de 1949.
[37] Véase F. Méndez-Leite, *Historia del cine español* (Madrid: Rialp, 1962).
[38] J. L.Gómez Tello, 'Quien es quien en la pantalla nacional. Jules Krüger', *Primer Plano*, 542, 4 de marzo de 1951.
[39] R. Oltra, 'Muy discreto el fondo musical', *Cámara*, 1 de enero de 1950.
[40] J. López Izquierdo, p. 287.

la idoneidad de esta banda sonora, sin disgregarla de la materia cinematográfica que estudiaremos. Cabe añadir que Ferrés será el autor de la música de los siguientes tres proyectos en los que trabajará Mihura en 1950 (*El señorito Octavio; El pasado amenaza* y *Me quiero casar contigo*). El equipo técnico de *Mi adorado Juan* lo completan: el cámara, Mario Bistagne; el secretario de dirección, F. Pérez Riba; el fotógrafo, Pérez de Rozas; y el maquillador, Antonio Turell.

4.1.3.3 Reparto

En cuanto al cuadro artístico no cabe duda de que Conchita Montes fue la primera elección de los hermanos Mihura. Miguel, acostumbrado a escribir pensando en los intérpretes, parece haber dotado el personaje de Eloísa del aire sofisticado y elegante propio de la actriz. No sorprende que los críticos la encuentren realmente 'espléndida en su cometido'. Esa es la única vez que la actriz *fetiche* de Neville presta su actuación en una película firmada por Mihura, aunque protagonice, en varias ocasiones, sus obras sobre las tablas.[41]

En cuanto al protagonista de *Mi adorado Juan*, hasta el último momento no se sabía quién iba a interpretar el papel, lo corrobora el título de la foto que se publica el 5 de junio en *Primer Plano* anunciando: 'se busca un galán para Conchita Montes'. Finalmente, la productora se decide por Conrado San Martín, quien había protagonizado otras producciones de Emisora, como *Siempre vuelven de madrugada, Pacto de silencio* o *En un rincón de España*. El actor conseguirá que más de un espectador se quede tan sorprendido como el crítico de *La Hora* al admitir:

> [...] En verdad que pocos podrían imaginar que aquel mediocre actor del Español iba a ser este galán — simpático, varonil, seguro — que ha hecho un Juan González perfecto, humano, sometiendo su aspecto de 'duro' a un entrenamiento convincente hasta conseguir una interpretación definitiva y consagratoria.[42]

Desde luego, el actor resulta tan convincente en su actuación que, según declara en la entrevista personal a los autores Lara y Rodríguez, la gente lo reconoce luego en la calle llamándolo con el nombre de Juan.[43] Este nivel de compenetración con el personaje lo advierte él mismo: preguntado en cuál de sus películas se había

---

[41] Recordemos que Conchita Montes actuó en las obras de Miguel Mihura en las siguientes ocasiones: en 1946, actuando en un apropósito con el motivo de la representación homenaje de *El caso de la mujer asesinadita*, y encarnó también los cuatro papeles de *A media luz los tres* que se estrenó en 1953. Había participado además en los ensayos de *La señora estupenda*, que finalmente no se estrenó.

[42] M.A., *La Hora. Semanario de los estudiantes españoles* (Publicación del S.E.U.), 26 de febrero de 1950.

[43] F. Lara, E. Rodríguez, p. 192 (nota 10).

identificado mejor con el personaje, responde: 'Si realmente tengo que señalar alguna, es *Mi adorado Juan*. Allí me he visto reflejado yo mismo en el personaje'.

El propio guionista aprecia buenas cualidades de su pareja protagonista, describiendo a Conrado San Martín como un actor 'flexible, natural, disciplinado' y admitiendo que Conchita 'encarna con propiedad evidente a la fina e inteligente universitaria, a la mujer educada y de gran rango que yo imaginé'.[44] El único reproche referente a los actores protagonistas se deberá al doblaje: ni Conchita ni Conrado hablan en la película con su voz, lo cual puede tan sólo restar esplendor y veracidad a su interpretación.[45]

Entre los actores secundarios encontramos nombres tan destacados como Alberto Romea, a quien Gómez Tello presentaba como 'un actor representativo de la vieja casta de hidalgos castellanos' y que aquí da humanidad y calor al personaje del doctor Palacios; Julia Lajos, 'la insustituible cómica del cine español', que interpreta a Rosa, mujer del gerente del bar (el inconfundible Pepe Isbert), y lo hace — en palabras del mismo retratista de aquella corte de actores — 'con una gracia indeclinable y casi subversiva'. Entre los amigos de Juan destacan Luis Pérez de León, como profesor Vidal, y Juan de Landa, como Sebastián, ambos insuperables en papeles de bohemios tiernos y campechanos. Otra creación inolvidable, aunque el personaje aparezca tan sólo en unos episodios, es la de José Ramón Giner, en el papel de Paulino, que no sólo se merece el mejor elogio *mihuresco* por su verdadera e inconfundible 'cara de criado',[46] sino que además le hace justicia con su interpretación. Rosita Valero y Carolina Jiménez, como camarera y Nieves respectivamente, hacen alarde de su naturalidad y frescura. Completan el reparto Eugenio Testa, Modesto Cid y Paco Malgares, sin olvidar, por supuesto, el binomio tan temido por Hitchcock y que aquí rezuma la ternura y la gracia de la trama: los niños[47] y los perros.

---

[44] Visor, 'Al margen del plató. Miguel Mihura, guionista', *Cámara*, 159, 15 de agosto de 1949, p. 44.

[45] Véase *La Hora. Semanario de los estudiantes españoles*. 26 de febrero de 1950.Cita literal del artículo:'Y sólo un punto negro en esta película simpática, tierna, poética. Un punto inaguantable. El doblaje. Los actores — o, al menos algunos: por ejemplo: Conchita Montes — no hablan con su voz y les han colocado esas graciosas voces del doblaje, con ese 'encantador' acento: mitad de redicho, mitad de locuras de radio Andorra'.

[46] Mihura da cuenta de su particular concepto de 'tener cara de visita' — en función del cual elegía a los extras — al contar los detalles del casting para la representación de *Maribel y la extraña familia* (1959):'El representante hacía desfilar ante mí una serie de parejas de actores de edad aproximada a la que yo quería, pero sin tener cara 'de visita'. La tenían de tertulia de café, de solitarios, de espectadores de cine, pero no de visita [...] puesto que, parece que no pero hay personas que tienen cara de visita — aunque no estén de visita — y otros que no la tienen aunque lo estén'. Véase M. Mihura, 'Prólogo' a *Tres sombreros de copa* (Castalia, 1977), p. 50.

[47] Son dos los personajes de niños que representan cierta envergadura en la trama: el chico que acoge el matrimonio y la niña con la que se encuentra Juan en la calle de su barrio.

4.1.3.4 Estreno en los cines

El estreno tiene lugar el 16 de diciembre de 1949 en el cine Kursaal de Barcelona y el 13 de febrero de 1950 en el Palacio de la Prensa en Madrid. La película es acogida favorablemente por la prensa y el público que, en medio de las propuestas engoladas y patéticas del cine de la época, puede disfrutar de una historia — en palabras de Alfonso Sánchez — 'amena y grata, que divierte al espectador sin sumirlo en grandes preocupaciones' y al mismo tiempo — como observa Pedro Moularne Michelarena — 'capaz de sustraernos a la mediocridad de cada día y de cada hora, y de hacernos bien y consolarnos de ciertas realidades'.[48] En consecuencia, empleando la conclusión del articulista de *El Correo Catalán*, la película se revela como una 'grata comedia, nada intrascendente'.[49] Y precisamente a través de esta mezcla de optimismo y decepción, de trivialidad y de empaque de trascendencia donde residirá su 'indudable novedad'.[50]

La prensa de la época cita entre los mayores aciertos de la nueva producción de Emisora el 'fino humor' y 'una graciosa comicidad', 'la descripción de los tipos' o 'la agilidad del diálogo',[51] méritos evidentes del guionista que 'ha construido el argumento con grata sencillez'.[52] Aunque como siempre en la balanza de la crítica encontraremos comentarios totalmente opuestos, como aquella voz que habla de 'un guión que ha olvidado algo tan interesante como la sencillez para darnos una impresión de naturalidad', u otra que define la película como 'este film español al que le sobra mucho diálogo'. No obstante, no escamotean elogios para la realización, que está 'decorosamente lograda' y presenta un 'eficaz aprovechamiento de la cámara', tanto en exteriores, al sacarla a 'la vida real de las calles y del puerto', como en los escenarios diseñados por Juan Alberto Soler, considerados también 'dignos de encomio'.

El elemento más destacado de la labor de Miguel Mihura como autor del argumento, dialoguista y guionista parece ser el humor, descrito en *Dígame* como 'la savia feliz que corre a lo largo del film'[53] y que, como advierte Luis Gómez Mesa en *Ya*, 'envuelve en bromas las cuestiones más serias'. Y precisamente en este punto desconcertante en el que convergen optimismo y desconsuelo es donde la lectura de la obra se bifurca: de un lado, queda tachada de pesimista y desoladora, exponente de una 'amarga filosofía' en la que la apariencia burlona encubre 'un fondo desesperanzado, de amargura y de cansancio, moral y físico';[54]

---

[48] Citado en J. López Izquierdo, p. 279.
[49] Nadal-Rodó, *El Correo Catalán*, 18 de diciembre de 1949.
[50] *Pueblo*, 14 de febrero de 1950.
[51] '*Mi adorado Juan*, de Jerónimo Mihura, por Conrado San Martín, Conchita Montes', *Cámara*, 172, 1 de marzo de 1950.
[52] J. L. Gómez Tello, 'La crítica es libre', *Primer Plano*, 448, 19 de febrero de 1950, p. 23.
[53] Graciella, 'La filosofía de la felicidad', *Dígame*, 14 de febrero de 1950.
[54] L. Gómez Mesa, *Ya*, 14 de febrero de 1950.

del otro, surgen comentarios entusiastas en los que *Mi adorado Juan* es recomendada, a modo de un 'manual de felicidad', a todos los que quieran 'saber cómo se consigue la felicidad en esta vida, aún bajo la amenaza de todos esos bélicos inventos que desasosiegan hoy a la humanidad'.[55]

Mi adorado Juan, aparte de provocar dicha arbitrariedad interpretativa y suscitar los comentarios y lecturas citados, supone al fin y al cabo un cierto éxito, reconocido con el Sexto Premio del Sindicato del Espectáculo[56] y, sobre todo, constituye la película más apreciada por sus creadores. Vista desde la perspectiva actual suscita entre los historiadores de cine, en general, opiniones favorables: desde más tímidas, como la calificación de 'una muy aceptable comedia'[57] hasta abiertamente entusiastas, como la de Emilio Sanz de Soto quien describe la película como 'una pequeña pieza maestra del humor' basada en 'uno de los argumentos más inteligentes que ha conocido la pantalla española'.[58] Muchos estudiosos, a su vez, señalan que la película sigue aún sin ocupar el lugar que se merece en la historia de la cinematografía española e insisten en la necesidad de su reivindicación. Sin duda, la piedra angular de este proceso reivindicativo la pusieron hace veinte años los autores Lara y Rodríguez, descubriéndonos *Mi adorado Juan* como 'la obra más representativa y definitoria del talento de ambos hermanos'.

4.1.4 Mi adorado Juan *en el teatro*

Mi adorado Juan sube a las tablas seis años después de su estreno en los cines y le traerá a Mihura una gran alegría: su segundo Premio Nacional de Teatro.[59] Al tratarse de una obra tan personal y querida por su propio autor, resulta natural que pensara trasladarla al escenario desde el principio. Curiosamente lo presienten también algunos críticos: por ejemplo, Sant Duaso, nada más conocer al personaje de Juan en la pantalla, opina que 'mejor lo es todavía para ser representado en el teatro, puesto que consideramos que, para dársenos a conocer en toda su intensidad, necesita echar mano del verbo.'[60] Esta observación nos hace pensar en la teoría que expone Julián Moreiro, convencido de que Mihura concebía sus guiones cinematográficos desde la mentalidad de un dramaturgo[61] y luego, simplemente, los realizaba en el medio que en el momento dado le

---

[55] Graciella, *Dígame*, 14 de febrero de 1950.
[56] Véase *Primer Plano*, 448, 19 de febrero de 1950.
[57] C. Aguilar, *Guía del cine español* (Madrid: Cátedra, 2007).
[58] Véase E. Sanz de Soto, *Cine español (1896-1988)* (Madrid: Ministerio de Cultura, 1989).
[59] Dicho premio es anunciado en la prensa como 'Premio Nacional de Teatro de 10.000 pesetas para la mejor obra dramática estrenada en el curso de la temporada, a la comedia original de Miguel Mihura'. Véase 'Premios Nacionales de Teatro', *Madrid*, 4 de diciembre de 1956, p. 19.
[60] Sant Duaso, *El Correo de Mallorca*, 14 de abril de 1950.
[61] J. Moreiro, p. 284 (nota 30).

resultaba más accesible. Aun así debemos tener en cuenta que el autor mismo admite que la versión teatral de *Mi adorado Juan* surge no tanto de su necesidad íntima como por encargo de Alberto Closas.[62] Por otro lado, la propuesta del actor coincide con el afianzamiento de la carrera de dramaturgo y, sin duda, podría suponer un momento muy oportuno para sacar a la luz un proyecto acariciado durante mucho tiempo. De todas formas, es la comedia que, como confiesa, 'ha escrito con más cariño y mayor fe'[63] y, desde luego, será interesante — al margen de la citada hipótesis de Moreiro — rastrear ese germen teatral en el original fílmico a propósito del análisis con el que concluirá el presente capítulo.

4.1.4.1 *Mi adorado Juan* en el Teatro de la Comedia de Madrid

La materialización escénica de la película tiene lugar el 11 de enero de 1956 en el Teatro de la Comedia de Madrid. El montaje resulta ser todo un éxito de la compañía de Alberto Closas — el principal artífice del evento, en el doble papel de director y actor protagonista — y permanece en cartel durante dos meses. Según relata la crónica de *Ya*[64] los 'vivos y calurosos aplausos' sonaron con igual fuerza en el estreno — obligando al autor a saludar al público en los dos finales — como en su centésima representación que se celebró el 3 de marzo de 1956. El mismo cronista describe la obra como 'bella y humana comedia', 'llena de verdadero humor, de ternura, de gracia, de sentido profundo y humano de la existencia'. Ésa es la tónica general con la que crítica y público reciben *Mi adorado Juan*, calificándola de 'una de las creaciones más logradas del genial humorista español'.[65] Aunque hay que señalar que el planteamiento de la historia trasladada al nuevo formato y, sobre todo, su desenlace — cuyos detalles observaremos a continuación — despiertan también reacciones menos favorables: sirva de ejemplo la de Conrado San Martín quien, a causa de los cambios que el autor introduce en la versión teatral y que afectan al perfil psicológico de su personaje, se niega a interpretarlo en el escenario.[66] Los elogios que sí permanecen

---

[62] M. Mihura, Prólogo a *Tres sombreros de copa* (Castalia, 1977)
[63] Ángel Laborda, 'El estreno de esta noche: *Mi adorado Juan* en La Comedia', *Informaciones*, 11 de enero de 1956.
[64] N.G.R., '*Mi adorado Juan*. Comedia de Miguel Mihura', *Ya*, 12 de enero de 1956.
[65] 'Comedia: Cien representaciones de *Mi adorado Juan*', *Madrid*, 3 de marzo de 1956, p. 13.
[66] Lara y Rodríguez cuentan, basándose en la entrevista personal con Conrado San Martín que mantuvieron en Madrid el 20 de junio de 1990, que el actor se negó a protagonizar la versión teatral de *Mi adorado Juan* a causa de las modificaciones introducidas por Mihura respecto su personaje que no le agradaron en absoluto. F. Lara, E. Rodríguez, p. 192.
[67] *Madrid*, 12 de enero de 1956, p. 14.
[68] 'En La Comedia se estrenó *Mi adorado Juan*, de Miguel Mihura', *ABC*, 12 de enero de 1956, p. 45.

26. Despacho del Dr. Palacios.
Juan se encuentra con su amigo Sebastián, el *robaperros* de la historia teatral.

27. Casa de Juan en el barrio del puerto.
Dr. Palacios con Juan y sus amigos.

28. Palacios y Vidal se están preparando para salir a pescar.

29. Juan en su casa, rodeado de amigos, Sebastián está pintando el retrato de Irene.

30. Alberto Closas (Juan) con los cuarto perros que participaron en el montaje de *Mi adorado Juan*.

inalterados a pesar del cambio de dispositivo son los referentes al diálogo — como siempre: 'magnífico' (*Madrid*),[67] 'humano, sencillo, natural' (*ABC*)[68] — y al humor, la 'gracia *mihuresca*'. En cuanto a la construcción teatral, se subraya 'la categoría y alta calidad de la comedia' y su 'bien calibrada gradación de las situaciones' (*Madrid*), o 'la escena muy bien servida' (*Ya*), aunque se repiten observaciones críticas en cuanto al ritmo del montaje, que parece decaer considerablemente en la segunda parte. Lo advierte igualmente el autor de la reseña de *Ya*, apuntando que el primer acto alcanza 'una altura difícil de sostener después',[69] como el cronista de *Informaciones*, según el cual la acción del segundo acto 'sufre baches' y 'el interés decae a causa de algunas escenas puramente ornamentales'.[70] Curiosamente, hay quien lo percibe al revés: Elías Gómez Picazo, denota en las páginas de *Madrid* 'una lentitud en el primer acto provocada por la falta de acción'.

Más unánimes resultan los juicios sobre la interpretación de los actores, que para referirse a la actuación del conjunto de reparto emplean únicamente superlativos como 'excelente' (*Madrid, Informaciones*), 'magnífica' (*Ya*) o 'muy

---

[69] N.G.R, *Ya*, 12 de enero de 1956
[70] '*Mi adorado Juan*, de Miguel Mihura, en la Comedia', *Informaciones*, 12 de enero de 1956.

buena' (*Arriba*). Alberto Closas, elogiado por su naturalidad, desde el momento en el que salta a la escena del patio de butacas — poniendo en práctica un recurso de interacción teatral que no debemos desestimar[71] — se convierte en Juan o, mejor dicho, 'Es Juan. Crea a Juan' (*Ya*). Aunque se mencione su excesivo nerviosismo o la autocomplacencia, la opinión formulada en las páginas de *ABC* se erige en veredicto general: 'Closas revalidó su crédito y su mérito de actor' (*ABC*). A su lado, María Díaz de Mendoza en papel de Irene (Eloísa en la ficción fílmica) conquista al público con su 'distinción y expresividad' (*Madrid*), 'arte sincero y auténtico' (*Ya*) y, cómo no, también con su belleza y sus -¡seis!- trajes,[72] dando vida a una Irene 'expresiva, deliciosa, justa y con mucha verdad por fuera y por dentro'.[73]

Con igual emoción son recibidas las creaciones de Rafael Alonso, que encarna al doctor Palacios y lo hace 'con gran maestría y eficacia' (*Ya*), logrando 'una perfecta caricatura' (*Madrid*), y de Julián Sanjuán, que 'compone su tipo con el mejor arte' (*ABC*) y 'da un gran relieve' (*Informaciones*) al profesor Vidal. La prensa subraya también el acierto con el que representan sus papeles Eulalia Soldevilla, Carlos Mendy o Antonio Martínez. Conviene recordar que en el reparto figuran, aparte de los mencionados, Carlos Pérez Gallo y Marta Mandel. Además, no podemos obviar tampoco que en el escenario, entre los decorados diseñados por Víctor García Cortezo, desfilan nada menos que ¡cuatro perros! Ellos también se escapan del celuloide y moviendo las colas hacen que, paradójicamente, la realidad entre al escenario.

4.1.4.2 *Mi adorado Juan* en el Windsor de Barcelona

La parte canina del elenco no suponía, como hubiéramos podido pensar, una iniciativa de la compañía, sino que venía ya prevista en el libreto de la comedia. Mihura especificaba esta presencia de animales en el escenario indicando en la acotación correspondiente que 'Sebastián lleva cinco perros ratoneros, a los que el autor les agradecería mucho que fueran ladrando ...'. No sabemos si finalmente los animales siguieron las indicaciones del dramaturgo en el montaje dirigido por Closas, ni cómo se portaron en el otro — supervisado directamente por el autor — que tuvo lugar un año más tarde, el 20 de septiembre de 1957, en el Teatro Windsor de Barcelona.

Con ese segundo montaje la versión escénica de *Mi adorado Juan* volvía a su cinematográfica tierra natal, a la ciudad en cuyas calles y platós su peculiar

---

[71] M. Pombo Ángulo, 'Ensayo general de *Mi adorado Juan*', *La Vanguardia*, 12 de enero de 1956, p. 7.
[72] El crítico así comenta la vestimenta de la protagonista: '[...] para sus seis trajes no tengo más elogios'. Véase Torrente, '*Mi adorado Juan*, de Mihura, en la Comedia', *Arriba*, 12 de enero de 1956.
[73] *ABC*, 12 de enero de 1956, p. 45.

universo surgió por primera vez. El reto lo asumía la compañía de Adolfo Marsillach y María Amparo Soler Leal, que asimismo encarnaban a la pareja protagonista, secundados en el escenario por Antonio Gandía, Gabriel Agustí, María Antonia Bosch, Ana María Ventura, José María Caffarel, Salvador Soler Mari y Amparo Baró. Como curiosidad podemos añadir que Adolfo Marsillach quería que en el montaje participara también José Luis López Vázquez, con quien acababa de trabajar en *Bobosse*, de André Roussin. Incluso, según relataba el actor, Marsillach propuso a Mihura cambiar la edad de un personaje para que lo pudiera hacer precisamente él, pero el dramaturgo no lo aceptó.[74] La anécdota que vive López Vázquez décadas antes de darse a conocer como doña Adela o primo de Angélica confirma lo que ya podríamos suponer conociendo la práctica de nuestro autor: el poder absoluto del que disfrutaba en todas las facetas de realización del montaje, incluida la elección de actores.

Desde luego, Mihura asistió al estreno y según el cartel que lo anunciaba[75] la dirección de la obra estaba a su cargo. Marsillach confiesa en sus memorias que 'se suponía que el director era yo, pero como Mihura se metía en todo decidí no poner mi nombre en el programa de mano. Aunque entonces me pareció un gesto dignísimo que me honraba, hoy lo recuerdo como una tontería'.[76] No nos sorprende ese afán del dramaturgo por controlar hasta el último detalle las representaciones de sus obras; además, en el caso de *Mi adorado Juan* su implicación en el montaje tiene otra ventaja: le da la posibilidad de modelar su contenido. Según advierten Lara y Rodríguez, Mihura dudó siempre del final que debía dar a la obra y lo cambiaba según los montajes e incluso las ediciones. En efecto, al comparar las diferentes ediciones de la obra — la primera de Alfil (1956), la de Aguilar (1957) y la publicación incluida en el *Teatro completo* editado por Cátedra (2004) — , vemos que los desenlaces no coinciden (las diferencias entre los finales según las ediciones de la obra serán tratadas más adelante). En general, la adaptación teatral, a diferencia de la película, terminaba con un mayor compromiso por parte del protagonista, y lo que cambiaba según la representación y el visto bueno del autor era precisamente el grado de dicho compromiso. Así, el cambio que experimentaba el personaje de Juan en la representación del Windsor queda resumido de la siguiente manera:

---

[74] Testimonio del actor que recoge Eduardo Rodríguez Merchán en *José Luis López Vázquez. Los disfraces de la melancolía* (Valladolid: 34 Semana de Cine, 1989), p. 38. Cabe añadir que años más tarde López Vázquez haría el papel de Roberto Clavijo en la adaptación cinematográfica de *La decente* (J. L. Sáenz de Heredia, 1970), en su única intromisión en el universo *mihuresco*, no menos desafortunada que esa primera oportunidad frustrada a la que hacemos referencia.
[75] *La Vanguardia*, 20 de septiembre de 1957, p. 17.
[76] A. Marsillach, *Tan lejos, tan cerca. Mi vida* (Madrid: Blanquerna Centre Cultural, 2006), p. 187.

La obra, dirigida aquí por el mismo Mihura, presenta una nueva interpretación del personaje central no porque sea distinto del primer actor que la representa en Barcelona del que la representó en Madrid, sino porque Mihura le indicó a Marsillach cuál era, a su modo de ver, la verdadera fisonomía moral del personaje, más que la de un tipo desenvuelto y audaz, la de hombre que nos resulta como tocado de cierto simplismo franciscano, Marsillach realmente desempeña muy bien este papel de hombre sin ambiciones, atenido a lo poco que le basta para ir viviendo y a gustar de la amistad desinteresadamente y a servir e improvisar lo que haga falta por echar una mano a quien sea.[77]

Naturalmente, estas alteraciones, servidas entonces prácticamente a tiempo real y consideradas en relación con el precedente fílmico, despertaban polémicas. La información que nos ha aportado el material estudiado permite señalar su existencia sobre el escenario, pero nos limita a apuntar tan sólo algunos detalles respecto a su recepción por parte del público. Sabemos por el testimonio de Lara y Rodríquez que el montaje de Marsillach presentaba la versión más radical del final; en cambio el anterior, representado en Madrid, resultaba 'harto sentimental' y conmovía especialmente a la parte femenina del público, de lo cual da fe el crítico de *Arriba* exclamando: '¡cómo lloraban las mujeres!'.[78] Sin embargo, al no disponer de ninguna grabación de aquellas primeras representaciones no podemos apreciar los posibles matices de su escenificación. Por lo tanto, nuestro análisis se apoyará en el texto publicado de la obra y éste será nuestro referente a la hora de estudiar las modificaciones que se efectúan en el camino que va desde el guión al libreto teatral. Un camino que páginas atrás exploramos con Edgar Neville y que ahora emprendemos en compañía de Miguel Mihura, con la misma atención e interés. Porque aunque volvamos a repetir un trayecto ya estudiado, al cambiar de guía — autor, el recorrido no será el mismo...

4.2 El guión, la película, el texto dramático: un intento de comparación

4.2.1 El guión y la película

En este primer escalón del proceso comparativo en el que confrontaremos las dos versiones de *Mi adorado Juan*, al igual que en el caso del análisis de *La vida en*

---

[77] '*Mi adorado Juan* triunfa en Barcelona', *Ya*, 24 de septiembre de 1957.
[78] Torrente, '*Mi adorado Juan*, de Mihura, en la Comedia', *Arriba*, 12 de enero de 1956. Por otro lado, la crítica de *La Vanguardia* nos hace suponer que el final de la primera representación podría estar más cerca del desenlace original de la película que del montaje de Marsillach (que corresponde al texto publicado por Alfil), ya que menciona tan sólo que 'Juan toma la loable determinación de trabajar un poco para hacer más agradable la vida a Irene'. Véase Manuel Pombo Ángulo, 'Ensayo general de *Mi adorado Juan*', *La Vanguardia*, p. 7.
[79] G. Toury, *In Search of a Theory of Translation* (Tel Aviv: The Porter Institut for Poetics and Semiotics, 1980).

un hilo, volvemos a la constatación del teórico Toury,[79] quien equipara la adaptación con la traducción, resaltando que ambas tienen como punto de partida un texto y producen textos. En efecto, en nuestro viaje desde la pantalla hacia el escenario, partimos del guión técnico mecanografiado y arribamos a las tablas del teatro sirviéndonos del texto dramático de la obra. Primero, nos proponemos observar la fidelidad con la que el texto inicial (guión) queda plasmado en la película — mediante el mismo esquema que empleamos en el capítulo anterior — para señalar los eventuales cambios introducidos en la acción filmada respecto a las escenas del guión e intentar, asimismo, averiguar los motivos de su introducción.

Basamos nuestro estudio en el guión original mecanografiado de *Mi adorado Juan*, firmado por Miguel Mihura, cuya copia nos ha sido facilitada por el profesor Eduardo Rodríguez Merchán, siendo el original imposible de localizar en el Archivo General de la Administración de Alcalá de Henares. Como fuente audiovisual utilizamos una copia en formato VHS facilitada por la Videoteca de la Facultad de Ciencias de la Información de la Universidad Complutense de Madrid, apoyándonos asimismo en la transcripción de los diálogos de la película elaborada por nosotros a partir de dicha copia. Con el fin de evitar confusiones y asegurar transparencia de nuestro estudio, tanto en el presente análisis como en los siguientes apartados del libro emplearemos la abreviatura 'GUIÓN/MAJ' como referencia bibliográfica del guión mencionado arriba. Asimismo, las iniciales 'MAJ' nos servirán siempre para indicar el título *Mi adorado Juan*. (Véase el Esquema N° 1 /MAJ).

4.2.1.1 Modificaciones introducidas por los autores

La tabla que representa el Esquema N° 1/MAJ (incluido al final del libro) refleja el proceso de creación que empieza con la construcción de la historia sobre el papel y termina con su proyección en la pantalla. El desglose de secuencias del guión y su confrontación con la ficción filmada nos ha permitido señalar todas las modificaciones introducidas en las fases intermedias de la realización de la película, desde el rodaje hasta la posproducción. Si recordamos la casi absoluta benevolencia de la censura respecto a *Mi adorado Juan*, las destacadas modificaciones y el número de escenas suprimidas (14) en el total del desglose (65) pueden hacernos suponer que tenemos delante un caso del guión tratado como simple pretexto y punto de partida para su realizador. Nada más equivocado.

Si hemos reconocido en Jerónimo al director artesano de estilo transparente y sencillo y somos conscientes del control que Miguel pretendía ejercer mediante su pluma de guionista, debemos, primero, interrogarnos sobre la incidencia de estos cambios en la narración fílmica y, luego, averiguar su intención. De este modo nos daremos cuenta de que la mayoría de supresiones de escenas efectuadas, en realidad, prácticamente no alteran el desarrollo de la trama. Por ejemplo, desaparecen dos personajes episódicos — Pilar, de la Pajarería Moderna (GUIÓN/MAJ pp. 28–33) y el periodista Suárez (GUIÓN/MAJ, p. 172) — , pero el prescindir de ellos no cambia en nada el curso de la historia reflejada en la pantalla. Su presencia servía tan sólo para subrayar los rasgos de los protagonistas (la ambición y avaricia del ayudante o el irresistible atractivo de Juan) y su desaparición evita la innecesaria redundancia y permite acortar el metraje. Desde luego, éste último puede ser el principal motivo de estas supresiones: la difícil tarea de reducir las más de doscientas páginas a 116 minutos (3167 metros) de película.[80] No obstante, a pesar de esa obligada reducción, el celuloide no deja de reflejar en gran medida la idea y el planteamiento esbozado en las cuartillas del escritor.

Aparte de renunciar a los personajes mencionados y de suprimir los episodios que les corresponden, se desiste de explorar algunos hilos periféricos de la historia, como el enamoramiento de Nieves y la fascinación que siente por Juan (que, al eliminar su visita en la oficina de Juan — GUIÓN/MAJ, p. 39 — y la escena con las cocineras de la boda — GUIÓN/MAJ, p. 134 — , queda relegado a un plano intuitivo de conjeturas del espectador) y su noviazgo con Sebastián (cuyas evidencias desaparecen de la escenas finales). La trama pierde algún matiz o ramificación, pero no se altera ni cambia de rumbo.

Tampoco tenían ese poder los besos que prometía el guión, y que, a lo mejor, aguardan en la caja de algún proyeccionista de un *Cinema Paradiso* español. . . . Aunque su omisión no supone otra cosa que una reverencia de obligado cumplimiento ante la censura, en los tiempos en los que, como decía Mihura, era pecado incluso mostrar una pierna cuando, naturalmente, esa pierna era de mujer. En cuanto a la supresión de la escena más violenta de la película (pelea entre Juan y Manríquez, GUIÓN/MAJ, p. 190) — curiosamente, no condenada ni por la censura ni por el espíritu inquisitivo de Ariza — podríamos decir incluso que no sólo no le resta nada a la historia, sino que su ausencia le devuelve la coherencia, puesto que la crueldad que conlleva parece impropia de un personaje paradigma de la bondad: Juan, quien dice ser 'incapaz de perjudicar ni a una mosca', simplemente no podría haber reaccionado con tamaña crueldad. De ahí que estos cambios, en realidad, parezcan más bien obedecer el instinto del autor que, por un lado, está obligado a reducir la acción quitando todo lo superfluo, y por otro, aprovecha la posibilidad de depurar sus ideas en el mismo proceso de su cristalización.

---

[80] Esta es la duración de la película citada en la ficha del libro de F. Lara y E. Rodríguez (p. 152) y en el *Diccionario Espasa*, de Augusto M. Torres (Madrid: Espasa, 1999), pp. 536–37; Según la *Guía de cine español*, de Carlos Aguilar (Madrid: Cátedra, 2007, p. 670) y la *Historia del cine español*, de Fernando Méndez-Leite (Madrid: Rialp, 1962) la película dura 107 minutos, mientras que en la ficha de la película del cine Doré del 23 de febrero 2003 se menciona la duración de 105 minutos. La duración de la copia que utilizamos coincide con la que citamos en el texto arriba.

Otras modificaciones señaladas en el Esquema Nº1/MAJ, que afectan la planificación o a la puesta en escena, pueden haber surgido en el transcurso del rodaje, que es cuando, en ocasiones, lo natural y espontáneo se sobrepone a lo planeado de antemano. Pero en el caso de todas estas modificaciones — sea en el plano lingüístico, como algunas sustituciones de vocabulario (GUIÓN/MAJ, pp. 58; 127-33; 170) e introducción de tuteo (entre Palacios y Manríquez, o Palacios y Vidal), sea en lo referente al vestuario, al gesto del actor o a la posición de la cámara (GUIÓN/MAJ, pp. 88, 83, 176) — tenemos que ser conscientes de que todos los casos que hemos recogido obran sobre y en relación a las indicaciones del guión. Es decir, constituyen retoques de un planteamiento acabado; y, desde luego, si se han introducido, es porque contaban con la autorización o salían del propio guionista, puesto que, como ya hemos destacado, ésta era la dinámica habitual de colaboración entre los hermanos Mihura.[81]

En todo caso, entre los cambios que advertimos los más relevantes son los que inciden no tanto en el desarrollo de la trama como en los perfiles de los personajes. Las redefiniciones caracterológicas a las que nos referimos normalmente surgen a raíz de las modificaciones de diálogos, o mejor dicho, de las autodefiniciones de los propios protagonistas. En resumen: el creciente grupo de amigos de Juan no se entrega en la pantalla al dulce abandono laboral con tanta facilidad y convicción como lo hacía en las páginas del guión.

Así, por ejemplo, se modifica la presentación que hace de sí mismo el profesor Vidal en el café: no ha abandonado sus investigaciones, tan sólo ha cambiado el lugar y el modo de trabajar (GUIÓN/MAJ, pp. 104-10); y el doctor Palacios, al mudarse a la casa de Juan, asegura que no deja su carrera de científico para siempre, se trata nada más que de una temporada de descanso (GUIÓN/MAJ, pp. 203-08). Al final, Juan resulta ser el único en defender la radical postura antilaboral de quienes consideran el hecho de trabajar como una falta de educación. Aunque él también rectifica algunos aspectos de su perfil personal: tiene mucho cuidado en evitar cualquier alusión al aspecto lucrativo de sus buenas obras y cambia la historia con la que explica su desengaño profesional.

4.2.1.2 La censura del productor

Curiosamente, los cambios que acabamos de mencionar se corresponden exactamente con las indicaciones de Francisco Ariza expuestas en la carta a la

---

[81] Los ejemplos que corroboran esa especial dinámica de trabajo y costumbre de Jerónimo de consultar hasta los detalles más nimios (como p. ej. la introducción de un paraguas en una escena de *Me quiero casar contigo*) los encontraremos en la citada tesis doctoral de J. López Izquierdo, pp. 317-18.

que aludimos en las páginas anteriores: tal y como pretendía el productor, en la película finalmente quedan diezmadas las filas de 'la secta de fracasados de la vida' presidida por Juan, sus miembros resultan menos 'vagos y apáticos', y queda claro que Juan hace los favores gratuitamente. La lista de los paralelismos entre las propuestas del informe y las modificaciones del guión es más larga, pero antes de sacar conclusiones proponemos observar cómo y cuándo dichas objeciones son tomadas en consideración a la hora de rodar la película. Con este fin, en el siguiente Esquema Nº2/MAJ contrastamos las indicaciones presentadas por Francisco Ariza en el citado Informe con la respuesta que reciben en la película. (Véase el Esquema Nº2/MAJ presentado al final del libro).

En primer lugar, llama la atención la aparente arbitrariedad en el tratamiento que reciben dichas indicaciones en la pantalla. Algunas son esquivadas con ingenio: por ejemplo, en vez de introducir la sugerida rima narrativa (la enfermedad de un niño como culpable del desengaño de Juan, por un lado, y como motivo de su regeneración, por el otro), se evita una convención narrativa previsible quitando de la historia su principal punto de apoyo: el niño; o para no convertir a Vidal en alcahueta y portavoz de Juan, se anula su baile con Eloísa, indicado como el momento más oportuno para la introducción de este matiz dramático. A veces incluso percibimos cambios que sugieren modificación, pero que en realidad la llevan en la dirección opuesta a la recomendada, como en la escena que vislumbra la primera crisis del matrimonio (GUIÓN/MAJ, planos 303–05). Aunque no dejan de inquietar las evidentes muestras de compromiso en la introducción de algunas de las nuevas soluciones.

Sobre todo, nos referimos a los cambios que afectan el perfil de los personajes de Vidal y Palacios en su tránsito entre el papel y el celuloide: de 'profesionales de holganza' pasan a ser científicos, algo extravagantes, pero nada perezosos, ya que viven subyugados a su vocación investigadora (recordemos que, de acuerdo con dichas modificaciones, Vidal está trabajando sobre su 'gran obra' y Palacios anuncia empezar una nueva investigación y volver a trabajar 'mañana mismo'). ¿Es posible que el propio Mihura quisiera corregirse considerando que ha ido demasiado lejos?

En realidad, esos retratos de vagabundos 'deliciosamente voluntarios' se inscribían perfectamente en la obra del dramaturgo, poblada por personajes alejados de arquetipos, entregados a una huida imposible y capaces de dar el salto al vacío sin más justificación que la de querer expresar su voluntad y vivir de acuerdo con uno mismo. Si Don Sabino, el protagonista de ¡*Viva lo imposible!*, podía abandonar la carrera de contable para darse a la vida bohemia a sus cincuenta años, y Abelardo de *Ni pobre ni rico, sino todo lo contrario* se desprendía de su fortuna para igualar su estatus social con el de su enamorada y descubría, ya arruinado, que 'siendo pobre vive uno un poco como los pájaros', ¿por qué los amigos de Juan no podrían disfrutar de la felicidad y libertad fundadas en el mismo apartamiento del trabajo y los compromisos de la vida cómoda? Por qué el autor al final no les permite entrar en ese utópico universo habitado por otros protagonistas de sus obras, como Gurripato, ese emblemático 'profesional de la pobreza' que disfruta de la vida de vagabundo viviendo a la orilla del mar, cogiendo peces y tomando el sol?[82] Porque si nos fijamos en las supresiones de las frases del guión, vemos que se suprimen precisamente las expresiones que sugieren la falta de actividad profesional ('¿Usted no hace nada?') o las frases que apuntan al hecho de 'pasarlo bien' como el único motivo de renuncia al trabajo (GUIÓN/MAJ, pp. 104–10). Desde luego, no podemos evitar que este nuevo matiz nos parezca una claudicación por parte del autor.

Aunque hay otras rectificaciones que en vez de cuestionar lo *mihuresco* permanecen en concordancia con su universo. Por ejemplo, que Juan ayude a los demás sin recibir por ello ninguna retribución parece más natural y más acorde con su bonhomía. La economía de trueque igualmente desvirtuaría su condición de samaritano espontáneo, pero Mihura lo resuelve haciendo que Juan admita de manera contundente que 'no cobra nada' y así, los obsequios que recibe pueden ser considerados simplemente como muestras de agradecimiento (posibilidad que Ariza no tenía en cuenta). Del mismo modo, el autor somete a su criterio otras indicaciones que le podrían parecer claros despropósitos: mantiene el diagnóstico de Juan, el personaje del carnicero y la localización de la lectura de la memoria. Curiosamente hace caso de las advertencias respecto a las frases que ridiculizaban la figura de la peluquera de señoras y que, según el informe de Ariza, convenía suprimir para evitar las protestas del gremio profesional. Sin embargo, lo que podría parecernos una precaución algo exagerada, desde la perspectiva del escándalo que en 1955 provoca *La canasta* (cuando a raíz de una frase igualmente ingenua Mihura tiene que enfrentarse con todo el cuerpo de Peritos Industriales)[83] se presenta como una solución razonable e inteligente.

---

[82] Abelardo, el protagonista de *Ni pobre ni rico, sino todo lo contrario* elige la vida en la pobreza y se une al vagabundo Gurripato, quien le convence con estas palabras: 'He encontrado un sitio maravilloso para vivir [. . .] un banco a la orilla de un río, dentro del cual hay peces. Cuando tengo apetito, cojo uno. Cuando no, duermo. [. . .] Solo me falta un compañero.' Miguel Mihura, *Teatro completo*, ed. A. Ramoneda (2004) p. 285.

[83] El estreno de *La canasta*, (1 de diciembre de 1955) se convirtió en un escándalo debido a un incidente protagonizado por un estudiante de la Escuela de Peritos Industriales y Arturo Serrano, empresario y codirector de la representación. La prensa lo divulgó en plan sensacionalista atribuyéndole a Mihura una frase considerada ofensiva con respecto a los peritos: 'Usted joven, ha dicho que estudia para perito, que no sé para qué servirá eso, pero de teatro no entiende usted ni una palabra'. (Véase *Triunfo*, 7 de diciembre de 1955.) Al final Mihura se vio obligado a presentar disculpas ante la Asociación Nacional de Peritos Industriales y Arturo Serrano, por su parte, publicar una carta abierta en los periódicos madrileños. El dramaturgo, disgustado, decidió no publicar nunca la obra. *La canasta* no se edita hasta 1998 cuando será publicada por Ediciones Cardeñoso.

Además, hay que admitir que en los aspectos más desconcertantes y arriesgados, propios de su peculiar poética de trasgresión, el escritor no se muestra nada propicio a compromisos: mantiene los diálogos ilógicos, absurdos, los considerados *codornicescos*, y tampoco renuncia al *gag* del niño que tanto escandalizó a Ariza y que reproducimos abajo para apreciarlo en toda su dimensión perturbadora.

> *Eloísa abre la puerta y se da cuenta de que Juan lleva de la mano a un niño.*
> ELOÍSA   ¿Pero quién es este niño?
> JUAN   He pensado que las mujeres tardáis mucho en tener niños. A veces hasta un año. Nosotros llevamos casados ya tres meses, y nada . . . Y yo quiero tener un niño, puesto que me he casado . . . Éste es huérfano. Sus tíos no tienen dinero para mantenerle ni para educarle y me lo he traído . . .
> ELOÍSA   ¡Pero esto es un disparate!
> JUAN   El niño es mono y está sano . . . Además no me ha costado nada . . . Yo creo que es una ganga . . .
> ELOÍSA   Pero cuando nosotros tengamos uno de verdad . . .
> JUAN   Podrá jugar con éste. Éste juega muy bien . . . Anda, niño, juega . . .
> (GUIÓN/MAJ, p. 276)

Al margen de la gracia del disparate, no podemos negar que la escena pudiera prestarse a las críticas de los espectadores más susceptibles, acostumbrados a interpretaciones al pie de la letra, en la línea de los argumentos de Ariza quien recordaba en su informe que 'uno no se encuentra al niño sin más en la calle, hacen falta trámites'. Esa supuesta trivialización del hecho de la adopción, o la cosificación latente en los epítetos referentes al niño, igualmente hoy significaría incurrir en lo 'políticamente incorrecto'. La quisquillosa lucidez del productor encuentra además entre las líneas del diálogo una alusión ofensiva respecto a la mujer que podría dar pie incluso a la crítica feminista (como leemos en el Informe de Ariza: 'ya que también puede ser él /Juan/ el causante de que a los tres meses no haya novedad').

Para más inri, la reacción de Juan — que, al darse cuenta de los gastos que supone criar a un niño, decide devolverlo — anula toda la ingenuidad y piedad que podría servir como atenuante para su disparatado comportamiento. Mihura no renuncia, sin embargo, ni a una palabra del episodio, decidido a cultivar el absurdo, dispuesto

---

[84] Al margen de la frecuencia con la que Mihura utiliza en su obra la figura del niño, un claro precedente del citado *gag* lo encontramos en ¡*Viva lo imposible*!, donde Vicente con la misma naturalidad con la que Juan decide devolver al chico, dice que ha quitado el teléfono porque Palmira quería tener un niño y 'se tiene un niño, pero se ha de dar uno de baja en la telefónica'. Mientras que en *Mis memorias*, entre las ideas más disparatadas está también la de regalar niños 'en vez de regalar un pavo, pues por mucho mérito que tenga un pavo, nunca se puede comparar con un niño, siempre que esté bien limpio'. Véase Miguel Mihura, *Mis memorias* (Madrid: Temas de hoy, 2003), p. 276.

a llevar, como siempre, el tópico al extremo (como el hecho de tener niños como consecuencia inmediata del matrimonio), sin preocuparse del qué dirán los guardianes de la moral institucionalizada de la época como el señor Ariza.[84] En realidad la provocación no es su objetivo sino su naturaleza, por eso no deja de jugar con el *non-sense* en una escena susceptible de lecturas tan iconoclastas, ni en otra donde todo el *gag* se basa en el hecho de ponerse un zapato en la cabeza; a falta de connotaciones 'peligrosas', es tachado simplemente de 'ridículo'.

Mihura mantiene también su postura y su criterio donde incluso nosotros, aunque nos cueste admitirlo, optaríamos por hacer caso a las objeciones del productor, sobre todo en lo que se refiere a los excesivos parlamentos de Juan. En este aspecto Ariza no entendía que 'habiéndose presentado el tipo de una forma puramente cinematográfica y habiendo otras escenas como la de la calle con los *gags* del encendedor, de la gamba y de la niña que siguen dibujando al personaje, [el guión] machaque en otras escenas su psicología hablando excesivamente de sí mismo con lo que algunas veces resulta pedante' (*Informe Ariza*, 1949, p. 5). Este juicio se extiende a otros comentarios sobre la película, como el de Augusto Martínez Torres que años más tarde afirma que 'el film se ahogaba en su tesis, el mensaje que subrayaba en exceso'.[85] Sin embargo, Juan, sin inmutarse ante esas críticas, seguirá explicándonos su particular filosofía y forma de ser desde la pantalla. Además, lo hará sin separarse de su voz y recurrir a los comentarios en *off*, aunque cuidándose de no mirar frontalmente a la cámara, buscando interlocutores dentro del encuadre... Aun así, ¿podríamos ver en los monólogos de Juan y su directa plasmación en la película una premonición de su destino teatral? ¿Supone esta apuesta del autor un préstamo del arte dramático hecho realidad en el plató?

No nos apresuremos a responder estas preguntas, dejemos que primero afloren las conclusiones de la confrontación entre la ficción fílmica y su versión escénica que proponemos realizar a continuación.

4.2.2 *Del cine al teatro: la trama*

Mi adorado Juan, obra teatral, se compone de dos actos, divididos cada uno en dos partes. En principio su contenido, con algunas alteraciones, se inscribe en el marco de la trama fílmica y el eje dramático que vertebra las escenas en el escenario parece el mismo. No obstante, el nuevo formato surge como por la magia de un caleidoscopio: las piezas son las mismas, pero agitadas y recolocadas acaban formando un cuadro reconocible y sorprendente al mismo tiempo. Tal vez porque la isla a la que arriba nuestro amigable 'náufrago' Juan, tras seis años de navegación por el universo del celuloide, ya no huele a brisa del mar, y en vez de pasear al sol, lo vemos vivir a la luz de las candilejas.

---

[85] A. Martínez Torres, 'El culto al hermano', en *Archivos de la Filmoteca*, 9 (1991), p. 46.

Para analizar el proceso al que el autor somete la materia cinematográfica con el objetivo de convertirla en el texto teatral proponemos comparar la trama de la película con su versión escénica. Las fuentes en las que basamos dicha comparación las constituyen: el material audiovisual que citamos anteriormente como base de nuestro análisis y la primera edición de la obra teatral *Mi adorado Juan* (Madrid: Ediciones Alfil, Colección Teatro nº 149, 1956), que de aquí en adelante señalaremos como OBRA TEATRAL/MAJ.

A pesar de actuar como en el caso de *La vida en un hilo* (Capítulo 3) y emplear un esquema comparativo confeccionado con la misma finalidad de confrontar la historia fílmica con la escénica, notaremos que esta vez, la estructura de dicho cotejo resulta menos equilibrada. Porque si antes vimos cómo Neville desafiaba el medio teatral para recrear en él la narración del original fílmico, aquí observaremos cómo Mihura recompone y sintetiza la acción para poder exponerla en el universo escénico.

El Esquema Nº4/MAJ, incluido al final del libro, expone la acción fílmica desglosada en escenas compuestas de secuencias y la acción dramática dividida en actos y cuadros y, asimismo, constituye nuestro punto de partida para cotejar la trama de la película con la de la pieza teatral. Antes de plantear las conclusiones de dicho cotejo, proponemos reparar en un aspecto destacable a primera vista: basta tan sólo con observar la distribución de las casillas correspondientes a las unidades de la narración fílmica y escénica que componen la tabla, para darnos cuenta de que la adaptación en cuestión sostiene uno de los principales frentes de oposición entre los dos medios: la síntesis teatral en oposición al comportamiento fragmentario del cine.

Esta primera apreciación la corrobora Alfonso Sánchez al definir la adaptación de Mihura, precisamente, como 'un prodigioso trabajo de síntesis teatral'.[86] En el transcurso del análisis observaremos que, en efecto, la versión teatral de la obra es sometida al procedimiento reduccionista en todos los aspectos que lo permiten: la acción, el espacio, los personajes. Salvo los diálogos, ya que en el arte escénico, como en ningún otro medio, la palabra confirma su razón de ser y adquiere la máxima trascendencia.

El mismo inicio de la pieza dramática da cuenta de la reducción que afecta la historia en su transposición al escenario. Aparte de privarnos de la posibilidad de recorrer las calles de la época sentados al lado de Conchita Montes en un *haiga*[87] descapotable, la versión escénica renuncia a toda la parte de la historia que desencadenaba esta imagen: no somos testigos de los robos de perros, ni llegamos a conocer a los damnificados vecinos del puerto; tampoco se nos

---

[86] Alfonso Sánchez, en *Revista*, Barcelona, 1956, citado en *Teatro Español. 1955-1956*, ed. Federico Carlos Sainz de Robles (Madrid: Aguilar, 1957).
[87] La palabra *haiga* proviene de un dicho popular de los años treinta y cuarenta y la utiliza el propio Mihura en sus comentarios sobre la película para describir el coche de la protagonista. Según la RAE haiga significa 'automóvil muy grande y ostentoso'.

muestra el primer encuentro entre Juan y la hija del doctor Palacios (en el teatro llamada Irene), ni vemos cómo sus caminos vuelven a cruzarse en un despacho ministerial y cómo nace su mutua fascinación.

En el teatro entramos directamente al gabinete del científico, y no con el mismo motivo de la primera visita de Juan, para reclamar los perros robados — como pasaba en la película — , sino en el momento en el que Irene y Juan ya forman pareja de enamorados y su relación empieza a revolucionar el ordenado universo del hogar de Palacios. A partir de este momento en adelante, aunque notemos cambios y falten episodios enteros de la trama fílmica o desaparezcan algunas localizaciones y personajes, la pieza dramática seguirá la principal línea argumental de la película. Para los espectadores que hayan conocido a *Mi adorado Juan* en la gran pantalla, la función tendrá un inevitable sabor a *déjà vu* cinematográfico: podrán sentirse como si volvieran a entrar a la misma sesión, aunque, esta vez, con la película ya empezada . . .

Aunque el telón acaba de subir, la acción arranca con el doctor Palacios preocupado por el comportamiento de su hija Irene, enamorada de Juan, un desconocido extravagante y bohemio. El padre intenta disuadirla del matrimonio con el joven, pero finalmente accede a conocerlo. Y en cuanto lo conozca, cambiará no sólo de actitud hacia el novio, sino de perspectiva vital. Entrará en el círculo de amigos de Juan, conocerá entre ellos a verdaderas eminencias de la ciencia y empezará a cambiar sus propios hábitos. Mientras tanto, el idilio amoroso de su hija se irá desvaneciendo, ya que Juan mismo decidirá romper la relación. El doctor intentará poner remedio a la depresión de Irene y reconciliar a la pareja. Al final, los jóvenes llegarán al compromiso, decidirán casarse y se mudarán al humilde piso del barrio del puerto, donde llevarán una vida sencilla y tranquila. Un día Juan sorprenderá a Irene con la decisión de adoptar a un niño, aunque pronto desistirá de tal idea desanimado por la reacción de su esposa.

Manríquez, el ayudante del doctor, intentará apropiarse del invento de su maestro y también de los sentimientos de su hija. El científico, desilusionado con su traición, decidirá abandonar la carrera y mudarse al piso de Juan. A raíz de las manipulaciones del ambicioso ayudante surgirán los primeros conflictos entre la pareja. Su primera crisis matrimonial desembocará en la angustiosa espera de los últimos momentos de la historia, en los que Juan — junto con el espectador — estará pendiente de la decisión sentimental de Irene. Ella volverá con su marido dejando a Manríquez solo en el barco hacia América, frustrando antes sus ambiciosos planes con la destrucción de las fórmulas científicas.

El transcurrir de la acción teatral expuesto arriba demuestra que la trama de la adaptación escénica se articula en base a los principales puntos de desarrollo dramático de la historia original, es decir:

1) el noviazgo de Irene/Eloísa y Juan y la oposición del doctor Palacios a la relación de su hija,

2) el encuentro entre Juan y el doctor y la incorporación del último a los círculos bohemios,
3) la ruptura de la relación de noviazgo entre Irene y Juan,
4) la reconciliación de la pareja, su boda e instalación en el piso de Juan,
5) la traición de Manríquez y mudanza del doctor Palacios a la casa de Juan,
6) la crisis matrimonial de la pareja,
7) la reconciliación y el compromiso final.

Al margen de estos paralelismos de la construcción de la historia en el medio cinematográfico y teatral, obviamente notaremos diferencias entre los contenidos de las dos versiones. Incluso dentro de un mismo segmento narrativo, aparentemente igual, podremos observar ciertas divergencias. Así, por ejemplo, en el teatro la traición de Manriquez, aparte de la falsificación de la firma del doctor en la memoria del invento, se manifiesta con una artimaña nueva: la engañosa invitación de Irene a un cóctel, supuestamente celebrado en homenaje a Palacios; en otro momento de la trama escénica veremos que la crisis de la pareja no se sobrepone, como en la película, al episodio de la enfermedad del doctor; en cambio, entra en el escenario el personaje de la costurera Luisa, vecina del matrimonio, que desencadena nuevas situaciones enfrentando entre sí al joven matrimonio.

Independientemente de estas modificaciones — que exploraremos más adelante — , un estudio más detallado del texto dramático revelará que son pocos los elementos que realmente desaparecen en la reconstrucción de la ficción fílmica en el medio teatral. A este grado de correspondencia y fidelidad entre la película y su versión dramática se debe, sin duda, el comentario de Julio Moreiro, quien llega a constatar que la adaptación teatral de *Mi adorado Juan* pasa al medio escénico 'reproduciendo las mismas virtudes y defectos de la película y suscitando similares controversias'.[88] No obstante, aunque la adaptación repita la misma línea argumental y las modificaciones no impidan recomponer la gran parte de la trama en un dispositivo distinto, el universo de *Mi adorado Juan* que surge tras el telón teatral adquiere unos matices nuevos. La misma historia sobre la escena no sólo sugiere que hemos cambiado de butacas y abandonado la sala de cine, sino que ha cambiado el propio protagonista y, con él, el espíritu de la obra, o bien de su creador.

En el transcurso de nuestro análisis descubriremos ciertas modificaciones que, sin afectar al propio transcurrir del relato y deberse a su transposición al medio dramático, resultarán sustanciales para la versión escénica de *Mi adorado Juan*. La diferencia más relevante (anotada anteriormente a propósito del estreno teatral en el apartado 4.1.4) se refiere al nuevo desenlace o, mejor dicho, a sus

---

[88] J. Moreiro, p. 315.

variaciones. Como ya hemos señalado, las publicaciones de la obra dan constancia de dos finales diferentes, ambos distintos del que proponía la película.

En la edición de Alfil (Madrid, 1956) y en el texto incluido en el *Teatro español 1955-56*, editado por Aguilar (Madrid, 1957), en la escena final Juan promete no sólo trabajar algo más y tomar una criada, tal y como declaraba en la pantalla abrazando a Eloísa en su barca; su compromiso resulta más radical e inmediato: dice que ha encargado una nevera eléctrica y va a ocupar el puesto vacante de médico en el barrio. Todo esto para que su mujer pueda vivir 'un poco más cómoda'. Además, sus promesas no terminan allí: emocionado sigue hablando y dibuja un proyecto de futuro que conmueve a Irene y deja incrédulo al espectador. El desconcierto es inevitable, puesto que en la declaración final Juan admite la posibilidad de mudarse a otra casa más grande, con sala de espera, y habla de conservar el actual piso humilde para visitarlo de vez en cuando en plan sentimental, para recordar los viejos tiempos viendo 'los barcos que salen y llegan y escuchar un poco esta algarabía...' (OBRA TEATRAL/MAJ, p. 84). De este modo, la transformación que sufre el protagonista se hace todavía más evidente: si en la película, al final, su mundo construido sobre los pilares de automarginación y renuncia al triunfo se tambaleaba, en la escena teatral pierde definitivamente su razón de ser. Además, esa moderación del radicalismo de la postura vital de Juan queda reforzada con el cambio del tratamiento que su actitud recibe dentro del propio drama. Porque no se trata únicamente de que Mihura apueste por una metamorfosis más radical, sino de que pretenda justificarla.

En la versión teatral de repente percibimos unas dosis de criticismo hacia el personaje principal que no existían en la película: en el escenario, Juan más de una vez será llamado 'egoísta', también por la propia Irene a la que con toda razón responderá: 'Ah! ¿Soy egoísta? Nunca me lo habías dicho' (OBRA TEATRAL/MAJ, p. 63). Ella misma, además, le reclamará a Juan directamente que sacrifique su libertad para complacerla — lo cual no se hubiera atrevido a exigirle en el filme — y convertirá las sutiles sugerencias de antes en réplicas más ácidas. Así por ejemplo, si en la película escuchamos de la protagonista una inocente sugerencia dirigida a Juan: 'tendrás que hacer alguna cosa', en la pieza teatral, Irene, preguntada por su marido qué es lo que debería hacer según ella, responde sin reparo: '¡Qué sé yo! Trabajar en serio, por ejemplo.' (OBRA TEATRAL/MAJ, p. 56) De este mismo modo, algunas matizaciones nuevas de los diálogos conocidos de la pantalla contribuirán a desacreditar el espíritu solidario de Juan. Así, por ejemplo, el profesor Palacios al defender a Juan ante su hija ya no dirá que el joven 'tiene que atender a un sinfín de amigos', sino que 'la pesca le da mucho trabajo'. (OBRA TEATRAL/MAJ, p. 37) La incorporación de otros comentarios cuestionará su bonhomía y capacidad de empatía. Este papel lo asumirá sobre todo Luisa, un personaje nuevo en la obra, que tratará de abrirle los ojos a Irene convenciéndola de que su pareja 'no quiere nunca nada, o más bien, sólo se quiere a él'; y por otro lado, abordando a Juan para reprocharle con cruda sinceridad: 'Sé bien tus defectos. Y tú tienes muchos, Juan. [...] Tu posición en la vida es falsa'. (OBRA TEATRAL/MAJ, p. 81)

Este nuevo perfil del protagonista y, por consiguiente, esta nueva dimensión que la obra adquiere en su paso al escenario, podrán interpretarse como una traición respecto al original cinematográfico que, al fin y al cabo, prometía un viaje al país de los sueños. Aunque la observada revisión en clave realista no necesariamente tiene que negar el espíritu utópico de la fábula fílmica: podríamos ver en la versión teatral de *Mi adorado Juan* simplemente un intento de encajar ese bello sueño en la realidad. Y aunque la mayoría de los espectadores esté desencantada con la rectificación del planteamiento inicial de la historia de Juan, hay quienes defienden la reelaboración de la trama como una proyección más lograda de las ilusiones e ideas que inspiraron la obra desde el principio:

> Hay que entregarse a la alegría del trabajo, que no aspira sino a un poco de bien para los que amamos y nos aman. Sin febriles ambiciones. Conservando la posible paz, pero concediéndole a la lucha, por lo que merece la pena de luchar, una energía y un esfuerzo que no es lógico regatearle a la vida porque no es paz verdadera la que está forjada con un plácido egoísmo.[89]

De todas formas, no cabe duda de que estas modificaciones obran al margen del proceso adaptador y evidencian no tanto el cambio del medio como un cambio de la perspectiva autoral. Como sugiere Francisco Ruiz Ramón, 'algo ha cambiado profundamente en la actitud del dramaturgo que le hace desviar el final del conflicto'.[90] Según el citado historiador, dicha tendencia al compromiso y revisionismo había ido impregnando la obra de Mihura desde *El caso de la señora estupenda* (1953), por lo tanto el nuevo desenlace de la historia de Juan parece reflejar su evolución hacia la 'justicia poética' y la 'ternura que bordea el sentimentalismo'. Arturo Ramoneda igualmente echa en falta el final radical e inmisericorde de *Tres sombreros de copa*, calificando una solución feliz, como la de *Mi adorado Juan*, de falsa y postiza.[91] Da la impresión de que si la obra hubiera terminado con un simple cartel diciendo 'Y fueron felices' o repitiera la desgarradora despedida de Dionisio y Paula, la pareja protagonista de la primera comedia del dramaturgo, tendría menos detractores. Pero, ¿de verdad hubiera resultado más acorde con el universo de Mihura?

No podemos negar que ese final menos radical manifieste, como sostiene Moreiro, 'un aire de melancólica desesperanza' que los años pasados entre la película y la versión teatral han conferido al texto. De ahí que el relato transpuesto al universo dramático se aleje todavía más de la poética historia de rebeldía y

---

[89] N.G.R, en *Ya*, 12 de enero de 1956.
[90] F. Ruiz Ramón, *Historia del teatro español. Siglo XX* (Madrid: Cátedra, 1997), p. 335.
[91] Véase Arturo Ramoneda,'Introducción', en Miguel Mihura, *Teatro completo* (Cátedra, 2004) p. 53.

automarginación de *Tres sombreros de copa* (1932) y partícipe de la desilusión que impregnan las palabras de la protagonista de *La bella Dorotea* (1963):

> DOROTEA [...] la rebeldía no sirve para nada. Que los gestos heroicos no los comprende nadie. Y que la originalidad está llamada a desaparecer.[92]

Al margen de estos condicionamientos de naturaleza diacrónica, que apuntan hacia la evolución del autor en el tiempo que separa las dos versiones de la obra, debemos tener presente la apreciación de Emilio de Miguel Martínez, quien subraya que *Mi adorado Juan* constituye 'la única comedia en que Mihura va a acometer la dramatización extensa de un proceso consumado de automarginación' y que entre ella y las otras tres piezas teatrales que desarrollan el mismo conflicto dramático hay nada menos que un intervalo de dos décadas.[93] El dramaturgo había ensayado el tema de la 'automarginación voluntaria' años atrás y de maneras diferentes: a través de la indecisión de Dionisio de *Tres sombreros de copa* (1932); la determinación de Abelardo de *Ni pobre ni rico, sino todo lo contrario* (1943); o la disimulada frustración de Sabino de *¡Viva lo imposible!* (1939). Por ello también resulta natural que al retomarlo pretenda someter a revisión y autocrítica el acierto y la honestidad de este planteamiento.

Desde esta premisa, la nueva dimensión de *Mi adorado Juan* se revela, por un lado, como la consecuencia de haber llevado la historia de Juan más lejos, de haber dado un paso más para confrontar y encajarla en la realidad; por el otro, corrobora esa total compenetración e identificación del escritor con la obra que constatábamos páginas atrás. El texto cambia de soporte, pero no deja de revelarse como proyección del espíritu y de la postura de su autor, puesto que evoluciona con él.

En lo que respecta a la otra versión del final que encontramos, por ejemplo, en la publicación de *Mi adorado Juan* en las páginas del *Teatro completo* (Cátedra, 2004), la variación consiste en un corto diálogo entre Irene y Juan que queda añadido después del desenlace descrito arriba. Un intercambio de frases que consigue darle la vuelta a la escena final ya que, tras escuchar todas las promesas de Juan, Irene le pregunta si lo que dice es verdad y él, con toda la sinceridad, confiesa que se ha dejado llevar por la imaginación, simplemente porque 'es bonito pensar alguna vez cosas fantásticas, y hacer proyectos raros'. E Irene está de acuerdo, puesto que lo más importante para ella es que Juan no deje de ser cómo es.

---

[92] Miguel Mihura, *La bella Dorotea*, en *Teatro completo* (Cátedra, 2004), p. 1147.
[93] El autor se refiere a las tres obras escritas por Mihura entre 1927 y 1939: *Tres sombreros de copa*, *¡Viva lo imposible!* y *Ni pobre ni rico, sino todo lo contrario*. Véase Emilio de Miguel Martínez, *El teatro Miguel Mihura*, p. 47.

De este modo, en unos versos queda cuestionada la supuesta transformación del personaje y el final se vuelve ambiguo. López Izquierdo ve en este mecanismo el juego consciente con las convenciones narrativas que, según él, Mihura practica con más asiduidad en el teatro que en el cine. El citado investigador dice que el público del cine de Mihura aceptaba mejor los estereotipos narrativos que el público del teatro; por eso, en el escenario el dramaturgo los suele invertir, burlar, parodiar.[94] No podemos estar del todo de acuerdo con dicha hipótesis, teniendo en cuenta la habilidad con la que Mihura pone en práctica el mismo juego con la convención narrativa — llevado al extremo, ya que sostiene la narración de las tres películas — en la trilogía fílmica que realiza con Eduardo Maroto referida en el apartado 2.2.2. De ahí que, en nuestra opinión, el empleo de dichos mecanismos no dependía tanto del público de cada medio como de la libertad de la que el autor podía disfrutar en cada uno de ellos. Sin duda, ese juego le sirve al dramaturgo para fabricar una cortina de humo que le permite evadir la responsabilidad de un desenlace más definido. La ambigüedad refleja su indecisión, pero también confirma su libertad creativa, y al mismo tiempo, la de su personaje.

Paradójicamente, ese final polémico — con todas sus variaciones, la fílmica y las teatrales — , nos descubre *Mi adorado Juan* de Mihura como paradigma de una obra coherente. Las vacilaciones han acompañado al autor siempre: ya en el umbral de su trayectoria plasmaba la ambigüedad contrarrestando los ardientes lemas de *¡Viva lo imposible!* (1939) con advertencias precavidas: 'Antes de lanzarse a volar hay que pensar si se llevan alas'; y conclusiones salomónicas: 'No llegar, no es pecado. No partir, sí.' Juan, en realidad, aprende la misma lección que Palmira, hija del protagonista de aquella historia, el rebelde 'contable de estrellas' convertido en artista de circo. La joven, que acompaña a su padre Don Sabino en la aventura circense, en un momento de desolación suspira: 'Todos queremos ser violinistas, pero luego vemos que la vida no nos lo deja ser. La vida es muy poco musical'.[95]

En realidad, el *adorado Juan* de Mihura, representa los mismos anhelos que todos los personajes masculinos de sus comedias, que se entregan, como su autor, a 'la quimera de querer ser lo que no pueden ser'[96] tratando siempre de escapar de la prosa y la mediocridad, aunque esto signifique crear utopías y creer en espejismos. Puede llegar el momento en el que el autor decida desmitificar esos sueños, como en *Mi adorado Juan*, pero nunca deja — ni priva a sus personajes — de soñar.

---

[94] J. López Izquierdo, p. 282.
[95] Véase Miguel Mihura, *¡Viva lo imposible!*, en *Teatro completo* (2004), p. 202, p. 230.
[96] Véase E. de Miguel Martínez, 'Capítulo primero: El conflicto individuo-sociedad', en *El teatro de Miguel Mihura*, pp. 25–48.

4.2.3 Enunciación y estructura narrativa

En el caso de *Mi adorado Juan* — a diferencia de la estudiada adaptación de Edgar Neville — la acción escénica no necesita voces que la introduzcan o guíen, son los diálogos y las situaciones los que hacen avanzar la narración dentro de la distribución clásica en actos y cuadros. Mihura tampoco se permite apelaciones al espectador mediante apartes, pero la palabra constituye, sin duda, el motor principal del discurso en la escena. René Clair decía, aludiendo a la supremacía del verbo como la verdadera base del teatro, que un ciego en un teatro debía poder apresar lo esencial de una representación. Desde luego, en una representación escénica de *Mi adorado Juan* podríamos fácilmente seguir el transcurso del relato tan sólo escuchándolo.

Aunque eso no sucede desde el mismo principio, porque a pesar de que la primera secuencia del filme — construida a partir de un *travelling* desde el coche con la cámara subjetiva — queda desterrada del planteamiento dramático, el arranque de la comedia continúa basado en la expresividad visual y cinematográfica. En el escenario, los primeros minutos tras subir el telón transcurren en silencio, y en este silencio se nos ofrece un cuadro introductorio en el que intervienen ya varios caracteres y podemos explorar los detalles del primer decorado. Manuel Pombo Ángulo recuerda ese memorable momento de la representación con estas palabras:

> [...] cuando el telón se levantó nos encontramos en el suntuoso despacho del sabio investigador doctor Palacios. Lo mismo él que su ayudante el doctor Manríquez están tan ensimismados que no se enteran de que la escena la cruza una criadita muy guapa, una enfermera tan guapa como la criada y un señor, que no tiene nada de guapo, y que lleva, al final de unas cuerdas, una jauría de perros. Después de unos momentos de ensimismamiento el doctor Palacios rompe a hablar y nos enteramos del motivo de su preocupación.[97]

De este modo, la práctica de abrir la narración con una secuencia de exposición sin diálogo, frecuentada por Mihura en cine,[98] se hace realidad en el teatro. En la inquietante espera de dos hombres vestidos con bata blanca a cuyas espaldas aparecen y desaparecen otros personajes y no se pronuncia ni una palabra, los que nos hablan son sus gestos y la expresión de sus rostros, la coreografía y el movimiento de los cuerpos: asistimos a un espectáculo de pantomima, una muestra de cine mudo sobre el escenario.

La acción que sigue obedece, sin embargo, las pautas explícitamente teatrales: las escenas de la película quedan comprimidas en cuatro unidades espacio — temporales correspondientes a los cuatro cuadros de la pieza. El planteamiento

---

[97] Manuel Pombo Ángulo, en *La Vanguardia*, 12 de enero de 1956, p. 7.
[98] Este tipo de arranque lo observamos también en *Confidencia*, *La calle sin sol* o *Me quiero casar contigo*.

convencional de la estructura dramática y el respeto de las unidades de tiempo y espacio es muy propio del dramaturgo, quien suele reservar sus cualidades transgresoras más bien para los códigos internos del espectáculo. Por supuesto, para ceñir la trama al nuevo marco dramático serán inevitables ciertas modificaciones; no obstante, el resultado de la adaptación, tal y como apuntamos en el presente apartado (Epígrafe 4.2.2) asombra, sobre todo, con el grado de integración de todos los cambios en la trama original. En consecuencia, la nueva organización de la materia narrativa consigue que la misma historia renazca en el formato teatral.

En los siguientes apartados nos centraremos en las principales diferencias entre la versión escénica de *Mi adorado Juan* y su matriz cinematográfica, tratando las mencionadas modificaciones bajo el prisma de diferentes aspectos de la adaptación. De este modo, intentaremos averiguar en qué medida afectan a la 'materia prima' fílmica y hasta qué punto corresponden a los requerimientos del medio teatral y/o manifiestan la intención modificadora del dramaturgo. Al mismo tiempo, intentaremos fijarnos en el empleo de los recursos de cada medio para apreciar la habilidad y las preferencias del autor al respecto, y conocer las vías que abre entre los diferentes universos de expresión artística.

4.2.4 La estructura espacio — temporal

4.2.4.1 Espacio

El retraso en el arranque mismo de la acción teatral respecto la fílmica al que aludimos en las páginas anteriores, además de comprimir la trama, permite reducir los espacios representados en la pantalla y evitar la reproducción de las localizaciones más complicadas, puesto que con las escenas del inicio de la película desaparecen las calles de la ciudad, los grandes almacenes, el bar de Guillermo con los alrededores del puerto, y el propio mar. En el posterior transcurrir dramático se renuncia también a otros espacios presentes en la cinta, entre ellos a la carnicería, el café que frecuentan Juan y sus amigos, la sala de baile, el Paraninfo de la Facultad, el parque, los puestos de mercado, el puerto con el muelle, la barca y el transatlántico.

La mayoría de estas localizaciones implicaba la presencia de mucha gente en el plató o hubiera sido imposible de recrear sin apoyarse en la más radical convención teatral y la dimensión simbólica del decorado; aunque entre los lugares que no aparecen en el escenario hay también espacios menos complejos como la oficina de Juan, el bar de Guillermo o el despacho del director de laboratorios. En general, todas estas omisiones corresponden a la reducción espacial impuesta por la clásica concepción de la estructura dramática. De este modo, las diecisiete localizaciones principales de la película quedan reducidas a dos escenarios únicos: la casa del doctor Palacios (Acto I) y la casa de Juan (Acto

II). Y estos dos espacios también, a su vez, se someten a limitaciones: la mansión del científico, cuyos recovecos y escaleras recorríamos en la pantalla, queda reducida a la sala de despacho — biblioteca, y la casa de Juan, por la que nos guiaba con atención su propio dueño, al cuarto de estar.

No obstante, hay que admitir que estos decorados únicos de la obra teatral reproducen sus prototipos fílmicos con asombrosa fidelidad. Podemos comprobarlo comparando las acotaciones escénicas con las observaciones del guión. Observaremos que, por ejemplo, en el caso del despacho del doctor Palacios las descripciones que encontramos en los dos formatos son prácticamente equivalentes:

> Es una gran sala de trabajo. Enormes estanterías repletas de libros. La mesa llena de papeles. Otra mesa, junto a la cual está el Dr. Manríquez, con tubos de ensayo y microscópicos. Ventanal por el que se ve llover. (GUIÓN/MAJ, Plano 153, P.G. del despacho, p. 88)

> Severo despacho — biblioteca en la mansión del Doctor Palacios. Muchos libros gordos en las estanterías. Una mesa de despacho también llena de libros y papeles. Otra pequeña, al lado, con tubos de cultivos, probetas. etc. Sofá y butacas de cuero. Un amplio ventanal que da al jardín, y por el que, en algún momento, debemos ver llover. (OBRA TEATRAL/MAJ, Acto I, Cuadro I, p. 7)

Mientras que en el caso del otro decorado, la casa de Juan, resulta curioso cómo la única habitación montada en el escenario evoca la topografía de todo el piso:

> Cuarto de estar en casa de Juan. Es un piso pequeño y modesto, pero alegre y simpático. [...] Al fondo un gran balcón abierto, que da al puerto. A la derecha una puerta que comunica con las demás habitaciones. A la izquierda, en primer término, otra, por la que se entra al piso, con forillo de escalera. (OBRA TEATRAL/MAJ, Acto II, Cuadro I, p. 50)

El ventanal, el balcón y las puertas, presentes igualmente en los escenarios teatrales y cinematográficos, representan detalles que certifican su parentesco, pero que en el teatro desempeñan, además, otra función: permiten ensanchar el espacio. A través del ventanal observamos la lluvia, desde el balcón vemos el puerto; tanto la lluvia como el puerto pertenecen a un mundo exterior que de esta manera, en cierta medida, entra a formar parte del escenario. Del mismo modo, las puertas sugieren la existencia de otros espacios, los hacen presentes aún sin mostrarlos.[99] Mihura aprovecha con maestría esta condición del decorado

---

[99] Aparte de abrir espacios hipotéticos, el empleo de dicho *recurso de las puertas* a veces sirve también para introducir ciertas dosis de misterio y solucionar planteamientos narrativos, como en el caso de *Maribel y la extraña familia* (1959), obra en la que la inclusión de una puerta supuso una brillante solución dramática. Véase Miguel Mihura, 'Prólogo' a *Tres sombreros de copa y Maribel y la extraña familia* (Castalia, 1977), p. 68.

subrayándola y utilizándola en el transcurso de la acción dramática. No nos referimos tan sólo a que el hecho de llover y las vistas del puerto adquieran importancia dentro de la propia narración, sino a la práctica misma de trasladar la acción a los espacios vedados a nuestros ojos: así sucede cuando Irene se está probando el vestido en una habitación fuera de la escena visible para el espectador, hablando con Luisa y Manríquez, presentes en el escenario (Acto II, Cuadro 1); o cuando, en otro momento, entra en esta misma habitación llorando y se encierra enfadada dando un portazo (Acto II, Cuadro 1); o en la última escena de la obra, en la conversación que Juan mantiene con Luisa a través del tabique...[100]

La maestría en la utilización de este mecanismo escénico — y, especialmente, del recurso de las puertas con fines narrativos y para crear los espacios *off* — nos remite inevitablemente al cine de Lubitsch, conocido precisamente como 'el director de las puertas'.[101] En este aspecto nos llama la atención no sólo el hecho de que Mihura coincida con el autor del cine clásico *hollywoodiense* en esta predilección y habilidad narrativa, sino que haga uso del citado recurso y de la técnica del *fuera de campo* tanto en el medio cinematográfico como en el teatral. Observaremos, además, que para recrear estos mecanismos en el escenario utiliza también los sonidos. Así, por ejemplo, los efectos sonoros que sirven de introducción para el acto segundo presentan el contexto espacial del sitio en el que va a transcurrir la acción. De repente las paredes del piso de Juan dejan de constituir fronteras de un universo imaginario y aislado. Los sonidos que escuchamos lo inscriben en un posible mundo exterior, producen la sensación de que el espacio percibido representa tan sólo un fragmento de una realidad que se extiende detrás de esas paredes, más allá del visible y delimitado marco escénico.

> Antes de levantarse el telón, con la batería encendida, se escucha la sirena de un barco, una radio que emite música de baile y una pieza clásica tocada en un violín. Con esta algarabía, lentamente se va alzando el telón y vemos la escena sola. Y a estos sonidos se une ahora el llanto de un niño y el ruido de una grúa trabajando en el muelle. (OBRA TEATRAL/MAJ, Acto II, Cuadro I, p. 50)

Ésta es la única 'banda sonora' que escuchamos durante el montaje, ya que en el plano sonoro la versión teatral de *Mi adorado Juan* respeta el tradicional

---

[100] El recurso de los diálogos *en off* resulta muy frecuente en la obra de Mihura: en ¡*Viva lo imposible*¡ (1939) Eusebio habla con sus vecinos a través de la pared; en *La canasta* (1955), Laura y Ramón conversan con el matrimonio alojado en la habitación al lado; en *Una mujer cualquiera* (1949), María escucha desde su escondite en casa de Antonio las voces que vienen del patio.
[101] Así bautizó al famoso director *hollywoodiense* la actriz Mary Pickford. Tanto éste como otros aspectos comunes para los dos autores han sido esbozados en el apartado 4.1.2. Una historia 'cien por cien' *mihuresca* con un toque Lubitsch y el espíritu de Capra.

concepto del uso de la música en escena, es decir, la música que suena es siempre diegética. Por lo tanto, las melodías que se puedan escuchar desde las tablas provienen de las fuentes explícitas, como la radio o un instrumento de música. Aunque este aspecto no siempre quedará tan claro.

Al final del último cuadro del espectáculo vemos, por ejemplo, cómo Juan, pensativo y resignado, esperando a Irene, enciende una pipa y se sienta en una butaca, frente al balcón, y en este momento preciso, como dice la acotación, 'Se escucha en el violín de siempre un tema sentimental' (OBRA TEATRAL/MAJ, p. 82). Suena 'el violín de siempre', un instrumento inserto en la realidad del escenario; no obstante, no podemos negar que el tema tocado sirva para subrayar el estado de ánimo de nuestro protagonista, que en este instante se convierte en una ilustración musical del momento. Un momento que, con los tonos del violín, adquiere de repente una dimensión cinematográfica.

4.2.4.2 Tiempo

La comprensión del relato fílmico en su adaptación al escenario concierne igualmente el plano temporal. Las supresiones de las escenas iniciales a las que aludimos arriba evidencian un desfase en el mismo arranque de la acción dramática con respecto a la cinematográfica. En efecto, en la adaptación el comienzo de la historia se sitúa, más o menos, en el minuto 28 de la película, cuando el espectador ya sabe que Irene/Eloísa sale con Juan y el profesor Palacios se decide a conocerlo. Y si nos fijamos en el desglose utilizado para comparar la acción de las dos versiones de *Mi adorado Juan*, en seguida nos damos cuenta de la principal diferencia entre el tiempo narrado en la película y la pieza teatral: en el cine presenciamos diez días de la vida de nuestros personajes, resumida en veinticinco episodios distintos, mientras que en el escenario podemos observar la acción de tan sólo cuatro días, y las peripecias de cada uno de ellos se suceden delante de nuestros ojos de manera continua.

Los finales de las dos versiones prácticamente coinciden, por lo que podríamos suponer que en el universo escénico la historia queda recortada por el principio. Pero tanto en el plano de la narración como en el de lo narrado,[102] la compresión del tiempo observada resulta mucho más compleja. En el primero, aparte de la diferencia entre los tramos de tiempo reflejados en cada uno de los medios (10 días en la pantalla frente a 4 en la obra), hay que tener en cuenta el ritmo interno y la condensación de las escenas en el marco de estas unidades.

En este aspecto López Izquierdo — con quien coincidimos en la distribución de la acción registrada en la pantalla en diez días — propone dividir la narración

---

[102] Véase J. L. Sánchez Noriega, 'Tiempo y espacio narrativos', en *De la literatura al cine. Teoría y análisis de la adaptación* (Barcelona: Paidós, 2000), pp. 97–110.
[103] J. López Izquierdo, pp. 256–86.

fílmica en dos actos, en paralelo a la división escénica, y señala las diferencias en su construcción: tres secuencias con unidad temporal en el primero y dos cuadros correspondientes a periodos de enlentecimiento y de precipitación, respectivamente, en el segundo.[103] Recordamos que las críticas teatrales advertían esas variaciones de ritmo en el montaje teatral, pero nos abstenemos de sacar conclusiones al respecto: en el arte escénico la cuestión del ritmo de la narración depende directamente de la interpretación y de la misma puesta en escena y, por lo tanto, se escapa de cualquier estimación generalizadora elaborada en función del texto dramático sobre el papel. Por eso nos aventuramos más bien a delimitar, en la medida de lo posible, el tiempo narrado en cada una de las versiones de la obra. Las indicaciones del texto y nuestras propias estimaciones concluyen en la cronología de la historia, reconstruida en el marco del Esquema N° 5/MAJ que presentamos al final del libro.

Como queda reflejado en dicho Esquema N°5/MAJ, un simple cálculo nos demuestra que, teniendo en cuenta las alusiones temporales del primer cuadro de la obra,[104] los periodos narrados en los dos formatos coinciden: en ambos casos la historia abarca aproximadamente cinco meses. Es decir, la conclusión a la que llegamos es la misma que plantean Rodríquez Monegal y Moreno refiriéndose al problema del tiempo en el teatro y en el cine: el tiempo de la acción constituye un tiempo imaginario que ha corrido siempre y que no cambia al pasar la historia a la pantalla.[105] Tampoco si invertimos el orden de los medios en el proceso de traslación. Pero aunque dicho periodo resulte invariable, en el medio escénico la narración utilizada para exponerlo abarca mucho menos tiempo y sólo tres elipsis narrativas (las que permite la caída del telón entre los cuadros). De este modo, además, se pierde la elipsis más expresiva y cómica del filme, la que separa la despedida de la pareja en el parque en la que escuchamos el siguiente diálogo:

JUAN   (*Juan le entrega a Eloísa su tarjeta de visita*) Adiós. Y ya se sabe. En
        la tarjeta va también mi teléfono.
ELOÍSA   No espero tener ocasión de utilizarlo...

(GUIÓN/MAJ, p. 83)

---

[104] En la presente reflexión no hacemos referencia a otra alusión temporal que aparece tanto en el texto escénico como en la película y que, además, presenta una curiosa diferencia. Se trata del tiempo que el ayudante Manríquez confiesa haber estado viviendo en casa de Palacios: en la obra el Doctor se dirige a su ayudante diciendo: 'Hace siete años que vive usted en esta casa' (OBRA TEATRAL/MAJ, p. 9) y en la película, el propio Manríquez recuerda a Eloísa 'Llevo catorce años trabajando junto a tu padre' (GUIÓN/MAJ, p. 111). El dato, en nuestra opinión, no afecta directamente la estructura temporal de la narración sino que constituye un apunte biográfico en la construcción de un personaje.

[105] Los autores citados debaten el problema del tiempo en el teatro y en el cine refiriéndose a *Hamlet* y llegan a afirmar que el tiempo en el que transcurre la tragedia es siempre igual, sea reflejado en la pantalla o en el Elsinore del escenario teatral. Véase J.L. Moreno; E. Rodríguez Monegal, 'Cine y teatro', en *Film Ideal*, 67 (1961), pp. 22-26.

y la escena que abre en contrapunto a esta conversación, con Eloísa hablando por teléfono con Juan, coqueta y riéndose a carcajadas (GUIÓN/MAJ, p. 84).

Pero a pesar de estas diferencias en la organización interna del tiempo de la narración (que en el escenario presenta menos saltos y más compresión), la trama, en sus dos versiones, sigue desarrollándose en un único plano temporal, de manera lineal y dentro del mismo marco diacrónico de la historia narrada. La elipsis, sin duda, es el procedimiento del que más provecho saca nuestro autor jugando con el tiempo en la pantalla. El ejemplo referido demuestra su capacidad de convertir una laguna temporal en un recurso de triple funcionalidad que, además de obviar una parte de la acción, rezuma la comicidad y resume lo contradictorio e imprevisible de la naturaleza femenina.

En el teatro el tiempo no lo marcan los cortes del montador sino las agujas del reloj. Mihura lo sabe muy bien y al cambiar de medio sustituye esta fluidez y agilidad cinematográfica que garantizaba el montaje por un lento y continuo transcurrir de horas: el reloj teatral marca sucesivamente las siete de la tarde al principio de la representación; las doce de la mañana en el siguiente cuadro; las seis de la tarde al empezar el acto segundo; y las horas entre la caída de la tarde y el anochecer en el que transcurre el último cuadro. Los entreactos permiten dar la vuelta a la clepsidra teatral y sugerir el paso del tiempo ya transcurrido. Para sugerir estos avances en el tiempo servirán naturalmente las palabras, y también la iluminación y la escenografía. Por eso en el montaje primero veremos caer una lluvia otoñal y a Juan ponerse un impermeable (Acto I, Cuadro 1); más adelante las acotaciones indicarán que 'hace buen tiempo' y 'el sol entra por la ventana' (Acto I, Cuadro 2), hasta que al final llegará el verano y el calor (Acto II, Cuadro 1).

En realidad, estos efectos 'meteorológicos' y la evolución estacional se hacen más presentes en el escenario que en la pantalla. Paradójicamente, en la película nos damos cuenta de la lluvia del mismo modo que en el teatro, es decir, asomándonos a las ventanas y mediante la indumentaria de los personajes, ya que los cambios de iluminación en la pantalla sirven para expresar, en primer lugar, la dialéctica entre exteriores e interiores. La única escena fílmica verdaderamente nocturna (la reconciliación de la pareja tras la primera crisis; GUIÓN/MAJ, pp. 167–68) está rodada en un espacio intermedio, a balcón abierto, con la negrura de la noche y la luna como telón de fondo; dicho esto en el preciso significado del término dramático, ya que la noche y la luna parecen pintados sobre un lienzo y en esta secuencia de la película, más que en cualquier otra, *Mi adorado Juan* cinematográfico parece añorar las tablas del teatro.

4.2.5 *Transformaciones*

Los enfoques aplicados hasta ahora para estudiar la práctica adaptativa empleada en el caso de *Mi adorado Juan* para su traslación del cine al teatro demuestran, de un lado, un alto grado de fidelidad en la reconstrucción escénica de la trama principal; del otro, el pleno amoldamiento de la estructura narrativa y las principales coordenadas espacio — temporales a los patrones del arte dramático. Como hemos podido observar mediante la confrontación de las dos versiones, Mihura lleva a cabo el trasvase entre los medios cinematográfico y teatral, transformando y, prácticamente, diluyendo la materia dramática original en el tejido narrativo de la nueva fórmula artística, de ahí que la recreación de la narración fílmica se produzca en diferentes planos de la adaptación. También por eso, las analogías entre las dos versiones no siempre resultan reconocibles en el mismo grado. En consecuencia, el rastreo de los episodios fílmicos que entran a formar parte de la obra teatral, en el caso de *Mi adorado Juan*, se convierte en una tarea apasionante, aunque algo vertiginosa y sumamente compleja.

Teniendo en cuenta lo expuesto arriba, resulta difícil servirnos en el presente análisis de la misma clasificación que empleamos en el capítulo anterior, donde tratamos las transformaciones efectuadas por Edgar Neville en la adaptación de *La vida en un hilo* (los *añadidos*, las *supresiones* y las *transformaciones de escenas*).[106] En el caso de *Mi adorado Juan*, teniendo en cuenta lo específico del proceso adaptativo y el grado de fusión de contenidos nuevos y originales, dicha distinción podría resultar demasiado arbitraria. En este caso, para evitar confusiones y minimizar el grado de imprecisión, proponemos emplear términos menos cerrados, conceptos que sugieran el grado de analogía entre el original y la adaptación, en vez de definir el lugar de cada modificación en el balance de escenas nuevas y suprimidas. Así lo exige la permeabilidad entre la 'materia prima' fílmica y la nueva sustancia dramática que observamos en el caso de *Mi adorado Juan*, evidente sello de identidad de la labor adaptativa de Mihura.

Así pues, entre las transformaciones efectuadas en la adaptación de *Mi adorado Juan*, proponemos distinguir:

> EQUIVALENCIAS — episodios que pasan del celuloide al escenario teatral prácticamente en su integridad, representando las analogías más evidentes entre las escenas fílmicas y teatrales.
>
> RECREACIONES — escenas originales no reproducidas directamente, sino recreadas en el escenario mediante elementos verbales y visuales, empleando objetos o diálogos que remiten a las situaciones de la pantalla.
>
> REFERENCIAS — contenidos de la película (episodios, personajes, información) sugeridos o referidos verbalmente en la pieza teatral.
>
> ASOCIACIONES — indicadores de paralelismos basados en las asociaciones que surgen entre diferentes elementos de la narración fílmica y teatral, debido a la misma proyección y función de dichos elementos dentro de cada relato.

---

[106] Véase el Capítulo 3, apartado 3.2.5. Transformaciones.

La sistematización expuesta arriba tiene como objetivo facilitar la presentación de las modificaciones introducidas en la versión escénica de *Mi adorado Juan* y, por consiguiente, permitirá apreciar la práctica adaptativa del autor y el dominio de los medios que manifiesta en el trasvase de un arte al otro.

4.2.5.1 Equivalencias

Teniendo en cuenta las correspondencias entre las dos versiones señaladas en los apartados anteriores, podríamos postular que la versión escénica de *Mi adorado Juan*, en su conjunto, supone una reconstrucción de la narración fílmica en el escenario. No obstante, al querer desmenuzar el contenido del marco general de dicha analogía encontramos dificultades, puesto que el grado de dispersión de los elementos procedentes del original y su integración en el espectáculo dramático impide discernir claramente lo añadido de lo transformado.

Los paralelismos más nítidos entre las escenas fílmicas y las teatrales se encuentran en los episodios que parecen reflejar las escenas de la película en su integridad, a pesar de las alteraciones que puedan presentar respecto al planteamiento original. Estos casos son los que definimos como *equivalencias*. En el marco de este concepto, las escenas fílmicas que encuentran su equivalente en el escenario son las siguientes:[107]

1. CINE: ESCENA 3 > TEATRO: ACTO I, CUADRO I
   [la escena en la que tiene lugar el primer encuentro del Doctor Palacios con Juan y sus amigos, Sebastián y Vidal.]

2. CINE: ESCENA 4 > TEATRO: ACTO I, CUADRO II
   [la escena en la que Juan e Irene sellan su compromiso matrimonial.]

3. CINE: ESCENA 8 > TEATRO: ACTO I, CUADRO II
   [la instalación del Doctor Palacios en la casa de Juan.]

Todas estas escenas pasan — prácticamente íntegras — del celuloide al escenario teatral. Las únicas modificaciones a las que son sometidas conciernen al lugar en el que se desarrollan o a la configuración de personajes que intervienen en cada episodio.

En el caso de la primera de las escenas citadas arriba, en la versión dramática cambiarán ambas coordenadas: el primer encuentro entre el Doctor Palacios y Juan no transcurre en la oficina de la calle Mar, sino en la casa del científico; el joven no está solo, sino que viene acompañado del profesor Vidal y, además, a la escena se incorpora otro personaje más, Sebastián. Este nuevo giro en la historia

---

[107] Para indicar los paralelismos entre las escenas de las dos versiones utilizamos: para las escenas de la película, el término ESCENA y el número de orden según la enumeración reflejada en el Esquema nº 4/MAJ; para las escenas de la obra teatral, el número de cuadro y de acto según la edición citada de *Mi adorado Juan* (OBRA TEATRAL/MAJ).

justifica la presencia de Sebastián en la casa del doctor: en la obra teatral es Sebastián, no Irene, quien se encarga de robar los perros para los experimentos del doctor. En consecuencia, Sebastián aparece en el escenario, porque viene a casa del Doctor para venderle los perros.

En la segunda, cambiará el lugar de la acción: Juan e Irene sellan su compromiso matrimonial sin salir del despacho de Palacios. En la tercera, la escena sigue desarrollándose en el mismo sitio (casa de Juan, donde vive con Irene y su hijo, y donde se traslada el Doctor) con la diferencia de que, en el teatro, el profesor encuentra a su yerno acompañado, aparte de Irene y su nieto, también de Sebastián y Vidal.

Dichas modificaciones, trátense de localizaciones o personajes, parecen derivar del propio amoldamiento de la narración fílmica al nuevo formato teatral. Primero, todas las escenas inscritas en la nueva estructura dramática de actos y cuadros, obligatoriamente, tienen que ser trasladadas a uno de los dos espacios escenificados sobre las tablas: de ahí que las escenas de los puntos 1 y 2 citados arriba, transcurran en la casa del Doctor. Este condicionamiento espacial, junto con la síntesis de la acción impuesta por el teatro, exige nuevos giros en la trama y un orden causal diferente. De ahí que, en las mismas escenas, en el escenario aparezcan de repente más personajes.

En los ejemplos citados podemos observar la facilidad con la que Mihura va adaptando el discurrir dramático a los patrones teatrales, cómo desarrolla la acción de acuerdo con la coreografía de entradas y salidas de los actores, cómo idea nuevas maneras de enlazar las escenas y lo consigue aún sin desdibujar los episodios concretos de la obra de partida. Es más, la acción parece fluir de manera igualmente natural que en el medio cinematográfico y los motivos narrativos que cimentan la materia fílmica en su nueva organización dramática parecen surgir del propio original.

De este modo, por ejemplo, en la primera de las escenas mencionadas, Juan viene a la casa de Palacios acompañado del profesor Vidal, lo cual hace posible recrear en el escenario el encuentro entre los dos científicos que en la película tuvo lugar en el café. Para completar el espectro de amigos de Juan sobre las tablas, el autor introduce también a Sebastián, y justifica su aparición convirtiéndolo en el nuevo *robaperros* de la historia. Recordemos que en la película el grupo de amigos de Juan se reúne primero en el café y luego en el Palacio Bugui-Bugui, y estas escenas concretas no aparecen en la pieza teatral.

En la siguiente de las escenas mencionadas, el hecho de que antes del primer entreacto la acción no pueda ser trasladada al otro decorado no impide que Juan nos guíe por su humilde piso tal y como lo hacía en la película. Sin poder contar

---

[108] Juan ya no podrá hacer de guía diciendo: 'Ésta es mi casa' (GUIÓN/MAJ, p. 127), el nuevo medio le obligará a explicarse más: 'es un piso cuarto, no tiene ascensor, sólo consta de tres habitaciones y está en el puerto [. . .]'. (OBRA TEATRAL/MAJ, p. 45)

con la visualización de todos los espacios mostrados en la pantalla (el salón, el 'cuarto con chismes', la alcoba y la cocina), el dramaturgo hace que Juan describa su casa verbalmente y, de este modo, consigue recrear todas las piezas de la escena del compromiso matrimonial.[108] No se pierden ni siquiera los comentarios del Doctor y su hija respecto al lugar que, esta vez, no es mostrado sino dibujado en la imaginación de Juan — y en la del espectador — con las palabras.

La nueva configuración de personajes en la escena de la mudanza del Doctor al hogar de su hija deriva directamente de la nueva disposición de los elementos narrativos de la obra teatral y su específica cadena de causas y efectos. La adaptación al medio escénico origina un nuevo ensamblaje de encuentros y cruces entre los personajes y el autor decide reproducir el mismo episodio de la película incorporando — en vez de descartando — estas coordenadas nuevas. El mérito de la labor adaptativa de Mihura parece consistir, precisamente, en saber convertir las nuevas coordenadas que condicionan la trama en el medio dramático (espaciales, técnicas o narrativas) en su aliado y en un estímulo para su creatividad. De esta manera de afrontar la adaptación surgen las *equivalencias*. La materia fílmica queda inscrita en la fórmula teatral, pero su reelaboración brota del planteamiento original, y las escenas fílmicas se hacen presentes en el escenario.

4.2.5.2 Recreaciones

En la adaptación teatral de *Mi adorado Juan* encontraremos también escenas que establecen paralelismos menos evidentes con las de la película. Estos casos — destacados en el presente apartado como *recreaciones* — demuestran, en primer lugar, el empeño del autor en trasladar al escenario la mayor parte de la historia fílmica y, al mismo tiempo, su inventiva en evocar los contenidos originales al margen de la reconstrucción de la principal línea argumental, en el plano de referencias y vínculos implícitos.

Una de las evocaciones sutiles de la trama fílmica en el escenario nos remite, por ejemplo, a la escena fílmica en la que Juan le regalaba a Eloísa una rosa. En la película, dicha situación tenía lugar durante el paseo de la pareja por el parque y obraba a modo de un *gag* cómico que, asimismo, servía para retratar al protagonista: Juan cortaba la flor de un jardín municipal, Eloísa, asustada, le advertía de la presencia del guarda y éste, al ver a Juan, en vez de protestar, le saludaba con la efusividad de un buen amigo. En la obra teatral dicha escena es evocada en otro momento de la trama, más adelante en la historia, en el momento de la reconciliación de la pareja que desemboca en el matrimonio. La recreación del episodio se centra en el mismo gesto de regalar la rosa y la propia flor opera como su principal punto de apoyo, desencadena el diálogo y las consiguientes referencias a la situación visualizada en la pantalla.

>   *Y Juan, que lleva una flor en la mano, se la entrega a* IRENE.
> JUAN   Toma. Te traigo esta flor.
> IRENE   Es preciosa. Gracias.
> JUAN   No debes dármelas. La acabo de robar de tu jardín.
> IRENE   De todos modos, es un detalle... Porque has elegido la mejor.
> JUAN   ¿He de pagar alguna multa?
> IRENE   Te condeno a sentarte en esa butaca, Juan...Y a estar conmigo un rato...
>   (OBRA TEATRAL/MAJ, Acto I, Cuadro I, p. 42)

Este intercambio de frases es la única alusión que encontramos en la obra teatral a dicha escena de la película ('Juan y Eloísa caminan por un boulevard', GUIÓN/MAJ, pp. 80-83). El diálogo citado no pretende recrear el episodio mediante la verbalización de lo mostrado en la pantalla, ni evocar toda la escena a través de las referencias que lleva implícitas. No obstante, este eco lejano de la anécdota fílmica que resuena en un momento de la pieza teatral permite conservar en el universo dramático su dimensión significativa, de modo que no se pierde ni la chispa de comicidad, ni la muestra de espontaneidad y desparpajo de Juan que conllevaba.

De esta manera, queda condensada en el texto dramático la acción filmada en varios planos (Planos 130-1354, GUIÓN/MAJ, pp. 80-81). No podría resultar más oportuna la observación de Romera y Castillo que justifica semejante recurso de síntesis teatral diciendo que 'es diferente un jardín a una gota de esencia de rosas; en el cine salen los jardines; en el teatro sale la esencia de rosas, inevitablemente, porque no hay espacio para los jardines'.[109] En efecto, en la rosa que se materializa sobre el escenario en la versión teatral de *Mi adorado Juan* podemos ver representado el jardín entero, y concentrada toda una escena.

El mismo mecanismo de recrear un episodio fílmico en el escenario, sin reproducirlo directamente y con el apoyo de un objeto incorporado al *atrezzo* teatral, lo encontraremos en la escena que abre el segundo acto de la pieza. En la conversación de la pareja que nos introduce en su recién estrenada vida matrimonial — y en la que Juan le cuenta a Irene los detalles de su ajetreado día —, encontramos la referencia a un motivo que recordamos de la película: la aparición del niño huérfano que un día Juan decide adoptar.[110] Mihura traslada todo el acontecimiento de la trama fílmica, con toda la carga humorística del *gag*, al plano verbal. La traslación se apoya en un elemento visual: mientras que en la pantalla conocíamos al pequeño protagonista de este episodio, porque Juan aparecía en casa acompañado del chico, en el escenario, lleva su fotografía.

---

[109] J. Romera Castillo (2008), p. 235.
[110] Dicho episodio de la trama corresponde al *gag* con el niño que describimos en las páginas del apartado 4.2.1.2. La censura del productor.

Las *recreaciones* mencionadas — tanto la evocación del episodio de la rosa como la del *gag* con el niño — demuestran el potencial creativo del autor que, aunque puesto al servicio del arte dramático, no pretende una obra nueva sino que se sirve de ellas para evocar el original fílmico. Estas mismas *recreaciones* nos descubren otras vías por las que los elementos de la obra original entran a formar parte de la versión escénica, revelando el complejo entramado de relaciones implícitas y pasajes subterráneos que vinculan los contenidos de las dos versiones, teatral y cinematográfica.

4.2.5.3 Referencias

Hemos visto cómo las escenas de la película, aparentemente suprimidas en la versión escénica, en realidad, reaparecen en el terreno dramático evocadas de maneras más o menos explícitas, apoyándose en las palabras y otros elementos dispuestos sobre el escenario. Otras muchas situaciones de la película las traerán a nuestra memoria — y a la trama teatral — las alusiones y referencias presentes en los diálogos. Estas evocaciones de escenas confinadas únicamente al plano verbal son las que designamos en el presente apartado como *referencias*.

Parafraseando a Hitchcock, en el teatro, a diferencia del cine, todo deberá ser contado, no mostrado, para no perderse para el público. Desde luego, en la adaptación de Mihura muchas de las escenas aparentemente omitidas en el proceso transformacional de la obra, en realidad, pasan del celuloide al escenario referidas o mencionadas a través de los diálogos. Dicho procedimiento, denominado habitualmente como 'verbalización' de lo visualizado en la pantalla, permite reflejar en la adaptación los episodios no escenificados sobre las tablas.

De este modo, quedan inscritos en la versión dramática de *Mi adorado Juan*, por ejemplo, los acontecimientos relacionados con la traición de Manríquez: aunque no veamos cómo el ayudante del doctor usurpa la autoría del invento de Palacios en la oscuridad de su despacho, ni asistamos a la lectura de la memoria, sus actos quedan patentes en la confesión que el Doctor Palacios en un momento de la obra hace a Juan y sus amigos: 'Le dejé firmar la memoria [. . .] hasta ha dado conferencias sobre mi invento [. . .] Y ahora resulta que yo soy un mindundi y él un genio' (OBRA TEATRAL/MAJ, Acto II, Cuadro I, p. 68).

Otras veces las situaciones omitidas en el escenario no aparecen trasladas directamente al plano verbal (verbalizadas) sino recordadas mediante referencias más dispersas (frases sueltas, mencionadas en otro momento de la trama y/o en relación con otros personajes). Así sucede con la visita de Juan e Irene a la Dirección General de Laboratorios, no representada en la pieza teatral pero, en cierto modo, evocada en el diálogo entre Juan y Cecilia, la ayudante del doctor; porque dicha conversación nos recordará, sin duda, la mediación de Juan en el despacho del director registrada en la película:

JUAN ¿Y tu madre?
CECILIA Muy agradecida por lo que hiciste por ella.
JUAN ¿Le sirvió la recomendación?
CECILIA Tus recomendaciones siempre sirven, Juan ... La recibió el Director General personalmente ... Le habló muy bien de ti. Se puso a su disposición para todo lo que necesitara.
(OBRA TEATRAL/MAJ, Acto I, Cuadro I, p. 24)

Más adelante, entre las explicaciones que Juan da a Irene al principio del acto segundo de la pieza teatral, percibimos otra resonancia de este mismo episodio, cuando le escuchamos a Juan decir: '[...] un amigo quería una recomendación para los exámenes de su hija, que estudia Farmacia, y le he acompañado a ver al catedrático...' (OBRA TEATRAL/MAJ, Acto II, Cuadro I, p. 53).

En otras ocasiones el diálogo, más que para evocar la situación descartada en la adaptación, sirve para incorporar a la trama escénica su significación. Lo observamos a propósito de la primera visita de Juan a la casa de Palacios, en la que era testigo de una reunión de científicos que desvelaba los detalles del invento del doctor. La escena aportaba unos datos relevantes para el desarrollo de la trama; por lo tanto el autor, al descartarla en la adaptación, buscará otra manera de introducir dicha información en el escenario. De ahí que en la conversación que Palacios, Juan y Vidal mantienen al principio del primer acto de la obra teatral suenen partes del discurso del doctor pronunciado en aquella ceremonia: 'El hombre no tendrá necesidad de dormir [...] no tendrá necesidad de reparar sus fuerzas con el descanso y podrá permanecer despierto toda su vida, sin prejuicio alguno para su organismo [...]' (Vidal, GUIÓN/MAJ, pp. 43-46; OBRA TEATRAL/MAJ, p. 29).

4.2.5.4 Asociaciones

Podríamos ir todavía más lejos en la búsqueda de los elementos de la adaptación que se remontan a la 'materia prima' fílmica y, al margen de las escenas relatadas o aludidas en los diálogos o de la incorporación de sus contenidos significativos, entrar en la esfera de las *asociaciones*, es decir, buscar en la adaptación situaciones nuevas que por su función o proyección dentro del relato recuerdan las ausentes. Este mecanismo lo observaremos, por ejemplo, en la manera de preservar la significación de los elementos de la historia fílmica a los que el autor se ve obligado a renunciar en el medio dramático: los episodios transitorios de la acción principal. Junto con la visualización de los traslados de los personajes entre las diferentes localizaciones desaparecen de la trama escénica, obviamente, los caracteres episódicos que participaban en dichas transiciones, es decir, los taxistas, porteras, organilleros, vendedores de mercado, viandantes. Todos ellos, naturalmente, amigos de Juan. De este modo, el espacio escénico queda despoblado de esos compañeros que le saludan, sonríen, dan las gracias... En consecuencia, el espíritu sociable de nuestro protagonista corre el riesgo de verse reducido a la convención teatral.

Sin embargo, el dramaturgo no permite que las tablas del teatro se conviertan para Juan — quien 'daría una vida entera por tropezar con un amigo' — en una solitaria 'balsa de náufrago'. Para evitarlo, atrasa la primera aparición del protagonista en el escenario, permitiendo que Juan se entretenga primero en la cocina (donde enseguida se hace muy amigo de la cocinera), que alargue los saludos con Pepita, la doncella, y luego, deja que interrumpa la conversación con Palacios para saludar a Cecilia.

De este modo, sin salir a las calles y reduciendo multitudes a unos cuantos personajes, el microcosmos teatral consigue hacernos creer que Juan vive rodeado de amigos, en un universo, sin duda, más cerrado y esquemático que el registrado en la pantalla, pero igualmente dinámico y elocuente.

4.2.5.5 Apéndice: supresiones, añadidos y la clausura del relato

En el presente apartado hemos renunciado a la terminología habitual de las comparaciones entre los relatos fílmico y teatral; no obstante, consideramos conveniente, para anticipar un posible cuestionamiento de nuestro proceder y completar las presentes reflexiones, referirnos a los conceptos más divulgados, resaltando al mismo tiempo lo arbitrario y polémico de su aplicación en el presente análisis. Con este objetivo nos referimos a las escenas que podrían entrar en las categorías de *supresiones* o *añadidos*.

Supresiones

Como hemos podido observar, la mayoría de las escenas aparentemente suprimidas en la versión escénica, de alguna manera, más o menos directa, quedan inscritas en el texto dramático (como toda la parte inicial de la película hasta el momento del oficial noviazgo de la pareja; la boda; el viaje de bodas; la lectura de la memoria del invento; el banquete de bienvenida al Doctor Palacios). Aparte de las escenas señaladas y los mecanismos descritos de evocación, nos damos cuenta de que otras escenas, tampoco representadas en el escenario, dejan su impronta en el formato teatral simplemente porque se obvian en el discurrir dramático, o bien porque corresponden a la elocuencia de las elipsis que no coinciden con las fílmicas.

Así sucede con la acción desarrollada en el café al que Palacios se dirige al final del cuadro primero, anunciándole a Juan: 'le esperamos en el café'; lo mismo se refiere a la escena del baile, pues intuimos que el doctor ha estado en la sala de baile entre el primer y segundo cuadro del primer acto de la pieza y es dónde está a punto de partir cuando el telón vuelve a subir. De este mismo modo también se inscribe en la trama escénica la escena de la boda que tiene lugar, evidentemente, en el entreacto, aunque esta vez se celebre sin la participación de los espectadores. El único componente argumental que realmente desaparece del enredo dramático lo constituye la enfermedad de Palacios, episodio que en la película sirve para revelar la habilidad profesional de Juan y, al mismo tiempo, provoca la primera crisis de la pareja. En la versión escénica de *Mi adorado Juan* quedan suprimidas todas las escenas que desarrollaban ese hilo de la trama y ni siquiera se menciona el incidente. No aparece ninguna alusión ni a la consulta del médico y el acertado diagnóstico de Juan, ni a la cena servida en la mansión a la que asiste la joven pareja y todos sus amigos; tampoco se alude al conflicto que en la película provocaba la decisión de Eloísa de quedarse a dormir en casa de su padre, a raíz de la cual empezaba a resquebrajarse su idilio matrimonial. No obstante, ese mismo desencuentro entre la pareja sí tiene lugar en el escenario y, aunque falten las escenas visualizadas en la pantalla, su proyección significativa no desaparece del escenario.

Añadidos

En este aspecto conviene referirnos a uno de los *añadidos* más evidentes en la trama escénica: el cóctel[111] que se celebra con el motivo de la despedida de los autores del invento antes de su partida hacia América y al que Manríquez quiere llevar a Irene. En este nuevo episodio de la trama escénica el ayudante llega a solicitar la presencia de Irene, insistiendo en que ella debería acompañarle por consideración a su padre (tal y como lo hacía en la película con el motivo de la enfermedad de Palacios) y, en consecuencia, provoca un conflicto entre Irene y Juan. La hija del doctor querrá que su marido también acepte la invitación y Juan se negará con la misma contundencia con la que se negaba en la pantalla a pasar la noche en casa de Palacios enfermo.

De este modo, a pesar del aparente cambio de curso de la historia, la narración se mantiene dentro del mismo cauce: el conflicto, aunque generado por otros motivos, pone en juego la misma dialéctica de sentimientos (la añoranza de Irene por el mundo que dejó atrás y la inquebrantable determinación de Juan para mantenerse fiel a sus principios). Además, cuando el doctor desenmascare la traición de su ayudante revelando que el cóctel se celebra únicamente en homenaje a Manríquez, el nuevo matiz argumental servirá para evocar otras subtramas del original fílmico: la traición del ayudante y la supuesta complicidad entre Irene y su antiguo pretendiente.

Otro elemento nuevo corresponde a la introducción en el elenco teatral de Luisa, la joven vecina que entra en escena como amiga del matrimonio y modista encargada de rehacer los vestidos de Irene. Aparte del impacto que supone esta figura en la construcción del nuevo perfil de Juan y en la interrelación de la pareja

---

[111] La transcripción según el original de Miguel Mihura: '*cock-tail*'.
[112] Aspecto tratado en el apartado 4.2.7. dedicado a los personajes.

protagonista,[112] el desarrollo dramático de su presencia permite introducir en el escenario ciertos matices de la trama fílmica, puesto que el mismo hecho de que Luisa se dedique a reformar los lujosos trajes de Irene, obligándola a lucir una creación que desentona con el humilde entorno de su nueva casa, parece llevar implícito el mismo mensaje que sugería la película. La prueba de vestido en el escenario permite expresar la misma idea que la silenciosa secuencia en la que Eloísa hojeaba las revistas de moda. Y para expresarla en el escenario el dramaturgo no necesita servirse de planos detalle ni del *zoom*, sino que acentúa lo profundamente teatral: la dimensión simbólica de los objetos en el medio dramático. En este procedimiento concreto podemos ver cómo una condición inherente del arte dramático llega a suplir la ausencia de la técnica cinematográfica en el escenario, puesto que en la escena teatral cada objeto está llamado a significar e interviene en la interpretación del texto dramático. Aunque en el marco de la adaptación de Mihura, si tenemos en cuenta las consideraciones sobre el empleo del decorado y la función de los objetos en ambas versiones, dicha dialéctica entre el realismo cinematográfico y el simbolismo teatral puede llegar a tambalearse.

La clausura del relato

El propio final de la obra parece resumir las claves reveladas en nuestro análisis comparativo respecto a las transformaciones efectuadas en la adaptación de la obra de un código artístico al otro. En primer lugar, sirve para revelar la dualidad de las apreciaciones a las que puede conducir dicha comparación en función de la óptica aplicada, puesto que la escena del desenlace, como otras destacadas en estos párrafos, podría ser interpretada como ejemplo de una traslación eficazmente amoldada a la nueva fórmula artística, o bien como una creación nueva elaborada con retazos del original fílmico. Además, el final de *Mi adorado Juan* obra teatral, aparte de las variaciones en el propio desenlace que referimos al comienzo del presente apartado, presenta modificaciones en la materia narrativa y su disposición, nuevas configuraciones de personajes y otro marco espacial. Pero, al mismo tiempo, la escena deja reconocer evidentes paralelismos con el final cinematográfico[113] y su desarrollo corresponde al mismo esquema significativo. Tanto en el cine como en el teatro, el final introduce incertidumbre, crea suspense y desemboca en una solución feliz.

Las alteraciones más destacables que la escena del final presenta respecto a su matriz fílmica, aparte de la ambigüedad del último parlamento de Juan,

---

[113] Entre dichos paralelismos encontraríamos manifestaciones de todos los grados de transformaciones mencionados en el presente apartado, desde *equivalencias* hasta *asociaciones*, ya que incluyen transposiciones directas de secuencias, episodios relatados o aludidos verbalmente y también incorporaciones de episodios procedentes de otros momentos de la narración original.

conciernen al lugar de la acción y a los personajes que en ella intervienen. Y dichos cambios corresponden, asimismo, al nuevo transcurso de la trama y a las limitaciones del medio escénico. En el teatro, los preparativos de la pesca tienen lugar en la tierra firme del piso de Juan, no en su barca, y participa en ellos, aparte de Palacios y Juan, también el profesor Vidal. La inquietante espera de Juan queda interrumpida por las apariciones de Luisa y Manríquez, que influyen en la interpretación de estos últimos momentos antes del desenlace. Primero, la intervención de Luisa cambia el centro de gravedad dramático de la escena: por sus comentarios acerca de la pasividad de Juan[114] ya no estamos pendientes tan sólo de la decisión que haya tomado Irene sino que estamos a la espera de la reacción del protagonista; mientras que el enfrentamiento con Manríquez deja aflorar la agresividad de Juan poniendo en entredicho su — hasta ahora incuestionable — actitud pacífica.[115]

La entrada de Irene, presagio de la reconciliación y vuelta al hogar, supone un punto de convergencia para los dos formatos. Su saludo nos remonta irremediablemente a la película, sobre todo si escuchamos:

IRENE Hola, ratón...
JUAN *se vuelve. Va hacia ella. Se sienta a su lado.*
JUAN Hola, Irene.
IRENE Perdóname... Pasé mi última crisis... Pero ya estoy curada.
                    (OBRA TEATRAL/MAJ, Acto II, Cuadro II, p. 82)

En la película la pareja sellaba la superación de su crisis prácticamente con estas mismas palabras, pero en dos ocasiones. En el escenario los dos momentos críticos del matrimonio se funden en uno, incorporando asimismo elementos de las dos escenas correspondientes, dispuestos en el marco escenográfico de la primera. De este modo, en el balcón donde la pareja redescubría la felicidad de estar juntos a mitad del metraje de la película, es donde ahora Irene se echa sobre el hombro de Juan repitiendo las palabras pronunciadas por Eloísa en la barca: '¡Se pasa tan bien durmiendo sobre un hombro de Juan!' (OBRA TEATRAL/ MAJ, p. 83).

Este final nos permite seguir el juego al que nos invita Mihura en su adaptación: el de ir descubriendo los paralelismos que van surgiendo tanto si nos obstinamos en reconocer en el nuevo formato la historia aprendida de la pantalla como cuando nos centramos en sus modificaciones. A través de esta búsqueda sorprendente e inagotable descubrimos, sobre todo, una adaptación en la que el material 'reciclado' se funde con el nuevo en una amalgama inseparable, encerrando en su forma sustancias narrativas plenamente permeables entre sí.

---

[114] En la obra teatral Luisa le dice a Juan: 'debes poner algo de tu parte. No debes ser tan egoísta' (OBRA TEATRAL/MAJ, p. 81)
[115] En las acotaciones de dicha escena leemos: JUAN *le coge por las solapas y le zarandea* (OBRA TEATRAL/MAJ, p. 80)

Dicha permeabilidad la descubrimos desenmascarando el material fílmico tras su remodelación en el proceso de adaptación y descifrando las aportaciones nuevas. Porque lo más sorprendente de la labor adaptativa de Mihura es que logra hacernos volver la mirada hacia el original y descubrir que todo lo nuevo parte de allí, como si toda la obra teatral ya viniera inscrita en la película.

4.2.6 Diálogos

Otra muestra de dicho fenómeno de migración de contenidos la encontraremos en el plano de los diálogos y en la reestructuración a la que los somete el autor en el proceso de adaptación. Como hemos podido observar en el apartado anterior, los diálogos sirven para trasladar al teatro las escenas del relato cinematográfico, verbalizando la acción no representada sobre las tablas o evocando su contenido mediante alusiones. Por lo tanto, el peso que los diálogos adquieren en la versión dramática parece hacer justicia a la consabida premisa de Mitry que sostenía que en el teatro todo llega por las palabras. No debemos olvidar la gran relevancia que tenía el elemento verbal ya en la película original.

Mihura, dialoguista por antonomasia, aprovecha la posibilidad que ofrece una adaptación fílmico — teatral; por tanto, al no existir la dificultad de duración, nada le impide que la totalidad de los textos de la obra cinematográfica quede plasmada en la pieza escénica. Por eso, limitándonos a escuchar los parlamentos de los actores podríamos no sólo seguir la trama, sino también reconocer gran parte de los textos pronunciados por los autores cinematográficos. Los diálogos fílmicos trasladados al escenario normalmente no sufren grandes alteraciones en su contenido, lo que cambia es su orden. Sin embargo, cabe señalar que estas variaciones de ubicación en la acción dramática no surgen tan sólo a raíz de las transformaciones de escenas descritas arriba, puesto que los textos originales pueden sonar en el marco de cada cuadro de la pieza teatral, independientemente de si se trata de la reconstrucción escénica de una escena completa, de recreaciones parciales o de simples referencias a la historia filmada. Y aunque dichos diálogos sean reproducidos en su forma original, quedan organizados de otra manera, intercalados con otros fragmentos y ordenados de acuerdo con los nuevos segmentos narrativos de la misma fórmula dramática.

De este modo, en el diálogo inicial entre Palacios e Irene, en el que el doctor interroga a su hija acerca de ese 'sujeto' que ha alterado tanto su rutina familiar (OBRA TEATRAL/MAJ, p. 15), reconocemos la conversación homóloga en su contenido y ubicación (GUIÓN/MAJ, pp. 89-90), pero también el interrogatorio al que, con el mismo objetivo, Eloísa le sometía en la pantalla a Paulino (GUIÓN/MAJ, p. 70). A continuación, en la primera charla que mantienen Palacios y Juan, aparte del conocido diálogo de la oficina de la calle Mar, escucharemos partes del monólogo del parque y las frases del encuentro en la Dirección General de Laboratorios, mientras que en el diálogo a tres bandas con Vidal todos estos fragmentos se intercalarán no sólo con los diálogos pronunciados en el café, sino también con los párrafos del discurso científico del doctor y de la conversación entre Eloísa y Juan durante su primer encuentro en la pantalla. Más adelante, en el momento de la presentación del piso, Juan enlaza la exposición de sus condiciones matrimoniales con el discurso de la boda y recupera la tierna conversación de pareja durante su simbólica luna de miel.

De este modo, las palabras, frases y párrafos van enhebrándose a lo largo de todo el relato hasta llegar a la desembocadura del final en el que también, como ya hemos visto, confluirán dos diferentes hilos de diálogos.[116] Este peculiar ensamblaje de textos originales dentro del nuevo formato, en los casos mencionados, no es utilizado por el autor para recrear las secuencias cinematográficas de las que provienen. Su objetivo consiste más bien en desplegar en el otro universo artístico esa parte esencial de la obra que suponen los diálogos, como exponente de la trama y recurso dramático. El resultado es un complejo *puzzle* de textos que reflejamos en el Esquema Nº6/MAJ elaborado para ilustrar la asombrosa habilidad con la que el escritor recompone las piezas del antiguo cuadro fílmico encajándolas en el nuevo marco teatral. El mencionado Esquema Nº6/MAJ, incluido al final del libro, permite observar cómo el dramaturgo reelabora la textura verbal de la adaptación escénica incorporando a la obra teatral los diálogos originales de la película. Este peculiar mecanismo no se limita, por supuesto, al marco del cuadro primero de la pieza dramática, observado en dicho esquema: define toda la obra y constituye una de las peculiaridades de la práctica adaptativa del autor.

Mihura demuestra su maestría no sólo en el arte de escribir los diálogos, toda su obra revela su capacidad para hacer con ellos verdaderos juegos malabares. Como si fueran los sombreros que Dionisio[117] lanzaba al aire en *Tres sombreros de copa,* mueve los parlamentos de los personajes cambiando el orden de las

---

[116] En las páginas anteriores, a propósito de las transformaciones de escenas nos hemos referido a la utilización, en la misma escena final de la obra teatral, de los elementos precedentes de dos momentos diferentes en la película. Dicho ensamblaje comprende igualmente la incorporación de sus líneas de diálogos correspondientes. Véase 4.2.5.1. Apéndice: supresiones, añadidos y la clausura del relato.

[117] Dionisio, el protagonista de *Tres sombreros de copa,* tiene que elegir entre tres sombreros de copa el que se pondrá al día siguiente, en su boda. Sorprendido por Paula, admite que es malabarista y disimula estar ensayando un número con los sombreros.

[118] Las frases que en la película pertenecían a otros personajes, mientras que en el teatro son pronunciadas por el Doctor Palacios, son las siguientes: '¿Soledad? En este momento daría una fortuna por obtenerla' (Eloísa, en la conversación con Juan, GUIÓN/MAJ, p. 74); '¿Usted ha sido náufrago una vez?' (el Director General de Laboratorios, en la conversación con Juan, GUIÓN/MAJ, p. 76); 'a él le gusta trabajar, pero sin que se le note' (Paulino, defendiendo a Juan ante Eloísa, GUIÓN; MAJ, p. 70); 'hablar así es peligroso a una mujer. De diez pican nueve' (Paulino, avisando a Juan de las intenciones de Manríquez, GUIÓN, p. 189).

intervenciones y también sus portavoces ya que, curiosamente, en muchas ocasiones los textos fílmicos trasladados a la obra teatral son pronunciados en la escena por otros personajes de la película. Así por ejemplo Palacios, en la alargada conversación que mantiene con Juan en el primer cuadro de la obra teatral, asume sucesivamente los parlamentos que en la ficción fílmica pronunciaba Eloísa, el Director de Laboratorios o Paulino,[118] y en un momento parece incluso hablarle a Manríquez utilizando las mismas frases que en la película pertenecían al propio ayudante.[119] Por otro lado Vidal, quien en la versión dramática cobra más importancia y acompaña al protagonista desde el principio, retoma algunos parlamentos pronunciados inicialmente por Juan o comentarios de otros personajes.[120]

Estos traspasos de parlamentos entre actores no parecen alterar su significación en el desarrollo de la acción y permiten, en cambio, agilizarla evitando la acumulación de textos en un personaje. En consecuencia, lo que consigue esta nueva distribución de diálogos en la escena, es que los largos monólogos de Juan, que en la pantalla lastraban la narración fílmica con su teatralidad, al final sean repartidos entre varias voces y ganen en naturalidad. En su traslación al escenario su peso dramático se disipa y, paradójicamente, lo que en el cine se revelaba como sinónimo de teatralidad no llega a jugar sus bazas en el teatro.

Aunque la traslación al otro medio no cambie la significación de los parlamentos dentro del relato, el hecho de poner ciertas oraciones en boca de otro personaje evidentemente influirá en el perfil de quien las pronuncia. Basta fijarnos en el intercambio de voces que observamos en el marco de la conversación entre Juan e Irene, en la que Irene primero retoma la frase que en la película decía su padre; mientras que Juan, en otro momento de la obra, reacciona con otra, adscrita anteriormente a Manríquez:

> IRENE Yo he cedido a todos tus caprichos. Debes hacer algo por complacerme.
>
> (Irene, OBRA TEATRAL/MAJ, p. 64; antes: Dr. Palacios, GUIÓN/MAJ, p. 157)
>
> [...]
>
> JUAN Aunque trates de disimularlo, tú también eres ambiciosa.

---

[119] El consejo que en la obra teatral el Doctor Palacios ofrece a Manríquez para que éste pueda reconquistar a su hija ('háblala que pronto seremos famosos en el mundo entero'; OBRA TEATRAL/MAJ, p. 11), en la película lo utiliza el propio ayudante en la conversación con Eloísa, precisamente para conquistarla (GUIÓN/ MAJ, pp. 185-86).

[120] Las intervenciones de Vidal en la obra teatral son más extensas, en parte precisamente porque retoma las frases de otros personajes: así, por ejemplo, en la primera escena de la pieza critica el invento de Palacios utilizando las frases pronunciadas en la película por Juan; y cuando más adelante habla del pasado profesional de Juan, lo hace empleando las frases del Director de Laboratorios, personaje que queda suprimido en la versión teatral.

(Juan, OBRA TEATRAL/MAJ, p. 71; antes:
Manríquez, GUIÓN/MAJ, p. 185)

En cierto modo, la reproducción escénica de estas frases despierta la reflexión que parece desprenderse de todo proceso de adaptación: el mismo texto en otra configuración, sin duda, puede aportar significados nuevos.

Por supuesto, al lado de estas recreaciones textuales, la pieza teatral incluirá diálogos nuevos, entre ellos los exigidos por las transformaciones de la materia narrativa que afectan a su contenido y organización — mencionados en las páginas anteriores — ; otros serán introducidos para justificar los nuevos perfiles de personajes — que referiremos a continuación — , y también hay hallazgos que brotan de la pluma del dramaturgo simplemente por haber cambiado de musa portadora de su inspiración. Entre las aportaciones nuevas introducidas en la versión escénica podremos apreciar nuevas muestras de ingenio del humorista que encuentra precisamente en el diálogo un eficaz recurso de comicidad. Podemos observarlo en el caso de los ágiles juegos de palabras protagonizados por Irene que escuchamos en su entrada al escenario:

IRENE   Hola, buenas tardes.
PALACIOS   ¡Ah! ¿Estás ya de vuelta?
IRENE   Sí, papá... Acabo de volver. ¿Querías algo?
PALACIOS   Te prohibí que salieras.
IRENE   Creí que era una broma...
PALACIOS   ¡Yo no gasto bromas, Irene!
IRENE   — ¡Qué lástima! ¡Con lo bien que se pasa!
(OBRA TEATRAL/MAJ, Acto I, Cuadro I, p. 12)

o cuando en la obra teatral Irene espera la llegada de Juan, en presencia de Manríquez:

MANRÍQUEZ   Creo que no debes recibir a ese hombre tú sola.
IRENE   No estaré sola... Estaré con él.
(OBRA TEATRAL/MAJ, Acto I, Cuadro II, p. 41)

Y también en esta otra muestra del humor *mihuresco* que no encuentra resistencia ni en el paso de un código artístico al otro — circulando con la misma facilidad por universos disímiles — , ni en el paso del tiempo, incapaz de desactualizar su dimensión atemporal:

MANRÍQUEZ   ¿Creen, acaso, que voy de mala fe? Suponen que un hombre de negocios no tiene sentimientos?
JUAN   No, no... Al contrario... Yo los conozco muy sentimentales. Un día vi a un hombre de negocios deshojando lentamente una margarita para saber si le iría bien o mal una fábrica de chorizos que acababa de abrir...
(OBRA TEATRAOL/MAJ, Acto II, Cuadro I, p. 65)

Este tipo de añadidos en los diálogos, que siguen la línea del disparatado y desconcertante humor, suponen nuevas acrobacias cómicas servidas con palabras, pero no influyen en la sustancia dramática de la obra ni en el resultado del proceso de su traslación genérica. A veces estos diálogos nuevos — que obedecen a la vertiente cómica del autor — aportan a los personajes en cuestión matices antes desconocidos. Entre los ejemplos podemos citar el comentario machista con el que nos sorprende Juan: '[. . .] ¿cómo pretenden que sepa algo una chica de veinte años, rubia, alegre y con ojos azules? ¿No te parece que es pretender demasiado?' (OBRA TEATRAL/MAJ, Acto II, Cuadro I, p. 53); o bien el lamento de Sebastián, convertido en pintor, al parecer, contra su voluntad: '¡Qué horror la pintura! ¡Cómo mancha los dedos! ¿Y qué culpa tengo yo de eso?' (OBRA TEATRAL/MAJ, Acto II, Cuadro I, p. 64).

Estos diálogos, evidentemente, servirán para caracterizar a los personajes e indicar los nuevos perfiles que algunos de ellos adquieren en el escenario, puesto que en el proceso de adaptación la palabra servirá de vehículo para los cambios caracterológicos que el autor introduce en sus criaturas. La misma palabra permite también trasponer de un sistema artístico al otro los elementos de estructura narrativa. Nos referimos a la 'simetría invertida' que, al lado de la elipsis, constituye el recurso de organización de la narración más característico de la obra de Mihura.[121]

La simetría narrativa que aparece en la obra se basa en un juego de espejos entre dos escenas, donde una funciona a modo de reverso de la otra: primero el Doctor Palacios critica la relación de su hija y luego es el propio Palacios quien quiere convencerla de que debería casarse con Juan; además, en ambos casos se emplean los mismos argumentos, expresados con las mismas frases. Las variaciones entre los textos fílmico y teatral en los que se apoya dicho recurso son mínimas, y tanto en la película como en la obra, el mencionado paralelismo estructural lo sostienen precisamente las palabras. De este modo, a través de la reproducción en la escena de los diálogos cinematográficos, el autor logra que el mecanismo de 'simetría invertida' se revele como elemento estructural común para el original fílmico y la adaptación escénica de Mi adorado Juan. Lo demuestra el esquema incluido al final del libro en el que transcribimos los diálogos de las escenas fílmicas que sostienen la mencionada 'simetría' y sus equivalentes en la versión teatral (Véase el Esquema N°7/MAJ).

Volviendo al nivel de la textura verbal, en general los textos incorporados en el proceso de adaptación no presentan relevantes modificaciones en el plano lingüístico. En este aspecto, no observamos incidencia ninguna en las actualizaciones o en la determinación exacta de la época. Tal vez la única muestra de mayor anclaje temporal la podríamos detectar en las 'coletillas' de

---

[121] Véase J. López Izquierdo, p. 357, pp. 264-65. Cabe recordar que este mismo recurso narrativo ha sido destacado a propósito de la influencia de Lubitsch en la obra de Mihura.

algunas frases, que suponen un matiz novedoso y, aparte de la soltura de dialoguista, pueden indicar una mayor tendencia al uso de los coloquialismos en la escena teatral. Aunque para apoyar dicha observación no encontramos más ejemplos que el saludo de Vidal, que en un momento de la obra se dirige a Manríquez diciendo: 'Hola, pollo' (OBRA TEATRAL/MAJ, p. 62), o la réplica de Juan a Irene: 'Y te has salido con la tuya, guapita.' (OBRA TEATRAL/MAJ, p. 56). Otra sutil diferencia en el plano lingüístico, que interfiere en las interrelaciones de los personajes de la obra, la supone el empleo del tuteo: Palacios en la escena pasa a tratar de 'usted' a Manríquez — como sugería inicialmente el guión —, mientras que, a expresa petición de Vidal, en el teatro, empieza a tutear al profesor.

Aunque los hallazgos verbales más emblemáticos de la obra de Mihura serán mantenidos en sus dos formas artísticas. Nos referimos al inolvidable *robaperros* con el que Juan bautiza a la hija del doctor, junto con *ratón*, que es cómo Eloísa/Irene se dirige a Juan. Llama la atención especialmente el compuesto *robaperros* que parece constituirse en verdadero icono lingüístico del universo de *Mi adorado Juan*. Para mantenerlo en la escena teatral, como en la pieza no queda representado el encuentro de la pareja protagonista, el dramaturgo necesita encontrarle un hueco nuevo en el diálogo dramático. De ahí que la palabra, en vez de electrizar la atmósfera en torno a los futuros novios suene por primera vez en la conversación de Juan con Palacios. Pero una vez verbalizada en cada uno de los formatos, adquiere la misma significación, estableciéndose como un insulto inofensivo con una pizca de humor, una traviesa expresión de ternura, un signo del código de enamorados. 'Nuestro adorado' Juan y 'su adorada' Eloísa/Irene: para el público — tanto cinematográfico como teatral — *ratón* y *robaperros*.

4.2.7 *Personajes*

A propósito del análisis de *La vida en un hilo* apuntábamos que los catorce años que separaban las dos versiones de la obra no afectaban en nada a la edad de sus protagonistas; en el caso de *Mi adorado Juan*, ese tiempo se reduce casi a la mitad; sin embargo, algunos de sus personajes envejecen esperando su turno entre bambalinas. El paso del tiempo afectará sobre todo al Doctor Palacios, que en la obra teatral suma unos años más. Según las acotaciones del guión, el Doctor Palacios es un hombre de 'sesenta y tantos años'; en la obra teatral, queda descrito como un hombre de 'unos setenta años'. En cuanto a Manríquez la diferencia consiste más bien en la precisión: en la película tiene 'unos treinta y tantos años' y en la obra 'unos 35 años'.

Sin embargo, no cambia prácticamente en nada su aspecto físico; ni el de él, ni el de otros personajes. Así, por ejemplo, el Doctor Palacios en la película es descrito como un hombre 'con lentes y con cabello totalmente blanco, con un aspecto noble y dulce', y en la obra, como 'enjuto a ser posible, con barbita gris y pelo descuidado'; en cuanto a las descripciones de Manríquez, en el cine leemos que tiene 'bigote recortado y cierto aire de presunción' y en la obra, que usa gafas y tiene 'cierto aire presuntuoso'. Eloísa, 'mona, delgada y elegante' en el cine, sigue 'bonita, sonriente, vestida con sencillez, pero con gusto' en el teatro. Y Juan es presentado por el autor con las mismas palabras en las acotaciones cinematográficas y teatrales, es decir, como hombre 'de unos treinta años, de gesto simpático, pero humilde, con lo cual parece pedir perdón por su simpatía. Va vestido de cualquier manera y peinado de cualquier manera' y es 'de esa clase de personas que se ve que han nacido un poco cansadas'.

Más notables resultan las transformaciones de los perfiles caracterológicos. En este aspecto, al contrario, el científico resulta ser la figura menos afectada de todo el elenco fílmico en su traslado al universo teatral. La transformación más destacable la experimenta, sin duda, el personaje de Juan. Nos hemos fijado en su nuevo perfil — menos solidario, más egoísta y, sobre todo, más claudicante — al reparar en el cambio de su actitud planteado por el autor en el final de la pieza teatral.[122] El Juan de la versión escénica, aunque guarde su encanto arrebatador, ya no resulta tan unánimemente adorado y su bondad trasluce cierto egocentrismo. Además, su única arma deja de ser la sonrisa: en un momento resulta incluso capaz de 'coger por las solapas y zarandear' a su adversario Manríquez, gesto que en la película resultaba difícil de imaginar.[123]

Aparte de estas pinceladas caracterológicas, queda modificado también su pasado: en la película Juan abandonaba la carrera de médico por no haber podido salvar a un amigo enfermo, mientras que en el teatro, primero confiesa haberlo hecho 'porque a ese enfermo concreto logré salvarle...' (OBRA TEATRAL/MAJ, p. 31) y después de contar una historia inverosímil, admite que en realidad la ha inventado. De ahí que al final los motivos de su decisión resulten menos claros que en la ficción fílmica y Juan aparezca todavía más propenso a fantasear.[124]

---

[122] Respecto los diferentes finales de la obra teatral, véase el apartado 4.2.2. del libro.
[123] El enfrentamiento entre Juan y Manríquez tiene lugar cuando en el último cuadro de la obra Manríquez, antes de subirse al barco rumbo de América, se presenta en la casa de Juan para preguntar por el Doctor Palacios (véase OBRA TEATRAL/MAJ, p. 80). Aunque cabe recordar que el guión incluía una escena que presentaba una carga de violencia incluso mayor, en la que Juan llegaba a golpear a Manríquez (GUIÓN/MAJ, p. 190). La escena, sin embargo, fue descartada en el rodaje (véase el Esquema Nº1/MAJ).
[124] En la obra teatral Juan le cuenta a Irene que abandonó la medicina porque logró salvarle la vida al marido de la mujer de la que él mismo estaba enamorado, y que al final ese mismo hombre la llevó a la muerte. Ante una historia tan melodramática, Irene adivina: 'esta historia te la acabas de inventar ahora', a lo que Juan responde: 'No, la inventé hace tres meses.' La misma tendencia a fantasear la subrayaba la segunda versión del final de la obra teatral, en la que Juan explicaba: 'es bonito pensar alguna vez cosas fantásticas, y hacer proyectos raros'. Véase el apartado 4.2.2 del libro.

Eloísa, en cambio, en el escenario resulta más desconfiada y crítica respecto a Juan, y mucho más pragmática, aunque al igual que en la película subraye: 'No quiero nada para mí. [...] Quiero la fama para mi padre.' (OBRA TEATRAL/MAJ, p. 71) El ardor con el que defiende al ayudante traidor y la determinación con la que se dispone a hacer el viaje a América en lugar de su padre parecen desacreditar la ingenuidad de su postura de antes. En el escenario Irene no sólo vive momentos de duda, sus enfados dejan vislumbrar un desacuerdo más contundente. Desde luego, ya no se muestra tan complaciente con el modo de vida de Juan, a ratos la irrita su 'absurda manera de pensar', hasta es capaz de gritar: '¡Ya está bien de filosofías que no conducen a ninguna parte!' (OBRA TEATRAL/MAJ, p. 33)

En cuanto a Manríquez, la transposición de la obra al medio teatral en general no parece alterar la construcción del personaje: en la escena, al igual que en el cine, sigue correspondiendo al perfil definido por el autor en el guión como: 'no exactamente el malo de las películas, pero camino de serlo'.[125] El cambio más destacable es el nombre que el ayudante obtiene al entrar en el escenario: en la película lo conocemos únicamente como Manríquez, en la obra teatral sabremos que se llama Emilio. Además, entre los nuevos matices de su comportamiento podríamos apuntar cierta falta de coherencia en sus actos. Primero, con descaro y perversidad traiciona al doctor adjudicándose la autoría de su invento, y miente e intenta manipular a su hija; sin embargo luego viene a casa de Juan para buscar al Doctor Palacios y convencerlo de que vaya a América. El mayor desconcierto supone la réplica que le da a Juan cuando éste, en un momento de furia, lo llama 'un vulgar miserable'. La respuesta de Manríquez: 'Soy un hombre normal que trabaja' puede turbar nuestro juicio acerca de Manríquez. De este modo, el que era sin duda el personaje más desdibujado de la ficción fílmica también en la escena parece confirmar la observación de un crítico de cine que comentaba al respecto: 'estos tipos retorcidos, ambiciosos y amorales [...] no le van bien a Mihura, que juega mejor con la luz que con las tinieblas'.[126]

Otros cambios interesantes los observaremos en las figuras de los compañeros de Juan. Sebastián, que en la película fue víctima de la intriga de robos de perros, en la escena se convierte en el 'ladrón a sueldo', encargado de conseguir los animales y venderlos luego al doctor; además, en el teatro cambiará de profesión: en vez de ingeniero, se nos dará a conocer como pintor y como subraya al respecto el profesor Vidal, no simplemente pintor, sino '¡Primera medalla en dos exposiciones!' (OBRA/MAJ, p. 62) No obstante, esta nueva afición la practicará

---

[125] En las acotaciones, tanto cinematográficas como teatrales, aparece prácticamente la misma descripción citada. OBRA TEATRAL/MAJ: 'No es exactamente el malo de las películas, pero reúne condiciones para serlo'. GUIÓN/MAJ: 'No es exactamente el malo de las películas, pero va camino de serlo.'
[126] E. Gómez Picazo, 'Estreno de *Mi adorado Juan* de Miguel Mihura', *Madrid*, 12 de enero de 1956, p. 14.

con la misma desgana que demostraba en la película, permaneciendo fiel al retrato dibujado en el guión: un 'sin trabajo', pero no forzoso, sino 'deliciosamente voluntario.' (GUIÓN/MAJ, p. 3) No sin razón el propio Vidal resumirá la nueva vocación de Sebastián diciendo: 'La pintura es para él su tercera pierna... Una deformidad que le incomoda.' (OBRA/MAJ, p. 65) Cabe añadir, por otro lado, que en su perfil caracterológico notaremos al mismo tiempo más agresividad e impertinencia, basta recordar su primera aparición en el escenario gritando: 'todavía no ha nacido nadie que me haga esperar a mí en una antesala...' (OBRA TEATRAL/MAJ, p. 25). Se mostrará también más astuto, ya que, como asegura Irene, Sebastián 'no sólo sabe robar perros. Igual que los espías, roba también fórmulas químicas y documentos de gran interés'. (OBRA TEATRAL/MAJ, p. 83)

El profesor Vidal también resultará más arisco en el escenario, sobre todo en la escena inicial de la obra, en la primera conversación con Palacios. El cuadro artístico inevitablemente queda reducido en el teatro, por lo que son muchos los personajes con los que no volvemos a encontrarnos en el escenario. Las ausencias que probablemente más notemos sobre las tablas serán las de Paulino, Rosa y Guillermo, la de Nieves, la asistenta de Juan, los demás vecinos del barrio, y también el Director del laboratorio, con su conserje, o el médico, con la enfermera... Aunque notaremos en la obra teatral también presencias nuevas, como la de Cecilia — que se incorpora a las investigaciones del doctor Palacios en función de su ayudante — y la de Luisa, modista y vecina del matrimonio a la que aludimos en las páginas anteriores.[127]

La introducción de la científica no sólo supone una chica más — 'joven y bonita' — en el escenario y dentro del equipo investigador de Palacios. Su corta aparición sirve, en cierto modo, para acentuar la popularidad y la bonhomía de Juan,[128] mientras que la función dramática que asume Luisa consiste precisamente en cuestionar esta característica del protagonista: da la impresión de que la figura de la joven modista entra en el universo dramático de *Mi adorado Juan* no sólo para arreglar los vestidos de Irene sino, sobre todo, para hacerla ver el lado egoísta de su pareja.

---

[127] Destacamos la incorporación del personaje de Luisa a la trama escénica en el apartado 4.2.2. del libro. Asimismo, reflexionamos acerca de su impacto en las transformaciones efectuadas en la adaptación en el apartado 4.2.5.1.
[128] Nos referimos a la escena del encuentro entre Juan y Cecilia en la obra teatral. Cabe añadir que la espontaneidad y la alegría con la que la asistente reconoce en el invitado de la familia a su viejo amigo se muestra deudora de una situación parecida, protagonizada en el terreno fílmico por el criado Paulino. (GUIÓN/MAJ, pp. 49-50)
[129] Los autores de *Mihura en el infierno del cine* sostienen que se trata realmente del mismo personaje, que en el paso del cine al teatro simplemente cambia de nombre y adquiere más relevancia en el relato: 'Nieves pasa a ser Luisa, la vecina del matrimonio y cobra más importancia en la trama'. Véase F. Lara, E. Rodríguez, p. 158.

En la obra Luisa critica a Juan y además, al confesar el amor que sintió por él en el pasado, concluye: 'ahora soy feliz por haberme curado de aquel amor'. De este modo, el irresistible fondo humano del protagonista queda reducido a mera ilusión de las apariencias. Esta superación del enamoramiento nos recordará, sin duda, a Nieves, la camarera del bar de Guillermo, que en la película parecía sentir la misma fascinación por Juan, aunque la pasión que Nieves siente por Juan, plasmada claramente en el guión, en la película permanece sólo como una sutil sugerencia. Este paralelismo entre los dos personajes femeninos podría incluso servir de argumento para considerar al personaje de Luisa como una 'reencarnación' de Nieves en la escena;[129] aunque teniendo en cuenta que el principal nexo entre estos dos personajes se reduce a la cuestión de enamoramiento, nos inclinamos más bien a considerar dicha hipótesis como una mera posibilidad de interpretación.

En cualquier caso no podemos negar que, del mismo modo que en las aportaciones de la obra teatral en la materia de los diálogos o en las escenas, también en los personajes creados por el autor específicamente para la pieza escénica resuenan ecos de sus predecesores fílmicos.

4.2.8 Los trucos fílmicos y la tramoya teatral

Al igual que en el caso de *La vida en un hilo*, a los dos lados del proceso de la adaptación de *Mi adorado Juan* la misma historia se hace realidad con la ayuda de la maquinaria propia de cada medio. Uno de los aspectos que permite observar esta disparidad de recursos utilizados para recrear el mismo universo, primero con la cámara y luego sobre las tablas, lo constituyen las transiciones entre escenas.

El Mihura guionista, evidentemente, concibe la escritura del guión teniendo en cuenta las soluciones técnicas que permiten reflejar la sucesión de secuencias en el celuloide.[130] La acción fluye, marcada por los encadenados y fundidos, según el ritmo impuesto por el montaje. Si nos fijamos en la división en secuencias y escenas propuesta en el Esquema Nº 4/MAJ — en el que intentamos reflejar el principal armazón narrativo de la trama fílmica — observaremos que la mayoría de las unidades allí destacadas se cierran con un fundido a negro. De este modo,

---

[130] El guión organiza la trama según secuencias que a su vez quedan divididas en planos. Figuran indicaciones referentes a la transición mediante fundido, encadenado o fundido en negro.

[131] Teniendo en cuenta que tanto la obra de teatro como la película reclaman una puesta en escena, y que en su construcción participan los mismos elementos (iluminación, decorados, vestuario, maquillaje, reparto, dirección, movimiento de los actores), podemos considerar que es allí donde los procedimientos fílmicos resultan más próximos a los teatrales; con la diferencia de que en el teatro la *mise en scene* significa el último — y a la vez el único — paso de la realización basada en un texto literario, mientras que en el cine, a este proceso se sobrepone la planificación y el montaje.

este recurso de técnica cinematográfica sirve también para la puntualización dramática de los sucesivos bloques de secuencias en la pantalla.

La cámara, que se mueve según las indicaciones del guión, sigue las pautas del cine clásico, al servicio de un estilo directo y transparente; aunque si confrontamos dichas indicaciones con su posterior realización, llegamos a una observación interesante: durante el rodaje los planos tienden a alargarse y su número dentro de cada secuencia disminuye. De este modo, la plasmación de la historia en la pantalla resulta depender en mayor grado de la puesta en escena y, en consecuencia, la labor en el plató — paralela, en cierto sentido, a la escenificación teatral[131] — resulta tan decisiva como las decisiones de la sala de montaje. En el terreno dramático, las transiciones entre escenas las soluciona el telón y el ingenio constructivo de Mihura. La dificultad de inscribir la trama fílmica en el marco teatral consiste en modificarla de tal modo que su acción vaya avanzando hacia el desenlace dentro de un mismo decorado. Para hacerlo posible y enlazar las escenas dentro de un marco espacial, el dramaturgo está obligado a plantear continuos cambios en la configuración de los personajes en el escenario. La verdadera maestría del autor consiste precisamente en coordinar, desde su escritura, sus salidas y entradas, para que parezcan justificadas y, al mismo tiempo, hagan evolucionar la historia. No se trata simplemente de convocar a todo el cuadro artístico de la obra en dos espacios únicos en los que se desarrolla la pieza teatral, sino de idear un entramado de hilos de la trama de tal modo que los personajes aparezcan, se crucen o coincidan en los momentos oportunos del relato.

Por ejemplo, para evocar una escena entre Palacios y Juan, hará que el doctor pida a su hija que les deje solos, mientras que, al mismo tiempo, Manríquez tendrá que volver a su trabajo en el laboratorio... En otro momento Palacios, al salir, se cruzará con Manríquez para dar lugar a una conversación entre los dos y ceder, a continuación, el espacio escénico al ayudante, que así podrá quedarse a solas con Irene. Para agilizar la rotación de los personajes en el escenario el dramaturgo recurre además al ingenioso recurso de la utilización de las puertas: así, por ejemplo, la puerta del laboratorio (cuyo interior no se muestra al espectador) permite que Manríquez, Sebastián o Cecilia hagan mutis en varios momentos de la obra y permanezcan fuera del escenario, y que luego su reaparición en cualquier momento de la trama resulte justificada.[132]

El asombroso dominio de la carpintería teatral, desde el papel y sobre el escenario, lo revela también la facilidad con la que el dramaturgo consigue guiar a los personajes por el espacio escénico. Ya hemos aludido en estas páginas a la silenciosa escena inicial coreografiada por el autor para el Dr. Palacios y Juan. En

---

[132] Dicho recurso, como manifestación de la influencia del cine de Lubitsch, ha sido tratado en el apartado 4.1.2.

realidad, el escritor parece estar dirigiendo cada movimiento de los actores a lo largo de toda la pieza. De este modo, indicando los momentos en los que tienen que sentarse y levantarse, dónde y cómo, consigue cambios de configuración de los personajes en el marco espacial del escenario; como si la 'cuarta pared' teatral fuera la pantalla y la acción escénica correspondiera a una sucesión de encuadres fílmicos.

Este curioso mecanismo lo podemos observar en la escena del compromiso matrimonial de la pareja. En el teatro, después de la reconciliación y la mutua declaración de amor, Irene, emocionada, se acurruca llorando en una butaca y por un momento, 'en primer plano', aparecen sólo Palacios y Juan. En la película, para romper el trío de la escena, Eloísa salía al balcón y entonces la cámara recogía la conversación entre los dos hombres en la habitación, cerrando luego la secuencia con el momento íntimo de la pareja, sellado con un beso filmado desde el ventanal del balcón abierto de par en par. En el escenario, la conversación masculina queda cortada con el mutis de Palacios, que a su vez da paso al momento romántico de la pareja. De este modo, aunque la acción teatral no puede recrear directamente la planificación cinematográfica, Mihura nos demuestra hasta qué punto es capaz, cambiando de medio de expresión artística, de conseguir el mismo efecto sobre el escenario: sin mover la cámara, pero haciendo moverse a los personajes.[133]

Tampoco hace falta la cámara para recrear sobre el escenario todo el suspense del final. A pesar de las modificaciones que señalamos, la última escena de la adaptación sostiene la misma incertidumbre, cerrando el relato con la angustia de espera de la decisión de Irene, compartida por el protagonista y el espectador. Esa tensión, que en la película se debe al montaje y a los continuos cambios de perspectiva en la sucesión de planos, en el escenario la crean las palabras. Para darnos cuenta de esa recreación, del efecto que provocaba el montaje cinematográfico, proponemos recordar los últimos minutos de la pieza teatral.

Palacios y Vidal se están disponiendo a salir a pescar, mientras que en el puerto — imaginado tras la pared del decorado — va zarpando el barco — también imaginado — que llevará a Manríquez a América. Primero, el Doctor Palacios nos anuncia la simultaneidad de la acción: '[...] esta idea de que nosotros nos vayamos a pescar congrios en la lancha de Juan a la misma hora que sale el barco

---

[133] No sorprende esta maestría en el autor de obras como *Melocotón en almíbar* (1958) o *Ninette y un señor de Murcia* (1964), que transcurren entre las cuatro paredes de un piso. Para Mihura los espacios cerrados no suponen ninguna limitación para la dinámica de la acción: tanto la intriga de los atracadores como la historia del amor en París presentan tramas desarrolladas con agilidad, en gran medida gracias a la distribución del espacio y a la hábil dirección de los movimientos de los personajes.
[134] La expresión 'suspensión of desbelief' (suspensión de incredulidad) la utilizó por vez primera el anglosajón William Wordsworth en el prefacio a su colección de poemas *Lyrical Ballads* (1798).

para América con Manríquez...' (OBRA TEATRAL/MAJ, Acto II, Cuadro II, pp. 74-75) y luego dirige nuestra mirada, a través del diálogo con Vidal, descubriéndonos lo que debemos ver:'¿Te has asomado a ver el barco?' [...] 'Está atracado ahí, en el puerto, casi enfrente de casa. [...] Muy hermoso. Todo blanco.' (OBRA TEATRAL/MAJ, Acto II, Cuadro II, p. 75)

En estos pocos instantes la palabra, apoyada en la convención teatral que permite dibujar objetos en la imaginación del espectador, devuelve al escenario el efecto del 'montaje paralelo' del final de la historia fílmica. Lo que en el cine lograba la sucesión de planos, la potencia y expresividad del montaje, en el teatro es recreado con la fuerza del verbo y la magia de la 'suspension of disbelief'.[134]

La confrontación de las dos versiones de *Mi adorado Juan*, desde luego, llama nuestra atención sobre la asombrosa habilidad con la que el autor emplea los recursos de cada medio. Para una solución cinematográfica puede recurrir a un *travelling* filmado desde el coche o usar las transparencias; en el teatro, con la misma facilidad, se sirve de la grabación de un sonido o reclama un concierto de ladridos de perros en vivo. En su taller artístico, en el que almacena instrumentos de diferentes artes, no existen prejuicios ni etiquetas que determinen su adecuación o especificidad; todos están a su disposición, independientemente del medio al que vaya destinada su creación.

4.2.9 *Otras transformaciones*

4.2.9.1 Nombres

Tal y como apuntamos en el apartado dedicado a los personajes, Luisa, la vecina del matrimonio en la obra teatral, y Nieves, la camarera del bar del puerto en la película, pueden ser consideradas como un mismo personaje que, en el proceso de adaptación, simplemente cambia de nombre. Aunque en el presente análisis desistamos de apoyar dicho planteamiento, reconocemos que la práctica de cambiar los nombres de los personajes en su traslado al teatro no resulta nada ajena a la adaptación de Mihura: en el paso de la pantalla al escenario el dramaturgo cambia el nombre de la protagonista, sustituyendo el de Eloísa por Irene; también el del profesor Vidal que, en vez de Esteban, en el teatro empieza a llamarse Pablo. Otros personajes conservan sus nombres o, si no los tenían en la película, los adquieren en la obra teatral: así, el ayudante Manríquez es presentado en el escenario como Emilio y la doncella de Irene, como Pepita, con claro énfasis en el diminutivo, ya que, como apunta Manríquez en la pieza recordándoselo a Palacios, la doncella no reacciona a 'Pepa'. Incluso el niño huérfano, sustituido en la escena por una foto, ahora tiene nombre: se llama Ricardito.

Entre los nuevos nombres que sonarán en el escenario está también el del doctor Graffit, en cuya casa se celebra el cóctel de despedida al que Manríquez quiere llevar a Irene. El personaje mencionado no presenta ninguna importancia para la trama, ni aparece en la escena, sin embargo llama la atención la introducción de un nombre que inevitablemente remitirá a todos los cinéfilos al gran maestro americano, D. W. Griffith. Otro cambio nominal se refiere al nombre del salón de baile frecuentado por Juan: en la película, visualizado y conocido como Palacio del Bugui — Bugui, en la obra dramática, mencionado varias veces como el Congo Belga.

4.2.9.2 Algunos elementos del relato

Junto con los contenidos de la trama, en el proceso adaptativo pasan de un arte al otro también los objetos y elementos del decorado inscritos en su sustancia dramática. Algunos desaparecen, otros nuevos surgen exigidos por alguna modificación de la trama. En el teatro observamos, por ejemplo, que la decoración del piso de Juan la preside 'un caballete con un lienzo, en el que vemos, sin terminar, un retrato de Irene al óleo'. El objeto tiene que ver, por supuesto, con la profesión de pintor que Sebastián estrena en el escenario, pero también, curiosamente, supone un guiño a una de las ideas del guión suprimidas en el rodaje: la escena en la que Juan, esperando a Eloísa en el recibidor de su casa, se quedaba mirando un retrato suyo... Otro elemento de *atrezzo* totalmente nuevo lo supone la jaula con el grillo que Juan le regala a Irene para que le sirva de 'vacuna' para los demás ruidos de su casa.[135] Así surge un *gag* de nueva creación, una ocurrencia del autor inspirada — más que condicionada — por el medio dramático.

4.2.9.3 Otros datos

La traslación de la trama fílmica al universo dramático supone, en algunos aspectos de la historia, aclaración y aportación de datos nuevos. Así sucede, por ejemplo, con la futura investigación de Palacios, que en la película el doctor menciona pero deja sin explicar, mientras que en la escena revelará que se trata de una fórmula que permitirá 'hacerse viejecito a los 40, con barba blanca y bastón y todo...' (OBRA TEATRAL/MAJ, p. 76) Dicha explicación de los planes científicos del doctor supone, además, darle una vuelta a las imposiciones externas (expuestas en el *Informe de Ariza*)[136] que afectaban al perfil del personaje de Palacios en la película: si antes Mihura hacía que el doctor retomara su carrera

---

[135] Así explica Juan a Irene, desesperada por los ruidos del vecindario, la utilidad de su regalo: [...] es que este grillo, aquí dentro, te servirá como de vacuna para los demás ruidos... Ahora te molestan porque lo hacen los otros... Pero teniendo en casa quien les conteste...' (OBRA TEATRAL/MAJ, Acto II, Cuadro I, p. 53)
[136] Véase el apartado 4.2.1.2. La censura del productor.

científica en respuesta a las exigencias de la censura y del productor, ahora en el teatro mantiene esta idea para, finalmente, subvertirla. En la obra teatral el doctor reanuda su vida laboral, pero lo hace para descubrir un invento que le permita permanecer sin trabajar la mayor parte de la vida. Con esta paradoja — por su parte, muy *mihuresca* — el dramaturgo parece responder desde las tablas a las anteriores objeciones de Francisco Ariza.

Liberado de las exigencias impuestas por Ariza, Mihura parece jugar con las ideas consideradas por el productor como susceptibles de ser eliminadas: enfatiza los detalles tachados antes por inoportunos, como la presencia de la droga en América (Palacios: 'Por lo visto allí, que es donde se toman más soporíferos para dormir, ahora resulta que lo que quieren es no dormir nada . . .') o la pasividad del ámbito científico frente a la traición de Manríquez (Vidal: '¿Pero cómo la gente no se da cuenta de esta superchería?'). Asimismo rescata en el teatro algunos párrafos del guión suprimidos en la película como, por ejemplo, la alusión a las peluqueras: en la obra teatral el Doctor Palacios no tiene reparos en decirle a Irene: 'te estás portando como una peluquera de señoras' (OBRA TEATRAL/MAJ, p. 12) y ella misma confiesa 'quiero sentir y padecer y reír y hablar con la libertad de esa peluquerita de señoras' (OBRA TEATRAL/MAJ, p. 14).[137]

Otra información que aporta algo de luz nueva al acontecimiento ya conocido de la pantalla concierne a las amenazas y anónimos que Palacios recibe a raíz de su invento, que le llegan — como el mismo sugiere en el escenario — 'probablemente por parte de fabricantes de camas y colchones'. Este dato adicional, por su función explicativa, también parece entrar en el juego con los preceptos oficiales — tanto de la censura como del mencionado productor Ariza — que condicionaban la realización fílmica. En el caso de la película, la necesidad de explicar las razones del comportamiento de los personajes venía impuesta a la fuerza, cortaba las alas a los conceptos irracionales y contradecía la libertad creativa del autor. En el teatro, en cambio, se convierte precisamente en la manifestación de dicha libertad, la expresión del afán de crear mundos de ficción. Y no obedece otra razón que la expuesta por Juan en la misma obra: simplemente porque '¿Si la gente necesita explicación para todo por qué no dársela?' (OBRA TEATRAL/MAJ, p. 44)

De este modo, al final de nuestro análisis volvemos a la profunda identificación entre el autor y el protagonista de la obra que observamos en el caso de *Mi*

---

[137] Para apreciar mejor estas observaciones, véase el Esquema nº 2/MAJ en el apartado 4.2.1.2. La censura del productor.

[138] Recordamos que Juan primero le cuenta a Irene las razones del abandono de su carrera de medicina y luego, ante su incredulidad, admite que toda la historia se la acaba de inventar (OBRA TEATRAL/MAJ, pp. 43-44). Este mismo mecanismo que consiste en desenmascarar lo ficticio de las palabras lo observamos en la escena final (su segunda versión) donde Juan, del mismo modo, cuestionaba abiertamente lo que acababa de decir.

adorado Juan y que ha sido destacada en los apartados anteriores como factor determinante del proyecto cinematográfico. En la pieza teatral Juan, por supuesto, conserva su condición de *alter ego* del dramaturgo, y no sólo por reunir los rasgos más afines al autor o expresar su filosofía y manera de percibir el mundo. Sobre las tablas Mihura parece poner en boca de Juan las reflexiones que manifiestan su propia conciencia de creador. A su vez Juan, el personaje, desde la misma ficción escénica va desenmascarando lo ficticio de sus parlamentos,[138] se dispone a jugar con la convención narrativa participando de la misma 'autoconciencia dramática' que el autor. De este modo, al final esta peculiar relación entre el protagonista y el autor se convierte en un juego de espejos y simetrías, entre la narración y la convención narrativa que la sujeta, el creador y la obra, la ficción y la escritura, la literatura y la realidad... Un juego en el que todas las fronteras resultan permeables y que confirma la híbrida naturaleza del fenómeno de la adaptación.

4.3 Conclusiones del Capítulo 4

Disponiéndonos a cerrar el presente capítulo tengamos en cuenta que las conclusiones a las que nos haya podido llevar serán formuladas, inevitablemente, en el contexto del otro análisis anterior, dedicado a la obra de Edgar Neville. No pretendemos desprendernos de esta perspectiva, sino aprovecharla como punto de referencia y elemento contextualizador para apreciar las particularidades de la obra de Mihura y dejar, asimismo, que afloren las reflexiones que surgen de la confrontación de las dos adaptaciones.

Ambos análisis han sido planteados con la misma finalidad de observar los mecanismos empleados en el proceso de adaptación del cine al teatro, para revelarnos la especificidad del trasvase entre los universos artísticos en esta acepción 'inversa' y descubrir, en el marco de dicha labor creativa, las competencias y preferencias artísticas de cada autor. De ahí que nos sirvamos del patrón establecido en las reflexiones finales del análisis anterior para formular las conclusiones y resumir las claves de la adaptación inversa de Miguel Mihura.

1 Las dos versiones de *Mi adorado Juan* surgen a partir de textos escritos por Miguel Mihura, primero para el cine y luego para el teatro. Tanto el guión como la obra dramática expresan, por lo tanto, la actividad creativa del escritor en sus vertientes cinematográfica y escénica, que el autor mismo no pretende separar ni distinguir.

En una de las pocas conferencias que pronunció Mihura y que hemos citado en estas páginas, él mismo, con toda la multifacética actividad artística a sus espaldas, se define simplemente como 'un hombre que escribe'.[139] Desde luego,

---

[139] M. Mihura, 'Del teatro, lo mejor es no hablar' (1972), p. 17.

aun teniendo en cuenta los virajes entre los medios teatral y fílmico que ha practicado a lo largo de su carrera, observaremos que si alguna vez ha destacado las diferencias entre los dos universos artísticos se refería siempre a las circunstancias de su recepción, condicionamientos económicos, de naturaleza técnica o relacionados con cada industria en sí; mientras que en lo referente al propio proceso creativo, el autor nunca ha pretendido establecer distinciones.

Esta misma actitud la confirma su último 'legado' de artista, que iba a suponer el inacabado discurso de ingreso en la Academia y en el que confiesa que siempre ha escrito 'sin poner etiquetas de antemano'.[140] Ésta es también nuestra lectura de la adaptación inversa que acabamos de estudiar en estas páginas: nos encontramos con dos obras, película y pieza teatral; no obstante, al definir al creador que está tras cada una de ellas prescindimos de 'etiquetas', que siempre reducirían la verdadera dimensión de su autoría a una sola faceta. *Mi adorado Juan*, tanto en el cine como en el teatro, es obra de Miguel Mihura, dramaturgo y guionista, 'un hombre que escribe'.

2 Para Mihura, dramaturgo y guionista, la idea es lo que determina cada obra, independientemente del medio en el que sea desarrollada. Como él mismo sostiene: 'En cine, como en la literatura, lo que vale es la buena idea'.[141] De ahí que conciba la adaptación en primer lugar como un vehículo para plasmar la misma historia en otro universo artístico.

Nos podríamos preguntar si la segunda aproximación del autor a la misma obra puede haber surgido de su intención de expresarse, partiendo de una idea ya utilizada, a través de un código artístico diferente. Mihura en seguida despejaría estas deliberaciones con su tajante confesión que recordamos de una entrevista: 'Necesidad de expresarse, ninguna'. Por supuesto, familiarizados con las desconcertantes declaraciones del artista, conocemos el peligro que supone basar directamente en ellas el juicio sobre su obra. No obstante, el proceso transformacional que estudiamos en el caso de *Mi adorado Juan* evidentemente, corrobora este ángulo de visión: la adaptación está concebida en función de la idea original y de su desarrollo en el territorio dramático, y no como búsqueda de una nueva vía de expresión del artista o una posibilidad de revisión de su propia obra. Todo esto teniendo en cuenta que, evidentemente, la escritura de la pieza teatral, como cada labor creativa, supone un acto de expresión artística y llega a manifestar, de forma inevitable, la nueva perspectiva del autor.

3 La transposición de la obra cinematográfica al escenario consiste en reproducir de la manera más fiel posible la historia original en el universo

---

[140] Notas de Miguel Mihura para su discurso en la Academia citadas en J. Moreiro, p. 143.
[141] M. Mihura, en *Diario de Barcelona*, 14-I-1950.

escénico, adaptando, al mismo tiempo, el relato cinematográfico al formato teatral. En el proceso adaptativo llevado a cabo por Mihura la sustancia narrativa de la película queda reelaborada de acuerdo con los patrones del arte dramático y dispuesta en el marco de una estructura totalmente nueva, dividida en actos y cuadros. En esta reestructuración y recomposición de la obra origen consiste, indudablemente, la mayor dificultad y el principal mérito de la adaptación, puesto que, a pesar de que la acción teatral se desarrolle según unas coordenadas espacio — temporales totalmente distintas de las de la película, y de que sus unidades narrativas estén modificadas y organizadas de acuerdo con una cadena de causalidad nueva, la narración escénica mantiene la línea argumental de la historia original y conserva, en gran parte, sus contenidos. De ahí que, aunque presentado en otro formato artístico, desvinculado de la fórmula fílmica precedente, el resultado de la adaptación sugiere una transposición fiel de la obra cinematográfica.

4 En el proceso de remodelación de la obra fílmica para su transposición al universo escénico, el material original se funde con el nuevo en una amalgama inseparable, encerrando en su forma sustancias narrativas plenamente permeables entre sí. Al verter la materia dramática de la obra en dos formas alejadas entre sí, en principio las analogías entre los contenidos y significados entre la versión fílmica y la escénica pueden resultar difíciles de reconocer. No obstante, el análisis comparativo de las escenas fílmicas y teatrales de *Mi adorado Juan* nos revela a Mihura en su labor de artista que vuelve a esculpir la misma obra para encajarla en un molde nuevo aprovechando al máximo la deshecha materia prima.

---

[142] En esta maestría e ingenio demostrados en la manera de ensamblar, en el marco de la misma obra, los elementos ya creados con los de nueva creación, nos remite, inevitablemente, a la llamada 'técnica de refrito' de la que Mihura fue verdadero maestro y promovedor. La practicaba desde sus primeras colaboraciones en los periódicos, 'reciclando' los artículos enteros o sus fragmentos, publicándolos como nuevos. Como confiesa en *Periodismo de humor*: 'a la menor ocasión publicábamos *refritos*, y yo he publicado en *La Codorniz* muchos chistes y artículos que ya había publicado hace quince años en *Gutiérrez y Mucha Gracias*'. Este peculiar 'arte de refrito' Mihura lo expandió luego a otros géneros y ámbitos creativos, haciendo circular sus historias y sus personajes entre los periódicos, el teatro y el cine. Así, por ejemplo, de los artículos de *Gutiérrez* procede buena parte del texto que escribió para los diálogos y para la voz en *off* de *Una de fieras* (1934); igualmente se sirve de sus publicaciones en la revista de K-Hito escribiendo el guión de *La hija del penal* (1935). De esta misma manera descubrimos en algunas de sus obras teatrales y fílmicas fragmentos de otras ya conocidas (recordemos los casos comentados de *Me quiero casar contigo*, 1956, y de *Sublime decisión*, 1956). Las propias *Memorias* de Mihura constituyen un célebre ejemplo del 'arte de refrito'; y en esta misma técnica decidió basar su discurso de entrada a la Academia, hablando 'de lo único de lo que sabía algo: de sí mismo'.

Como hemos observado, el autor no deja, al mismo tiempo, de introducir componentes nuevos que incorpora a la pieza en función de la nueva organización de la trama y de su propia inspiración de autor. Sin embargo, todo elemento innovador de la narración teatral se mezcla con la sustancia narrativa de la obra matriz de tal modo que impide una distinción clara entre lo nuevo y lo reelaborado. En consecuencia, las fronteras entre las dos creaciones, origen y fruto de la adaptación, quedan desdibujadas.[142]

Dicho principio de permeabilidad opera, en cierto modo, en las dos direcciones del proceso adaptativo. Los elementos procedentes de la obra de partida se funden con los nuevos, y los nuevos, indicadores de transformación de la materia narrativa, parecen derivar del original: pueden surgir de las ideas esbozadas inicialmente en el guión o hacer que afloren los matices implícitos del texto fuente.

5 Mihura domina con soltura tanto los recursos cinematográficos como los teatrales. Además, demuestra su destreza utilizándolos dentro y fuera del ámbito de la especificidad de cada uno y poniéndolos al servicio de los patrones estructurales de cada arte. El dramaturgo no sólo ha crecido entre bambalinas, viendo actuar a su padre cómico y tragando polvo en los platós, descendiendo al fondo del infierno de las sombras chinescas, como él mismo ha llamado al cine. Ha sabido, además, desplegar su talento en los dos universos mereciendo los calificativos de 'una de las aportaciones más significativas para el teatro español del siglo XX'[143] y del 'guionista más interesante del cine español'.[144]

La maestría reconocida en ambos terrenos artísticos certifica, obviamente, su destreza en el empleo de los recursos de cada universo de expresión. Asimismo, *Mi adorado Juan*, permite observar, en el marco de una obra que el autor da a conocer a través del cine y del teatro, tanto su precisión en la construcción del guión y su plasmación en la pantalla como su gran dominio de la carpintería teatral, del espacio y de la coreografía escénica. Al mismo tiempo, el proceso de adaptación observado nos revela que la versatilidad discursiva del autor y su facilidad en ajustar su lenguaje artístico a diferentes sistemas expresivos no excluyen interferencias y préstamos.

Los recursos cinematográficos y teatrales están al servicio del autor y es él quien determina su configuración en el marco de cada versión de la obra. En el transcurso del camino inverso de la adaptación de *Mi adorado Juan*, que parte del cine para desembocar en el teatro, lo cinematográfico puede transformarse en lo teatral o quedar inscrito en el escenario; lo teatral, antes de revelarse en el

---

[143] E. de Miguel Martínez, p. 13.
[144] Alfonso Sánchez, citado en J. Moreiro, p. 262.
[145] A. Marsillach, p. 186.

universo dramático, puede aflorar ante la cámara y reafirmarse sobre las tablas o, paradójicamente, permanecer atrapado en la pantalla.

De este modo, Mihura juega con lo cinematográfico y lo teatral en ambos universos, aunque dentro de los límites de la estructura propia de cada formato. En este juego profesional con los recursos de cada arte es un verdadero maestro y, sobre todo, le divierte jugar. Como dice Marsilach, 'le encanta el teatro — teatro, con sus candilejas amarillentas, sus decorados de papel, sus actores maquillados como payasos y sus trucos de guardarropía'.[145] Este mismo afán lleva a Mihura a explorar las fórmulas narrativas, los resortes del rito teatral y los trucos de la pirotecnia fílmica.

6 *Mi adorado Juan*, a través de sus dos versiones, nos descubre el universo y las capacidades artísticas de Miguel Mihura en su plena dimensión. El fenómeno de la adaptación permite apreciar de un lado su flexibilidad creativa, que se manifiesta al articular la obra mediante lenguajes expresivos diferentes, así como su sello personal, que permanece impreso en cada medio.

La facilidad con la que Mihura inscribe su obra en los patrones de cada código expresivo confirma su gran destreza y profesionalidad, aunque la fidelidad al modo de representación del cine clásico — destacada a propósito de la película — y las reglas tradicionales de la dramaturgia teatral — según las cuales se construye la versión escénica — parecen denotar más oficio que inspiración y sugieren buscar el sello más personal del autor en otro plano de su obra. Lo encontramos, desde luego, en la materia temática y su tratamiento, el humor y la visión del mundo que transmite. Y este mismo sello queda impreso también dentro de estos patrones establecidos, a través de las soluciones empleadas, su elección y configuración, puesto que Mihura hace arte de su oficio; lo delata la propia manera de desplegar los artilugios expresivos dentro de cada versión, esa fantasía y habilidad del artista que, como un mago, sumerge su mano en un sombrero de copa para sorprendernos.

CONCLUSIONES

∽

A lo largo de todo el proceso de investigación y escritura hemos tenido presente que estamos tratando un fenómeno representativo de una tendencia escénica contemporánea. El tema de la adaptación inversa en el marco de la obra de un autor de la 'otra generación del 27' suscitó nuestro interés académico años atrás y ahora, en el presente libro hemos decidido retomar aquella primera línea de investigación teniendo en cuenta, precisamente, la emergente actualidad de esta práctica adaptativa. Por lo tanto, los análisis presentados en los capítulos 3 y 4, dedicados a los casos concretos de la obra de Edgar Neville y Miguel Mihura, aparte de ampliar el estudio sobre el legado artístico de los representantes de la 'otra generación del 27', han supuesto un acercamiento al fenómeno de la adaptación del cine al teatro en general.

En este contexto, el estudio realizado a partir de dos casos concretos de adaptación nos reafirma en las observaciones que planteamos al inicio de la investigación. En primer lugar, la destacada singularidad de cada una de las transformaciones escénicas estudiadas — al margen del marco común generacional y las afinidades creativas entre los autores — evidencia el carácter individual de cada caso de adaptación y, por consiguiente, confirma la necesidad de evitar generalizaciones y explorar el terreno de adaptaciones inversas a través de otros ejemplos. Por otro lado, creemos haber construido, en el transcurso de las comparaciones desarrolladas, un aparato analítico suficientemente amplio y flexible que, asimismo, sirva de plataforma para llevar a cabo el estudio de este fenómeno.

Dicha urgencia de estudio resulta confirmada al constatar la relevancia de las adaptaciones del cine al teatro en la escena española contemporánea. A estas alturas de nuestra investigación, podemos afirmar, sin lugar a dudas, que estamos ante una tendencia destacada y de creciente popularidad en el panorama artístico actual de España. Así lo demuestra la abundante presencia de dramatizaciones de obras cinematográficas de la que damos cuenta en el primer capítulo del trabajo, documentada con la relación de estrenos teatrales de la última década (Tabla 1) y nuestra propia experiencia como espectadores teatrales (Índice de adaptaciones comentadas). Los casos de adaptación inversa estrenados en España entre los años 2000 y 2010 (que citamos dejando a un lado las adaptaciones inversas estrenadas antes, así como las adaptaciones escénicas de películas españolas realizadas en el extranjero), evidencian que no se trata de un fenómeno aislado sino definitorio del teatro actual. La relación expuesta pone de manifiesto, al mismo tiempo, su arraigamiento en el propio ámbito creativo del universo dramático nacional — certificado con las versiones teatrales firmadas por los autores españoles — y su internacionalización, aspecto que subrayan las adaptaciones de películas que, a su vez, habían sido ya llevadas a escena en otros países. En respuesta a estas afirmaciones, destacamos la necesidad de consenso en torno a la identificación del fenómeno y de llevar a cabo su situación en el campo de investigación académica correspondiente.

Sin pretender suplir la ausencia del marco teórico de la práctica adaptativa tratada, hemos señalado las posibilidades de aplicación de las teorías existentes, dejando abierta la posibilidad de establecer un marco normativo específico o reconocer la práctica de adaptación inversa como una acepción de las propuestas existentes. De cara a dichas perspectivas de exploración teórica, las posibles vías de acercamiento a la materia, esbozadas en estas páginas, justifican que el fenómeno no debe ser comprendido como el 'reverso' de un mecanismo conocido, sino estudiado y explorado como un hecho artístico nuevo. Asimismo, hemos afrontado la cuestión que consideramos esencial: el reto de su definición.

La complejidad de ofrecer una definición general del fenómeno radica en la diversidad de manifestaciones de éste, las cuales se traducen de un análisis en profundidad de la propia cartelera de la primera década del siglo XXI. En primer lugar, como hemos observado al respecto de la relación de estrenos de adaptaciones inversas, más de la mitad de las películas citadas como referente de sus correspondientes versiones escénicas, cuenta con una base literaria, y en ocasiones las piezas cuentan con un recorrido sobre las tablas anterior a su consagración como éxitos de la gran pantalla. Este multifacetismo del fenómeno nos ha llevado a evitar fijar fronteras rigurosas para el tema que constituye objeto e inspiración de nuestro trabajo. Teniendo en cuenta toda la complejidad de orígenes que encierra la práctica de adaptación inversa, y en concordancia con la premisa de que 'las definiciones deben ser vagas para lograr la máxima precisión'[1] hemos optado por inscribir el fenómeno en un amplio marco de 'representaciones escénicas que remitan a una obra cinematográfica anterior, independientemente de la existencia de otros antecedentes de la película y al margen de la anterior presencia sobre las tablas de otros montajes de la misma pieza teatral'.

De este modo, la presente publicación, además de desplegar, a través de los análisis realizados, los instrumentos metodológicos para el estudio del fenómeno en general, prepara el terreno para su exploración teórica y delimita el campo de investigación en cuestión.

Al preguntarnos por las razones del surgimiento de este fenómeno en la cartelera española, hemos analizado como la crítica se mueve entre dos polos: las razones comerciales y la progresiva 'cinematización' del arte dramático. Al mismo

---

[1] Siegfried Kracauer, *Teoría del cine. La redención de la realidad física* (Barcelona: Paidós, 1989), p. 271.

tiempo, sobre todo la crítica periodística, lo interpreta como manifestación de la falta de creatividad de la escena española. La confrontación de todas estas hipótesis, y profundización en sus matices, nos ha llevado a descubrir su ambigüedad. Ante todo, hemos rechazado la posibilidad de considerar las versiones escénicas de películas como la manifestación de la crisis del teatro al apuntar que dicha escena se encuentra en la actualidad en uno de sus mejores momentos. Recordamos que si bien es indudable la red de seguridad que supone la adaptación de un éxito de taquilla y la presencia de actores consagrados del medio fílmico, tampoco puede dejarse de abordar la dificultad que crea un listón de referencia que no tuvo que superar la cinta original. Igualmente, señalamos que la 'hibridación genérica' entre teatro y cine no puede ser considerada como rasgo inherente o exclusivo de las adaptaciones, ya que la 'contaminación cinemática' afecta a todas las modalidades del arte contemporáneo, e independientemente de la existencia de un antecedente cinematográfico. En el campo de la adaptación inversa, como hemos observado, reina la singularidad e imprevisibilidad de cada resultado en cuanto a la interrelación propuesta entre la materia teatral y la cinematográfica: nuestro recorrido por la escena madrileña ha demostrado incluso cómo la adaptación logra en ocasiones convertirse en una celebración del hecho teatral subrayando y reforzando su esencia.

Así, al preguntarnos por los orígenes de la presencia de la práctica inversa en la cartelera teatral española más reciente y no encontrar entre las teorías barajadas ninguna respuesta válida para el fenómeno en general; hemos optado por analizar los ejemplos concretos, situándolos en el marco de la cultura contemporánea posmoderna, e interpretándolo como señal de nuestros tiempos.

En este sentido, la evocación de las interrogantes sobre la génesis y la naturaleza de la adaptación inversa, desde la perspectiva de estas páginas finales, nos convence de que el elegido marco de la obra de Edgar Neville y Miguel Mihura, aparte de constituir una plataforma metodológica, puede servir de contrapunto en el debate abierto.

El hecho de haber identificado los trasvases inversos de *La vida en un hilo* y *Mi adorado Juan* como reflejo del polifacetismo innato de sus autores y consecuencia del clima de convivencia de las artes en el que se formaron, nos lleva a vincular el renacimiento del fenómeno en la España actual con el espíritu propio de nuestra época. A la luz de las dos obras estudiadas la práctica de adaptación inversa se revela como sinónimo de flexibilidad creativa — de la que participan los dos autores de 'la otra generación del 27' y los artistas contemporáneos — , y asimismo, como emblema de mestizaje artístico propio de los tiempos de especial agitación cultural: del espíritu vanguardista de ayer y de la cultura contemporánea posmoderna de hoy.

Las obras de Edgar Neville y Miguel Mihura, llamaron nuestra atención, como títulos que focalizan las dos facetas principales de la actividad artística de sus creadores y, sobre todo, como ejemplos insólitos de la 'adaptación inversa', objeto de nuestro estudio. Por lo tanto, nos hemos propuesto estudiar la práctica adaptativa de estos casos concretos para explorar el universo artístico y descubrir las facultades creativas de cada autor y, al mismo tiempo, para acercarnos al tema que nos interesa. En busca de las claves del fenómeno actual, hemos decidido volver la mirada y analizar los ejemplos del pasado, disponiéndonos a explorar ese pasado desde la única perspectiva posible: nuestro presente.

En el análisis del proceso inverso de adaptación de *La vida en un hilo*, apuntamos cómo a través del estudio de ambas obras, Neville se revela como un maestro del arte de manejar y alternar ambos códigos expresivos, sin que sea posible establecer una jerarquía entre los diferentes lenguajes artísticos. Siguiendo el principio de 'versatilidad inmutable', y subrayando la primacía de la presentación de la idea dramática en ambos medios, estudiamos la permeabilidad de fronteras entre las diferentes artes y la convivencia de distintos códigos expresivos tanto en la versión teatral como en la cinematográfica. El interés de Neville por reproducir en escena tanto la historia como la estructura de la narración fílmica se traduce en un uso magistral de la especificidad de cada medio, sin renunciar por ello a un mestizaje entre los elementos fílmicos y teatrales, que caracteriza a ambas obras para hacer de *La vida en un hilo* una síntesis del universo *nevillesco*. Como hemos apuntado en estas páginas, en ambas obras el autor nos cautiva con su concepción irónica y comprensiva de la existencia y con la recreación de unos paisajes humanos reflejados a través de los diálogos de sus entrañables personajes, los *tipos* nevillescos, que, con su carga sainetesca y *chapliniana* a un tiempo, no son sino las representaciones de las dos visiones de la vida que recorren el universo creador del artista.

En el capítulo dedicado a Mihura y a las claves de la adaptación inversa de *Mi adorado Juan* observamos la misma imposibilidad de establecer jerarquías entre los distintos lenguajes en la obra del autor. También analizamos como en Mihura se produce la misma primacía de la idea que aparecía en Neville, de manera que la transposición de la obra cinematográfica al escenario busca reproducir de la manera más fiel posible la historia original en el universo escénico, con las consiguientes adaptaciones al formato teatral. Y es aquí donde se presenta la principal diferencia con Neville, ya que Mihura, en su proceso de reelaboración crea una estructura completamente nueva dividida en actos y cuadros, que conlleva una reestructuración de los ejes espacio temporales. Dicho alejamiento plantea, a primera vista, una dificultad para establecer analogías entre los contenidos y significados de la ambas versiones. Sin embargo, el análisis comparativo de las escenas fílmicas y teatrales de *Mi adorado Juan* demuestra que la sustancia narrativa de la obra matriz sigue ahí a pesar de los componentes nuevos incorporados, e incluso muchas de estas novedades en realidad parten de ideas esbozadas inicialmente en el guión o de matices implícitos en el texto fuente.

Como en el caso de Neville, vimos cómo Mihura maneja con soltura ambos lenguajes, de lo cual da cuenta el papel clave que desempeña el autor tanto en la historia del teatro español como en la del cine, mediante sus guiones. Por eso, el caso de *Mi adorado Juan*, y el análisis del proceso creador de ambas versiones se convierte en un excelente medio para observar aspectos como su precisión en la elaboración del guión o su dominio de los mecanismos teatrales, pero, sobre todo, la permeabilidad de ambos medios dentro de su propia obra y el juego que establece entre lo cinematográfico y lo teatral en cada uno de los universos, en los que se mueve con exquisita facilidad. Como planteábamos en nuestras conclusiones sobre Neville, Mihura impregna ambas creaciones con su humor y su visión del mundo.

Cada una de las dos versiones, fílmica y teatral, de *La vida en un hilo* y *Mi adorado Juan* surge del mismo proceso creativo en el que participan, inseparables, las vertientes cinematográfica y escénica de cada autor. Tanto Edgar Neville como Miguel Mihura confirman en cada creación, sea para el cine o para el teatro, lo indivisible de su condición artística de dramaturgo y cineasta. Ambos autores admiten que la idea es lo que prima sobre la especificidad de cada medio. De ahí que conciban la adaptación, en primer lugar, como un vehículo para plasmar el mismo argumento en otro universo artístico y al cambiar la cámara por la pluma de dramaturgo, su objetivo consista en contar la misma historia.

Edgar Neville y Miguel Mihura son autores conscientes de cada medio y dominan plenamente los recursos puestos a su disposición en cada universo expresivo, tanto en el cine como en el teatro. Además, demuestran su destreza utilizándolos dentro y fuera del ámbito de la especificidad de cada uno, poniéndolos al servicio de su intención creativa y ajustando a los patrones de cada arte. Para ambos, la transposición de la obra cinematográfica al escenario consiste en reproducir de la manera más fiel posible la historia original en el universo escénico. Dicho reto queda abordado de diferentes maneras: mientras el autor de *Mi adorado Juan* adapta el relato cinematográfico al formato teatral, Neville, en *La vida en un hilo*, insiste en trasladar al escenario también la propia forma en la que había vertido la idea original en el cine.

Tanto en el caso de *La vida en un hilo*, como en el de *Mi adorado Juan*, lo cinematográfico y lo teatral interviene y se manifiesta a los dos lados del proceso de adaptación. Los procedimientos de transposición entre los diferentes medios no siguen ningún modelo preestablecido y pueden operar en direcciones y con finalidad diferentes. La heterogeneidad de recursos y planteamientos caracteriza la obra de Neville y Mihura independientemente de la práctica adaptativa. En ambos casos, igualmente, el hecho de que la obra fílmica y su adaptación teatral participen del mismo proceso de creación no significa nivelar la especificidad de diferentes manifestaciones artísticas, sino insuflar en cada una de ellas la misma dimensión polifacética inherente de su autor. No cabe duda de que tanto Neville como Mihura dominan los dos códigos artísticos con la misma facilidad, y los dos son capaces de emplear los recursos de cada lenguaje independientemente de la especificidad de cada medio, poniéndolos al servicio de su estilo personal e inscribiendo en las coordenadas de su particular universo artístico. De ahí que, representando la misma actitud y partiendo de las mismas premisas, llegan a abordar la adaptación desde perspectivas diferentes, trazando, cada uno, sus propias rutas de traslación entre el terreno fílmico y dramático. Con el fin de descubrirlas hemos estudiado cada proceso adaptador bajo los mismos enfoques, pero fuera de esquemas preestablecidos, dejando que sean los propios autores los que nos guíen por los recovecos de sus 'caminos inversos'. De este modo, a través de este análisis riguroso pero flexible, hemos podido apreciar las peculiaridades de la labor creativa de Edgar Neville y Miguel Mihura manifestadas a través de dos códigos artísticos distintos y percibirlas también en el propio trasvase entre ellos; ver cómo construyen sus universos a ambos lados del puente entre dos artes, y acompañarles en el mismo momento de atravesarlo.

De un lado, hemos observado cómo Neville en *La vida en un hilo* recrea en el escenario todas las piezas estructurales del original fílmico, reajustando la materia dramática al molde cinematográfico y del otro, cómo Mihura mezcla los contenidos originales con los elementos nuevos en un todo inseparable, volviendo a esculpir la misma obra para encajarla en el patrón dramático. Dicha divergencia entre las perspectivas adaptadoras, como hemos demostrado en el transcurso de los análisis, no deriva de las diferencias en el dominio de los recursos de cada medio, ni de la jerarquía entre dos vocaciones artísticas, sino refleja la voluntad y libertad creativa de cada artista. Neville aborda la adaptación de su obra como un creador 'bilingüe', que domina ambos lenguajes artísticos con asombrosa fluidez, pero sin preocuparse demasiado por la gramática; mientras que Mihura parece actuar como un hábil traductor, profesional y escrupuloso, aunque sin restarle a su 'traducción' ingenio y libertad.

A esta reflexión nos lleva el estudio realizado en las páginas de este libro y en ella se resumen los hallazgos (el objeto y el resultado) de nuestra investigación: la singularidad de cada adaptación y la personalidad artística de su autor.

Aunque en el contexto de ambos análisis haya resultado inevitable la comparación de los dos autores, nuestro objetivo ha consistido, ante todo, en la posibilidad de profundizar en el estudio de sus obras desde la perspectiva determinada por el objeto de nuestra investigación: la adaptación del cine al teatro. Asimismo, confiamos haber enriquecido — con esta modesta contribución — la exploración de los universos artísticos de Edgar Neville y Miguel Mihura que presenta la actual bibliografía sobre los dos autores de la 'otra generación del 27'.

El estudiado punto de referencia del pasado nos ha llevado a percibir el fenómeno como 'espejo de su época' y, al mismo tiempo, permite resaltar lo particular del significado de esta interpretación en cada uno de los contextos. Puesto que, a diferencia de los ejemplos de Neville y Mihura, entre las adaptaciones inversas de los últimos años — a las que nos referimos en nuestro estudio en el marco de la escena española — encontramos pocos casos en los que las obras fílmicas y sus respectivas versiones teatrales sean firmadas por el mismo autor. Aunque en estas páginas hemos citado a cineastas que han compatibilizado la actividad fílmica con la teatral (desde las referencias a artistas de la talla de Ingmar Bergman a Miguel Picazo o Mariano Barroso en el ámbito nacional), y en el listado que refleja los estrenos de la última década haya nombres que figuran, al mismo tiempo, como responsables de guión y autores de pieza teatral,[2] nos percatamos de que la mayoría de los adaptadores españoles contemporáneos trabajan sobre textos ajenos. En este paisaje cultural nuevo los responsables de las arriesgadas empresas que convierten la cinta fílmica en espectáculo son, en primer lugar, autores acostumbrados a beber de varias fuentes, portavoces de la intertextualidad, intérpretes, lectores, espectadores... De ahí que, el mismo fenómeno de adaptación inversa, entendido como manifestación del polifacetismo de los artistas, en la actualidad se revele ante todo como un signo de la heterogeneidad del arte mismo.

Como afirma Zygmunt Bauman,[3] en los tiempos líquidos que vivimos, 'la libertad sustituye al orden y al consenso el significado *existe* solamente en la interpretación y la crítica', y 'cada vez resulta más difícil preguntar, y todavía más decidir, cuál de las artes es más real, cuál es principal y cuál secundaria, cuál habría de servir de punto de referencia y de criterio para el resto'.[4] Si el arte posmoderno, como afirma el teórico polaco, libera al artista de esquemas vinculantes obligándole, al mismo tiempo, a experimentar, en el terreno de la adaptación esta experimentación implica precisamente abrir nuevas vías de traslación entre los universos cinematográfico y teatral, agotar todas las variaciones y, por consiguiente, invertir los caminos habituales. El 'camino inverso' parece constituir, de este modo, una de estas rutas experimentales que, en palabras de Bauman, 'el artista posmoderno recorre en la oscuridad, trazando mapas de un territorio cuya existencia todavía no se ha certificado'.

De este modo, tras recorrer las rutas artísticas abiertas por Neville y Mihura — precursores no sólo de su época —, a la luz de estas ideas del filósofo de la posmodernidad, cobra sentido la idea que esbozamos al principio: la percepción del fenómeno de adaptación inversa como síntoma de nuestros tiempos; una práctica clave en la cultura contemporánea posmoderna, sin fronteras ni límites,

---

[2] Entre los autores de las versiones teatrales encontramos, por ejemplo, a cineastas como Isabel Coixet y guionistas, como Yolanda García Serrano o David Serrano, pero aunque dichos autores desarrollen su actividad artística tanto en el teatro como en el cine, las adaptaciones inversas que realizan se basan en obras ajenas.

[3] Zygmunt Bauman (Poznan, Polonia, 1925), sociólogo y filósofo polaco, es uno de los pensadores más importantes en la teorización de la postmodernidad, creador de los conceptos de *modernidad líquida*, *sociedad líquida* y *tiempos líquidos*. Premio Príncipe de Asturias de Comunicación y Humanidades (2010).

[4] Z. Bauman, 'El arte posmoderno, o la imposibilidad de la vanguardia', en *La posmodernidad y sus descontentos* (Madrid: Ediciones Akal, 2001), p. 128. y p. 136.

con su naturaleza 'líquida' y su pulsión a experimentar; un fenómeno que invierte las fuentes de inspiración en un mundo en el que nuestro imaginario común cada vez debe menos a la literatura, y más a la imagen. De ahí que su exploración nos ofrezca el reto de estudiar un hecho cultural síntoma de nuestra época y asimismo, también el reto de intentar entendernos a nosotros mismos.

BIBLIOGRAFIA CITADA

Libros, capítulos de libros, prólogos y Tesis Doctorales

AGUILAR, CARLOS, *Guía del Cine Español* (Madrid: Cátedra, 2007)

AGUILAR, SANTIAGO, *Edgar Neville: Tres sainetes criminales* (Madrid: Filmoteca Española, 2002)

ALONSO LÓPEZ, JESÚS, *Cine de papel. Los ilustradores valencianos dibujan al cine español*, (Valencia: Generalitat Valenciana, 2000)

ÁLVARO, FRANCISCO, *El espectador y la crítica (El teatro español en 1970)* (Madrid: Prensa Española, 1971)

ARTAUD, ANTONIN, *Textos* (Buenos Aires: Aquarius, 1971)

BAUMAN, ZYGMUNT, *La posmodernidad y sus descontentos* (Madrid: Ediciones Akal, 2001)

BAZIN, ANDRÉ, *¿Qué es el cine?* (Madrid: Rialp, 2001)

BERGER, VERENA; MERCÉ SAUMELL, eds, *Escenarios compartidos: cine y teatro en España en el umbral del siglo XXI* (Viena: Lit Verlag, 2009)

BINH, N. T., CHRISTIAN VIVIANI, *Lubitsch* (Madrid: T&B Editores, 2005)

BORAU, JOSÉ LUIS, *El caballero D´Arrast* (San Sebastián: Festival Internacional de Cine de San Sebastián, 1990)

BORDWELL, DAVID, *La narración en el cine de ficción* (Barcelona: Paidós, 1996)

BORDWELL, DAVID, JANET STAIGER, KRISTIN THOMPSON, *The classical Hollywood cinema. Film style and mode of production to 1960* (Londres: Routledge, 1985)

BRASÓ, ENRIQUE, *Conversaciones con Fernando Fernán Gómez* (Madrid: Espasa, 1992)

BROOK, PETER, *La puerta abierta: reflexiones sobre la interpretación y el teatro* (Barcelona: Alba, 1994)

BURGUERA NADAL, MARÍA LUISA, *Edgar Neville. Entre el humor y la nostalgia* (Valencia: Institució Alfons el Magnánim, 1999)

BURGUERA NADAL, MARÍA LUISA, ANTONIO UBACH MEDINA, ANTONIO CASTRO, *Edgar Neville (1899-1967): La luz en la mirada*, ed. José María TORRIJOS, (Madrid: Ministerio de Educación y Cultura, 1999)

BURGUERA NADAL, MARÍA LUISA, SANTIAGO FORTUÑO LLORENS, eds, *Vanguardia y humorismo. La otra generación del 27* (Castelló de la Plana: Universitat Jaume I, 1998)

CABRERIZO, FELIPE, *Tiempo de mitos. Las coproducciones cinematográficas entre la España de Franco y la Italia de Mussolini (1939-1943)* (Zaragoza: Diputación Provincial, 2007)

CARROLL, RACHEL, *Adaptation in contemporary culture. Textual infidelities* (Nueva York: Continuum, 2009)

CHATMAN, SEYMOUR, *Historia y discurso: la estructura narrativa en la novela y en el cine* (Madrid: Taurus, 1990)

CIRERA ZAPATERO, MARIANO, *Breve historia del cine* (Madrid: Alhambra, 1986)
DE LA FLOR, JOSÉ LUIS R., ed., *El Negociado de Incobrables. (La vanguardia del humor español en los años veinte)* (Madrid: Ediciones de la Torre, 1990)
DE MATA MONCHO AGUIRRE, JUAN, *Cine y Literatura. La adaptación literaria en el cine español* (Valencia: Filmoteca Valenciana, 1986)
DE MIGUEL MARTÍNEZ, EMILIO, *El teatro de Miguel Mihura* (Salamanca: Universidad Salamanca, 1997)
—— ed., *Miguel Mihura (1905-2005) . . . sino todo lo contrario*, (Madrid: Centro de Documentación Teatral, 2005)
DE TORO, ALFONSO, *Figuras de la hibridez* (Centro Transdisciplinario de Investigación Iberoamericana, Universidad de Leipzig, 2003)
FERNÁNDEZ HOYA, GEMA, 'La pirotecnia de la palabra. Antonio de Lara Gavilán "Tono" y el cine' (tesis doctoral inédita, Universidad Complutense de Madrid, 2011)
FIELD, SYD, *Screenplay: The Foundations of Screenwriting* (New York: Dell Publishing, 1979)
FLOECK, WILFRIED, '¿Entre posmodernidad y compromiso social? El teatro español a finales del siglo X', en *Teatro y sociedad en la España actual*, ed. María Francisca Vilches de Frutos (Madrid: Ministerio de Educación, Cultura y Deporte, 2004)
GALÁN, DIEGO, FERNANDO LARA, *18 españoles de posguerra* (Barcelona: Planeta, 1973)
GARCÍA DE DUEÑAS, JESÚS, *¡Nos vamos a Hollywood!* (Madrid: Nickel Odeón, 1993)
GARCÍA — ABAD GARCÍA, MARÍA TERESA, *Intermedios. Estudios sobre literatura, teatro y cine* (Madrid: Fundamentos, 2005)
GÓMEZ DE LA SERNA, RAMÓN, *La sagrada cripta de Pombo* (Madrid: Trieste, 1986)
GONZÁLEZ RUÍZ, NICOLÁS, *Teatro Español. 1958-1959*, ed. Federico Carlos Sainz de Robles (Madrid: Aguilar, 1960)
GONZÁLEZ — GRANO DE ORO, EMILIO, *La 'Otra' Generación del 27. El humor 'nuevo español' y 'La Codorniz' primera* (Madrid: Ediciones Polifemo, 2004)
—— *Ocho humoristas en busca de un humor* (Madrid: Ediciones Polifemo, 2005)
GREEN, STUART N., 'From screen to stage: The influence of classical Hollywood cinema on the theatre of the other generation of 1927 in Spain' (tesis doctoral inédita, Universidad de Sheffield, 2006)
GROTOWSKI, JERZY, *Teatro laboratorio* (Barcelona: Tusquets, 1971)
—— *Towards a poor theatre*, ed. Eugenio Barba, prol. Peter Brook (Londres: Eyre Methen, 1975)
GUARINOS, VIRGINIA, *Teatro y Cine* (Sevilla: Padilla Libro, 1996)
GUBERN, ROMÁN, *Proyector de luna. La Generación del 27 y el cine* (Barcelona: Anagrama, 1999)
HELBO, ANDRÉ, *L'adaptation. Du théâtre au cinema* (París: Armand Colin, 1997)
KOZLOFF, SARAH, *Overhearing Film Dialogue* (Berkley: University of California Press, 2000)
LAÍN ENTRALGO, PEDRO, 'El humor de *La Codorniz*', en *La aventura de leer* (Madrid: Espasa Calpe, 1964)
LARA, FERNANDO; RODRÍGUEZ, EDUARDO, *Miguel Mihura en el infierno del cine* (Valladolid: Seminci, 1990)

LOBATO, FLORA, *Edgar Neville entre la literatura y el cine. Análisis narratológico comparativo de algunas de sus adaptaciones* (Salamanca: Librería Cervantes, 2007)

LÓPEZ IZQUIERDO, JAVIER, 'El cine de los hermanos Mihura. Contra la constitución del amor' (tesis doctoral inédita, Universidad Complutense de Madrid, 2001)

LÓPEZ RUBIO, JOSÉ, 'La otra generación del 27: discurso leído el día 5 de junio de 1983, en su recepción pública, por el Excmo. Sr Don José López Rubio, y su contestación del Excmo. Sr Don Fernando Lázaro Carreter' (Madrid: Real Academia Española, 1983); reproducido en Torrijos, José María, ed., *José López Rubio: La 'otra generación del 27': discurso y cartas* (Madrid: Centro de Documentación Teatral, 2003)

MARSILLACH, ADOLFO, *Silencio... se rueda* (Madrid, Barcelona: Ediciones Ayná, 1962)

—— *Tan lejos, tan cerca. Mi vida* (Madrid: Blanquerna Centre Cultural, 2006)

MÉNDEZ — LEITE, FERNANDO, *Historia del cine español* (Madrid: Rialp, 1962)

MIHURA, MIGUEL, *Antología: 1927-1933* (Madrid: Prensa Española, 1978)

—— *Mi adorado Juan* (Madrid: Alfil, Colección Teatro nº 149, 1952)

—— *Mis memorias* (Madrid: Temas de hoy, 2003)

—— 'Periodismo de humor', en *Enciclopedia del periodismo* (Barcelona: Noguer, 1966)

—— 'Prólogo' a *Tres sombreros de copa. Teatro* (Madrid: Editora Nacional, 1947)

—— 'Prólogo' en Francisco Álvaro, *El espectador y la crítica. El teatro en España en 1965* (Valladolid: Edición del autor, 1966), pp. IX-XV

—— 'Prólogo' a *Tres sombreros de copa y Maribel y la extraña familia* (Madrid: Castalia, 1977; 1989)

—— *Prosa y Obra gráfica*, ed. Arturo Ramoneda (Madrid: Cátedra, 2004)

—— *Tres sombreros de copa y Maribel y la extraña familia*, edición revisada, (Madrid: Clásicos Castalia, 2004)

—— *Tres sombreros de copa*, trad. Joanna Karasek, en *Słowa, rzeczy, imiona. Sześć sztuk z Hiszpanii I* [Palabras, objetos, nombres. Seis obras teatrales de España] (Cracovia: Panga Pank, 2008) pp. 227-312

MITRY, JEAN, *Estética y psicología del cine. Vol. 2. Las formas* (Madrid: Siglo Veintiuno, 1989)

MOLDES, DIEGO, *El manuscrito encontrado en Zaragoza. La novela adaptada al cine por Wojciech Jerzy Has* (Madrid: Calamar Ediciones, 2009)

MONTERDE, JOSÉ ENRIQUE, ESTEVE RIAMBAU, CASIMIRO TOREIRO, *Los nuevos cines europeos: 1955-1970* (Barcelona: Lerna, 1987)

MORALES ASTOLA, RAFAEL, 'Cine y dramaturgia española en la primera mitad del siglo XX', en *La presencia del cine en el teatro. Antecedentes europeos y su práctica en el teatro español* (Sevilla: Alfar, 2003)

MOREIRO, JULIÁN, *Mihura. Humor y melancolía* (Madrid: Algaba, 2004)

MUÑOZ CÁLIZ, BERTA, *El teatro crítico español durante el franquismo, visto por sus censores* (Madrid: Fundación Universitaria Española, 2005)

NEVILLE, EDGAR, *El baile. La vida en un hilo*, ed. María Luisa Burguera (Madrid: Cátedra, 2003)

—— *Obras selectas. Novelas. Teatro. Cuentos. Artículos. Poesía* (Madrid: Biblioteca Nueva, Madrid, 1969)

NIEVA, FRANCISCO, *El manuscrito encontrado en Zaragoza. Comedia mágica basada en la novela homónima de Potocki* (Madrid: Ediciones Irreverentes, 2003)
OLIVA, CÉSAR, *Teatro español del siglo XX* (Madrid: Editorial Síntesis, 2002)
PAVIS, PATRICE, *Diccionario del teatro. Dramaturgia, estética, semiología* (Barcelona: Paidós, 2002)
PÉREZ BOWIE, JOSÉ ANTONIO, *Leer el cine. La teoría literaria en la teoría cinematográfica* (Salamanca: Ediciones Universidad Salamanca, 2008)
—— *La adaptación cinematográfica de textos literarios. Teoría y práctica* (Salamanca: Plaza Universitaria, 2003)
PÉREZ GÓMEZ, ÁNGEL, JOSÉ L. MARTÍNEZ MONTALBÁN, *Cine Español 1951-1978. Diccionario de directores* (Bilbao: Mensajero, 1978)
PÉREZ PERUCHA, JULIO, ed., *Antología crítica del cine español 1906-1995* (Madrid: Cátedra y Filmoteca Española, 1997)
—— *El cinema de Edgar Neville* (Valladolid: SEMINCI, 1982)
RÍOS CARRATALÁ, JUAN ANTONIO, *Dramaturgos en el cine español (1939-1975)* (Alicante: Universidad de Alicante, 2003)
—— *Una arrolladora simpatía. Edgar Neville: de Hollywood al Madrid de la postguerra* (Barcelona: Ariel, 2007)
—— *Universo Neville* (Málaga: Instituto Municipal del Libro, Ayuntamiento de Málaga, 2007)
RISCO, ANTONIO, *La estética de Valle-Inclán. En los esperpentos y en el Ruedo Ibérico* (Madrid: Gredos, 1975)
RODRÍGUEZ MERCHÁN, EDUARDO, *José Luis López Vázquez. Los disfraces de la melancolía* (Valladolid: SEMINCI, 1989)
—— 'De la palabra a la imagen: Bienvenido, Mr. Mihura y otras investigaciones sobre una película mítica' (trabajo de investigación presentado para la Habilitación Nacional del Cuerpo de Catedráticos Nº 1/05/902, inédito, Universidad Complutense, Madrid, 2003)
ROMAGUERA I RAMIÓ, JOAQUÍN, HOMERO ALSINA THEVENET, ed., *Textos y manifiestos del cine* (Barcelona: Fontamara, 1985)
RUIZ RAMÓN, FRANCISCO, *Historia del teatro español. Siglo XX* (Madrid: Cátedra, 1997)
SAINZ DE ROBLES, FEDERICO CARLOS, ed., *Teatro Español. 1955-1956* (Madrid: Aguilar, 1957)
SÁNCHEZ NORIEGA, JOSÉ LUIS, *De la literatura al cine. Teoría y análisis de la adaptación* (Barcelona: Paidós, 2000)
SANZ DE SOTO, EMILIO, *Cine español (1896-1988)* (Madrid: Ministerio de Cultura, 1989)
SEGER, LINDA, *El arte de la adaptación* (Madrid: Ediciones Rialp, 1993)
SERRANO, VIRTUDES, 'Tres perfiles de mujer en el teatro de Mihura', en *Miguel Mihura (1905-2005) ... sino todo lo contrario*, ed. Emilio de Miguel Martínez (Madrid: Centro de Documentación Teatral, 2005)
TÖRNQVIST, EGIL, *Between stage and screen. Ingmar Bergman directs* (Amsterdam: University Press, 1995)
—— *Transposing drama: Studies in Representation* (Londres: Macmillan, 1991)
TORRES, AUGUSTO M., *Cineastas insólitos: conversaciones con directores, productores y guionistas españoles* (Madrid: Nuer Ediciones, 2000)

—— *Diccionario Espasa Cine Español* (Madrid: Espasa, 1999)
Torrijos, José María, ed., *José López Rubio. La otra generación del 27. Discurso y cartas* (Madrid: Centro de Documentación Teatral, 2003)
Toury, G., *In Search of a Theory of Translation* (Tel Aviv, The Porter Institut for Poetics and Semiotics, 1980)
Utrera, Rafael, *Escritores y cinema en España* (Madrid: Ediciones JC, 1985)
VV. AA., *Edgar Neville en el cine* (Madrid: Filmoteca Española, 1977)
—— *Fronteras de aire. Atraco a las tres, del cine al teatro*, ed. Centro Cultural de la Villa de Madrid, Madrid, 2002 (incluye el guión cinematográfico y la versión teatral de *Atraco a las tres*; con la introducción de José Ramón Fernández)

Artículos, publicaciones periódicas, actas de congresos

Alvear, Horacio, 'La historia y las historietas de una película: *La vida en un hilo*', en *Primer Plano*, 232, 25 de marzo de 1945
Ayala, Francisco, 'La generación del cine y los deportes', *Popular Film*, 139 (1929), p. 18
Ayanz, M., '*Alguien voló sobre el nido del cuco*: Réplika se convierte en un manicomio', *La Razón*, 26 de febrero de 2004
Baquero, Arcadio, 'Estreno en el María Guerrero de *La vida en un hilo* de Edgar Neville', *Alcázar*, 6 de marzo de 1959, p. 25
Barbón, Marta, 'Luisa Martín: ya se ha visto más *El verdugo* en teatro que en el cine', *La Voz de Asturias*, Gijón, 17 de junio de 2001
Barea, Pedro, 'Crimen perfecto', *Deia*, 10 de agosto de 1987
Barreira Fernández, D., 'Los directores del cine español. Edgar Neville', *Primer Plano*, 150 (1943), p. 9
Black, Janet, 'Entrevista con Edgar Neville',*Cámara*, 92 (1946)
Boadella, Albert, '¿Quieren jugar?', *El Mundo*, suplemento M2, 3 de diciembre de 2010
Borau, José Luis, 'Antecedentes fílmicos. Viajes desde el cine a la literatura', *Cuadernos de la Academia*, nº 11/12: *La imprenta dinámica. Literatura española en el cine español* (2002), pp. 431–47
Cabrerizo Pérez, F., '*Frente de Madrid*: un primer (y frustrado) intento de apertura hacia un cine de reconciliación nacional', *Mundaiz*, 67 (2004), pp. 54–55
Carrón, C. D., 'Francisco Nieva: El público responde mucho mejor a mi teatro que los intelectuales', *La Razón*, 4 de julio de 2002
Castán Palomar, F., 'Dos comedias para reír, en la misma noche y a la misma hora', *Primer Plano*, 685, 29 de noviembre de 1953
Cornago Bernal, Óscar, 'Relaciones estructurales entre el cine y el teatro: De la categoría del montaje al acto performativo', *Anales de la Literatura Española Contemporánea*, 26 (2001), pp. 65–91
De Mata Moncho Aguirre, Juan, 'Las adaptaciones de obras del teatro español en el cine y el influjo de éste en los dramaturgos', Biblioteca Virtual Miguel de Cervantes (2001) http://www.cervantesvirtual.com [consultado 1.04.2010]
De Miguel Martínez, Emilio, 'Cine y teatro: pareja consolidada en el arranque del milenio', en *Teatro, novela y cine en los inicios del siglo XXI. Actas del XVII*

Seminario Internacional del Centro de Investigación de Semiótica Literaria, Teatral y Nuevas Tecnologías de la UNED, ed. José Romera Castillo (Madrid: Visor Libros, 2008)

Díaz Pérez, Eva, 'Un producto de segunda mano', *El Mundo*, edición Andalucía, 24 de febrero de 2005

Dougherty, Dru, 'Pensándolo bien: el teatro a la luz del cine (1914-1936)', en Anales de la Literatura Española Contemporánea, vol. 26: Teatro y cine: la búsqueda de nuevos lenguajes expresivos (2001)

Edwards, Gwynne, 'From screen to stage: Almodovar′s All About My Mother', *The Review of Film and Television Studies*, vol. 6, nº 3 (2008)

Erauskin Fernández, David, 'Investigación sobre un cineasta libre de toda sospecha. Conjeturas y certezas en las fricciones de Edgar Neville con la censura franquista', *Cuadernos de la Academia*, nº 13-14 (2005)

Fernán Gómez, Fernando, 'El *dandy* en la taberna', *ABC*, suplemento Cultural, 18 de diciembre de 1999, p. 9

Fernández Barreira, Domingo, 'Entrevista con Edgar Neville', *Primer Plano*, nº 150 (1943)

Fernández Santos, Ángel, 'Del cine al teatro', *Pipirijaina. Revista de Teatro*, 18 (febrero 1981)

García Viñolas, M. A., 'Lecciones de buen humor', *Primer Plano*, 246 (1945)

Gaviña, Susana, 'Entrevista con José Luis Borau', *ABC*, suplemento Cultural, 2 de marzo de 2000

Goicoechea, J. M., 'Esta cara me suena. . .de la televisión', en *Tiempo*, 9 de enero de 2009

Gómez Picazo, Elías, 'Estreno de *Mi adorado Juan* de Miguel Mihura', en *Madrid*, 12 de enero de 1956, p. 14

Gómez Tello, José Luis, 'La crítica es libre', *Primer Plano*, 448 (1950), p. 23

Gómez, Lourdes, '*Todo sobre mi madre*, al teatro', en *El País*, 1 de junio de 2007

Gómez Tello, José Luis, 'Quien es quien en la pantalla nacional. Jules Krüger', *Primer Plano*, 542, 4 de marzo de 1951

Gómez — Santos, Marino, 'Miguel Mihura', en *Diario Pueblo*, 14-19 de marzo de 1960

González Ruiz, N., 'Teatro', en *Ya*, 6 de marzo de 1959

Goñi, Ana, 'La crítica británica prefiere a Almodóvar, no a su clon teatral', en *El Mundo*, 6 de septiembre de 2007

Graciella, 'La filosofía de la felicidad', en *Dígame*, 14 de febrero de 1950

Guarinos, Virginia, 'Del teatro al cine y a la televisión: el estado de la cuestión en España', *Cuadernos de Eihceroa*, 2 (2003), pp. 61–77

—— '*Ninette*, la de un señor de Murcia, por la calle Mayor. ¿Esto era el siglo XXI? ¿o habrá que dejarle tiempo?', en *Teatro, novela y cine en los inicios del siglo XXI. Actas del XVII Seminario Internacional del Centro de Investigación de Semiótica Literaria, Teatral y Nuevas Tecnologías de la UNED*, ed. José Romera Castillo (Madrid: Visor Libros, 2008)

—— 'Transmedialidades: el signo de nuestro tiempo', *Comunicación*, 5 (2007), pp. 17–22

Heras, Guillermo, 'Mestizajes y contaminaciones del lenguaje cinematográfico con el teatral', en *Del teatro al cine y la televisión. Actas del XI Seminario*

Internacional del Instituto de Semiótica Literaria, Teatral y Nuevas Tecnologías de la UNED (Madrid: Visor, 2002), pp. 25-37

HERRERA, JAVIER, 'Lubitsch. Su repercusión en España', *Nickel Odeón*, 18 (2000), pp. 64-72

HERRERO, FERNANDO, 'Dos diferentes lenguajes', *El Norte de Castilla*, 2 de marzo de 2005

HUESO, ÁNGEL LUIS, 'El referente teatral en la evolución histórica del cine', en *Anales de la Literatura Española Contemporánea*, vol. 26: *Teatro y cine: la búsqueda de nuevos lenguajes expresivos* (2001), pp. 45-63

JUSTO, M., 'En el teatro echo de menos el primer plano', *ABC*, 5 de septiembre de 2007

LABORDA, ÁNGEL, 'El estreno de esta noche: *Mi adorado Juan* en La Comedia', *Informaciones*, 11 de enero de 1956

LAMET, JUAN MIGUEL, 'El teatro de Edgar Neville', *Nickel Odeón*, 17 (1999)

LAVÍN, ÁLVARO, 'Hay que dejarse el ego en casa', *El País*, suplemento Babelia, 21 de febrero de 2004

LLOVET, ENRIQUE, 'El hilo de la película', *Cámara*, 56 (1945), p. 43

LÓPEZ SANCHO, L., '*Crimen perfecto*, de Knott, permanente encanto del drama policíaco', *ABC*, 25 de julio de 1986

MARÍAS, MIGUEL, 'El baile', 'El oasis inverosímil', *Nickel Odeón*, 17 (1999), pp. 148-49, pp. 188-89

MARQUERÍE, ALFREDO, 'Informaciones teatrales y cinematográficas', *ABC*, 6 de marzo de 1959, p. 57

—— '*La loba*, de Lillian Hellman, y una interpretación excepcional', *La Vanguardia Española*, 12 de julio de 1950, p. 12

MÁRQUEZ, C., 'La sencillez del drama silenciado', *Odiel* (Huelva), 12 de abril de 2005

MAYORGA, JUAN, 'Al público hay que desafiarlo', *El País*, suplemento Babelia, 21 de febrero de 2004

MIHURA, MIGUEL, 'Edgar Neville. *La vida en un hilo. La familia Mínguez*', *La Codorniz*, 198 (20 de mayo de 1945)

—— 'Tragedia breve de una señorita', *La Voz*, 16 de junio de 1922

—— '¿Quién es el verdadero autor de una película?', *Índice de Artes y Letras*, 50, 15 de abril de 1952

—— 'Del teatro, lo mejor es no hablar', en *Seis conferencias en torno al Día Mundial del Teatro* (Madrid: CEIIT, Ministerio de Información y Turismo, 1972), pp. 15-35

MOLINA FOIX, VICENTE, 'Con cine, no hay teatro', *El País*, 27 de febrero de 2001

MORENO, JULIO L., E. RODRÍGUEZ MONEGAL, 'Cine y teatro', *Film Ideal*, 67 (1961), pp. 22-26

MUÑOZ, DIEGO, 'El cine español se viste de lujo', *El País* (Barcelona), 30 de septiembre de 1991

N. G. R., '*Mi adorado Juan*. Comedia de Miguel Mihura, estrenada en el Teatro de la Comedia', *Ya*, 12 de enero de 1956

NEVILLE, EDGAR, '¿Cómo adelgazar comiendo?', *La Codorniz*, 175, 10 de diciembre de 1944

—— 'Conversación', *La Codorniz*, 145 (12 de febrero de 1944)

—— 'Defensa de mi cine', *Primer Plano*, 315 (1946)

—— 'El pintor Solana, su primera y última intervención en el cine', *Primer Plano*, 247 (1945), pp. 8-9
—— 'Elogio de Mihura', en *Las terceras de ABC* (Madrid: Prensa Española, 1976)
—— 'Gente distinguida', *La Codorniz*, 138 (23 de enero de 1944)
—— 'La adivinadora', *La Codorniz*, 135 (2 de enero de 1944)
—— 'Los amigos de Don Eusebio', *La Codorniz*, 146 (19 de marzo de 1944)
—— 'Los novelistas españoles en el cine nacional", *Cámara*, 135 (1948)
—— 'Producciones Mínguez, S.A.', *La Codorniz*, 57-58 (5 y 12 de julio de 1942)
—— 'Sobre el humorismo', en *Obras selectas* (Madrid: Biblioteca Nueva, 1969)
—— 'Teatro', *La Codorniz*, 152 (2 de julio de 1944), p. 16
NIEVA, FRANCISCO, 'La tierra de los sueños', *ABC, Guía de Madrid*, 5 de julio de 2002
OLTRA, ROMÁN, 'Muy discreto el fondo musical', *Cámara*, 1 de enero de 1950
ORDÓÑEZ, MARCOS, '¡Traga, Fito, traga!', *El País*, supl. Babelia, 26 de septiembre de 2009
—— 'La abuela de *Glengarry*', *El País*, supl. Babelia, 30 de agosto de 2003
—— 'Postales desde el filo', *El País*, suplemento *Babelia*, 31 de enero de 2009
ORTIZ, B., '*Closer*, o el amor entendido como una transacción comercial', *Diario de Sevilla*, 6 de octubre de 2007
PARTEARROYO, TONY, 'El toque Neville', *El País*, 3 de abril de 1991
PERALES, LIZ, 'Ebrios de amor. Carmelo Gómez y Silvia Abascal, juntos en el Lara de Madrid', *El Mundo*, supl. *El Cultural*, 8 de enero de 2009
—— 'La comedia clásica cambia de plano. *El pisito* y *Ser o no ser* se estrenan en Madrid', *El Mundo*, suplemento *El Cultural*, 4 de septiembre de 2009
PÉREZ BOWIE, JOSÉ ANTONIO, 'La adaptación cinematográfica a la luz de algunas aportaciones teóricas recientes', *Signa: Revista de la Asociación Española de Semiótica*, 13 (UNED, 2004)
PIQUERAS, J., 'Los escritores: Edgar Neville', *La Gaceta Literaria*, 76 (1930), p. 16
POMBO ÁNGULO, M., 'Ensayo general de *Mi adorado Juan*', *La Vanguardia*, 12 de enero de 1956, p. 7
PORTINARI, BEATRIZ, 'Zapping desde la butaca del teatro', *El País*, 5 de febrero de 2009
RÍOS CARRATALÁ, JUAN ANTONIO, 'Fernando Fernán-Gómez, adaptador de Miguel Mihura', Biblioteca Virtual Miguel de Cervantes, <http://www.cervantesvirtual.com> [consultado agosto 2010]
RODRÍGUEZ MERCHÁN, EDUARDO, 'Humor y surrealismo: la poesía del disparate. La otra generación del 27', *Cuadernos de la Academia*, nº 13-14: *La imprenta dinámica: literatura española en el cine español* (2002), pp. 273-94
RODRÍGUEZ MERCHÁN, EDUARDO, VIRGINIA GARCÍA DE LUCAS, 'Edgar Neville, un dandy tras la cámara", *Nickel Odeón*, 17 (1999), pp. 132-44
RODRÍGUEZ SÁNCHEZ, M. ÁNGELES; GREGORIO TORRES NEBRERA, 'Cine, teatro, cine: los vasos comunicantes en Edgar Neville', *Cauce: Revista Internacional de Filología y su Didáctica*, 28 (2005), p. 330-41
ROMERA CASTILLO, JOSÉ, MARÍA FRANCISCA VILCHES DE FRUTOS, eds, *Del teatro al cine y la televisión. Actas del XI Seminario Internacional del Instituto de Semiótica Literaria, Teatral y Nuevas Tecnologías de la UNED* (Madrid: Visor, 2002)

ROMERA CASTILLO, JOSÉ, ed., *Teatro, novela y cine en los inicios del siglo XXI*, Actas del XVII Seminario Internacional del Centro de Investigación de Semiótica Literaria, Teatral y Nuevas Tecnologías de la UNED (Madrid: Visor Libros, 2008)

ROZAS DOMÍNGUEZ, R., 'Literatura y filmicidad en la obra de Neville: un caso inusual', *Nickel Odeón* 17 (1999), pp. 194–200

SÁNCHEZ, ALONSO, 'Miguel, mi amigo', *Informaciones*, 29 de octubre de 1977

SÁNCHEZ ÁVILA, CRISTINA, 'La adaptación para televisión del teatro de Miguel Mihura: *Tres sombreros de copa*', en *La comedia española entre el realismo, la provocación y las nuevas formas (1950-2000). Actas del IV y V Congreso Internacional de Historia y Crítica del Teatro de Comedias*, ed. Marieta Cantos Casenave y Alberto Romero Ferrer (Cádiz: Fundación Pedro Muñoz Seca, Universidad de Cádiz, 2003)

SANZ DE SOTO, EMILIO, 'Edgar Neville: no comunista, ni fascista, sino todo lo contrario', *Nickel Odeón*, 17 (1999), pp. 56–60

SERRANO DE OSMA, CARLOS, 'Comentario a dos films españoles', *Cine Experimental*, 6 (1945)

SILVA ARAMBURU, J., 'De la escena a la pantalla y del cine al teatro', *Radiocinema*, 109 (1945)

TIZÓN, MARCOS, 'A escena. Teatro Meridional', *Guía gratuita de artes escénicas y música*, 11 (septiembre 2009)

TOREIRO, CASIMIRO, 'Un huésped poco deseable. Edgar Neville en Roma', *Secuencias*, 29 (2009)

TORRENTE, '*Mi adorado Juan*, de Mihura, en la Comedia', *Arriba*, 12 de enero de 1956

—— 'Reina Victoria: *Una mujer cualquiera*', *Arriba*, 5 de abril de 1953

TORRES DULCE, EDUARDO, 'Una comedia bajo mínimos', *Expansión*, 14 de febrero de 1992

TORRES, AUGUSTO M., 'El culto al hermano', *Archivos de la Filmoteca*, (1991), p. 46

TORRES, ROSANA, 'No me gusta el teatro de las grandes ideas', *El País*, 1 de diciembre de 2009

TORRES — TULCE, EDUARDO, 'El cine imposible de Miguel Mihura', *Nickel Odeón*, 21 (2000)

—— '*La vida en un hilo*: el azar de la felicidad', *Nickel Odeón*, 17 (1999)

TORRIJOS, JOSÉ MARÍA, 'Inmensa humanidad', *Nickel Odeón*, 17 (1999)

TRECCA, SIMONE, 'El teatro y los medios audiovisuales: la situación de los estudios en España', *Revista Signa*, 19 (UNED, 2010)

VALLEJO, J., 'Sexo sentimental', *El País*, 21 de septiembre de 2010

VALLS, FERNANDO, 'De ratones y robaperros. Sobre cine, teatro y literatura en *Mi adorado Juan*, de Miguel Mihura', en *Miguel Mihura cumple un siglo. Actas de las Jornadas en homenaje al humorista y dramaturgo*, ed. Rafael Pérez Sierra, Felipe B. Pedraza Jiménez, Milagros Rodríguez Cáceres (Madrid: Comunidad de Madrid, 2005), pp. 117–36

VILCHES DE FRUTOS, MARÍA FRANCISCA, ed., *Teatro y cine: la búsqueda de nuevos lenguajes expresivos. Anales de la Literatura Española Contemporánea*, vol. 26 (CSIC, 2001)

—— *Teatro y cine: la búsqueda de nuevos lenguajes expresivos. Anales de la Literatura Española Contemporánea*, vol. 27 (CSIC, 2002)

—— Vilches de Frutos, María Francisca, 'La captación de nuevos públicos en la escena contemporánea a través del cine', en *Del teatro al cine y la televisión. Actas del XI Seminario Internacional del Instituto de Semiótica Literaria, Teatral y Nuevas Tecnologías de la UNED* (Madrid: Visor, 2002)

Villan, J., 'Teatro y locura', *El Mundo*, 5 de abril de 2004

Víllora, Pedro Manuel, 'Llega a La Latina la versión escénica de la película de Berlanga *El verdugo*', *ABC*, 22 de marzo de 2000

Visor, 'Al margen del plató. Miguel Mihura, guionista', *Cámara*, 159 (1949), p. 44

Von Trier, Lars, 'O *Dogville*" [Sobre *Dogville*], *Kino*, Varsovia, julio — agosto de 2003

Walls, Antonio, 'Directores literatos', *Cámara*, 36 (1944), pp. 30-33

Wheeler, Duncan, 'All about Almodóvar? *Todo sobre mi madre* on the London stage', *The Bulletin of Hispanic Studies*, vol. 87, nº 7 (Liverpool University Press, 2010)

VV. AA., *Literatura y Cine. Actas del Congreso Literatura y Cine* (Jérez de la Frontera: Fundación Caballero Bonald, 2003)

Anotación

En el caso del material al que hemos tenido acceso a través de los fondos digitalizados del Centro de Documentación Teatral y de la Sección de publicaciones periódicas, microformas y prensa digitalizada de la Biblioteca Nacional de España ha resultado imposible identificar los números de página de algunos de los artículos citados. Por lo tanto, en el listado de referencias bibliográficas del apartado 6.2 indicamos las páginas de referencia siempre cuando dicha información aparezca en los fondos utilizados.

Guiones

Barrero Garrido, José Luis, 'Frente al destino' (guión original, Archivo General de la Administración de Alcalá de Henares, Caja/ Leg. nº 9699)

Mihura, Miguel, *Mi adorado Juan* (fotocopia del manuscrito original, Archivo personal del profesor Eduardo Rodríguez Merchán)

Neville, Edgar, *La vida en un hilo* (guión original, Archivo General de la Administración de Alcalá de Henares, Caja/ Leg. nº 4673)

Expedientes administrativos

Expedientes de censura y rodaje de *La vida en un hilo*, nº 316-44 y nº 90 (AGA, Alcalá de Henares; Caja/Legajo 36/4673)

Expedientes de censura y rodaje de *Mi adorado Juan* (incluido el informe 'Observaciones sobre el guión de *Mi adorado Juan* hechas por Francisco Ariza'), nº 118 y nº 9422 (AGA, Alcalá de Henares; Caja/Legajo 36/4712 y 36/3369)

Bibliografía Citada

Otras fuentes consultadas

Páginas web

Base de datos de películas en internet: http://www.imdb.com/
Biblioteca Cervantes Virtual: http://www.cervantesvirtual.com
British Film Institute: http://www.bfi.org.uk
Catálogo de Cine Español del Ministerio de Cultura: http://www.mcu.es/cine
Centro de Documentación Teatral: http://documentacionteatral.mcu.es/
Edición digital de *El País*: http://www.elpais.com
Ediciones Irreverentes: http:// www.edicionesirreverentes.com
Foro de investigación *Historia y crítica del cine español*: htp://bib.cervantes virtual.com
Página oficial de Francisco Nieva: http://www.francisconieva.com
Página oficial de la compañía *La Cubana*: http://www.lacubana.es
Página oficial del Teatro Réplika: http://www.replika.com
Revista digital *Teatros*: http://www.revistateatros.es
The Bauman Institute: http://www.sociology.leeds.ac.uk/bauman/

Material audiovisual

Documentales

El tiempo de Neville, dir. Pedro Carvajal y Javier Castro (Los Film del Buho, 1990)
Edgar Neville, emparedado entre comillas, dir. Carlos Rodríguez (Canal Plus, 2000)
Miguel Mihura. El anarquista burgués, dir. Rafael Méndez (Compañía Independiente de Televisión S.L., 2005)

Filmografía revisada de Edgar Neville y películas inspiradas en su obra

El malvado Carabel, dir. E. Neville (U-films, 1935)
La señorita de Trevélez, dir. E. Neville (Atlantic Films, 1936)
¡Vivan los hombres libres!, dir. E. Neville (Departamento Nacional de Cinematografía, 1939)
Frente de Madrid, dir. E. Neville (Film Bassoli, 1940)
Verbena, dir. E. Neville (Ufisa, 1941)
Café de París, dir. E. Neville (Procines, 1943)
La torre de los siete jorobados, dir. E. Neville (J Films, España Films, 1944)
La vida en un hilo, dir. E. Neville (Producciones Edgar Nevile, 1945)
El crimen de la calle Bordadores, dir. E. Neville (Manuel del Castillo,1946)
El traje de luces dir. E. Neville (Manuel del Castillo, 1946)
Nada, dir. E. Neville (Producciones Edgar Neville, 1947)
El señor Esteve, dir. E. Neville (Sagitario Films, 1948)
El marqués de Salamanca, dir. E. Neville (Comisión Oficial del Centenario del Ferrocarril en España, 1948)
El último caballo, E. Neville (Producciones Edgar Neville, 1950)
Duende y misterio del flamenco, dir. E. Neville (Producciones Edgar Neville para Suevia Films, 1952)

Novio a la vista, dir. Luis García Berlanga (Benito Perojo P.C., CEA, 1954)
La ironía del dinero, dir. E. Neville (Producciones Edgar Neville, Les Grands Films Français, 1955)
El baile, dir. E. Neville (Carabela Films, 1959)
Mi calle, dir. E. Neville (Carabela Films, 1960)
Si te hubieses casado conmigo, dir. Victor Turjansky (Campa para Suevia Films, 1948)
El diablo en vacaciones, dir. José María Elorrieta (Alesanco Films, 1962)
Una mujer bajo la lluvia, dir. Gerardo Vera (Atrium Production/Segetel/Sogepaq, 1992)

Filmografía revisada de Miguel Mihura y películas inspiradas en su obra

Una de fieras, dir. Eduardo García Maroto (Atlantics Films, 1933-1934)
Los hijos de la noche, dir. Benito Perojo (Ulargui/Imperator, 1939)
Boda en el infierno, dir. Antonio Román (Hércules Films, 1942)
Intriga, dir. Antonio Román (Stella Films, 1942)
Castillo de naipes, dir. Jerónimo Mihura (Vulcano, 1943)
Aventura, dir. Jerónimo Mihura (CEPICSA, 1944)
Confidencia, dir. Jerónimo Mihura (Peña Films, 1947)
La calle sin sol, dir. Rafael Gil (Suevia Films, 1948)
Siempre vuelven de madrugada, dir. Jerónimo Mihura (Peña Films, 1948)
Mi adorado Juan, dir. Jerónimo Mihura (Emisora Films, 1949)
Una mujer cualquiera, dir. Rafael Gil (Cesáreo González, 1949)
Yo no soy la Mata Hari, dir. Benito Perojo (Suevia Films, 1950)
La corona negra, dir. Luis Saslavsky (Suevia Films, Cesáreo González, 1950)
Bienvenido, Mister Marshall, dir. Luis G. Berlanga (UNINCI, 1952)
Tres citas con el destino, dir. Florián Rey, León Klimovsky, Fernando de Fuentes (Unión Films (Madrid) / Oro Films (Méjico) / Plus Ultra (Buenos Aires), 1953)
El caso de la mujer asesinadita, dir. Tito Davison (Filmex, 1954)
¡Viva lo imposible!, dir. Rafael Gil (Coral, 1958)
Melocotón en almíbar, dir. Antonio del Amo (Apolo Films, 1960)
Maribel y la extraña familia, dir. José María Forqué 8tarfe Films, As Films, 1960)
Sólo para hombres, dir. Fernando Fernán Gómez (Agata Films, 1960)
Ninette y un señor de Murcia, dir. Fernando Fernán Gómez (Tito's Films, 1965)
Las panteras se comen a los ricos, dir. Ramón Fernández (Atlántida Films, 1969)
La decente, dir. José Luis Sáenz de Heredia (Hidalgo/ Filmayer, 1970)
Amor es . . . veneno, dir. Stefano Rolla (Lotus Films Internacional/Primex) 1981)
Tres sombreros de copa (*Trzy cylindry*), dir. Lena Szurmiej (Televisión Polaca TVP, 1996)
Cásate conmigo, Maribel, dir. Ángel Blasco (Filmayer/TVE, 2003)
Ninette, dir. José Luis Garci (Nickel Odeon Dos / PC29 2005)
Otras películas de referencia:
39 escalones (*The 39 steps*, dir. Alfred Hitchcock, 1935)
Ser o no ser (*To be or not to be*, dir. Ernst Lubitsch, 1942)
El pisito (Marco Ferreri, 1958)
Atraco a las tres (José María Forqué, 1962)

Días de vino y rosas (*Days of wine and roses*, Blake Edwards, 1962)
El verdugo (Luis García Berlanga, 1964)
El manuscrito encontrado en Zaragoza (*Rękopis znaleziony w Saragossie*, Wojciech Jerzy Has, 1964)
Secretos de un matrimonio (*Scenes from a marriage*, Ingmar Bergman, 1973)
Alguién voló sobre el nido del cuco (*One flew over the cuckoo's nest*, Milos Forman, 1975)
De la vida de las marionetas (*Aus dem Leben der Marionetten*, Ingmar Bergman, 1980)
Glengarry Glen Rose (James Foley, 1992)
Dos vidas en un instante (*Sliding doors*, dir. Peter Howitt, 1998)
Lluvia en los zapatos (María Ripoll, 1998)
Solas (Benito Zambrano, 1999)
En tierra de nadie (*No Man's Land*, dir. Danis Tanovic, 2002)
El Señor Ibrahim y las flores del Corán (*Monsieur Ibrahim et les fleurs du Coran*, dir. Francois Dupeyron, 2003)
Sarabanda (*Saraband*, Ingmar Bergman, 2003)
En la cama (Matías Bize, 2006)
Habitación en Roma (dir. Julio Medem, Morena Films / Alicia Produce 2010)

Grabaciones de montajes teatrales del catálogo videográfico del Centro de Documentación Teatral de Madrid (CDT)

Entre tinieblas. La función, Teatro Albéniz, 11 de noviembre de 1992 (CDT, nº 885)
Misery, Teatro Bellas Artes de Madrid, 22 de abril de 1999 (CDT, nº 1397)
La naranja mecánica, Teatro Nuevo Apolo, 11 de mayo de 2000 (CDT, nº 1651)
El verdugo, Teatro La Latina, 8 de noviembre de 2000 (CDT, nº 1713)
El manuscrito encontrado en Zaragoza, Teatro La Latina, 30 de julio de 2002 (CDT, nº 2013)
Atraco a las tres, Centro Cultural de la Villa de Madrid, 13 de marzo de 2002 (CDT, nº 1979)
Alguien voló sobre el nido del cuco, Teatro Replika, 13 de marzo de 2002 (CDT, nº 2197)
En tierra de nadie, Teatro Auditorio Ciudad de Alcobendas, 2 de abril de 2005 (CDT, nº 2569)
Solas, Centro Andaluz de Teatro, 24 de marzo de 2006 (CDT, nº 2945)

ÍNDICE DE ADAPTACIONES COMENTADAS

~

Los 39 escalones (Teatro Maravillas, Madrid, 2009)
Película de referencia: *The 39 steps*, de Alfred Hitchcock (1935)
Adaptación: Patrick Barlow (a partir de la idea de Simon Corble y Nobby Dimon, basada en la novela de John Buchan y la película de Alfred Hitchcock); *Versión española*: Jorge de Juan García; *Dirección*: Eduardo Bazo; *Reparto*: Gabino Diego (Cómico 1), Jorge de Juan (Richard Hannay), Diego Molero (Cómico 2), Beatriz Rico/Patricia Conde en sustitución durante 4 meses (Annabella Smith/ Margaret/ Pamela), José Luis Gil (Voz en *off*). *Estreno*: 27 de agosto de 2009.
Otros montajes teatrales: *The 39 steps*, de Patrick Barlow, Teatro Criterion, Londres (Inglaterra); *Dirección*: Maria Aitken; *Reparto*: David Bark-Jones (Richard Hannay), Dianne Pilkington (Annabella Schmidt/ Pamelña/ Margaret), Timothy Speyer (Man), Jeremy Swift (Man). *Estreno*: 17 de junio de 2005 (primera producción de la obra bajo la dirección de Fiona Buffini en el Tricycle Theatre; desde el 14 de septiembre de 2006 la obra es representada en el Teatro Criterion de Londres).

Días de vino y rosas (Teatro Lara, Madrid, 2009)
Película de referencia: *Days of wine and roses*, de Blake Edward (1962)
Adaptación: David Serrano, basada en la obra teatral de Owen McAfferty; *Dirección*: Tamzin Townsend; *Reparto*: Silvia Abascal (Silvia); Carmelo Gómez (Luis); *Estreno*: 17 de enero de 2009.

Glengarry Glen Ross (Teatro Español, Madrid, 2009)
Película de referencia: *Glengarry Glen Ross*, de James Foley (1992)
Adaptación: Daniel Veronese, basada en la obra de David Mamet; *Dirección*: Daniel Veronese; *Reparto*: Carlos Hipólito (Levene), Ginés García Millán (Williamson), Alberto Jiménez (Moss), Andrés Herrera (Aaronow), Gonzalo de Castro (Roma), Jorge Bosch (Lingk), Alberto Iglesias (Baylen); *Estreno*: 2 de diciembre de 2009.
Otros montajes teatrales: Teatro Lliure, Barcelona, 2003. *Dirección*: Álex Rigola. *Reparto*: Joan Anguera, Andreu Benito, Óscar Rabadán, Joan Carreras, Joel Joan, Eduard Farelo, Víctor Pi.

Ser o no ser (Teatro Alcázar, Madrid, 2009)
Película de referencia: *To be or not to be*, de Ernst Lubitsch (1942)
Adaptación: Julio Salvatierra, basada en la obra de Nick Whitby; *Dirección*: Álvaro Lavin; *Reparto*: La Compañía Teatro Meridional: Mauro Muñiz de Urquiza (Ravitch); José Luis Gil (Joseph Tura); Santiago Nogués (Greenberg), Alfonso Torregrosa (Bronsky), Carlos Chamarro (Dobosh-Profesor Siletsky), Amparo Larrañaga (María Tura), Diego Martín (André Sobinsky), Alfonso Montón (Capitán Schultz), Mauro Muñiz (Coronel Ehrhardt); *Estreno*: 11 de septiembre de 2009.

De la vida de las marionetas (Réplika Teatro, Madrid, 2008)
Película de referencia: *Aus dem Leben der Marionetten*, de Ingmar Bergman (1980)
Adaptación: Jarosław Bielski, basada en la obra teatral de Ingmar Bergman; *Dirección*: Jarosław Bielski; *Reparto*: Antonio Valero (Peter Egermann), Socorro Andón (Katarina), Raúl Chacón (Tim), Lorena Roncero (Ka-Secretaria-Camarera), Gabriel Garbisu (Mogens); *Estreno*: Teatro Réplika, Madrid, 9 de octubre de 2008.

En la cama (Teatro Lara, Madrid, 2008)
Película de referencia: *En la cama*, de Matías Bize (2006)
Remake: *Habitación en Roma*, de Julio Medem (2010)
Adaptación: Yolanda García Serrano; *Dirección*: Tamzin Townsend; *Reparto*: María Esteve/Lidia Navarro (Daniela), Roberto San Martín (Bruno); *Estreno*: 15 de septiembre de 2008.
Otros montajes teatrales: Ohean (versión en euskera); *Adaptación*: Unai Elorriaga; *Dirección*: Carlos Panera; *Reparto*: Matxalen de Pedro, Aitor Beltrán; *Estreno*: 28 de febrero, 2008, Bilbao.

El señor Ibrahím y las flores del Corán (Teatro Arenal, Madrid, 2009)
Película de referencia: *Monsieur Ibrahim et les fleurs du Coran*, de F. Dupeyron (2003)
Adaptación: Ernesto Caballero, basada en la obra de Eric Emmanuel Schmitt; *Dirección*: Ernesto Caballero; *Reparto*: Juan Margallo (Sr. Ibrahím), Julio Ortega/ Ricardo Gómez (Momo)*; Voz en *off*: Mario Gas; *Estreno*: 20 de noviembre de 2004, Madrid, Teatro María Guerrero (después del estreno en el Centro Dramático Nacional la obra ha estado de gira por España y América Latina durante 4 años y vuelve a representarse en el Teatro Arenal en 2009, con Ricardo Gómez quien sustituye en el papel protagonista a Julio Ortega).
Otros montajes teatrales: *Monsieur Ibrahim et les fleurs du Coran*, de Eric Emmanuel Schmitt; Dirección: Bruno-Abraham Kremer; Estreno: 1999, París.

El pisito (Teatro Marquina, Madrid, 2009)
Película de referencia: *El pisito*, de Marco Ferreri (1958)
Adaptación: Juanjo Seoane y Bernardo Sánchez Salas; *Dirección*: Pedro Olea; *Reparto*: José María Álvarez (Don Manuel), Manuel Millán (Honorio), Pepe Viyuela (Rodolfo), Teté Delgado (Petrita), Jorge Merino (Don Luis), María Felices (Rosa), Rafael Núñez (Dimas), Asunción Balaguer (Doña Martina), Voz del padre: Juan Luis Galiardo; Voz del padre Arteche: Juanjo Seoane; *Estreno*: 26 de agosto de 2009 (Festival Internacional de Santander).

Escenas de un matrimonio. Sarabanda (Teatro Español, Madrid, 2010)
Película de referencia: *Scenes from a marriage* (1973) y *Saraband* (2003), de Ingmar Bergman.
Adaptación: Marta Angelat, basada en los textos de Ingmar Bergman; *Traducción*: Carolina Moreno Tena; *Dirección*: Marta Angelat; *Reparto*: Mónica López (Marianne), Francesc Orella (Johan/ Henrik), Miquel Ors (Johan, profesor emérito), Marta Angelat (Marianne), Aina Clotet (Karin); *Estreno*: 23 de marzo de 2010.
Otros montajes teatrales: *Escenas de un matrimonio*; *Adaptación*: Emilio Hernández, *Dirección*: Rita Russek; *Reparto*: Magüi Mira y José Luis Pellicena; *Estreno*: 31 de agosto de 2000, Teatro Lope de Vega de Sevilla.

El verdugo (Teatro La Latina, Madrid, 2000)
Película de referencia: *El verdugo*, de Luis García Berlanga (1964)
Adaptación: Bernardo Sánchez Salas; *Dirección*: Luis Olmos; *Reparto*: Juan Echanove (José Luis, aprendiz de la Funeraria "El Tránsito"), Luisa Martín (Carmen, la hija de Amadeo), Alfred Lucchetti (Amadeo, el verdugo), Vicente Díez (Álvarez), Pedro G. de las Heras (Director de Prisión), Fernando Ransanz (Don Nazario), Luis G. Gámez (Carcelero), Ángel Burgos (Administrador, Guardia 2) y David Lorente (Funcionario Ministerial, Guardia 1, Médico Forense); *Estreno*: Teatro Ciudad de Alcobendas, 15 de enero de 2000;

Manuscrito encontrado en Zaragoza (Teatro La Latina, Madrid, 2002)
Película de referencia: *Rękopis znaleziony w Saragossie*; de Wojciech Jerzy Has (1964)
Adaptación: Francisco Nieva, basada en la novela de Jan Potocki; *Dirección y escenografía*: Francisco Nieva; *Ayudante de dirección y de escenografía*: José Pedreira; *Ayudante de dirección*: Ignacio García; *Vestuario*: Rosa García Andújar; *Coreografía*: Pedro Berdayes; *Música*: Ignacio M. Nieva; *Iluminación*: Juan Gómez-Cornejo, César San Bruno; *Peluquería y maquillaje*: Paca Almenara; *Estreno*: 5 de julio de 2002; *Reparto*: Juan Ribó (El Conde Potocki, Don Alfonso de Worden y Gomélez), José Carlos Gómez

(Momo de Soto), Juanma Navas (Chicho de Soto), Walter Vidarte (El Hermano Florestán), Julia Trujillo (La Ventera Juncosa), Beatriz Bergamín (Emina, Princesa de Túnez), Ángeles Martín (Zibedea, Princesa de Túnez), Juan Matute (Pacheco), Emilio Gavira (Pedro Jérez, Inquisidor General), Mayra Lambada, Yalina Letamendi, Marta Beatriz (Morillas 1,2,3).

Atraco a las tres (Centro Cultural de la Villa, Madrid, 2002)
Película de referencia: *Atraco a las tres*, de José María Forqué, 1962
Adaptación teatral: Blanca Suñén; *Director de producción*: Alejandro Colubi, Juan José Afonso; *Dirección:* Esteve Ferrer; *Ayudante de dirección:* Amparo Pascual; *Escenografía*: Carlos Montesinos; *Vestuario*: Mayte Álvarez; *Iluminación*: Guillermo Galán; *Coreografía:* Montse Colomé; *Banda sonora*: Esteve Ferrer y Mariano García; *Maquillaje y Peluquería*: Patricia Rodríguez; *Reparto:* Manuel Alexandre/ Manuel Andrés (Don Felipe), Iñaki Miramón (Galindo), José Luis Martínez (Don Prudencio), Carmen Machi (Enriqueta), Ana Trinidad (Doña Vicenta), Víctor Gil (Benítez), Juan Antonio Codina (Castrillo), Javivi (Cordero), Jorge Calvo (Martínez), María Lanau (Katia), Hugo Silva (Toni), José Luis Huertas (Hombre 20 millones)/ Atracador); *Estreno*: 11 de enero de 2002.

En tierra de nadie (Teatro Español, Madrid, 2004)
Película de referencia: *En tierra de nadie*, de Danis Tanovic, 2002
Adaptación: Ernesto Caballero; *Producción*: K Producciones, en coproducción con Teatro El Cruce, Serantes Kultur Aretoa, Teatro Arriaga; *Dirección de producción:* Lourdes Novillo; *Producción ejecutiva*: Cristina Elso; *Dirección:* Roberto Cerdá; *Dirección artística*: Roberto Cerdá; *Diseño gráfico*: José Ibarrola; *Preparador físico*: Carlos Alonso; *Banda sonora*: Eduardo Blanco; *Música original*: Fernando Egozcue; *Reparto:* Adolfo Fernández (Tchiki, el soldado bosnio), Roberto Enríquez (Nino, el soldado serbio), Ramón Ibarra (Guía bosnio), Ana Wagener (Reportera), José Luis Torrijo (Teniente de las Fuerzas Internacionales de Paz), Alberto de Miguel (Alto responsable de la ONU); *Estreno*: 13 de octubre de 2004.

Alguien voló sobre el nido del cuco (Réplika Teatro, Madrid, 2004)
Película de referencia: *One flew over the cuckoo's nest*, de Milos Forman (1975)
Adaptación: Jarosław Bielski, basada en la obra de Dale Wasserman (basada en la novela de Ken Kesey); *Dirección*: Jaroslaw Bielski; *Reparto*: Rodrigo Pisón (Jefe Bromden), Socorro Anadón (Enfermera Ratched), Pablo Chiapella (McMurphy), Julio Mardelo (Auxiliar Warren), Rodrigo Ramírez (Auxiliar Williams), Paloma Leal (Enfermera Flinn), Chema Pérez (Dale Harding), Boj Calvo (Billy Bibbit), Javier Losán/Luis Martí (Scanlon), Jesús Cortés (Cheswick), Raúl Chacón (Martini), Enrique Leal (Ruckly), Diego Moreno

(Dr. Spivey), Carlos Alba/Moncho Enríquez (Auxiliar Turkle), Cristina Nava (Candy Starr), Cristina Charro (Sandra); *Estreno*: 28 de febrero de 2004.

Otros montajes teatrales: Compañía Universitaria de la Universidad Politécnica de Madrid; *Adaptación:* Miguel Ángel Jiménez y Francisco José Jiménez; *Dirección*: Francisco José Jiménez; *Estreno:* 26 de abril de 2000.

Solas (Teatro Albéniz, Madrid, 2006)
Película de referencia: *Solas*, de Benito Zambrano (1999)

Adaptación: Antonio Onetti; *Producción:* Centro Andaluz de Teatro, con participación de Maestranza Films; *Dirección:* José Carlos Plaza; *Reparto*: Lola Herrera (Madre), Natalia Dicenta (María), Carlos Alvarez-Nóvoa (Vecino), Idilio Cardoso (Padre), Aníbal Soto (Médico), Eduardo Velasco (Juan), Chema del Barco, Marga Martínez, Marina Hernández, Dario Galo. Voces en *off*: María Galiana y Jesús Vigorra; *Estreno:* 22 de febrero de 2003, Teatro Central de Sevilla.

TABLAS Y ESQUEMAS

~

Tabla Nº1: catálogo de los casos de adaptación inversa en la escena teatral española de la primera década del siglo XXI, tomando como base los escenarios de la capital.

Leyenda:

PELÍCULA: Título de la película. Los títulos han sido organizados según el orden cronológico de los estrenos teatrales en la escena de Madrid.

ESTRENO: Año de los estrenos respectivos, en cine y en la escena teatral.

OBRA TEATRAL: Título de la adaptación teatral siempre cuando difiera del título de la película original; nombre del autor de la obra teatral correspondiente a la película (Autor/Adaptación) y en el caso de tratarse de la versión española de una adaptación extranjera previa, nombre del autor de dicha versión (Versión Española). Cabe señalar que en este apartado 'obra teatral' puede corresponder a una adaptación escénica de la película en cuestión o bien, a la obra en la que originalmente está basada la película (aclaración al respecto presenta la columna ORIGEN).

PAÍS: País en el que se ha realizado la producción cinematográfica.

ORIGEN: Origen de la película, en los casos de las adaptaciones cinematográficas de obras literarias: *teatro, novela, relato*; en el caso de películas realizadas en base a un guión original: *cine* y en el caso de películas para televisión, *tv*.

CITADO: Fuente bibliográfica donde aparece citado dicho ejemplo. RC2008 corresponde al estudio de Emilio de Miguel Martínez, en *Teatro, novela y cine en los inicios del siglo XXI*, ed. J. Romera y Castillo (Madrid: Visor, 2008) y GA2005 corresponde al estudio de María Teresa García-Abad García, en *Intermedios* (Madrid: Fudndamentos, 2005). ÍNDICE indica que dicha adaptación está incluida en el Índice de adaptaciones comentadas.

Tabla Nº1

Película Título/Director	Estreno Cine	Teatro	Obra Teatral A = Autor/Adaptador VE = Versión Española	País	Origen	Citado
Secretos de un matrimonio Ingmar Bergman	1973	2000	*Escenas de un matrimonio* A: Ingmar Bergman; VE: Emilio Hernández	Suecia	tv	GA2005
Clerks Kevin Smith	1994	2000	*Casi Clerks. Tributo irrespetuoso a Kevin Smith* A: Sergio Macías	EE.UU.	cine	
La naranja mecánica Stanley Kubrick	1971	2000	A: Eduardo Fuentes	EE.UU.	novela	GA2005
Cyrano de Bergerac Michael Gordon	1950	2000	A: Edmund Rostand	EE.UU.	teatro	GA2005
El verdugo Luis García Berlanga	1963	2000	A: Bernardo Sánchez Salas	España	cine	RC2008 GA2005
Crimen perfecto Alfred Hitchcock	1954	2000	A: Frederik Knott; VE: José López Rubio	EE.UU.	teatro	GA2005
The Full Monty Peter Cattaneo	1997	2001	A: Terrence McNally i David Yazbek; VE: Mario Gas	EE.UU.	cine	
Las amistades peligrosas, Stephen Fears; *Valemont*, Milos Forman	1988 1989	2001	A: Christopher Hampton; VE: Mercedes Abad	EE.UU.	novela	GA2005
Atraco a las tres José María Forqué	1962	2001	A: Blanca Suñén	España	cine	RC2008 ÍNDICE

Continúa

Película Título/Director	Estreno Cine	Estreno Teatro	Obra Teatral A = Autor/Adaptador Versión Española = Ve	País	Origen	Citado
La cena de los idiotas Francis Veber	1998	2001	A: Francis Veber; VE: Francisco Mir	Francia	teatro	RC2008 GA2005
Doce hombres sin piedad Sidney Lumet	1957	2001	A: Reginald Rose; VE: Nacho Artime	EE.UU.	teatro tv	GA2005
Familia Fernando León de Aranoa	1997	2001	A: Carles Sans	España	cine	
Cuando Harry encontró a Sally Rob Reiner	1989	2002	A: Octavi Egea, Ricard Reguant, Joan Vives	EE.UU.	cine	
Los puentes de Madison Clint Eastwood	1995	2002	A: Josep Costa	EE.UU.	novela	RC2008
El príncipe y la corista Laurence Olivier	1957	2002	A: Terence Rattigan; VE: Vicente Molina Foix	EE.UU.	teatro	RC2008
Paseando a Miss Daisy Bruce Beresford	1989	2002	A: Alfred Uhry	EE.UU.	teatro	RC2008
Manuscrito encontrado en Zaragoza Wojciech Jerzy Has	1964	2002	A: Francisco Nieva	Polonia	novela	ÍNDICE
Arsénico por compasión Frank Capra	1944	2003	A: Joseph Kesselring; VE: Joan Guaski	EE.UU.	teatro	RC2008
Como en las mejores familias Jaoui-Bacri	1996	2003	A: Jaoui-Bacri	Francia	teatro	RC2008

Tablas y esquemas: Tabla Nº1

Película Título/Director	Estreno Cine	Teatro	Obra Teatral A = Autor/Adaptador Versión Española = Ve	País	Origen	Citado
El bazar de las sorpresas Ernst Lubitsch	1940	2004	*La tienda de la esquina* A: Evelyne Fallot, Jean-Jacques Zilbermann; VE: J. J. Arteche	EE.UU.	teatro	RC2008
Alguien voló sobre el nido del cuco Milos Forman	1975	2004	A: Dale Wasserman; VE: Jaroslaw Bielski	EE.UU.	novela	ÍNDICE
Como agua para chocolate Alfonso Arau	1992	2004	A: Laura Esquivel	EE.UU.	novela	RC2008
En tierra de nadie Danis Tanovic	2002	2004	A: Ernesto Caballero	Europa (varios)	cine	RC2008 ÍNDICE
84 Charing Cross Road David Hugh Jones	1986	2004	A: James Roose-Evans; VE: Isabel Coixet	EE.UU.	novela	RC2008
Diario de una camarera Luis Buñuel	1964	2004	A: Manuel Tiedra, Compañía Actúa Teatro	México	novela	
El señor Ibrahim y las flores del Corán Francois Dupeyron	2003	2004	A: Eric-Emmanuel Schmitt; VE: Ernesto Caballero	Francia	relato	ÍNDICE
El graduado Mike Nichols	1967	2005	A: Terry Johnson; VE: Juan Cavestany	EE.UU.	cine	
El otro lado de la cama Emilio Martínez Lázaro	2002	2005	A: Roberto Santiago	España	cine	RC2008

Continúa

Película Título/Director	Estreno Cine	Estreno Teatro	Obra Teatral A = Autor/Adaptador Versión Española = Ve	País	Origen	Citado
La soga Alfred Hitchcock	1948	2005	A: Patrick Hamilton	EE.UU.	teatro	RC2008
El ángel exterminador Luis Buñuel	1961	2005	*Der Würgeengel* A: Karst Woundstra	México	cine	
El zoo de cristal Paul Newman	1987	2005	A: Tennessee Williams	EE.UU.	teatro	RC2008
Solas Benito Zambrano	1999	2005	A: Antonio Onetti	España	cine	ÍNDICE
El cartero y Pablo Neruda Michael Radford	1995	2005	*El cartero de Neruda* A: Antonio Skármeta	Italia	teatro	RC2008
¿Quién teme a Virginia Woolf? Mike Nichols	1966	2006	A: Edward Albee	EE.UU.	teatro	GA2005
El florido pensil Juan José Porto	2002	2006	A: Tanttaka Teatroa	España	teatro	RC2008
Misterioso asesinato en Manhattan Woody Allen	1993	2006	A: José Luis Martín	EE.UU.	cine	RC2008
Las mujeres de verdad tienen curvas Patricia Cardoso	2002	2006	A: Josefina López	EE.UU.	teatro	RC2008
Closer Mike Nichols	2004	2007	A: Patrick Marber; VE: Coté Soler y Mariano Barroso	EE.UU.	teatro	

Tablas y esquemas: Tabla N°1

Película Título/Director	Estreno Cine	Estreno Teatro	Obra Teatral A = Autor/Adaptador Versión Española = Ve	País	Origen	Citado
Soldados de Salamina David Trueba	2003	2007	A: Julie Sermon, Joan Ollé	España	novela	RC2008
El león en invierno Anthony Harvey	1968	2007	Autor: James Goldman	EE.UU.	teatro	RC2008
El cartero siempre llama dos veces Bob Rafelson	1981	2007	A: Jaroslaw Bielski, basada en la novela de James M. Cain	EE.UU.	novela	RC2008
Buenas noches, madre Tom Moore	1986	2007	A: Marsha Norman; VE: Miguel Sierra	EE.UU.	teatro	RC2008
En la cama Matías Bize	2006	2008	A: Yolanda García Serrano	Chile	cine	ÍNDICE
Sonata de otoño Ingmar Bergman	1978	2008	A: José Carlos Plaza y Manuel Calzada	Suecia	cine	
De la vida de las marionetas Ingmar Bergman	1980	2008	A: Jaroslaw Bielski	Suecia	cine	ÍNDICE
El pisito Marco Ferreri	1958	2009	A: Juanjo Seoane; Bernardo Sánchez		novela corta	ÍNDICE
Días de vino y rosas Blake Edwards	1962	2009	A: Owen McCafferty; VE: David Serrano	EE.UU.	teatro tv	ÍNDICE
Películas de los hermanos Marx	1935–1946	2009	*La verdadera historia de los hermanos Marx* A: Julio Salvatierra	EE.UU.	cine	

Continúa

TABLAS Y ESQUEMAS: TABLA Nº1

Película Título/Director	Estreno Cine	Teatro	Obra Teatral A = Autor/Adaptador Versión Española = Ve	País	Origen	Citado
Ser o no ser Ernst Lubitsch	1942	2009	A: Nick Whitby; VE: Julio Salvatierra		relato	ÍNDICE
Glengarry Glen Ross James Foley	1992	2009	A: David Mamet		teatro	ÍNDICE
39 escalones Alfred Hitchcock	1935	2009	A: Patrick Barlow; VE: Jorge de Juan García		novela	ÍNDICE
El pez gordo John Swanbeck	2004	2009	A: Roger Rueff	EE.UU.	teatro	
La tentación vive arriba Billy Wilder	1955	2010	A: George Axelrod; VE: Verónica Forqué; Pablo Motos; Laura Llopis y Arturo González	EE.UU.	teatro	
Magnolias de acero Herbert Ross	1989	2010	A: Robert Harling	EE.UU.	teatro	GA2005
Sé infiel y no mires con quien Fernando Trueba	1985	2010	A: Ray Cooney; John Chapman	España	vodevil	
Dogville Lars von Trier	2003	2010	A: Christian Lollike; VE: Nina Reglero	Dinamarca	cine	
Secretos de un matrimonio. Sarabanda Ingmar Bergman	1973 2003	2010	A: Ingmar Bergman; VE: Marta Angelat	Suecia	tv	ÍNDICE
Una relación privada Frédéric Fonteyne	1999	2010	*Una relación pornográfica* A: Philippe Blasband; VE: José Ramón Fernández	Francia	cine	
Amar en tiempos revueltos Antonio Onetti	2010	2010	A: Antonio Onetti, Josep María Benet i Jornet, Adolf Sierra	España	tv	

Esquema Nº1/LVH: comparación del guión original de *La vida en un hilo* con la película filmada.

Leyenda:

SECUENCIAS: Desglose de secuencias según el guión original de la película.
ACCIÓN FÍLMICA Y CAMBIOS INTRODUCIDOS EN LA PELÍCULA: Descripción de la acción fílmica correspondiente a cada secuencia. El desglose y los títulos de secuencias según el guión. Los cambios advertidos en la película con respecto al guión están señalados en cursiva. En los comentarios resaltamos los efectos técnicos de las transiciones entre escenas mencionados en el guión, cuando coinciden con su realización en la pantalla (en mayúscula), y señalamos eventuales incoherencias al respecto. Comentamos también la aplicación de las modificaciones exigidas por la censura.

Esquema Nº1/LVH

Secuencias	Pág. guión	Acción fílmica y cambios introducidos en la película
Estación de provincia	1–3	Mercedes se despide de sus tías y de Anselmo en el andén de la estación. Viene la criada con el reloj que ha de ser llevado a Madrid. *El diálogo entre Mercedes y sus tías queda considerablemente abreviado, pero conserva todos los temas e ideas del guión. Se añade la frase dirigida a la viuda: 'Para diciembre puedes quitarte el anillo', que hace constancia del tiempo transcurrido desde la muerte de Ramón.*
Interior del vagón	4–5	Encuentro en el compartimento con Madame Dupont. Las dos juntas tiran el reloj por la ventana.
Exterior del vagón	6	Imagen del tren alejándose. CORTINILLA
Interior del vagón	7	De noche. M. Dupont empieza su relato revelando el punto crucial de la vida de Mercedes.
Exterior tienda de flores	8	Imagen de la tienda desde fuera. Entra Mercedes.
Interior tienda de flores	9	Mercedes atendida por una vendedora. En la tienda están también Ramón, eligiendo flores, y Miguel, comprando peces. CORTINILLA
Interior del vagón	10	Mercedes y M. Dupont hablando. *Suprimidas las frases de la adivinadora: 'También el destino tuvo la culpa' y '[. . .] por designio inexorable de la Providencia.'* CORTINILLA
Interior de la tienda	11	Diálogos de Miguel y Ramón con la vendedora.

Continúa

Secuencias	Pág. guión	Acción fílmica y cambios introducidos en la película
Exterior de la tienda	12	Mercedes esperando un taxi: rechaza la propuesta de subir al taxi de Miguel y acepta la oferta de Ramón.
Interior del automóvil	13	Mercedes y Ramón hablando. Descubren que tienen amigos comunes, la familia Vallejo.
Calle exterior	14	Mercedes se despide de Ramón. CORTINILLA
Interior del vagón	15	Mercedes empieza a evocar su pasado con Ramón. *Añadida la última frase: 'Su principal conversación era la descripción de los puentes que hacía.'* CORTINILLA
Comedor de la casa de Vallejo	16	Mercedes y Ramón de visita en la casa de los Vallejo. Conversaciones de sobremesa. *Añadida la primera frase de la escena: '¿De modo que Usted, decididamente, hace puentes?'*
Salón de casa Vallejo	18	Tomando el café en el salón. *Suprimido un fragmento de la voz de M. Dupont: '[. . .] era lo que la inmensa mayoría de las madres imaginarían como un buen marido sin considerar el caudal de tedio que poseen aquellos hombres. . .' y el final de la voz en off de Mercedes: '[. . .] rodeada de tanta dicha convencional.'*
Interior iglesia	19	Boda de Mercedes y Ramón en la iglesia. *Cambia el procedimiento de transición que conduce a dicha secuencia: en vez del fundido encadenado de visillos-velo blanco de la novia que preveía el guión, se emplea el corte a la imagen del altar. Suena la voz de Mercedes hablando sobre el uniforme de Ramón en lugar de la de M. Dupont que dice en el guión: 'Este hombre tenía, en efecto, todas esas virtudes, pero también un defecto que las anulaba y es que era un perfecto pelmazo.'* CORTINILLA
Interior del vagón	20	*Suprimida la expresión 'creado por el destino' de la voz en off de M. Dupont.* CORTINILLA
Exterior de la tienda	21	*Repetida la escena con Mercedes esperando el taxi y Miguel saliendo de la floristería. Al escuchar la voz de M. Dupont, esta vez Mercedes acepta la propuesta de Miguel.*
Interior del taxi	22-25	Conversación con Miguel. *Omitidas las referencias de Miguel a su vocación de poeta y al autor del poema que recita, 'El tren expreso', del poeta Campoamor.*
Exterior en el portal	26	Mercedes y Miguel improvisan una cita. *Añadido: Al final de la secuencia el taxista dice: 'No acabo de entender esto'.*

Secuencias	Pág. guión	Acción fílmica y cambios introducidos en la película
Estudio de Miguel Ángel	27-29	Mercedes visitando el estudio de Miguel; en él: la maqueta de un monumento, una escultura de mujer durmiendo, un cuadro de El Greco. Viene Cotapos y anuncia la llegada de la familia De Sánchez. *En vez de la figura griega mencionada en el guión, en la pantalla aparece un cuadro de El Greco y el diálogo se ajusta a dicho cambio.* CORTINILLA
Dentro del vagón	30	Conversación entre Mercedes y M. Dupont.
Estudio de Miguel Ángel	31-33	Cotapos instruye a la pareja sobre cómo causar buena impresión. Vienen los Sres. de Sánchez y le explican el encargo a Miguel. *Quitada la frase de Cotapos con la que se dirige a Miguel: 'mira que estas gentes de los pueblos son muy desconfiadas y se fían mucho de las apariencias'. Tampoco aparecen los niños mencionados en el guión: aquí los señores De Sánchez vienen acompañados por 'una solterona'. Añadida la frase final de Miguel: 'Perfectamente, no hablemos más, mándenme al barbero'.*
Dentro del vagón	34	Mercedes y M. Dupont en el tren. CORTINILLA
Plaza Mayor de Burguillos	35	La inauguración del monumento de Miguel. *Desaparecen las voces en off de M. Dupont y Mercedes; se escuchan, en cambio, unas frases cortas de la ceremonia y fuegos artificiales.*
Sala de la casa del pueblo	36	Los invitados van retirándose después de la recepción. La Sra. de Sánchez les desea buenas noches a Mercedes y Miguel. *Ellos dos no sólo intercambian las miradas, como preveía el guión, sino que se añaden gestos más explícitos y palabras de Miguel, quien finalmente empuja a Mercedes hacia el dormitorio.*
Salita con alcoba	37	La Sra. de Sánchez les enseña el dormitorio. *Miguel en vez de comentar 'una habitación hermosa', en la película dice: 'bonita la cama, sí, señora.'* CORTINILLA
Interior del vagón	38	Mercedes y M. Dupont conversan en el tren.
Interior de la iglesia	39	Boda de Mercedes con Miguel. Antes de llegar al altar, a Miguel lo reemplaza Ramón. CORTINILLA VERTICAL
Salón del hotel	40	La noche de bodas. Ramón ordenando las tarjetas y Mercedes arreglándose. *Añadida una frase de Ramón sobre la necesidad de contestar las tarjetas.*

Continúa

Secuencias	Pág. guión	Acción fílmica y cambios introducidos en la película
Alcoba del hotel	41–42	Ramón no puede quitarse las botas, Mercedes intenta ayudarle, pero sin éxito.
Exterior de la casa	43	La casa del pueblo vista desde fuera. *Travelling* por el salón, el dormitorio, hasta llegar al cuarto de baño. La voz en *off* de Mercedes conserva la frase reprochada por la censura: 'Me instaló con su familia que era como él: llena de virtudes, pero que carecían de la facultad de hacer la vida amable a las gentes con quienes vivían.'
Alcoba de la casa del norte	44–45	Aquí la *voz en off* de Mercedes pronuncia otra frase desaprobada por la censura: 'aquella gente era un nido de aburrimiento profundo.' *Añadida la última frase: 'Les voy a contar a Ustedes cómo era un día con aquella gente, así era la mañana...'*
Salón de la casa del Norte	46–47	Dos criadas, Tomasa y María, limpiando el salón. Tía Escolástica se da cuenta de la ausencia del reloj de Ramón y del cuadro de Brigadier, se lo comenta a Ramona. *El paso a la siguiente escena se hace a través del plano del cuadro, en vez del fundido en negro previsto según el guión.*
Visita de Dª Encarnación y Dª Purificación	47–51	Conversación entre las invitadas, las tías y Mercedes, sobre las visitas a Madrid, la comida, Mariano Puerto y su mujer, Isabel. *Al principio se añade la voz en off de Mercedes: 'Era la tarde'. Diálogos recortados: quitada la parte gastronómica con referencias al plato 'Vaca a la moda'. Además, Dª Encarnación y Dª Purificación no vienen acompañadas de una niña.*
Visita de los Sres. Arrigurrita con D. Horacio y los niños	51–52	Ramona explica a Mercedes cómo tiene que portarse con los invitados. Viene la familia Arrigurrita. *Empieza con el primer plano de un mueble (mientras se escucha el diálogo entre Ramona y Mercedes) y no del retrato, como dice el guión. Al principio añadida la voz en off de Mercedes: 'Así era la noche'. Recortadas las instrucciones de la tía Ramona. La niña Luisita acompañada de otro niño, no aparece la cuñada Filomena.*
Comedor de la casa del Norte	53–54	Conversaciones durante la comida. *Omitida la alusión al chiste sobre Otto y Fritz, y cuando los invitados pasan al salón se introduce una conversación entre Ramón y Arrigurrita no prevista en el guión.*

Secuencias	Pág. guión	Acción fílmica y cambios introducidos en la película
Salón de la casa del Norte	55	Mercedes escandaliza a las invitadas al aceptar un cigarrillo. Durante la conversación con tía Ramona y Sra. Arrigurrita surge el tema del cine. Los niños cantan. *Algunas frases de Mercedes, en vez de ella, las dice Ramón; La escena termina con los niños cantando, pero en vez de 'O sole mío', suena 'Muñequita deliciosa, reina de mi hogar' y quedan omitidos los diálogos al final.* CORTINILLA
Alcoba de la casa del Norte con el cuarto de baño	57–59	Discusión entre Ramón y Mercedes. Llega la carta de la amiga Isabel anunciando su visita. Ramón promete a su esposa una excursión a Madrid. *En el guión Ramón está haciendo gárgaras, tiene la boca llena de agua y entra al baño para escupirla; en la pantalla traga el agua sin darse cuenta. En el parlamento de Mercedes en defensa de su amiga Isabel, queda omitida la reiterada referencia a su oficio de écuyère (escuchada antes en la conversación con Dª Encarnación y Dª Purificación).* CORTINILLA
Exterior del tren	60	Plano general del tren, las voces en *off*. *Añadida la primera frase de Mercedes: 'siempre se las arreglaba para estropearlo todo al final.'*
Habitación del hotel	61	Mercedes preparándose ante el espejo para salir; la voz en *off* explica que está estrenando un sombrero, detalle que Ramón resulta incapaz de advertir. FUNDE A NEGRO
Sala de baile	62–63bis	La orquesta tocando. El violinista se dirige a la mesa de Mercedes y Ramón, dificultando la conversación con el camarero. Encuentro con amigos de Ramón. *Cambio en la planificación de la escena: en el guión Ramón primero ve a su amigo Arribachu (Cirilo y otros) bailando y luego se sienta a su mesa; en la pantalla, lo ve cuando está hablando con el camarero y los dos se ponen a bailar después de sentarse en una mesa. Asimismo, se omite comentario en off que comentaba su intención de bailar. Se añade, sin embargo, una frase de Mercedes: 'Eran muy aficionados a recordar cosas y gentes que yo no conocía, se reían a carcajadas sin explicarme nunca por qué'. Las conversaciones que suenan cuando están en la pista de baile quedan recortadas y Ramón, bailando con Mercedes, en vez de señalar a una 'morena muy guapa', se fija en una rubia.* CORTINILLA

Continúa

Secuencias	Pág. guión	Acción fílmica y cambios introducidos en la película
Interior del vagón	64	Mercedes y M. Dupont. *La voz en off de M. Dupont queda reducida a una frase, se omiten las referencias a su clase social y situación económica, escuchamos tan sólo: 'Miguel, tenía otra manera de comprender a las mujeres'.* CORTINILLA
Estudio de Miguel	65	Visita del comprador de cuadros introducido por Cotapos. Aparece Mercedes con un sombrero nuevo. *En concordancia con el cambio señalado antes (pp. 27-29) el comprador no está interesado en una figura griega, sino en el cuadro de El Greco. A las frases de Miguel sobre la falta de patricios ('se ha perdido hasta el respeto hacia los muertos'), Cotapos añade: 'Sí, los muertos, después de que se mueran no les hace caso nadie.' El motivo del regalo para Isabel ya no es su santo, sino su cumpleaños. A las últimas palabras de la escena, pronunciadas por Miguel, se añade la réplica de Mercedes: 'Te va a ser difícil, muy difícil'.* FUNDIDO ENCADENADO
Exterior calle	69	Mercedes con Miguel en la calle. Miguel desaparece y ella, sin darse cuenta, sigue conversando. Miguel, disculpándose, le regala una rosa. Llegan a la peletería.
Interior de la peletería	70-71	El abrigo que quiere comprar Mercedes ya está vendido, Miguel le pide que se pruebe otro, más caro. FUNDIDO ENCADENADO
Casa de Mariana	72-73	En la casa de Mariana. Conversación con Isabel. *Escena reorganizada en su mayor parte: al principio, un diálogo añadido separa a Miguel de Mercedes, dejándola a solas con Mariana; se introduce el personaje de Isabel, antes sólo aludido en el guión, se añade la frase que explica por qué la gente critica tanto a los 'bohemios' ('porque nos tienen envidia, porque creen que somos más felices que ellos') y la voz en off de M. Dupont que comenta la desilusión de Mercedes con respecto a su amistad con Isabel.* FUNDIDO ENCADENADO
Interior del vagón	74	Secuencia suprimida en la película. Algunas frases de las voces en *off* que la acompañaban se incorporan a la escena anterior.
Estudio de Miguel Angel	75-76	Mercedes, deprimida, habla con Mariana por teléfono. Miguel le regala el abrigo de visón. *La cámara explica cómo Miguel ha conseguido el dinero mostrando, en vez del vacío que ha dejado la estatua (guión), el atril sin cuadro (película).* FUNDIDO ENCADENADO

Secuencias	Pág. guión	Acción fílmica y cambios introducidos en la película
Sala de baile	77–79	Mercedes y Miguel, acompañados de Mariana y su marido, coinciden en el baile con Ramón, su mujer, Teresa, y Arribachu. Se sientan en la misma mesa. Ramón baila con Mercedes. *En la película Ramón insiste en contar un cuento.* CORTINILLA
Interior del vagón	80	Conversación entre Mercedes y Madame Dupont. *La intervención de Mercedes queda abreviada; se omite el fragmento: '[hasta aquella noche decisiva] seguí viviendo con las gentes más pesadas y con más lugares comunes de toda la provincia'.* CORTINILLA
Comedor de la casa del Norte	81–82	Durante la comida Doña Encarnación habla de la importancia del queso. Ramón anuncia su decisión de empezar 'la vida higiénica'. Todos se levantan y salen al salón. Elipsis. Entran al comedor las tías y Mercedes, todas vestidas de luto. *La voz en off ('Y así fue, se empeñó en dormir con el balcón abierto de par en par y a los ocho días cogió una pulmonía que le mandó al otro mundo') que en el guión pertenecía a M. Dupont, ahora le corresponde a Mercedes.*
Exterior del tren	83	En primer término un tren pasa con dirección al Norte. La llegada a la estación de Madrid.
Pasillo del tren	84	Mientras Mercedes y Madame Dupont están hablando en el pasillo del tren, Miguel pasa al lado desapercibido.
Exterior de la estación	85	Miguel avanza por el pasillo y baja del tren; Mercedes se despide de Madame Dupont y camina entre los viajeros, junto a Miguel, pero sin saberlo. A la salida de la estación se separan y cada uno sigue su camino.
Exterior de la estación, calle	86	Miguel le ofrece a Mercedes su taxi. Ella rechaza su oferta al principio, pero cuando el coche se para, deja convencerse y sube al taxi con Miguel.
Interior del taxi	87–89	Diálogo en el taxi. Mercedes no se da cuenta de que está hablando con Miguel. Cuando bajan del taxi, al artista se le cae una flauta. *En el diálogo cambia solamente el orden de algunas frases; en la película llegan al destino más tarde (más avanzada la conversación).*
Portal	90	Mercedes se da cuenta de que el desconocido del taxi es Miguel, da vuelta y echa a correr tras el taxi.
Exterior calle	91	Mercedes alcanza el taxi de Miguel, que otra vez ha tenido que parar a causa de una avería.

Continúa

Secuencias	Pág. guión	Acción fílmica y cambios introducidos en la película
Interior del taxi	92	Mercedes intenta explicarle a Miguel el feliz destino que les espera. Miguel está sorprendido por todos los detalles que Mercedes sabe sobre su vida. *Entre dichos detalles (su nombre, la dirección, el inventario de su estudio), Mercedes menciona el cuadro de El Greco, en vez de una estatua griega.*

Esquema Nº2/LVH: comparación de las versiones cinematográfica y teatral de *La vida en un hilo*.

Leyenda:

El siguiente esquema divide la acción fílmica en 33 escenas y la teatral en 26 escenas. Para destacar las omisiones y faltas de equivalentes utilizamos celdas de color gris. Las escenas teatrales se inscriben en la división de la pieza dramática del modo siguiente: 1º parte: 13 escenas; 2º parte: 8 escenas; Epílogo: 5 escenas.

Esquema Nº2/LVH

Película	Obra teatral Primera parte
La estación de trenes	La casa del Norte
Mercedes con las tías de Ramón	Mercedes con las tías de Ramón
Mercedes se despide de sus tías y de Anselmo en el andén de la estación. Viene la criada con el reloj que ha de ser llevado a Madrid.	Mercedes se está preparando para la mudanza a Madrid. Las tías Escolástica y Ramona la obligan a llevar el reloj.
Dentro del tren	La casa del Norte
Encuentro con Madame Dupont	Encuentro con Doña Tomasita
Mercedes coincide con Madame Dupont en el compartimiento. La artista de circo le explica su don de adivinadora.	Viene Doña Tomasita y la recibe Mercedes. La prendera le enseña las alhajas y revela sus capacidades mágicas.
La tienda de flores	La tienda de flores
Encuentro con los dos destinos	Encuentro con los dos destinos
Mercedes atendida por una vendedora. En la tienda están también Ramón y Miguel. A la salida, en vez de aceptar la propuesta de Miguel, la joven sube al coche de Ramón.	En la tienda Mercedes se encuentra con Miguel, comprando peces, y Ramón eligiendo flores. Luego, esperando el taxi, rechaza a Miguel y acepta la oferta del otro.
Interior del taxi	Interior del taxi (imaginario)
Conversación con Ramón	Conversación con Ramón
Mercedes va a casa en el nº3 de Juan Bravo, que es donde viven los amigos de Ramón, los Vallejo.	Mercedes va al nº 20 de Juan Bravo, a la casa de los Vallejo. Resulta que son también amigos de Ramón.

Continúa

Película	Obra teatral Primera parte
En casa de los Vallejo Mercedes y Ramón de visita Primero, sentados a la mesa en el comedor, mantienen una conversación sobre los puentes; luego toman café en el salón.	Salón de la Sra. de Vallejo Mercedes y Ramón de visita En el salón están Luisita, que acaba de cantar, Ramón, Mercedes, los Vallejo, Doña Encarnación y una joven. La niña recita un poema y canta una canción canadiense. Asimismo, se ponen a cantar Ramón y la Sra. Vallejo. Luisita, entona ¡A la boticaria!, y recibe una bofetada de su padre.
Iglesia Boda con Ramón Mercedes y Ramón avanzan hacia el altar.	Iglesia Boda con Ramón Mercedes y Ramón avanzan hacia el altar.
La tienda de flores Mercedes y Miguel Mercedes acepta el favor del desconocido y se sube a su taxi.	La tienda de flores Mercedes y Miguel Mercedes acepta el favor del desconocido y se sube a su taxi.
Interior del taxi Conversación con Miguel	Interior del taxi Conversación con Miguel
Estudio de Miguel Visita en el estudio y llegada de los Sres. de Sánchez, introducidos por Cotapos Miguel le enseña a Mercedes su estudio. Vienen los Sres. de Sánchez y Mercedes simula ser su esposa.	Estudio de Miguel Visita en el estudio y llegada de los Sres. de Sánchez Miguel le enseña a Mercedes su estudio. Vienen los Sres. de Sánchez y Miguel simula ser su esposa.
La plaza de Burguillos Inauguración del monumento Mercedes y Miguel en la ceremonia de inauguración, se oye un fragmento del discurso del alcalde.	La plaza de Burguillos Inauguración del monumento El monumento pintado en un telón. Suena música.
Casa del pueblo Mercedes y Miguel recibidos por los Sres. de Sánchez Los invitados retirándose del salón, Sra. de Sánchez conduce al 'matrimonio' al dormitorio y les desea buenas noches.	Casa del pueblo Mercedes y Miguel recibidos por los Sres. de Sánchez Mercedes y Miguel, en el cuatro de dormir, comentan la ceremonia. Los Sres. de Sánchez se despiden y les dejan solos.

Película	Obra teatral Primera parte
Interior de la iglesia Boda con Miguel Mercedes con Miguel vestidos de novios, van avanzando hacia el altar. En un momento dado a Miguel lo sustituye Ramón. CORTINILLA VERTICAL	Interior de la iglesia Boda con Miguel Mercedes va avanzando con Miguel hacia el público. Aparece Ramón y sustituye al novio. La nueva pareja sigue su paso hacia las candilejas.
Habitación del Hotel Palace La noche de bodas Ramón está respondiendo las tarjetas con felicitaciones en el salón y Mercedes, arreglándose en otro cuarto. Al final, ambos pasan al dormitorio. Ramón no puede quitarse las botas, Mercedes le ayuda, sin éxito.	Habitación del Hotel Palace La noche de bodas En la misma habitación Ramón lee las tarjetas y luego, con la ayuda de Mercedes, intenta quitarse las botas. TELÓN INTERVALO

Película	Obra teatral Segunda parte
Casa del Norte Casa de una ciudad industrial de provincia, desde fuera y en los interiores.	Casa del Norte Panorámica que aparece pintada en el telón.
La mañana en casa del Norte Mercedes está durmiendo en el dormitorio y Ramón lavándose en el cuarto de baño.	La mañana en casa del Norte Mercedes está durmiendo, Ramón la despierta con el ruido de sus abluciones.
Salón de la casa del Norte La desaparición del cuadro Dos criadas, Tomasa y María, están limpiando el salón. La tía Escolástica advierte la ausencia del reloj de Ramón y del cuadro de Brigadier, se lo comenta a Ramona.	Salón de la casa del Norte La desaparición del cuadro La tía Escolástica y la criada Dolores están limpiando el salón, y se dan cuenta de los cambios que ha hecho Mercedes en la decoración de la casa: falta el cuadro y el reloj. Viene Ramona. Todo será colocado de nuevo.
La casa del Norte Visita de Dª Encarnación y Dª Purificación. Conversación entre Dª Encarnación, Mercedes y las tías.	La casa del Norte Visita de Dª Encarnación Conversación entre Dª Encarnación, Mercedes y las tías.

Continúa

Película	Obra teatral Segunda parte
La escena no aparece en la película, su lugar la ocupa la siguiente: la visita de los Arrigurrita.	La casa del Norte Visita de los Vallejo Ramón entra al salón acompañado de los señores Vallejo, con quienes se ha encontrado en la escalera. Se cuentan los cuentos y se habla de cine. Mercedes fuma, observada por todos. Luisita canta *O sole mío* (lo que estaba previsto que cantara en el guión). Apagón y suena la radio: anuncio de publicidad.
Visita de los Sres. Arrigurrita, con D. Horacio y los niños	La escena no aparece en la obra. Parte de los diálogos incorporada a la escena anterior.
Alcoba de la casa del Norte Discusión entre Mercedes y Ramón Mercedes critica el comportamiento de sus amigos. Ramón promete llevarla a Madrid, para que pueda ver allí a su amiga, Isabel.	El dormitorio de la casa del Norte Discusión entre Mercedes y Ramón Mercedes critica el comportamiento de sus amigos. Ramón promete llevarla a Madrid, para que pueda ver allí a su amiga, Isabel.
Habitación del Hotel Palace Preparaciones antes de salir Mercedes y Ramón están preparándose para salir. Ensayan bailando en la habitación.	Habitación del Hotel Palace Preparaciones antes de salir Mercedes y Ramón están preparándose para salir. Ensayan bailando en la habitación.
Sala de baile Encuentro con los amigos de Ramón Mercedes y Ramón coinciden en el baile con los amigos de Ramón y se sientan en la misma mesa.	Sala de baile Encuentro con los amigos de Ramón Mercedes prefiere quedarse sentada a bailar. Arribachu, amigo de Ramón, con su esposa, se sientan en la mesa de al lado. Cae el telón y Mercedes se dirige al público. Cuando sube otra vez, Ramón está bailando con Angustias, que es ahora su esposa; aparecen también los Vallejo y Dª Encarnación. Entran a bailar Miguel con Mercedes. Resulta que Ramón y Miguel se conocen, por un contrato de puente en el que han intervenido como ingeniero y escultor. En el siguiente baile cambian de parejas.

Película	Obra teatral Segunda parte
Estudio de Miguel Visita de Marchante con Cotapos	Escena omitida en la obra
En la calle Mercedes y Miguel hablando	Escena omitida en la obra
En la peletería Probando el abrigo	Escena omitida en la obra
En casa de Mariana Encuentro con Isabel	Escena omitida en la obra
Estudio de Miguel El regalo para Mercedes	Escena omitida en la obra
Sala de baile Encuentro de dos parejas: Miguel y Mercedes con Ramón y su esposa, Teresa Miguel, acompañado de Mariana y su marido, coincide en el baile con Ramón, su mujer (Teresa) y Arribachu. Se sientan en la misma mesa. Ramón baila con Mercedes.	Escena incluida en la anterior escena de la a sala de baile
Comedor de la casa del Norte Elipsis de la muerte de Ramón Mercedes, Ramón, sus tías y los Vallejo escuchan, sentados a la mesa, el discurso de Dª Encarnación sobre la importancia del queso. Román decide empezar la 'vida higiénica'. Elipsis. Mercedes con las tías entrando al salón, todas vestidas de luto.	Comedor de la casa del Norte Elipsis de la muerte de Ramón Mercedes, Ramón, sus tías y los Vallejo escuchan, sentados a la mesa, el discurso de Dª Encarnación sobre la importancia del queso. Román decide empezar la 'vida higiénica'. Elipsis. Mercedes con las tías entrando al salón, todas vestidas de luto.

Continúa

Película	Obra Teatral Epílogo
Pasillo del tren Diálogo entre Mercedes y M. Dupont Mercedes se despide de M. Dupont y camina entre multitud, saliendo de la estación, al lado de Miguel, sin saberlo.	Casa de Mercedes en Madrid El accidente causado por reloj Doña Tomasita está en la casa de Mercedes. La joven la ha traído a la capital para que encuentre a Miguel y ahora la prendera le relata los resultados de su búsqueda. Mercedes decide deshacerse del reloj de Ramón y lo tira por la ventana, destruyendo la claraboya del piso de su vecino, Miguel.
Exterior de la estación Encuentro con Miguel En el taxi Mercedes y Miguel hablando En la calle Mercedes se da cuenta del encuentro y corre tras el taxi	Casa de Mercedes Encuentro con Miguel Miguel viene a casa de Mercedes para quejarse del accidente. La joven lo reconoce y empieza a sorprenderle contando los detalles de su vida y convenciendo del feliz destino que les aguarda desde hace tiempo.
En la película esta escena aparece sólo una vez.	Casa de Mercedes Visita de los Sres. de Sánchez Vienen los señores de Sánchez para encargarle a Miguel un monumento. Escena repetida, aunque recreada de modo diferente, puesto que Mercedes la vive por segunda vez.
Mercedes y Miguel en el taxi Diálogo final	Casa de Mercedes Diálogo final

Esquema Nº5/LVH: diálogos análogos en las versiones cinematográfica y teatral de *La vida en un hilo*.

Esquema Nº5/LVH

Película	Obra Teatral
Secuencia 1	Parte primera
Estación de provincia	Casa de una capital de provincia
TIA ESCOLÁSTICA. — Ya sabes Mercedes que si al llegar a Madrid quieres muebles o cuadros, no tienes más que decirlo.	TIA ESCOLÁSTICA. — Por lo menos te debías de quedar con los muebles dorados del salón, con la vitrina para colocar los bibelots y las porcelanas.
	RAMONA. — Y este despacho. Estos muebles son magníficos y te durarán toda la vida.
MERCEDES. — Muchas gracias, pero los muebles del pobre Ramón están mejor con vosotras, en la casa donde estuvieron siempre.	MERCEDES. — Prefiero que os los quedéis vosotras, así no salen de aquí. No me gusta andar moviendo las cosas de sitio.
	RAMONA. — Ramón tenía un gran aprecio a este despacho.
	MERCEDES. — Por eso, os quedáis vosotras con él; es lo que hubiera deseado vuestro sobrino.
TÍA RAMONA.- Supongo que al menos te llevarás el reloj que le regalaron sus compañeros de estudios.	ESCOLÁSTICA. — Te llevarás, por lo menos, el velón, ¡es magnífico y tan español!
	MERCEDES. — Un poco grande.
	RAMONA. — Yo creo que deberías amueblar tu piso de Madrid con los muebles dorados.
MERCEDES. — Sí, debe estar ya arriba.	MERCEDES. — ¡Dios sabe cómo será mi nuevo piso! Ya sabéis cómo son de pequeñas estas casas nuevas y no me cabría nada de esto. No, yo prefiero dejarlo todo aquí, para vosotras, en recuerdo del pobre Ramón, que tanto os quería.

Esquema Nº1/MAJ: comparación del guión original de *Mi adorado Juan* con la película filmada.

Leyenda:

SECUENCIA: Desglose de secuencias según el guión original de la película.
ACCIÓN FÍLMICA Y CAMBIOS INTRODUCIDOS EN LA PELÍCULA:
Descripción de la acción fílmica correspondiente a cada secuencia y de los cambios advertidos en la película con respecto al guión. Teniendo en cuenta la complejidad y cantidad de las alteraciones, en este caso distinguiremos varios tipos de modificaciones: las que afectan el diálogo, la puesta en escena, la planificación y el contenido de las escenas. En los comentarios resaltamos los efectos técnicos de las transiciones entre escenas (encadenado, fundido, etc.) siempre cuando sean mencionados en el guión. Asimismo, teniendo en cuenta que el presente guión técnico, a diferencia del de *La vida en un hilo*, contiene las descripciones de los planos y movimientos de cámara, destacamos también los cambios referentes a la planificación.

Esquema Nº1/MAJ

Secuencia	Pp.	Acción y cambios introducidos en la película
Paseo de Barcelona. Ext. Interior del automóvil.	1–2	Eloísa con su perrita en un coche elegante conducido por su chófer recorre las calles de la ciudad.
Parque. Ext. Interior del automóvil.	3–6	A petición de Eloísa, el coche se para delante de Sebastián sentado en un banco, acompañado de un chucho. Eloísa baja con su perrita, pasa delante del hombre y vuelve a subir al coche seguida de los dos perros. Mete al chucho en la cesta y el coche arranca. ENCADENADO ESCENA SUPRIMIDA. Será evocada a continuación en la conversación entre los vecinos en el puerto.
Calles. Ext.	7–8	Eloísa hace parar el coche delante de unos grandes almacenes. Una señora mira el escaparate de la tienda y entra con su perro. Eloísa coge a su perrita, las tijeras que le entrega Nicolás, y entra a los almacenes. El chófer la espera silbando. Eloísa vuelve, sube al coche con su perrita y el otro perro. El coche arranca.
Interior de los almacenes. Exterior calle concurrida.	9–11	Rosa, la señora que acaba de entrar en la tienda, está comprando camisetas para su marido. De repente da cuenta de la desaparición de su perro y sale a la calle a buscarlo. ENCADENADO CAMBIOS DIÁLOGO. El diálogo entre Rosa y el dependiente reducido a la reacción al robo. Una parte de esa conversación queda incorporada a la relación de lo ocurrido que Rosa contará a continuación. Se pierde el chiste apoyado en el nombre del perro: en el guión Rosa sale a la calle llamando al perro '¡Pato, patito!'. En la película grita simplemente: '¡Perrito!'
Interior bar-restaurante. Fachada del bar-restaurante. Puerto. Fachada del bar-restaurante. Puerto. Interior bar-restaurante.	12–21	Rosa, desolada, llega al bar de su marido Pedro. Éste, en vista de lo ocurrido, en seguida convoca a los vecinos. Todos reunidos, se dan cuenta de que la responsable de todos los robos es una joven señorita. Deciden recurrir a Juan para que les ayude a recuperar a los perros. ENCADENADO

Continúa

Secuencia	Pp.	Acción y cambios introducidos en la película
Exterior fachada bar-restaurante. Puerto. Exterior fachada bar-restaurante.		**CAMBIOS PLANIFICACIÓN.** En la película queda cambiado el orden de los planos indicado en el guión: en la pantalla vemos primero a Guillermo llamando a Sebastián (plano 25) y acto seguido, a Sebastián acudiendo a su llamada (plano 26 y 28), luego la cámara nos traslada al interior del bar donde Rosa está ya sentada (plano 24) y se escuchan las frases que en el guión Pedro le dirigía a Sebastián gritando fuera del bar (plano 27): *¡A mi mujer también! ¡El perro! Nos lo han robado!* Este grito, aunque montado de otra manera, da cuenta de que a Sebastián, como a la mujer de Guillermo, le han robado el perro: de este modo queda sugerida la escena del principio (pp. 3–6) que indicamos como suprimida. **OTROS CAMBIOS.** El marido de Rosa se llama Guillermo, no Pedro (el cambio resulta coherente con el nombre del bar: 'Casa de Guillermo'). En el guión Sebastián entraba al bar seguido de tres hombres, aquí viene acompañado sólo de Antonio. Así, en la escena intervienen seis (no ocho) personajes: en una mesa quedan reunidos Rosa y Guillermo, Sebastián, Antonio y Nieves; y en otra mesa, al lado, se sienta el profesor. Los diálogos se mantienen prácticamente sin cambios.
	22–25	Sebastián intenta averiguar dónde está Juan. Para ello se dirige a Basilio, pero su pregunta da pie a un diálogo a voces entre varios personajes que intentarán adivinar el paradero de Juan. En la conversación escuchamos a Basilio, Colas, Vecina, Ciclista, Portera, Taxista y Viajero. **CAMBIOS CONTENIDO.** En la película el ciclista interviene el organillero.
Oficina de Juan. Interior de la "Pajarería moderna". Interior Oficina Juan. Interior Perrería. Interior Oficina Juan. Interior Perrería. Interior Oficina Juan Interior de una carnicería de lujo. Interior Oficina Juan.	26–39	Rosa, Sebastián y Antonio vienen a la oficina de Juan y le explican su problema. Juan en seguida empieza a investigar la trama de robos. Con tan sólo unas preguntas descubre que se trata de un fisiólogo que utiliza perros para sus experimentos. Llama a un conocido carnicero para averiguar quién le compra más huesos. Su amigo le proporciona las señas de un científico que vive en un chalet con su hija Eloísa. Juan se compromete a visitar al doctor y recuperar a los perros. ENCADENADO **CAMBIOS PLANIFICACIÓN.** El guión indica que la secuencia se abre con el plano de la puerta de la oficina de Juan abierta y la cámara entrando en *travelling* y explorando el interior de su despacho (estantes vacíos, una jaula con un pájaro, un barco de juguete como

Secuencia	Pp.	Acción y cambios introducidos en la película
		decoración). En la película pasamos directamente (mediante encadenado) del plano de la puerta cerrada, con el letrero 'Juan González', al plano de Juan atendiendo a sus amigos y lo escuchamos ya sacando las conclusiones. **CAMBIOS CONTENIDO/DIÁLOGO.** Se suprime la conversación entre Juan y Pilar, la dependienta de la Pajarería Moderna (pp. 28-32) y una parte de la conversación entre Juan, Rosa, Pedro y Antonio (p. 33). El nombre de la tienda, 'la Pajarería Moderna', será utilizado más tarde, cuando Juan se presente en la casa de Palacios. La acción termina antes: se suprime la secuencia de las páginas 38-39, en la que entraba en escena la camarera, Nieves, haciéndole a Juan una visita. En consecuencia de estas supresiones, Juan parece más decidido y menos inseguro de lo que planteaba el guión. Desaparece la pregunta con la que cuestionaba sus elucubraciones (¿*He dicho alguna tontería?*) y la acotación que hacía referencia a su falta de seguridad: *es un hombre que duda constantemente de sí mismo y no tiene ninguna confianza en sus juicios*. En la pantalla, Juan en seguida adivina el motivo de los robos. El hecho de abreviar sus pesquisas, hace que se pierdan varios chistes y una conversación (la de la Pajarería Moderna) que pone de manifiesto el involuntario éxito de Juan con las mujeres. Este mismo matiz lo subrayaba el diálogo final, también suprimido, puesto que la conversación entre Juan y Nieves dejaba claro el enamoramiento de la chica y la postura intransigente de Juan: Nieves. — *Te quiero, Juan . . .*; Juan. — *¿Y yo a ti no?*; Nieves. — *Pero de otra manera . . .* Juan. — *Ya sabes cómo soy, Nieves . . . Me levanto tarde, estoy siempre ocupado . . . No tengo tiempo para estas cosas . . . Si nos quisiéramos del modo que tú pretendes, ya todo sería un lío . . . Estaríamos siempre preocupados, llenos de jaleo, de disgustos . . .* Entre las frases suprimidas se encuentran las excusas que Juan esgrimía para no tener que visitar al Dr. Palacios, como: *No hacerme mover de aquí . . . Aquello está lejos . . . Hace calor . . . Yo estoy un poco cansado*. En la película Juan accede a ir a buscar a los perros a la primera.

Continúa

Secuencia	Pp.	Acción y cambios introducidos en la película
Exterior casa Eloísa.	40–41	Juan se presenta en casa del Doctor Palacios como dueño de la Pajarería Moderna. El mayordomo no le quiere dejar entrar, pero la amabilidad del desconocido ablanda su actitud y al final él mismo insiste en que Juan pase y espere a ser atendido. ENCADENADO CAMBIOS DIÁLOGO: en la última frase Juan en vez de decir: *No quisiera quedarme toda la tarde*, dice: *toda la noche*.
Interior saloncito. Salón. Interior saloncito. Salón. Interior saloncito. Salón. Interior saloncito. Salón. Pasillo. Habitación. Pasillo.	42–59	Juan, mientras espera en el recibidor de la casa de Palacios, se asoma al salón y observa la reunión de científicos presidida por el Doctor. Escucha el discurso de Palacios y comprende que los perros son utilizados para comprobar el funcionamiento de un nuevo invento que consiste en suprimir la necesidad de dormir. Al final la hija del Doctor, Eloísa Palacios, viene a atenderle y Juan le explica el motivo de su visita, criticando los experimentos de su padre. La señorita niega haber cometido cualquier delito, pide a Juan que les transmita a sus protegidos disculpas de su parte y le entrega los perros. FUNDIDO ENCADENADO CAMBIOS CONTENIDO: queda abreviado el fragmento del discurso del Dr. Palacios que Juan escucha desde el pasillo, cambia también el orden interno de los párrafos del discurso. Eloísa le sorprende a Juan mirando una foto, no su retrato, como preveía el guión en la acotación correspondiente: '*que Juan mire el retrato le halaga a Eloísa, especialmente porque Juan pone cara de embobamiento al contemplarla*'. CAMBIOS DIÁLOGO: Queda abreviada la conversación entre los dos: se suprimen las amenazas de Juan de '*dar cuenta de todo esto a la comisaría más próxima*' (p. 51) y algunas de las más secas y desagradables réplicas de Eloísa, como '*Me está usted ofendiendo*' o '*¿quiere hacer el favor de bajar la voz?*' (p. 51) Se acorta y suaviza el tono de la intervención del camarero. En el diálogo que mantienen Juan y Eloísa al final cambia una palabra: en la frase '*Están durmiendo como fieras*', que dice Juan refiriéndose a los perros, la palabra *fieras* es sustituida por *ángeles*.

Secuencia	Pp.	Acción y cambios introducidos en la película
Exterior casa Palacios.	60	Eloísa acompaña a Juan a la puerta y se despide de él. FUNDIDO ENCADENADO
Salón.	61–62	Eloísa regaña a Paulino y vuelve con los invitados. Habla con Manríquez y le comenta la visita inesperada. ENCADENADO CAMBIOS CONTENIDO: se suprimen las despedidas de los invitados y el siguiente chiste que cerraba la secuencia: uno de los invitados explica sus prisas diciendo que *'Es tarde ya y tengo sueño, y antes de que tu padre termine de inventar eso, quiero dormir todo lo más posible'*. (p. 62)
Comedor casa Palacios Saloncito	63–68	Conversación entre Eloísa, Manríquez y el Doctor Palacios en el salón de su casa. Eloísa se atreve a cuestionar la utilidad y las razones del invento de su padre. Termina la conversación anunciando su visita al Director General de laboratorios. ENCADENADO CAMBIOS DIÁLOGO. En el guión dicha conversación empezaba en el comedor, aquí se suprime la primera parte pasando directamente al texto de la página 66. De este modo desaparece un gracioso diálogo 'de besugos' entre el doctor y su hija; las ingeniosas mentiras que emplea Eloísa para ocultar ante su padre la visita de Juan; las intervenciones de Manríquez que revelan su oportunismo; así como la alusión a las pastillas que el Dr. Palacios tiene que tomar contra el dolor del hígado. Se suprime también el diálogo que mantienen Eloísa y Manríquez a solas y en el que el ayudante revela sus ambiciones profesionales e intenciones respecto a ella y en el que Eloísa da muestra de su sofisticada y mordaz ironía (Manríquez.— *Tenemos que hablar de lo nuestro; pronto mi nombre, como el de tu padre, será conocido en todo el mundo. Tendré dinero, prestigio, situación, fama y gloria . . . Y entonces . . .* Eloísa.— *Sí, claro. Entonces tendrás necesidad de que todas esas cosas, prestigio, situación, fama y gloria, te las distribuya en los armarios una mujercita de su casa para que no cojan polvo ¿no es eso?*).

Continúa

Secuencia	Pp.	Acción y cambios introducidos en la película
Habitación de Eloísa.	69-70	Eloísa interroga a Paulino sobre Juan. FUNDE EN NEGRO **CAMBIOS PUESTA EN ESCENA**. En la película la secuencia de la conversación entre Eloísa y Paulino queda enlazada directamente con la anterior, pero en el guión Eloísa primero llama a la doncella para pedirle que Paulino suba a su habitación. La nueva solución permite prescindir de la doncella y agilizar la acción sin cambiar su contenido.
Exterior Gran Edificio	71	Eloísa llega a la Dirección General de Laboratorios. FUNDE **ESCENA SUPRIMIDA**. Vemos a Eloísa directamente dentro del edificio.
Pasillo de la dirección.	72-74	Eloísa viene a ver al Director de los Laboratorios, pero el conserje no le deja pasar. Mientras espera sentada en un banco, aparece Juan. Resulta que el director es amigo suyo, al igual que el conserje. Gracias a Juan los dos pueden ser atendidos en seguida.
Interior. Despacho del director.	75-78	Juan y Eloísa entran al despacho del Director de Laboratorios. El funcionario primero habla con su amigo. Juan le pide que recomiende a un conocido suyo para las oposiciones, y luego, le presenta a Eloísa. ENCADENADO **CAMBIOS PUESTA EN ESCENA**: Suprimido el primer plano de presentación del personaje del Director (p. 121). En el guión aparecía sumergido en sus asuntos, con '*cara de pocos amigos*', mientras Juan y Eloísa entraban en el encuadre sacándole de su ensimismamiento. En la pantalla vemos directamente a Juan sentado delante del escritorio del Director. **CAMBIOS DIÁLOGO**: El diálogo entre Juan y Fermín, el Director, queda abreviado. Desaparecen las vacilaciones de Juan al principio y algunas frases del plano 126 en el que el director se negaba a resolver el asunto de Eloísa y Juan tenía que insistir diciendo: '*cómo te atreves a decir eso. Viene conmigo. Es lo mismo como si fuera yo. Y yo soy tu amigo.*' (p. 77). Desaparece también el final de la conversación en el que Juan le dejaba las señas de su recomendado y se despedían. Aunque en la conversación de Juan con el Director hay también un añadido: la frase del funcionario '*Pero esto es una perfecta tontería*', con la que Fermín reacciona a la pregunta filosófica de Juan '¿*Tú has sido náufrago en alguna ocasión?*' (p. 76) La escena del despacho queda encadenada con la secuencia en la que Eloísa y Juan están paseando en el parque.

Secuencia	Pp.	Acción y cambios introducidos en la película
Pasillo.	79	Conversación entre Eloísa y Juan mientras van saliendo del edificio de la Dirección de Laboratorios. ENCADENADO ESCENA SUPRIMIDA. La escena establecía una simetría con el plano 120 en el que la cámara seguía a la pareja a través del *travelling* por el largo pasillo. Puede que se haya suprimido precisamente para evitar la redundancia (aunque, del otro lado, sabemos que el empleo de estructuras simétricas era habitual en los autores). En la secuencia suprimida se escuchaba el monólogo de Juan en el que comentaba la actitud del director, hacía preguntas intentando animar a Eloísa y se daba réplicas él mismo. El comentario de Juan será trasladado a su parlamento en el parque.
Paseo. Exterior.	80-83	Juan y Eloísa pasean por el parque. Juan le pide disculpas por su comportamiento y Eloísa accede a hacer las paces. Para celebrarlo Juan le regala una flor que acaba de coger del jardín municipal. El guardia resulta ser amigo suyo y en vez de regañarle, le saluda cariñosamente. La pareja se sienta en un banco y Juan le va explicando a Eloísa su filosofía vital, su actitud respecto al trabajo, la amistad, el dinero. Al despedirse Juan le regala una tarjeta de visita con su número de teléfono, pero Eloísa promete no utilizarlo nunca. CIERRA EN NEGRO CAMBIOS DIÁLOGO: se suprimen las frases pronunciadas por Juan: '(*mis amigos*) *si tienen dinero, me pagan. Si no lo tienen, que es lo frecuente, me dan las gracias nada más*', que son sustituidas por: '*naturalmente no les cobro nada*'. También queda suprimida la frase que dice Juan al darle una tarjeta de visita a Eloísa: '*Me las ha hecho gratis un amigo tipógrafo que no tenía dinero para pagarme*.' CAMBIOS PUESTA EN ESCENA: el guión subrayaba que en el momento de despedida '*Juan sonríe, sin levantarse*', en cambio en la pantalla Juan se levantará para despedirse de Eloísa. Cambio efectuado probablemente en el rodaje o, tal vez, debido a un reflejo de caballerosidad del propio actor.
Alcoba de Eloísa.	84	Eloísa, risueña y sonriente, habla por teléfono con Juan. La doncella le comunica que la solicitan su padre y el Dr. Manríquez, pero Eloísa no le hace caso y sigue la conversación. ENCADENADO

Continúa

Secuencia	Pp.	Acción y cambios introducidos en la película
Alcoba de Eloísa.	85–86	Eloísa está escribiendo una carta a Juan y no sabe qué poner en el encabezado: duda entre 'Mi adorado Juan' y 'Apreciable....'. Entra la doncella comunicando que la están esperando. Eloísa, aunque disgustada, decide bajar. ENCADENADO ESCENA SUPRIMIDA
Pasillo Casa de Palacios.	87	La doncella y Paulino escuchan a través de la puerta la discusión entre Dr. Palacios y su hija. ESCENA SUPRIMIDA
Despacho.	88–93	Dr. Palacios, su hija y su ayudante Manríquez están reunidos en el despacho del doctor. El padre de Eloísa al principio se niega a consentir que Eloísa se case con Juan, pero al final decide hablar con el novio de su hija. Llaman a su oficina, pero Juan no está. Dr. Palacios decide ir a buscarle. ENCADENADO CAMBIOS PLANIFICACIÓN: en el primer plano general del despacho no vemos a todos los presentes como indicaba el guión, sino al Doctor Palacios y a su ayudante sentado al fondo. Después del primer párrafo del parlamento de Palacios, vemos que se dirige a Eloísa sentada en una butaca. CAMBIOS PUESTA EN ESCENA: Dr. Palacios no lleva bata blanca y en el despacho no se ven tampoco 'varios perros durmiendo por las butacas.' (acotaciones del guión, p. 88). CAMBIOS DIÁLOGO: suprimidas las primeras frases de Palacios: *'desde hace una temporada en vez de portarte como lo que eres, te estás portando como una peluquera de señora'* (p. 88, plano 153). Luego todo el texto sigue igual, hasta el plano 160 (p. 91), donde Eloísa dice: *'Y ahora quiero vivir, sentir y amar como cualquiera otra mujer',* en vez de decir: *'quiero sentir, y padecer, y amar con la libertad de esa peluquerita de señoras que tú decías antes',* para mantener la coherencia con la supresión anterior. En la conversación por teléfono entre Eloísa y la asistenta de Juan cambia la entonación y el matiz de una frase: al no recibir respuesta sobre la llegada de Juan a la oficina, Eloísa afirma: *'Claro, no se sabe nunca',* en vez de sorprenderse: *¿No se sabe nunca?'* Dr. Palacios añade unas frases, p.ej. *'Bueno, se terminó, y lo voy a liquidar ahora mismo',* y algunas otras, previstas en el guión, no las pronuncia, p.ej.: *'Tráeme el sombrero y que preparen el coche'.* Otra modificación sutil: en el guión Dr. Palacios se dirigía al asistente de usted, en la película lo tutea: *'después de lo que le he oído decir a Eloísa, el que no debe estar bien de hígado, eres tú.'*

Secuencia	Pp.	Acción y cambios introducidos en la película
Exterior torre.	94	Dr. Palacios sale de casa y sube al coche. ESCENA SUPRIMIDA. En la pantalla pasamos directamente al interior del automóvil.
Interior coche.	95	Dr. Palacios va en coche a la oficina de Juan. El chófer, nada más escuchar la dirección, sabe que se trata de la oficina de Juan. FUNDIDO
Oficina de Juan.	96–100	Doctor Palacios se presenta en la oficina de Juan, pero allí encuentra tan sólo a una asistenta limpiando el despacho. En seguida aparece Juan, con una caña de pescar en la mano. Al darse cuenta de la identidad y los motivos del visitante, Juan le propone salir de la oficina y hablar del tema en un café. ENCADENADO CAMBIOS PUESTA EN ESCENA: la asistenta en vez de estar fregando el suelo, está limpiando el escritorio. Así puede estar de pie, lo cual facilita la planificación del encuadre. CAMBIOS DIÁLOGO: Se añaden las frases que suenan en el momento de aparición de Juan (saludos que no estaban en el guión y la primera respuesta de la asistenta que alude al 'caballero' que le está esperando). En el diálogo entre Juan y el Doctor se introduce también una modificación en la explicación de Juan respecto a su salida con caña de pescar. Juan dice, como estaba previsto en el guión, que un amigo le regaló las cañas de pescar, porque le había arreglado un asunto, no obstante, desaparece la frase: *'como no tenía dinero para pagarme'*. Así se evita cualquier alusión a la posible retribución recibida por Juan, en coherencia con los cambios mencionados a propósito de la escena del parque (p. 80–83). A continuación, el diálogo exige más ajustes en este sentido, así Juan, en vez de decir *'he ido a su casa para ver si me las cambiaba por cualquier otra cosa, pero no ha podido'*, dice *'he ido a su casa para devolvérsela y decirle que no tenía que regalarme nada, pero él ha insistido y la he tenido que traer aquí'*. Se introduce también el intercambio de frases entre Palacios y Juan: Doctor. *— Yo soy el padre de Eloísa.* Juan. *— Entonces Eloísa es su hija.*

Continúa

Secuencia	Pp.	Acción y cambios introducidos en la película
Calle barrio popular.	101–03	Juan y Palacios recorren las calles del barrio. El joven no para de sonreír y saludar a la gente, parece que todos lo conocen. Un pescadero le invita a probar las gambas y Juan le devuelve el encendedor que había reparado; una niña le abraza con cariño y corre a comprar dulces con el dinero que él mismo le había regalado... Así llegan a las puertas del café... ENCADENADO CAMBIOS CONTENIDO: el pescadero es sustituido por un frutero, por consiguiente, los dos son invitados a degustar una sandía. CAMBIOS DIÁLOGO: el Doctor se niega a probar la sandía, al igual que se negaba a comer gambas, pero aquí, aparte de decir 'Muchas gracias', añade 'no me gustan las sandías' y no se deja convencer. Se suprime toda la parte final del diálogo, cuando Juan se paraba delante de un escaparate comentando: 'esta tienda va mal y se traspasa. Es humilde y pequeña y muchas veces he pensado adquirirla y poner por mi cuenta un negocio. No sé cuál... Estampas, cromos, flores, pitos, globos... cosas que la gente comprase con alegría... Pero ¿para qué me voy a meter en líos? ¿No le parece? Uno desea cosas y luego, cuando las tiene, ve que aquello no le produce más que disgustos y contrariedades. Además si yo pusiera una tienda y tuviese éxito perjudicaría al de la tienda de enfrente. Pobrecito. Yo no quiero perjudicar a nadie...' Junto con este monólogo se suprime también la impaciente reacción del Doctor: '¿Pero dónde demonios está el café adónde vamos?'
Interior café.	104–10	Juan y el Doctor entran al café. Juan le confiesa al profesor su verdadera profesión y las razones de haberla abandonado. Entre los amigos de Juan, que van sentándose a su mesa, el Doctor reconoce al profesor Vidal, un científico muy conocido a quien siempre ha admirado. La música y el ambiente del local dificultan la conversación con Juan. Al final todos deciden ir a cenar juntos. ENCADENADO CAMBIOS PLANIFICACIÓN: Cambia el primer plano de la secuencia: en vez de empezar con el violinista terminando el concierto, vemos a los dos hombres entrando, mientras al fondo suena el piano. A continuación una panorámica muestra el interior del café.

Secuencia	Pp.	Acción y cambios introducidos en la película
		CAMBIOS PUESTA EN ESCENA. Entre los reunidos en el café está Sebastián, Vidal y un hombre *'bien vestido, elegante, joven y simpático'* que en el guión figuraba como Ricardo y en la pantalla, presenta los mismos rasgos, salvo la edad y el nombre. No está entre ellos Antonio (personaje que antes acompañaba a Sebastián en el bar de Guillermo mencionado en el guión). **CAMBIOS DIÁLOGO/CONTENIDO.** Modificaciones significativas en la conversación entre los dos, sobre todo en el discurso de Juan acerca de los motivos de su abandono profesional: en vez de contar la historia de la muerte del hijo de un amigo suyo dice: *'me especialicé en cirugía. Pero un día que estaba operando se me murió un enfermo. Todos sabíamos que era imposible salvarle, pero era amigo mío y me horrorizó pensar que algo como aquello pudiera volver a ocurrir. ¿Comprende Usted?'* En la conversación que mantienen Palacios y el profesor Vidal, el doctor pregunta con asombro: *'¿Entonces no hace Usted nada?'*, a lo que Vidal responde: *'Ahora preparo mi gran obra, pero trabajo en el café, con calma, rodeado de amigos, en lugar de trabajar apresuradamente en un despacho o en un laboratorio. Allí la labor resulta más fría y larga, hay que estar cerca de los hombres para conocerles mejor y para que nuestra obra resulte más humana...'.* En el guión admitía que no trabajaba en nada y lo explicaba diciendo: *'he encontrado a estos amigos. Lo paso con ellos mucho mejor'.*
Casa Palacios comedor	111-13	Eloísa y Manríquez están esperando al Dr. Palacios que parece haberse entretenido con Juan y sus amigos. Manríquez aprovecha este momento para confesarle a Eloísa sus sentimientos. Ella, sin embargo, no le da mucha importancia a sus declaraciones y propone que los dos vayan a buscar a su padre a un sitio frecuentado por Juan y sus amigos. ENCADENADO **CAMBIOS DIÁLOGO:** pequeñas modificaciones: Manríquez, al decir: *'son ya muchos los años que llevo tratándote y queriéndote'*, añade *'sin ser nunca correspondido'*, y se suprimen los versos finales de Eloísa: *'Vete a buscar tu sombrero y di que me traigan mi bolso'.*

Continúa

Secuencia	Pp.	Acción y cambios introducidos en la película
Interior Palacio del Bugui-Bugui.	114-19	Eloísa y Manríquez llegan a una sala de baile llena de gente, donde, efectivamente, encuentran al Dr. Palacios con Juan y sus amigos. Eloísa en seguida saca a Juan a bailar e intenta interrogarle sobre la conversación con su padre. Juan le comunica a Eloísa que su relación debe terminar y se despide de ella. Eloísa, perpleja y decepcionada, vuelve a la mesa. CIERRA EN NEGRO CAMBIOS CONTENIDO. Toda la escena queda abreviada, se renuncia al episodio en el que el profesor Vidal, después de la salida de Juan, sacaba a Eloísa a bailar. Asimismo no suenan los comentarios de Manríquez al respecto: *'Pero esto, doctor, es una pandilla de locos; ¡Un sabio famoso como el profesor Vidal!',* y la respuesta del Palacios: *'Si le gusta bailar, ¿por qué no va a hacerlo? Para eso tiene piernas.'* CAMBIOS DIÁLOGO. Manríquez al entrar con Eloísa en el club exclama con disgusto *'¡Es increíble!'* y añade una aclaración que no estaba en el guión *'digo, un local de esta categoría',* a lo que Eloísa le responde con otra frase añadida: *'pero sí es el Palacio del Bugui-Bugui'.*
Salón-hall en casa doctor Palacios.	120	Paulino y la doncella escuchan a través de la puerta del despacho la discusión entre Palacios y su hija. ESCENA SUPRIMIDA. En la película pasamos directamente a presenciar la conversación entre el Dr. Palacios y Paulino. Dicho diálogo servirá de introducción para la siguiente secuencia: el espectador queda informado de que Eloísa lleva una semana sin salir de casa. El diálogo, que no figura en el guión, suena como sigue: Dr. Palacios. — *Oye, Paulino, ¿ha salido la señorita Eloísa?*/ Paulino. — *No, doctor, la señorita Eloísa no ha salido hoy*/ Dr. Palacios. — *Y tampoco salió ayer, ¿verdad?*/ Paulino. — *La señorita Eloísa lleva toda la semana.*/ Dr. Palacios. — *Y ¿dónde está hoy?*/ Paulino. — *Está en su despacho.*/ Dr. Palacios. — *¿Qué hace en mi despacho?*/ Paulino. — *Nada en particular, señor. Da vueltas de un lado para otro.* / Dr. Palacios. — *Ah, da vueltas, ¿verdad? Pues, ahora mismo me va a explicar por qué da vueltas.*

Secuencia	Pp.	Acción y cambios introducidos en la película
Interior despacho.	122–23	Palacios intenta convencer a Eloísa de que debería volver con Juan. Al final, los dos, deciden hacerle una visita. ENCADENADO CAMBIOS PUESTA EN ESCENA: el Doctor no lleva la bata blanca (no es la primera vez que aparece sin ella en contra de las indicaciones del guión, ver p. 88) CAMBIOS DIÁLOGO: se mantiene todo el diálogo, añadiendo la última intervención del Doctor: '*Hija mía, siempre he deseado para ti lo mejor. He conocido a Juan poco tiempo, pero creo que lo mejor es Juan. Yo, sin embargo, puedo estar equivocado, pero tú eres inteligente, mujer, y no puede ser tanto... Sé, además, que no es un capricho sino tu único y primer amor, y con esto basta para que estés con Juan, lo demás ya vendrá poco a poco. Ahora mismo vamos a ir a verle, hablaremos con él, lo arreglaremos todo, admitiremos todo para no asustarle, ¿te parece? Anda, vamos, di que me traigan mi sombrero y arréglate tú....*
Calle popular en el puerto.	124	Juan lleva a Eloísa, acompañada de su padre, a su casa. ENCADENADO CAMBIOS PLANIFICACIÓN. En vez de empezar con el plano medio de Juan que se vaya abriendo, la secuencia arranca con el plano general de la calle y los tres personajes en cuadro desde el principio. En el guión, Eloísa y el doctor entraban al edificio seguidos de Juan, aquí Juan sube primero, lo cual parece más natural.
Escalera empinada de la casa.	125	Los tres suben una escalera empinada, en medio de los ruidos del vecindario (suena incluso una cantante ensayando con el acompañamiento del piano). ENCADENADO
Descancillo Escalera.	126	A la puerta del piso de Juan. ENCADENADO CAMBIOS CONTENIDO: Al contrario de lo que ponía en el guión, Juan entrará primero y antes de pronunciar la frase prevista ('*Pasen ustedes. Tengan la bondad*'), se introduce un breve intercambio de frases entre Juan y Eloísa que preludia todo la mecánica del diálogo que escucharemos en la siguiente secuencia, cuando Juan les estará enseñando su piso. CAMBIOS DIÁLOGO: Al llegar Juan dice: '*Es aquí, ya hemos llegado.*' Eloísa, fatigada, pero esforzándose para sonreír: '*¡Tan pronto! Creí que era más alto.*'

Continúa

Secuencia	Pp.	Acción y cambios introducidos en la película
Salita casa Juan. Alcoba Casa Juan. Cocina casa Juan. Salita casa Juan.	127–33	Juan está enseñando su piso a Eloísa y su padre. Con intención de desanimar a su novia, va subrayando todos los defectos e incomodidades, sin embargo a Eloísa todo le parece estupendo y convierte cada detalle desafortunado en una ventaja. Con la misma actitud escucha y acepta las condiciones matrimoniales de Juan. El acuerdo de pareja queda sellado con un beso y una declaración de amor. ENCADENADO CAMBIOS DIÁLOGO: conciernen sobre todo el vocabulario, *monísimo* queda sustituido por *bonito*, *chismes* por *trastos* (p. 127), probablemente para evitar los coloquialismos susceptibles de convertirse en obsoletos. Además, se añaden dos réplicas ingeniosas que no estaban en el guion: en respuesta a la frase de Juan: *'aquí está un cuarto con trastos'*, Eloísa dice: *'Esto siempre es muy útil en una casa'* y cuando Juan le enseña la cocina, exclama: *'¡O! ¿Pero también tenemos cocina?'*. Más adelante, cuando Juan habla de su dinero ahorrado, en vez de decir *'cuando yo era joven'*, dice *'cuando ejercía'*, lo cual deja más claro que el dinero lo ganó mientras trabajaba como médico. Queda añadida, además, la declaración de amor que precede el beso final.
Cocina del bar- restaurante del puerto.	134–35	La boda de Eloísa y Juan. Las cocineras están preparando la comida, que va a servir Nieves, la camarera. Nieves está llorando, porque su gran amor, Juan, acaba de casarse con Eloísa. ENCADENADO ESCENA SUPRIMIDA. Los diálogos de esta escena resultan muy sugerentes. Cuando Nieves comenta con desesperación: *'Le acaba de dar un beso'*, una de las cocineras dice: *'¿Pero qué quieres que le dé si acaban de casarse?'* Nieves responde: *'Podría reservarlo para después'*. Cocinera: *'¡Cualquiera sabe lo que tendrá reservado para después!'* Se subraya también la afición de Juan al queso.
Comedor del bar.	135–36	La comida de bodas de Juan. En una larga mesa están sentados los novios, Dr. Palacios, el profesor Vidal, Sebastián, Rosa, Pedro y otros amigos. Juan pronuncia su discurso que al mismo tiempo es una declaración de principios y de lealtad a sus viejas reglas de vida, que, según asegura, no van a cambiar. ENCADENADO

Secuencia	Pp.	Acción y cambios introducidos en la película
		CAMBIOS CONTENIDO: Pedro y Rosa no sirven la mesa, lo hace Nieves. Las intervenciones de un invitado las dice Guillermo, marido de Rosa. De postre, se sirve flan en vez de tarta. **CAMBIOS DIÁLOGO**: Se introduce la coletilla característica de Juan: al tomar queso, dice *'como ratón'*. **CAMBIOS PLANIFICACIÓN**: cuando Juan habla de su luna de miel la cámara, en vez de desplazarse en grúa, mantiene el plano medio y sólo al final amplía el encuadre hasta llegar al plano general.
Exterior muelle.	137	Los recién casados emprenden su original viaje de bodas en el barco de Juan. En el muelle todos los invitados les despiden agitando los pañuelos.
Barca.	138-39	El viaje de bodas. La pareja navega en barca por las aguas del puerto. En este corto trayecto, los dos se confiesan sus miedos, declaran su felicidad y se prometen, mutuamente, comprensión y paciencia. CIERRA EN NEGRO **CAMBIOS DIÁLOGO**: se introduce nuevamente la expresión *'como un ratón'*, que queda elevada, de este modo, a una especie de lenguaje en clave compartido por los enamorados. **CAMBIOS CONTENIDO**: Queda suprimido el beso previsto en el guión.
Exterior. Calle popular en el puerto.	140	Juan se dirige a casa llevando de la mano a un niño. ENCADENADO
Descansillo de escalera. Salita casa Juan. Calle popular en el puerto. Salita casa Juan.	141-45	Juan se presenta en casa con un niño de unos tres años diciendo que lo ha traído para que se quede a vivir con ellos, ya que él no tiene paciencia para esperar su propia descendencia. Eloísa al principio se enfada, pero pronto cambia de actitud, incluso se pone a planificar la vida familiar de los tres. Juan, al darse cuenta de las consecuencias que puede acarrear la adopción del niño, decide cambiar de opinión y devolvérselo a sus progenitores. **CAMBIOS PLANIFICACIÓN**. No se oye a Eloísa al otro lado de la puerta. Su exclamación la oiremos en el siguiente plano, ya dentro del apartamento. Queda desglosado el plano de la entrada de Juan a casa: en vez de un plano de Juan con el chico que pasa al plano de los tres, se emplean tres planos medios cortos de Juan, del niño y de Eloísa.

Continúa

Secuencia	Pp.	Acción y cambios introducidos en la película
Salita casa de Juan	146	Eloísa, mientras recoge la casa, repara en unas revistas de moda y se sienta a leerlas. **CAMBIOS.** Como la siguiente escena del guión queda suprimida, ésta es enlazada directamente con la visita de Manríquez, de ahí que mientras Eloísa esté repasando las revistas, suene el timbre.
Alcoba casa Juan.	147	Eloísa lleva las revistas a la alcoba, se pone a revisar su armario y empieza a arreglarse delante del espejo. **ESCENA SUPRIMIDA**
Salita casa Juan	148	Manríquez, el asistente del Dr. Palacios, viene a casa de Eloísa para avisarla de la enfermedad de su padre. **ENCADENADO**
Interior Bar restaurante.	149	Eloísa va al bar para buscar a Juan. Lo encuentra en compañía de sus amigos, Vidal y Sebastián. Al oír que su padre está enfermo los dos deciden acompañar al matrimonio a casa del Doctor Palacios. **CAMBIOS DIÁLOGO.** Modificaciones sin importancia. Al final de la escena, en vez de un coral '*os acompañamos*', dicho por Vidal y Sebastián, cada uno expresa su intención por separado.
Alcoba de Palacios.	150–53	Doctor Palacios está enfermo y el médico no sabe diagnosticar su dolencia. Viene Eloísa con su marido y los dos amigos. Juan, que había sido médico, nada más conocer los síntomas acierta con el diagnóstico. Resulta que se trata de una enfermedad transmitida por los perros. Todos están asombrados y aceptan la invitación del doctor a comer en su casa. **ENCADENADO** **CAMBIOS PLANIFICACIÓN.** En vez del cuadro inicial que proponía el guión (el médico auscultando al enfermo, en presencia de una enfermera), vemos entrar a Eloísa, mientras la enfermera aparece al fondo. **CAMBIOS DIÁLOGO.** Se añade la última frase pronunciada por Vidal: *Ni una palabra más, aquí nos quedamos*. **OTROS CAMBIOS.** En el guión el profesor Vidal le habla al doctor de usted, en la película le tutea.

Secuencia	Pp.	Acción y cambios introducidos en la película
Comedor.	154	Todos se quedan a comer en casa de Palacios. Paulino se muestra excesivamente pendiente de sus amigos. Eloísa se lo reprocha en un tono áspero que deja a Juan consternado. ENCADENADO CAMBIOS DIÁLOGO. Se añaden las frases con las que Eloísa regaña al criado. Además de decir: '*No me gustan las bromas, Paulino. Le digo que sirva la mesa seriamente*', dice también : '*Y no olvide que en esta casa mando yo. Puede Usted marcharse.*'
Alcoba de Palacios.	156–58	Doctor llama a Juan para darle las gracias. Le anima a volver a ejercer y propone que le acompañe, junto con Eloísa, en el viaje a Filadelfia. Juan se niega a todo. ENCADENADO CAMBIOS DIÁLOGO. Pequeños cambios en el diálogo de Juan. Después de confesar '*He elegido la vida que me gusta*', ya no dice '*Y hoy, más que nunca, creo que estoy en lo cierto*', sino '*Y ella, al casarse, la eligió también*'. La palabra *charlar* queda sustituida con *hablar*.
Salón de la casa de Palacios.	159	Eloísa, profesor y Sebastián están tomando cafés cuando viene Juan y anuncia que ya se ha despedido y pueden marcharse a casa. Eloísa insiste en que Juan se quede con ella, en vano. CAMBIOS DIÁLOGO. En el diálogo con Eloísa, Juan en vez de decir '*Puedes ir a despedirte*', dice '*Ya me he despedido*', y luego, en vez de '*Nos vamos*', dirá '*Me voy a ir.*' Se añade la frase: '*Tu si quieres puedes hacerlo*' y la respuesta de ella: '*Yo quiero que te quedes tu también*'. Con estas sutiles modificaciones, se introduce un cambio relevante: cada uno habla por sí solo, expresa su voluntad independiente, desvinculando sus decisiones de la postura del otro. Entre líneas de este diálogo aparece el primer indicio de la próxima crisis de pareja.
Puerto.	161–62	Juan está paseando por el puerto con sus amigos, Sebastián y el profesor Vidal. Reflexionan sobre el matrimonio de Juan y los modelos de vida a los que conscientemente renunciaron. CAMBIOS DIÁLOGO. Se mantiene todo el contenido, tan sólo una frase en vez de decirla el profesor, la dice Sebastián.

Continúa

Secuencia	Pp.	Acción y cambios introducidos en la película
Alcoba del doctor Palacios.	163	Eloísa y Manríquez están vigilando al enfermo. ESCENA SUPRIMIDA. No añadía nada nuevo, ya que la anterior ya dejaba claro que los dos se quedaban para cuidar del enfermo.
Despacho doctor Palacios.	164–66	Eloísa habla con Manríquez sobre el viaje a América. El ayudante intenta convencerla para que vaya con ellos, mientras Eloísa, en el transcurso de la conversación, se da cuenta de lo lejos que está del mundo del que le habla Manríquez y de repente decide volver con Juan. ESCENA SUPRIMIDA. El contenido se mantiene trasladado a otra escena más adelante (p. 184–186).
Salita piso de Juan	167–68	Eloísa vuelve a casa para hacer las paces con Juan. Ambos admiten que acaban de pasar sus correspondientes crisis y se reconcilian abrazados bajo la luna. CAMBIOS DIÁLOGO. Se añade una frase que expresa todavía más fe en el futuro de la pareja. Juan además de *'Todo va bien'*, dice: *'Todo irá siempre bien.'*
Alcoba.	169	Juan revela a Eloísa la gran sorpresa que le tenía guardada: en la alcoba duerme el niño que trajo el otro día a casa. Confiesa haber cambiado su postura y promete trabajar más para poder mantenerlo. CIERRA EN NEGRO CAMBIOS DIÁLOGO. Añadida la frase de Eloísa que repite tras Juan: *'Sí, vale la pena'*, concluyendo: *'Hay algunas cosas que sí valen la pena.'*
Alcoba del doctor Palacios.	170	El ayudante Manríquez pide al doctor permiso para poder figurar como coautor de la memoria de su invento, *El Sueño vencido*. Palacios accede aunque se da cuenta de la ambición y malas intenciones del joven. ENCADENADO CAMBIOS DIÁLOGO. Queda añadido el saludo entre los dos y sustituida alguna palabra sin que cambie el significado de la frase (*claro por naturalmente; imagínese por figúrese*). CAMBIOS PUESTA EN ESCENA. El Doctor no está en la cama sino sentado a la mesa, desayunando.

Secuencia	Pp.	Acción y cambios introducidos en la película
Despacho del doctor Palacios.	171	Manríquez aprovecha la situación y pone en la memoria su nombre delante del de su verdadero autor. Escena sin diálogo. ENCADENADO
Sala de la redacción de un periódico.	172	Manríquez visita a un amigo periodista en la redacción de un periódico. Intenta sobornarle para conseguir que le entrevisten. ESCENA SUPRIMIDA
Despacho del doctor Palacios.	173–74	Antes de salir a la presentación de la memoria Manríquez le comunica al Dr. Palacios el supuesto error que ha tenido lugar en la imprenta. ENCADENADO **CAMBIOS DIÁLOGO**. En vez de '¿Qué le pasa a usted?', dirigido a Manríquez, el doctor exclama al principio de la escena: '¿Qué estás haciendo? Ya deberíamos estar en la Facultad.'
Interior del coche doctor Palacios.	175	De camino a la conferencia Manríquez le propone al Dr. Palacios que le permita leer la memoria, utilizando como argumento el mal aspecto y la delicada salud del científico. ENCADENADO **CAMBIOS DIÁLOGO**. Se añade la frase del doctor: 'Ahora mismo lo estaba pensando.'
Paraninfo de la facultad de medicina.	176	Manríquez lee la memoria en la Facultad. ENCADENADO **CAMBIOS PLANIFICACIÓN**: Secuencia alargada, los planos 343 y 344 los precede un *travelling* que recorre la audiencia del Paraninfo, así todo el texto añadido se inscribe en este plano nuevo. **CAMBIOS DIÁLOGO**. En la película la lectura empieza con un fragmento que no estaba en el guión: 'Las experiencias realizadas han dado un resultado positivo en un 85 por ciento de los animales que fueron sometidos al nuevo tratamiento para no dormir. Su falta de toxicidad hace que esta droga es lo que el hombre que vive al ritmo de la vida moderna necesita para no perder el tiempo'. Sigue el texto del guión.

Continúa

Secuencia	Pp.	Acción y cambios introducidos en la película
Salón de la facultad.	177	Después del discurso todos se apresuran para felicitarle a Manríquez. Dr. Palacios, solo y anónimo entre la multitud, decide retirarse. ENCADENA **CAMBIOS DIÁLOGO**. Cambian algunas exclamaciones y felicitaciones.
Café clásico.	178–79	Doctor Palacios va al café donde hace tiempo le llevó Juan. Allí, triste y agotado, hojeando un periódico, se da cuenta del gran fraude de su ayudante. ENCADENADO **ESCENA SUPRIMIDA**. Al suprimir la escena de la redacción del periódico resulta lógico renunciar a ésta.
Escalera piso de Juan Salita interior casa de Juan. Interior cuarto trastero.	180–83	Dr. Palacios se presenta en la casa de Eloísa y Juan y confiesa su deseo de quedarse a vivir con ellos. Juan, con espontaneidad y alegría, enseguida se pone a prepararle una habitación. ENCADENADO **CAMBIOS DIÁLOGO**. Se añade la frase de Palacios *'tenía ganas de veros.'*
Despacho de Palacios.	184–86	Eloísa va a casa de su padre y se encuentra allí con Manríquez. Le pregunta por las razones de la decisión de su padre, mientras que el ayudante intenta, a su vez, convencerla de que vaya con él a América. ENCADENADO **CAMBIOS DIÁLOGO**. La primera intervención de Eloísa queda ampliada con la explicación: *'Me he escapado un momento para venir a verte sin que ellos supieran nada'*, quedando más subrayada la clandestinidad del encuentro entre los dos. A continuación Eloísa en vez de hablar del *triunfo* que se merece su padre, hablará de *'la recompensa que ha sabido ganarse con el trabajo'* y Manríquez, en vez de sugerir que su padre *'no está bien de la cabeza'* dirá que *'esos nuevos amigos que tiene han influido en su ánimo demasiado'*, y luego matizará todavía más su respuesta subrayando que el doctor renuncia al éxito *'por gusto'* (p. 185), rechazando así la idea de su locura y sugiriendo más bien su vanidad y sibaritismo. **OTROS CAMBIOS**. La escena no termina con un fundido a negro, sino con un encadenado.

Secuencia	Pp.	Acción y cambios introducidos en la película
Casa de Eloísa y Juan.	187–88	Juan, Sebastián y el profesor están preparando la habitación del doctor. CAMBIOS DIÁLOGO. La palabra *coqueta* sustituida por *cómoda*.
Terraza del bar.	189	Paulino queda con Juan para avisarle de las intenciones de Manríquez respecto a Eloísa. ENCADENADO
Casa de Palacios.	190	Juan viene a casa de Palacios para enfrentarse con Manríquez. Le insulta dejando a entender que conocía perfectamente sus intenciones respecto a Eloísa y al final le pega. Por si fuera poco, abre una puerta para que salgan y le ataquen los perros. ESCENA SUPRIMIDA. Sin duda, la violencia de la escena no encajaba en la historia. La acotación final dice: '*Y le da un directo a la mandíbula que le tira sobre la mesa. Espera un poco por si quiere defenderse. Manríquez no lo hace y Juan entonces abre otra puerta por donde salen varios perros que se abalanzan sobre Manríquez dando grandes ladridos y Juan se va.*'
Cocina bar del puerto.	191	Nieves confiesa a la cocinera que Sebastián le ha pedido que salgan juntos. ESCENA SUPRIMIDA. Al no mencionar en la conversación que se trataba precisamente de Sebastián, la escena guardaba un suspense que se prestaba a malentendidos en vista de la revelada pasión de Nieves por Juan. Sin embargo, queda suprimida tanto esta escena como la primera parte de la siguiente, que enlazaba directamente con esta conversación y mostraba a Nieves y Sebastián hablándose al oído en el bar.
Bar puerto.	192–95	La comida en homenaje al Dr. Palacios que acaba de instalarse en la casa de su yerno. En la mesa están presentes todos los amigos de Juan. El profesor Vidal pronuncia un discurso y al terminar, Sebastián anuncia que Palacios junto con Juan saldrán a pescar. Eloísa sale para atender una llamada de teléfono. CIERRA EN NEGRO

Continúa

Secuencia	Pp.	Acción y cambios introducidos en la película
		CAMBIOS DIÁLOGO. Aparecen correcciones en el discurso de Vidal. En vez de *'viene a formar parte de nuestro grupo, no sabemos si será una temporada larga o corta, pero en todo caso será una temporada de descanso físico y moral'*, suena: *'el doctor Palacios viene a pasar una temporada con nosotros'*; después de *'él también nos dejará tranquilos a nosotros'* y sigue: *'y cuando haya descansado trabajará otra vez, pero estoy seguro de que su trabajo entonces será más eficaz, más humano y más alegre de lo que ha sido hasta ahora.'* Queda abreviada la intervención de Sebastián y se suprime la última frase: *'propongo que todos vayamos al puerto a despediros.'* En el diálogo entre Palacios y el profesor, es el doctor quien especula: *'sin esas fórmulas sería difícil convencer a los de Filadelfia, se creerían que les estábamos tomando el pelo'*. Desaparece también el diálogo entre Rosa y Eloísa: Rosa: *'¿Qué te pasa, Eloísa? No has hablado nada. ¿Es que Juan te ha hecho algo?'*. Eloísa responde: *'No, nada. ¿Qué iba a hacerme Juan?'* **CAMBIOS PUESTA EN ESCENA.** Cuando Eloísa se levanta de la mesa para coger el teléfono, Juan se queda preocupado y sale del bar. En el guión su consternación quedaba subrayada con *'silencio impresionante en la mesa'*, en la pantalla queda patente su soledad y ensimismamiento: va en dirección de la salida pasando al lado de la barra desapercibido, hasta apoyarse contra el marco de la puerta. La escena termina como no estaba previsto en el guión: con una imagen de Juan pensativo y triste, mirando hacia el puerto.
Muelle.	197	El trasatlántico con Manríquez a bordo se prepara para zarpar.
Cubierta del barco. Pasarela	198–200	Manríquez espera a Eloísa en el barco, en cuanto la ve en la pasarela, sale a recibirla.
Puerto. Barca.	201	Juan y el Dr. Palacios esperan a Eloísa preparándose para pescar.
Muelle.	202	Vista del transatlántico.

Tablas y esquemas: Esquema Nº1/MAJ

Secuencia	Pp.	Acción y cambios introducidos en la película
Puerto. Barca. Muelle día (plano del trasatlántico intercalado)	203–08	Juan y Palacios están en la barca. Juan se muestra ensimismado mientras espera sus planes para el futuro. De repente aparece Eloísa, resulta que trae consigo las fórmulas del invento de su padre, puesto que se las había quitado a Manríquez. Mientras la barca va alejándose del muelle, Eloísa va rompiendo los papeles y soltándolos al mar. La pareja se abraza en un alarde de reconciliación. Juan, como muestra de compromiso, promete trabajar más y contratar a una criada. **CAMBIOS DIÁLOGO.** En la pantalla queda más patente el pesimismo de Juan mientras espera a Eloísa: a la frase *'Si tarda un poco más nos iremos nosotros'*, añade *'Ella vendrá algún día para acompañarnos'*; mientras la respuesta de Palacios da cuenta de su desconcierto: *'¿Cómo vendrá algún día? ¿Qué dices?'* En la intervención del doctor se añade el siguiente fragmento: *'Por cierto, Juan, ya comprendo que este descubrimiento del sueño podría producir un desequilibrio a la humanidad y la humanidad está ya bastante desequilibrada, no te parece? Pero anoche estuve pensando. . .Bueno, muy difícil de explicar ahora, pero mañana mismo empezaré a trabajar, creo que esto sí puede ser interesante, ¿dónde están los anzuelos?* Se añade también la frase con la que Eloísa responde a la propuesta de su marido: *'Has tenido una buena idea, si tú lo crees conveniente.* Se omiten las frases de Juan del final (*'¿Y dónde están todos los amigos que dijeron que nos vendrían a despedir?'*), así como la despedida de Sebastián. **CAMBIOS PUESTA EN ESCENA.** La pareja se marcha en un escenario más romántico e íntimo, sin más testigos que el doctor.
Barco de pescar.	209	El profesor, Rosa, su marido, Sebastián y Nieves van juntos en la cubierta de una barca de pescar saludando a Juan y Eloísa. **ESCENA SUPRIMIDA.**
Otro barco.	210	La barca de Juan pasa al lado de un barco con marineros. La película termina tal y como lo preveía el guión: con la imagen de la barca de Juan alejándose. La acotación final del guión dice: *'Sobre ella en un fondo óptico aparece la palabra FIN.'* **ESCENA SUPRIMIDA.** De esta escena y de la planificación se conservan tan sólo el plano de los papeles que flotan sobre el mar (P403) y el plano de la barca de Juan alejándose (P404).

Esquema Nº2/MAJ: análisis de las indicaciones presentadas por el productor de *Mi adorado Juan*, Francisco Ariza, y su impacto en la película.

Leyenda:

COMENTARIO DE ARIZA: citas de *Informe Ariza*, 1949. En la primera columna de la izquierda quedarán indicados los fragmentos del guión a los que hacen referencia los comentarios citados. Números de planos y/o páginas según lo indicado por Francisco Ariza.

CAMBIOS: señalaremos los aspectos modificados (CAMBIADO); los que, a pesar de las exigencias del productor, no han sufrido ninguna alteración (MANTENIDO); y los que han sido modificados parcialmente (CAMBIADO EN PARTE).

OBSERVACIONES: descripción detallada de los cambios introducidos o su ausencia.

Esquema Nº2/MAJ

Pág. (p)/ Plano (P)	Comentario de F. Ariza Otras notas[1]	Película	Observaciones
p. 46	Acotación 'Juan dice que duda constantemente de sí mismo' es innecesaria.	CAMBIADO	Se suprimen las frases de Juan que puedan ser indicio de esa actitud dubitativa.
P. 49-50	Se dice la palabra 'cariño' tres veces. Este es uno de los tópicos de todas las novelas y películas traducidas.	CAMBIADO	Al suprimir el episodio de la conversación con Pajarería Moderna, quedan suprimidos los planos de 49 a 54. Las supresiones sirven para evitar la redundancia dentro de la escena, aunque la 'peroración de Juan' en efecto podía resultar excesiva.
P. 54	Excesiva la peroración de Juan.	CAMBIADO	
P. 34	Resulta muy buscado el último párrafo de la página 34 y muy raro que entre los especialistas en fisiología aparezca un carnicero.	MANTENIDO	El guión ya suponía que se trataba de una carnicería de barrio'. Además, resulta más natural que Juan, querido especialmente por gente de clase humilde, conozca a un carnicero, no otro habitante de un barrio rico.
P. 55	Muy largo lo que dice.	MANTENIDO	Se refiere al párrafo que dice el carnicero al responder la llamada de Juan. No se quita ni una palabra.
P. 65	Otro párrafo de Juan larguísimo y hablando de él.	CAMBIADO	Párrafo queda suprimido porque desaparece el episodio de la visita de Nieves. Resulta imposible averiguar si el motivo de dicha supresión fue el comentario de Ariza o la decisión de renunciar al hilo de la trama que representaba la historia de Nieves.
P. 72-74	El discurso de Palacios insulso y reiterativo.	CAMBIADO	Se suprimen varios fragmentos del discurso y todo el parlamento queda reestructurado.

Continúa

Pág. (p)/ Plano (P)	Comentario de F. Ariza Otras notas[1]	Película	Observaciones
P. 104	La opinión de Manríquez de que mientras no se conozca el invento en el extranjero no se tomará en serio en España, puede ser cierta, pero no la pasará la censura, y con razón.	CAMBIADO	La escena en la que suena la frase (pp. 63-65) queda suprimida. Sin embargo, la supresión parece introducida, más bien, para evitar redundancias narrativas que para hacer caso al comentario que continúa como sigue: 'No debamos ser los propios españoles los que, en una película que se difunde por todo el mundo, nos echemos tierra descubriendo a quién no los sé nuestros propios defectos.'
P. 121-28	Si Juan no cobra los favores podrá pasar la escena, pero si los cobra es inadmisible.	CAMBIADO EN PARTE	En la conversación entre Juan y el Director de Laboratorios se suprimen las líneas de diálogo correspondientes al plano 121 y parte de los diálogos de los planos 126 y 127. Comentario es considerado en parte, aunque las supresiones efectuadas no proporcionan la solución pretendida por Ariza.
P. 130	Un hombre que tiene la vida asegurada por sus rentas hasta los ochenta años puede tomar un aperitivo. Más vale que lo diga.	MANTENIDO	Se refiere a la frase 'No tengo dinero para invitarla a tomar un aperitivo' (p. 80). Ariza está confundido: Juan tiene ahorros — a los que alude en el diálogo — y viviendo de estos ahorros, resulta del todo comprensible que tenga que hacer este tipo de renuncias para llevar la vida que lleva, libre y sin compromisos laborales.
P. 135-38	Juan habla excesivamente de él.	MANTENIDO	Aunque Ariza parece tener razón, ya que el parlamento de Juan resulta realmente excesivo, queda mantenido.

Pág. (p)/ Plano (P)	Comentario de F. Ariza Otras notas[1]	Película	Observaciones
P. 142-48	Si estas escenas no tienen más intención que justificar el título pueden suprimirse. La carta que Eloísa empieza se queda sin terminar y no juega para nada en la película.	CAMBIADO	La supresión sirve para acortar el metraje de la película, sin alterar la trama; al mismo tiempo, permite evitar una alusión explícita al título, lo cual podía parecer oportuno al propio autor.
P. 153	La expresión de Palacios, 'Te estás portando como una peluquera de señoras' ¿qué quiere decir? Van a protestar las peluqueras, como protestaron los veterinarios en una película española por una frase parecida. Se usa además dos veces más: más adelante y en p. 238.	CAMBIADO EN PARTE	Se obedece la observación de Ariza, se cuida la coherencia y en el plano 160 se suprime el siguiente fragmento 'con la libertad de esa peluquerita de señoras que tú decías antes'. Sin embargo, se conserva la frase del plano 238: Dr. Palacios a Eloísa. — Utiliza las armas que usáis las mujeres. Y si no, entonces ¿para qué vais tanto a la peluquería?
P. 177-78	En lugar de que las cañas de pescar se las diera un amigo para pagarle un favor, pueden ser del amigo y Juan ha salido a cambiárselas, a pesar de la lluvia, puesto que siempre está dispuesto a sacrificarse por los demás.	CAMBIADO EN PARTE	Juan dice, tal y como estaba previsto en el guión, que un amigo le regaló las cañas de pescar, por haberle arreglado un asunto, pero desaparece la frase 'como no tenía dinero para pagarme'. Luego, en vez de decir 'he ido a su casa para ver si me las cambiaba por cualquier otra cosa, pero no ha podido', dice: 'he ido a su casa para devolvérsela y decirle que no tenía que regalarme nada, pero él ha insistido y la he tenido que traer aquí'. De este modo, a la historia con la caña no se le da la vuelta que pretendía Ariza, tan sólo se quita la alusión a la retribución económica, convirtiendo el artilugio de la pesca en una muestra de agradecimiento, concepto que Ariza se negaba a considerar.

Continúa

Pág. (p)/ Plano (P)	Comentario de F. Ariza Otras notas[1]	Película	Observaciones
P. 196	... *La Codorniz*	MANTENIDO	Se refiere al parlamento de Sebastián con el toque absurdo, propio de Mihura: '¿Por qué no voy a ser ingeniero? Lo que pasa es que he dejado la carrera para hacer estudios sobre el hígado. Y he llegado a la conclusión de que el hígado no existe. Los indios, por ejemplo, no tienen hígado.' Otra vez el sambenito *codornicesco* parecía restarle al autor mérito y originalidad de cara al público.
P. 254	Aquí se habla ya de la 'causa de su independencia'. La peña toma carácter de 'secta' de desengañados de la vida.	MANTENIDO	Se refiere al discurso de Juan en su boda, cuando el recién casado asegura que no va a cambiar sus costumbres de soltero ni su actitud hacia los amigos.
P. 270–72	Otra vez *La Codorniz*.	MANTENIDO	Se refiere al *gag* del niño, tan absurdo como políticamente incorrecto: 'El niño es mono y está sano.... Además, no me ha costado nada ... Yo creo que es una ganga ...'
P. 305–09	El mal de esta escena ya está dicho en lo escrito referente a Juan.	CAMBIADO EN PARTE	Se refiere a la discusión entre Eloísa y Juan cuando ésta se queda con su padre enfermo, lo cual Ariza consideraba "lo correcto", exigiendo cambiar la reacción de Juan (quien insistía en volver a casa). Se introducen frases nuevas pero, paradójicamente, los cambios acentúan todavía más el planteamiento inicial de la escena.
P. 310–14	Es la escena en la que todos hablan de sus fracasos. Habrá que cambiarla íntegra.	MANTENIDO	La conversación entre Juan y sus amigos en el puerto se mantiene sin cambios.

TABLAS Y ESQUEMAS: ESQUEMA N°2/MAJ 341

Pág. (p)/ Plano (P)	Comentario de F. Ariza Otras notas[1]	Película	Observaciones
P. 336	Lo de 'Te haré un buen regalo' no le gustará a los periodistas.	CAMBIADO	Se suprime toda la escena del intento de soborno de un periodista por parte de Manríquez. La supresión puede deberse a la observación de Ariza o bien a las exigencias de metraje.
P. 343	La Facultad de Medicina podría convertirse en un centro médico cualquiera. Más aún si el sitio donde va a pasar la película no es Madrid ni Barcelona.	MANTENIDO	La escena se desarrolla tal y como estaba previsto en el guión: en el Paraninfo de la Facultad de Medicina.
P. 354–61	Convendría retocar la escena, de acuerdo con las notas anteriores.	MANTENIDO	Según Ariza, Eloísa, en vez de 'soportar las impertinencias' de Manríquez, debe mostrarse más asertiva. Las frases añadidas no cambian nada, Eloísa mantiene la misma actitud.
P. 375	El profesor vuelve a hablar de 'su grupo', hasta parece que quiere explicar las cláusulas necesarias para ingresar en él.	CAMBIADO	En el párrafo correspondiente al plano 375 es donde finalmente se matiza el perfil del Doctor Palacios según lo indicado por Ariza: las confesiones de Palacios sugieren que su abandono profesional será temporal.

[1] 'Otras notas' es el título del apartado en el que Ariza desglosa, indicando los planos y las páginas del guión, las modificaciones que deben ser introducidas en la película.

Esquema Nº3/MAJ: confrontación de las 'objeciones' del informe de Ariza con las 'soluciones' que ofrece al respecto la película de Mihura.

Leyenda:

El Esquema Nº3/MAJ complementa la información presentada en el Esquema Nº2/MAJ con las indicaciones del productor en referencia a cada personaje que no hayan sido mencionadas en el desglose anterior. Los comentarios CONSIDERADO y DESESTIMADO reflejan la resonancia de dichas indicaciones en la película.

Esquema Nº3/MAJ

Comentarios de F. Ariza		
JUAN	Que en un momento cure al niño que prohija de una enfermedad o accidente.	DESESTIMADO
	Debe hacer los favores gratuitamente.	CONSIDERADO
	Quitar la frase 'He pensado que las mujeres tardáis mucho en tener niños. A veces un año. Nosotros llevamos casados ya tres meses y nada' porque 'no resulta humorística sino desagradable'.	DESESTIMADO
	Quitar el *gag* del zapato en la cabeza puesto que resulta 'ridículo'.	DESESTIMADO
	Cambiar el diagnóstico de la enfermedad del doctor Palacios porque resulta ingenuo, ya que cualquier médico 'no muy inteligente se daría cuenta'.	DESESTIMADO
	Juan no debe explicar tanto su forma de ser.	DESESTIMADO
ELOÍSA	No basta la atracción personal que la lleva al matrimonio. Es necesario que se enamore también en lo moral.	DESESTIMADO
	Que en la escena del baile en el Palacio del bugui-bugui Eloísa baile con el profesor y éste le explique su fracaso médico y sus consecuencias, diciendo que con su cariño lograría cambiarle y haría que volviese a ejercer.	DESESTIMADO
PALACIOS	Debería protestar él o sus amigos, que saben que el invento es mérito suyo, cuando Manríquez se lo quiere usurar.	DESESTIMADO
VIDAL	No debería ser un fracasado, unido a la secta por un desengaño que desconocemos. Que trabaje y escriba libros en el café.	CONSIDERADO
SEBASTIÁN	Apliquese lo mismo que al profesor. Que siga siendo ingeniero, no un fracasado.	CONSIDERADO

Esquema Nº4/MAJ: cotejo de la trama de la película *Mi adorado Juan* con la acción dramática de la pieza teatral.

Leyenda:

El esquema compara la acción fílmica (PELÍCULA) con la de la adaptación escénica (OBRA TEATRAL). A diferencia del Esquema Nº 1/MAJ que confrontaba la acción esbozada en el guión con la registrada en el rodaje, desistimos de emplear el desglose original en secuencias y planos reflejado en el guión y dividimos la trama fílmica de *Mi adorado Juan* en veinticinco unidades de acción (SECUENCIAS), agrupadas en diez principales segmentos de continuidad narrativa (ESCENAS)

Cada una de dichas SECUENCIAS (S) corresponde a una acción ininterrumpida y desarrollada en una localización, mientras que las ESCENAS abarcan secuencias que se suceden en el supuesto marco temporal de un mismo día. La intención de este nuevo desglose consiste en facilitar y dotar de más transparencia la comparación de las estructuras espacio — temporales del texto fílmico y dramático.

Película	Obra teatral
	ACTO PRIMERO **CUADRO PRIMERO** **Casa del doctor Palacios** Doctor Palacios y su ayudante Manríquez están esperando a Eloísa que ha salido al Congo-Belga con Juan. Vemos pasar por el despacho a la doncella Pepa, la ayudante Cecilia y un vagabundo, Sebastián, que ha traído consigo cinco perros. Aparece Eloísa. Palacios pide a su hija que no vuelva a ver a su novio, mientras ella le pide a su padre lo contrario: que le ayude a convencer a Juan para que formalicen su relación. Intentan localizarle por teléfono, pero sin éxito. Llega Juan acompañado de un amigo suyo. Los dos se entretienen primero en la cocina, hablando con la cocinera y la doncella, y luego, vienen a saludarle al profesor. Juan lleva una caña de pescar y su amigo, en cuanto ve la biblioteca, se queda mirando sus libros. Entra Cecilia y al ver a Juan, le saluda efusivamente. Resulta que se conocen. Sebastián no quiere marcharse sin que le paguen más dinero por los perros que ha traído. Él también conoce a Juan, y bajo su influencia, cambia de actitud y acepta el precio acordado con Palacios. El profesor interroga a Juan sobre su vida. Se entera de que el otro compañero de Juan es un biólogo célebre, Vidal. Juan propone seguir la conversación en el bar. El profesor sale con Vidal y Juan se queda para despedirse de Irene.
ESCENA 1 **Bar del puerto (S1)** El robo del perro de Rosa levanta el alarma entre el vecindario del puerto. Todos están de acuerdo en que hay que acudir a Juan.	
Oficina de Juan (S2) Rosa, Sebastián y Antonio explican a Juan lo sucedido. Él en seguida descubre el móvil de los robos y con la ayuda de un carnicero localiza a los culpables.	
Casa del doctor Palacios (S3) Juan se presenta en la mansión de Palacios. Es testigo de una reunión de científicos y conoce el motivo de los experimentos. Se enfrenta con Eloísa, la hija del profesor, y recupera a los perros.	
ESCENA 2 **Dirección General de Laboratorios (S4)** Encuentro casual entre Eloísa y Juan. Gracias a la mediación de Juan el director les atiende a los dos.	
El parque (S5) Juan y Eloísa pasean juntos por el parque. Juan le regala una rosa y habla de su filosofía vital.	
ESCENA 3 **Casa de Palacios (S6)** Eloísa habla con Juan por teléfono. Llevan un tiempo saliendo juntos, pero el profesor se opone a su relación. Eloísa está decidida a casarse con Juan e insiste en que su padre lo conozca y hable con él. Llaman a Juan, pero no está en su oficina. Palacios decide ir a buscarle.	

TABLAS Y ESQUEMAS: ESQUEMA Nº4/MAJ

	CUADRO SEGUNDO
Oficina de Juan (S7)	**Casa del doctor Palacios**
Palacios conoce a Juan y enseguida se hacen amigos. Resulta que el joven no quiere casarse. Salen al bar para seguir conversando.	Palacios se prepara para salir al Congo Belga, pero está preocupado, porque su hija lleva nueve días encerrada en su cuarto. Pide a la doncella que la llame. Mientras espera, aparece Manríquez con las pruebas de la Memoria para la imprenta. Le anuncia que el viaje a América está ya confirmado.
Bar (S8)	
Palacios se suma a la tertulia de los amigos de Juan, conoce al profesor Vidal y a Sebastián.	Aparece Irene y Palacios se despide de Manríquez para hablar con su hija a solas. Intenta convencerla de que haga paces con Juan. Irene, al final accede y Palacios le revela que Juan espera abajo para subir a hablar con ella.
Casa del doctor Palacios (S9)	
Eloísa habla con Manríquez y deciden ir a buscar a su padre al Palacio de Bugui-Bugui.	
Palacio Bugui-Bugui (S10)	
Eloísa y Manríquez llegan a la sala de baile y encuentran allí a Juan, doctor y el resto del grupo. Juan rompe con Eloísa.	
ESCENA 4	
Casa del doctor Palacios (S11)	
Eloísa lleva una semana sin salir de casa, está deprimida después de la ruptura con Juan. El profesor la convence de que vayan a ver a Juan y busquen una solución.	
Piso de Juan (S12)	
Juan enseña su piso al profesor y su hija y presenta sus condiciones matrimoniales. Eloísa acepta encantada. Deciden casarse.	
ESCENA 5	
Bar (S13)	
Boda de Eloísa y Juan. El viaje de novios en la barca de Juan.	

Continúa

Película	Obra teatral
	El doctor se precipita para avisarlo y en este momento entra Manríquez para consultarle otro detalle de la Memoria. Palacios se excusa, el ayudante se queda con Irene y aprovecha la situación para hablarle de sus planes y sentimientos. Ella no le hace mucho caso y cuando llega Juan, Manríquez sale dejando a la pareja sola. Juan le regala a Irene una flor — que acaba de robar de su jardín — y enseguida se ponen de acuerdo sobre el matrimonio. Vuelve Palacios. Juan expone sus condiciones matrimoniales, Irene lo acepta todo y llora de felicidad. El padre, feliz y discreto, deja a la pareja abrazada y reconciliada.
ESCENA 6 **Piso de Juan (S14)** Han pasado tres meses. Juan se presenta en casa con un niño. Quiere adoptarlo, pero Eloísa le explica los gastos que acarrea la manutención de un chico y Juan decide devolverlo. Manríquez avisa a Eloísa de que su padre está enfermo. Avisan a Juan y van todos juntos a la casa del doctor.	**ACTO SEGUNDO** **CUADRO PRIMERO** **Piso de Juan** Irene vive ya en el piso de Juan, pero no logra acostumbrarse al ruido del barrio. Viene Juan y le cuenta su día: la visita al catedrático de la farmacia para recomendar a una chica, las compras de Sebastián, el pésame que dio a unos amigos. Le trae a Irene de regalo una jaula con grillo y una sorpresa más: la foto de un chico que ha decidido adoptar. Irene le explica los gastos que supone criar a un niño, Juan cambia de opinión y decide devolver el pequeño a su familia.
Casa del doctor Palacios (S15) Juan y Eloísa, acompañados de sus amigos, vienen a la casa del Dr. Palacios. El médico se muestra confuso, mientras que Juan acierta con el diagnóstico. Todos se quedan a comer. Eloísa se enfada, porque su marido no quiere quedarse a dormir. Juan vuelve a casa solo.	Irene recibe la visita de Luisa, la vecina modista que le arregla los vestidos. Irene está probando uno cuando viene Manríquez para pedirle que acompañe a él y a su padre a un cóctel de despedida que se celebrará antes de su viaje a América. Irene quiere consultarlo con Juan, que aparece enseguida, acompañado de Sebastián y Vidal. Sebastián se dispone a terminar de pintar el retrato de Irene. Juan se niega a acompañar a su esposa a la recepción e Irene decide ir con
Puerto (S16) Juan pasea con sus amigos y reflexiona sobre su matrimonio.	
Piso de Juan (S17) Eloísa vuelve a casa. La pareja se reconcilia. En la alcoba duerme el niño que Juan, al final, ha decidido adoptar.	

ESCENA 7 **Casa del doctor Palacios (S.18)** Manríquez prepara la Memoria del invento y pide al profesor autorización para figurar como coautor. Lo traiciona poniendo su nombre delante del suyo.	Manríquez. Mientras Irene se está arreglando para salir, los presentes conversan sobre el impacto que va causando el joven científico en la prensa. Irene y Manríquez salen a la recepción. Los tres amigos se preparan para dar un paseo. Aparece el Dr. Palacios y confiesa que ha sido traicionado por su ayudante, quien además mintió a Irene, porque el cóctel es servido en homenaje a Manríquez y él ni siquiera ha sido invitado. Profesor quiere quedarse a vivir en casa de Juan. Todos se ponen a prepararle una habitación. Viene Irene, discute con Juan y se encierra en su habitación enfadada.
ESCENA 8 **Despacho del doctor Palacios (S19)** Palacios se prepara para la lectura de la Memoria. Manríquez le comunica el supuesto error de la imprenta.	
Coche. Paraninfo de la Facultad (S20) Palacios y Manríquez van en coche hacia la Facultad. Manríquez propone leer él mismo la Memoria. En la lectura todos reconocen a Manríquez como autor del invento.	
Piso de Juan (S21) Palacios va a casa de Juan para quedarse a vivir con la pareja y el niño.	
Casa Palacios (S22) Eloísa va a casa de Palacios para hablar con Manríquez.	
ESCENA 9 **Terraza en el puerto (S23)** Mientras los amigos de Juan están preparando la habitación del doctor, Paulino cita a Juan para avisarle de la traición de Manríquez y sus planes respecto a Eloísa. **Bar (S24)** Juan y sus amigos celebran un banquete de bienvenida al Dr. Palacios.	

Continúa

Película	Obra teatral
ESCENA 10 **Barca de Juan (S25)** Juan y Palacios se preparan para salir a pescar. Eloísa acompaña a Manríquez al bordo del trasatlántico, pero en vez de ir con él a América, le roba las fórmulas del invento, se reúne con su padre y Juan en la barca y tira toda la documentación al mar. El matrimonio se reconcilia y Juan accede a tomar una criada y decide trabajar más. Se abrazan felices, mientras la barca va adentrándose en el mar.	**CUADRO SEGUNDO** **Piso de Juan** Palacios y Vidal se están preparando para salir a pescar. Palacios confiesa que está pensando en un nuevo invento: una fórmula que permita envejecer a los cuarenta años para poder pasar la mayor parte de la vida sin trabajar. Los dos se preguntan preocupados dónde estará Irene. Viene Juan que simula ante el profesor que su hija está esperando abajo. Vidal y el profesor salen de casa. Juan se queda solo y habla, a través del tabique, con la vecina Luisa. Le pide que llame a la casa de Palacios para averiguar dónde está su esposa. Aparece Manríquez, resulta que Irene tampoco estaba con él. En cuanto salga Manríquez, entra Luisa. Habla con Juan reprochándole su actitud egoísta. Juan se queda solo otra vez y en este momento aparece Irene. Confiesa haberle robado a Manríquez, con la ayuda de Sebastián, las fórmulas del invento de su padre. Juan también le tiene guardada una sorpresa: ha comprado una nevera y volverá ejercer de médico. Se abrazan felices.

Esquema Nº5/MAJ: reconstrucción de la cronología de la historia narrada en cada una de las versiones de *Mi adorado Juan*.

Esquema Nº5/MAJ

Película		Obra teatral	
Escena	Duración	Acto/cuadro	Duración
1	1 día	tiempo previo a la acción	1 mes Dr. Palacios a Manríquez: 'Usted sabe muy bien que sólo **hace veinte o treinta días** que se marcha a la calle a pindoguear con este sujeto…'
2	1 día		
elipsis	1 mes El tiempo que transcurre entre el primer acercamiento de Eloísa y Juan, en el parque, y el día en el que el Doctor decide ir a buscarle a la oficina. La película no nos aporta dato ninguno, pero hacemos caso de la indicación en la obra referente a la elipsis análoga.		
3	1 día	1/1	1 día
elipsis	1 semana Paulino: 'Señorita Eloísa lleva toda la semana sin salir.'	elipsis	9 días Irene: 'Porque desde el día que estuvo aquí y se fue contigo al café, ya no le he vuelto a ver el pelo… Y ya hace de esto nueve días…'
4	1 día	1/2	1 día
elipsis	3 días El tiempo que transcurre entre el acuerdo matrimonial de la pareja y la boda, suponiendo que la celebración fue espontánea e inmediata.		

Continúa

Película		Obra teatral	
Escena	Duración	Acto/cuadro	Duración
5	1 día		
elipsis	3 meses Juan, al traer el niño a casa: 'Nosotros llevamos ya casados *tres meses* y nada...'.	elipsis	3 meses Falta indicación en la obra, nos guiamos por la análoga del filme.
6	1 día	2/1	1 día
elipsis	5 días El tiempo que transcurre entre la reconciliación de Juan y Eloísa y la preparación de memoria del invento. El Dr. Palacios dice que va a leer la memoria de su invento 'en unos días'.	elipsis	15 días El tiempo que transcurre entre el enfado de Irene y el viaje a América. Manríquez dice que el trasatlántico sale dentro de quince días.
7	1 días	2/2	1 día
elipsis	2 días El tiempo que transcurre desde que Manríquez manda la memoria a la imprenta y la lectura. Palacios insiste en que 'corre mucha prisa'.		
8	1 día		
9	1 día		
10	1 día		

Esquema Nº6/MAJ: incorporación de los diálogos originales de la película *Mi adorado Juan* a la adaptación escénica.

Leyenda:

El Esquema Nº6/MAJ refleja el ensamblaje de diálogos originales en el marco del Cuadro Primero del Acto Primero de la pieza y constituye una muestra del mecanismo empleado en la construcción y organización de los diálogos en toda la obra teatral. Citamos los fragmentos de diálogos de la obra, señalando las SECUENCIAS fílmicas de las que proceden (S), así como su ubicación y sucesión en la pieza teatral. Para reflejar el orden de los insertos de los diálogos fílmicos en el texto dramático nos basamos en la numeración de secuencias empleada anteriormente en el Esquema Nº 4/MAJ.

Esquema Nº6/MAJ
Sucesión de diálogos fílmicos en la obra teatral
Mi adorado juan, Acto I, Cuadro I

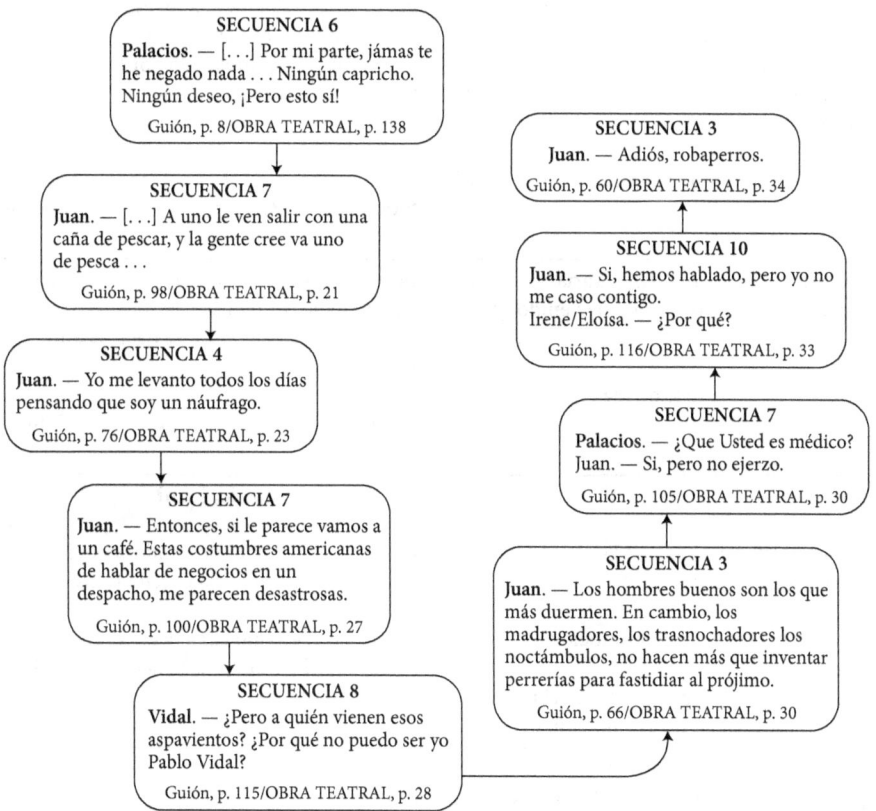

Esquema Nº7/MAJ: empleo del mecanismo de 'simetría invertida' en la estructura de la versión escénica de *Mi adorado Juan*.

Leyenda:

En las transcripciones de las tablas presentadas en el esquema Nº7/MAJ nos permitimos acortar los parlamentos de los personajes acentuando las frases claves para la construcción del mencionado juego de simetrías y objeto de su recreación en la versión teatral.

Esquema Nº7/MAJ

Mi Adorado Juan, Obra teatral	
Acto primero, Cuadro I, pp. 13-14	Acto primero, Cuadro II, pp. 37-39
PALACIOS. — Desde que tu pobre madre faltó, tú has hecho sus veces y has llevado la casa, y siempre he estado orgulloso de ti . . . Por mi parte, jamás te he negado nada . . . Ningún capricho. Ningún deseo . . . Pero esto sí, Irene. Te prohíbo nuevamente, y esta vez va muy en serio, que vuelvas a verte con ese hombre. [. . .] IRENE. — Pero ¿quieres explicarme por qué?	IRENE. — He sido siempre para ti una buena hija. Te he respetado como padre y como sabio. He procurado que en esta casa dedicada al trabajo y a la investigación no faltasen nunca los perros que te eran necesarios. He complacido por tanto todos tus deseos . . . Pero óyelo bien . . . Esto que quieres, no. Será inútil que insistas. Nunca más volveré a ver a Juan. PALACIOS. — Pero, ¿me quieres explicar por qué?
PALACIOS. — Me has dicho varias veces que iba a venir a hablarme y no ha venido, ¿por qué? IRENE. — Es que se le olvida . . .	IRENE. — Porque desde el día que estuvo aquí y se fue contigo al café, ya no le he vuelto a ver el pelo . . . Y ya hace de esto nueve días. PALACIOS. — Estará ocupado con cualquier cosa.
PALACIOS. — ¿Pero no tiene oficio? IRENE. — ¿Cómo que no? Es el número uno de su promoción. [. . .]	IRENE. — ¿Ocupado, Juan? PALACIOS. — Estará pescando en su barca, y ya sabes que la pesca da mucho trabajo.
PALACIOS. — ¿De qué promoción? IRENE. — ¡Cualquiera lo sabe! A él no le gusta nunca hablar de promociones . . .	IRENE. — ¿Pero me vas a decir ahora que pescar panchos con una caña es un trabajo?
IRENE. — Juan no es formal . . . no tiene una profesión determinada [. . .] Pero yo le adoro . . . y quiero que se lo digas, papá, que hables con él, que le convenzas para que se case conmigo . . .	PALACIOS. — Pues quiero que me dejes ir a buscarle y que lo traiga aquí y que tú trates de conseguir que se case contigo.

Mi Adorado Juan, Película

Guión/MAJ, pp. 89-91	Guión/MAJ, pp. 121-22
DR. PALACIOS. — Desde que tu pobre madre faltó, tú has hecho sus veces y has orientado y dirigido esta casa [. . .] Yo, por mi parte, jamás te he negado nada. Ningún capricho; ningún deseo . . . ¡Pero esto sí, Eloísa! Óyelo bien. Nunca te daré mi consentimiento para que te cases con ese hombre. ELOÍSA. — ¿Pero quieres explicarme por qué?	ELOÍSA. — He sido siempre para ti una buena hija. Te he respetado como padre y como sabio. He procurado que en esta casa dedicada al trabajo y a la investigación, no falten nunca los perros que te son necesarios. Me he sacrificado mucho para obtenerlos y tú lo sabes muy bien. He complacido, por tanto, todos tus deseos . . . Pero óyelo bien . . . Esto no. Será inútil que insistas. Nunca más volveré a ver a Juan . . . PALACIOS. — ¿Pero me quieres explicar por qué?
DR. PALACIOS. — Me has dicho varias veces que iba a venir a hablarme y no ha venido. ¿Por qué? ELOÍSA. — Es que se le olvida . . .	ELOÍSA. — Porque desde el día que estuvo aquí y se fue contigo al café, ya no le he vuelto a ver el pelo . . . Y ya hace de esto nueve días. DR. PALACIOS. — No habrá tenido tiempo.
DR. PALACIOS. — No tiene oficio. ELOÍSA. — Era el número uno de su promoción. DR. PALACIOS. — ¿De qué promoción? ELOÍSA. — ¡Cualquiera lo sabe! A él no le da vergüenza hablar de las promociones . . .	ELOÍSA. — ¿Cómo no habrá tenido tiempo? . . . Pero si no tiene nada que hacer. DR. PALACIOS. — La oficina le da mucho trabajo. ELOÍSA. — ¿Me vas a decir ahora que la oficina le da mucho trabajo?
ELOÍSA. —Juan no es formal [. . .] no tiene una profesión determinada [. . .] ¡Pero yo le adoro! y quiero que tú se lo digas, papá. Que hables por lo menos con él.	DR. PALACIOS. — Llámale por teléfono. Trata de conseguir que se case contigo.

ÍNDICE DE NOMBRES CITADOS

Abadalejo, Miguel 28
Abascal, Silvia 12, 34
Abbadie d'Arrast, Harry d' 67
Aguilar, Santiago 67 n.69
Albee, Edward 33
Alexandre, Manuel 40
Almodóvar, Pedro 28, 29
Alonso, Rafael 98, 107, 209
Angelat, Marta 37, 39, 287, 296
Ariza, Francisco 91, 197–99, 213–18, 257, 258, 281, 336–342
Artaud, Antonin 21
Azcona, Rafael 25, 35, 170

Barlow, Patrick 19, 31 n.62, 285, 296
Barroso, Mariano 15, 270, 294
Bauman, Zygmunt 270
Bautista, Aurora 101
Bazin, André 8, 17 n 35, 27 n.55, 143, 166, 172, 181
Bazo, Eduardo 31, 285
Bergman, Ingmar 21, 23, 37–39, 270, 286, 287, 291, 295, 296
Bielski, Jaroslaw 32, 35, 37 n.72, 39, 286, 288, 293, 295
Bize, Matías 284, 286, 295,
Borau, José Luis 5, 11, 41, 48, 55 n.33, 163, 167, 180
Brook, Peter 25, 26
Burguera Nadal, María 136 n.63, 153 n.88 y n.90, 159 n.99, 179, 181 n.142
Burmann, Sigfrido 124

Caba Alba, Julia 129
Caballero, Ernesto 32, 286, 288, 293
Calvo Sotelo, Joaquín 80
Calzada, Manuel 32, 295
Capra, Frank 189, 192, 195, 229 n.101, 292

Castro Blanco, Jesús 200
Castro, Antonio 70, 76, 117 n.12, 179, 180 n.139
Catrysse, Patryck 10 n.14, 27 n.55, 38, 39, 44
Cerdá, Roberto 288
Clair, René 226
Closas, Antonio 205, 208, 209
Cocteau, Jean 69, 81, 92, 107
Coixet, Isabel 270 n.2
La Cubana 19 n.39
Chaplin, Charlot 67 n.68

Díaz de Mendoza, Carmen 128, 142
Díaz, Luciano 124, 125 n.36, 135 n.60
Dicenta, Natalia 25, 289
Diego, Gabino 19, 31, 285
Dudley, Andrew 27 n.55
Dupeyron, Francis 21, 284, 286, 293
Durán, Rafael 124, 126

Echanove, Juan 16, 287
Edwards, Blake 34
Egea, Octavi 32, 292
Emisora Films 81, 89, 91, 185 n.1, 186 n.2, 197, 199 n.35
Escobar, Luis 56 n.35, 82, 106, 114 n.11, 129

Félix, María 57 n.37, 92, 186
Fernán Gómez, Fernando 58 n.41, 68, 77, 96, 99, 100 n.158, 129
Fernández Santos, Ángel 9
Ferrer, Esteve 288
Ferreri, Marco 16, 35, 287
Ferrés, Ramón 200, 201
Floeck, Wilfried 26
Forman, Milos 35, 288, 291, 293
Forqué, José María 30, 56, 96–98, 100, 288, 291, 296
La Fura del Baus 19 n 39

ÍNDICE DE NOMBRES CITADOS

Galán, Diego 84
Galiana, María 40, 289
Garcés, Isabel 58, 83
García Abad-García, María Teresa 7, 11, 17, 26 n.52, 33, 54 n.30
García Berlanga, Luis 23, 30, 81, 107, 287, 291
García Sánchez, José Luis 101
García Serrano, Yolanda 32, 270 n.2, 286, 295
Gil, Rafael 52, 56, 78 n.104, 81, 83, 89-92, 97, 99, 100, 192
Giménez, Encarnita 124
Giner, José Ramón 202
Gómez Mesa, Luis 203
Gómez Tello 202
Gómez, Carmelo 12, 34, 285
González, Cesáreo 57, 58 n.37, 81
Grau, Miguel 200
Green, Stuart 1, 141, 145 n.74, 152 n.84, 158, 174 n.126
Grotowski, Jerzy 21
Guarinos, Virginia 6, 42 n.76, 98, 166
Gubern, Román 68
Gutiérrez Caba, Irene 129

Hamilton, Patrick 32, 294
Has, Wojciech Jerzy 20, 284, 287, 292
Helbo 27 n.55, 37 n.73
Heras, Guillermo 6
Herrera, Lola 14, 289
Hitchcock, Alfred 14, 31, 38, 53, 54, 202, 238, 285, 294, 296

Iquino, Ignacio F. 96, 185, 200
Isasi-Isasmendi, Antonio 187, 188, 200
Jiménez, Carolina 202
Jost, Francois 37 n.73
Juan García, Jorge de 19, 31, 285, 296

Karasek, Joanna 84 n.116
Kesey, Ken 35, 288
K-Hito 49 n.11, 105,
Kieslowski, Krzysztof 118
Knott, Frederik 14 n.23, 32, 53, 291
Kracauer, Sigfrid 265
Kruger, Jules 200

Laiglesia, Álvaro de 106, 80
Lajos, Julia 114, 125, 202
Landa, Juan de 202
Lara, Antonio de 47 n.1, 49, 52, 60, 65, 79, 104
Lara, Fernando 81, 84, 89
Larrañaga, Ámparo 15, 38, 286
Lavín, Álvaro 12, 18, 286
Lemmon, Jack 27
León de Aranoa, Fernando 30, 292
Lindo, Elvira 28
Lobato, Flora 121 n.28, 122, 125 n.36, 139 n.67, 153 n.87, 159, 175
López Izquierdo, José 58, 79 n.105, 80 n.107, 88, 92, 187, 199, 200, 225, 230
López Rubio, José 47-50, 53, 54, 60-65, 75, 76, 104, 105, 108, 291
López Vázquez, José Luis 25, 210
Lubitsch, Ernst 13, 15, 19, 30, 38, 69, 163 n.106, 180, 189, 192-95, 229, 286, 293, 296
Luis Garci, José 97
Llovet, Enrique 52, 119, 126 n.44

Macías, Sergio 32, 291
Mamet, David 21, 37, 285, 296
Manfredi, Nino 25
Manzanos, Eduardo 82, 92
Marber, Patrick 15, 30, 294
Marín, Guillermo 53 n.28, 101, 114, 126
Maroto, Eduardo García 78, 192, 225
Marquerie, Alfredo 79 n.105, 129
Marquina, Luis 100
Marshall, Niní 91
Marsillach, Adolfo 210, 211
Martín, José Luis 32, 294
Martínez Lázaro, Emilio 30, 293
Martínez Sierra, Gregorio 19 n.39
Mayorga, Juan 13
McAfferty, Owen 34, 285, 295
Medem, Julio 286
Meyerhold 7 n.8, 11 n.17, 17, 18, 41
Miguel Martínez, Emilio de 6, 7, 11, 13, 16, 29 n.58, 33

Mihura, Jerónimo 58, 79-81, 91-93, 106, 185-89, 193, 200, 212
Mihura, Miguel 42, 43, 46-50, 55-63, 65, 68, 77-108, 185-88, 191-95, 197-205, 210-13, 216, 217, 224, 225, 228, 259, 260, 263, 264, 266, 268, 269
Moldes, Diego 20
Monleón, José 129
Monterde, José Enrique 71
Montes, Conchita 62, 106, 107, 113, 114, 120, 122, 124, 126, 201, 219
Moreiro, Julián 58, 59, 78, 88, 91, 98, 100, 186, 191, 195, 204, 205, 221, 223
Muñoz Seca, Pedro 19 n 39, 101 n.161
Muro, Eloísa 125, 176 n.129

Neville, Edgar 1, 2, 42, 43, 45-49, 55, 59-65, 67, 69, 70, 74-77, 86, 95, 102-19, 120, 121, 122, 124-29, 133-35, 139-41, 143, 144, 145, 146, 148-52, 154, 157, 158, 160, 163-68, 170, 172, 175, 178-86, 189, 192, 193, 211, 226, 233, 259, 265, 266, 268, 269
Nieva, Francisco 20, 287, 292

Olea, Pedro 15, 35, 287
Olmos, Luis 287
Onetti, Antonio 289, 294, 296
Ordóñez, Marcos 14, 34, 35

Pavis, Patrice 19
Peña Films 80, 81, 89, 91
Pérez Bowie, Juan Antonio 7, 8 n.10, 27
Pérez de León, Luis 202
Pérez Perucha, Julio 125 n.38, 163 n.106
Pérez Puig 82 n.112, 100
Perojo, Benito 52 n.21, 79, 81, 87, 96, 185, 192
Picazo, Ángel 131
Picazo, Miguel 270
Pickford, Mary 67, 229 n.101
Pinal, Silvia 98

Plaza, José Carlos 32, 289, 295
Pombo Ángulo, Manuel 226
Poncela, Jardiel 49, 65
Potocki, Jan 20, 287
Prendes, Luis 131
Puertas Moya, Francisco Ernesto 12, 48

Reguant, Ricard 28, 32, 292
Remick, Lee 35
Renoir, Jean 69
Rey, Fernando 82
Ríos Carratalá, Juan Antonio 48, 50, 51, 74, 75, 168
Rodríguez Merchán, Eduardo 49 n.7, 60, 67, 71, 81 n.110, 183, 210 n.74, 212
Rodríguez Monegal y Moreno 231
Rodríguez Sánchez, María Ángeles 148 n.80, 156
Román, Antonio 79, 81, 88, 91, 101, 192
Romay, Alicia 125
Romea, Alberto 202
Romera Castillo, José 22
Ropars, Marie Claire 27 n.55
Rueda, Belén 15
Russek, Rita 287

Sáenz de Heredia, José Luis 96, 99, 106 n.173
Salvador, Julio 200
Salvatierra, Julio 18, 19, 27, 30, 32, 38, 286, 295, 296
Salvatierra, Julio 18, 19, 27
Salvia, Rafael J. 82
San Martín, Conrado 201, 202, 205
Sánchez Noriega, José Luis 27 n.55, 44, 155 n.92
Sánchez Salas, Bernardo 16, 23, 25, 287, 291
Sanjuán, Julián 209
Sanz de Soto, Emilio 69 n.77, 204
Seoane, Juanjo 35, 287, 295
Serrano de Osma, Carlos 126
Serrano, Arturo 106 n.172, 216 n.83
Serrano, David 30, 34, 35, 270 n.2, 285, 295

Shaffer, Peter 33
Soler Leal, María Amparo 210
Soler, Juan Aberto 200, 203
Suñén, Blanca 288, 291

Tanovic, Danis 21, 288, 293
Teoría de la adaptación 10, 10 n.14, 27 n.55, 43, 44
Tono, *véase* Antonio de Lara
Torre, Claudio de la 128, 132
Torres Dulce, Eduardo 87, 102, 119 n.19, 121 n.28, 148, 182
Torres Nebrera, Gregorio 148 n.80, 157
Torres, Augusto M. 48, 218
Torrijos, José María 50 n.12, 105
Toury 27 n.55
Townsen, Tanzin 34, 40, 285, 286

Trier, Lars von 22, 23, 296
Turjanski, Víctor 119

Ubersfeld, Anne 16

Valero, Rosita 202
Varonese, Daniel 21, 37
Vera, Gerardo 117 n.13, 121, 122
Vilches, María Francisca 6
Vives, Joan 32, 292

Wagner, Geoffrey 27 n.55
Wasserman, Dale 35, 288, 293
Whitby, Nick 31, 286, 296
Williams, Tennessee 33, 294
Woody, Allen 25, 294

Zambrano, Benito 25, 30, 40, 289, 294

ÍNDICE DE TÍTULOS CITADOS

39 escalones 12, 13, 19, 20, 22, 31, 38, 39, 296
A media luz los tres 82, 83, 89, 92, 95, 96, 107, 201 n.41
Alguien voló sobre el nido del cuco 35, 36, 37 n.73, 39, 288, 293
Alta fidelidad 73 n.88, 75
Amadeus 33
Aquella mañana 120 n.25
Atraco a las tres 30, 40, 288, 291
Aventura 65 n.60, 79 n.105, 80 n.107, 106

El baile 56, 72-76, 106 n.175, 107, 109, 153 n.90, 183 n.150
Belinda 26 n.52
La bella Dorotea 224
Bienvenido, Míster Marshall 81, 107
Un bigote para dos 78 n.104, 79, 80, 90
Boda en el infierno 61 n.50, 79, 88

Cabotaje 91, 92
Café de París 109, 110 n.2
Calle sin sol 81, 90, 92
La canasta 58, 83, 84, 89, 216, 229 n.100
Carlota 56, 90, 94, 95, 96, 97, 98, 99, 100
Cásate conmigo, Maribel 97
El caso de la mujer asesinadita 91, 93, 95, 96, 97, 106, 201 n.41
El caso de la señora estupenda 41, 59, 82, 83, 90 n.131, 92, 93, 106, 201 n.41, 223
El caso del señor vestido de violeta 83, 94
La cena de los idiotas 33, 292
Clerks 32, 291
Closer 15, 30, 294

La Codorniz 49 n.7, 50, 51, 55, 65, 68, 72, 80, 105, 108, 261 n.142, 340
Con la muerte en los talones 38
Confidencia 80, 89, 92, 186, 188, 226 n.98
La corona negra 81, 92
Correo de Indias 70, 109, 110 n.2
El crimen de la calle de Bordadores 68, 74 n.92
Crimen perfecto 14 n.23, 32, 33, 53, 54, 291
Cuando Harry encontró a Sally 32, 292
Cuento de hadas 75, 111 n.7
Cyrano de Bergerac 33 n.68, 291
El chalet de madame Renard 84

De la vida de las marionetas 21, 23, 24, 32, 286, 295
La decente 83, 84, 95, 96, 98, 210 n.74
Días de vino y rosas 12, 27, 30, 34, 35, 40, 285, 295
Dogville 22, 23, 296
El domingo de carnaval 68, 74 n.92, 111 n.7, 134 n.59
Don viudo de Rodríguez 79, 90, 186
Dos vidas en un instante 118 n.15
Duende y misterio del flamenco 71, 72, 107, 111 n.7

En la cama 12, 32, 286, 295
En tierra de nadie 21, 32, 288, 293
Las entretenidas 95, 97, 98
Escenas de un matrimonio 23, 37, 39, 287, 291
Eva y Adán 65, 66

Familia 30, 292
El florido pensil 33, 294
Frente de Madrid 70, 75, 103 n.166

ÍNDICE DE TÍTULOS CITADOS

Glengarry Glen Rose 16, 21, 27, 37, 285, 296
Gutiérrez 49 n.11, 50, 65, 77, 104, 261 n.142

Habitación en Roma 286
La hija del penal 79, 261 n.142
Los hijos de la noche 79, 104 n.168

Intriga 79
La ironía de dinero 73, 75, 111 n.7, 139 n.66

Lluvia en los zapatos 118

El malvado Carabel 66, 68
Mamet, David 21, 37, 285, 296
Manolito Gafotas 28
Manuscrito encontrado en Zaragoza 6 n.3, 20, 287, 292
Margarita y los hombres 66, 72
Maribel y la extraña familia 56, 57, 82, 83, 90, 95–100, 228 n.99
El marqués de Salamanca 71, 74 n.92, 75 n.95, 111 n.7
Me quiero casar contigo 58, 81, 89, 90, 92, 188, 201, 214 n.81, 226 n.98, 261 n.142
Melocotón en almíbar 83, 95–97, 99, 255 n.133
Mi adorado Juan 2, 42–45, 55, 56, 59, 81, 83, 89, 92, 93, 102, 108, 185–264, 266–68
Mi calle 73, 76, 139
Mi noche de bodas 121 n.27, 122
Milagro en casa de los López 84
Misery 28
Misterioso asesinato en Manhattan 32, 294
Una mujer bajo la lluvia 117 n.13, 121
Una mujer cualquiera 56, 57, 81–83, 89, 92, 97, 229 n.100
Mujeres al borde de un ataque de nervios 28, 29

Ni pobre ni rico sino todo lo contrario 80, 81, 87, 88, 95, 97, 200, 215, 216 n.82, 224

Ninette y un señor de Murcia 83, 84, 96, 97, 99, 255 n.133
Una noche en la ópera 78
Novio a la vista 73

El otro lado de la cama 30, 293

Los pájaros 38
El pasado amenaza 81, 92, 201
El pisito 14, 15, 27, 35, 37, 287, 295
Primera plana 34
Producciones Mínguez S.A. 55 n.33, 72
Prohibido enamorarse 73
Psicosis 38

Quién teme a Virginia Woolf 33, 294

La rosa púrpura del Cairo 25

Sarabanda 23, 37, 287, 296
Sé infiel y no mires con quién 33 n.69
El señor Ibrahím y las flores del Corán 12, 21, 286, 293
La señorita de Trévelez 56, 72
El señorito Octavio 81, 92, 201
Ser o no ser 13, 15, 19, 22, 27, 30, 38, 286, 296
Si te hubieses casado conmigo 119 n.21, 120
Siempre vuelven de madrugada 81, 89, 91, 92, 186, 187, 188, 200, 201
La soga 32, 294
Solas 14, 25, 30, 40, 289, 294
Sonata de otoño 23, 32, 295
La Strada 28
Sublime decisión 58, 83, 90, 95, 96, 99, 261 n.142
Suspenso en comunismo 61 n.50, 82, 92

La tetera 83, 84
El tiempo de Neville 114 n.11
Todo sobre mi madre 28, 29 n.56
La torre de los siete jorobados 75 n.95, 109, 110 n.2
El traje de luces 71
Tres citas con el destino 82, 92

Tres sombreros de copa 57 n.38, 62, 78, 80-84, 93, 100-03, 106, 223, 224, 245

El último caballo 75, 111 n.7

Veinte añitos 72 n.86, 73
La verdadera historia de los hermanos Marx 13, 18, 32, 295
El verdugo 16 n 33, 23, 30, 48, 287, 291
La Vía Láctea 65, 75, 103 n.165, 129

La vida en un hilo 2, 42, 43, 45, 48, 55, 56, 69, 73, 74, 76, 102, 108, 110-84, 186, 189, 191, 192, 219, 233, 249, 253, 266-69
Vidas confusas 81, 90-92, 186, 187
Viva lo imposible 56, 80, 87, 88, 91, 95, 96, 100, 215, 217 n.84, 224. 225

Yo no soy la Mata-Hari 81, 185

El zoo de cristal 33, 294

www.ingramcontent.com/pod-product-compliance
Lightning Source LLC
Chambersburg PA
CBHW071313150426
43191CB00007B/608